Margrit Stamm

Begabte Minoritäten

Margrit Stamm

Begabte
Minoritäten

VS VERLAG FÜR SOZIALWISSENSCHAFTEN

Bibliografische Information der Deutschen Nationalbibliothek
Die Deutsche Nationalbibliothek verzeichnet diese Publikation in der
Deutschen Nationalbibliografie; detaillierte bibliografische Daten sind im Internet über
<http://dnb.d-nb.de> abrufbar.

1. Auflage 2009

Alle Rechte vorbehalten
© VS Verlag für Sozialwissenschaften | GWV Fachverlage GmbH, Wiesbaden 2009

Lektorat: Monika Mülhausen

VS Verlag für Sozialwissenschaften ist Teil der Fachverlagsgruppe
Springer Science+Business Media.
www.vs-verlag.de

Umschlaggestaltung: KünkelLopka Medienentwicklung, Heidelberg
Druck und buchbinderische Verarbeitung: Krips b.v., Meppel
Gedruckt auf säurefreiem und chlorfrei gebleichtem Papier
Printed in the Netherlands

ISBN 978-3-531-16104-4

Inhalt

Teil II: Frühe Erfahrungen

3 Frühe Einflüsse auf Entwicklung und Verhalten..................64

4 Vorschulangebote: Wege zur Startchancengleichheit? 99

Teil III: Der allgemeine Kontext

5 Der allgemeine Kontext und seine Bedeutung....................123

Vorwort

Seit 20 Jahren beschäftige ich mich mit Fragen der (Hoch)-Begabungsforschung und Begabungsförderung. Es war im April 1989, als ich im Magazin des Tagesanzeigers zum ersten Mal auf diese Thematik stieß. Die Rede war von Ulrike STEDTNITZ, die in Zürich soeben eine Beratungspraxis für hoch begabte Kinder und Jugendliche eröffnet hatte und deren Arbeit und Ziele in diesem Magazin nun präsentiert wurden. Meine erste Reaktion – ich war gerade auf der Suche nach einem geeigneten Thema für meine Lizentiatsarbeit – war: Hochbegabung? Gibt es das tatsächlich? Nie gehört! Ich begann mich in der Folge intensiv mit dem Thema zu beschäftigen, merkte jedoch bald, dass im deutschen Sprachraum kaum Publikationen dazu vorlagen und der Begriff Hochbegabung darüber hinaus in unserer Gesellschaft tabuisiert war. Diese Tatsache forderte mich jedoch geradezu auf, mich mit Fragen zu beschäftigen, die von unserer Gesellschaft bisher gar noch nicht gestellt worden waren und mich damit in ein Gebiet einzuarbeiten, das Neuland für alle war.

Rückblickend war dies einer meiner besten beruflichen Entscheide. Zum Einen öffnete sich mir damit die Möglichkeit, eine Dissertation zum Stand der Hochbegabtenförderung in den Deutschschweizer Kantonen (STAMM, 1992) zu verfassen und dadurch zu wichtigen und interessierten Vertretern der Schweizer Bildungsdepartemente und auch zu internationalen Gremien Kontakte zu knüpfen. Zum Anderen wurde dieser Forschungsbereich zu einem meiner größten Lernfelder: Von den hoch begabten und leistungsstarken Kindern und Jugendlichen, deren Eltern und Lehrkräfte, habe ich sehr viel gelernt. Insbesondere die so genannte Früheleserstudie (STAMM, 2005a) war es, welche mich zu vielen neuen Erkenntnissen und Einsichten führte, die ich bis dahin nicht oder kaum bedacht hatte.

Drei Fragen haben zur vorliegenden Publikation geführt: Erstens: Wie kommt es, dass so wenig Kinder und Jugendliche aus bescheidenen sozialen Verhältnissen als überdurchschnittlich begabt identifiziert und begabungsfördernden Maßnahmen zugeführt werden? Warum sind solche Kinder in Begabungsförderprogrammen unter- und in sonderpädagogischen Fördermaßnahmen jedoch überrepräsentiert? Angesichts der Tatsache, dass es sehr wohl solche Kinder gibt, – sowohl in der Früheleserstudie als auch im Projekt «Hoch begabt und ‹nur› Lehrling?» (STAMM, 2007a) sind sie empirisch nachgewiesen – erscheint es besonders befremdlich, dass ihr Anteil in fast allen begabungsfördernden Maßnahmen sehr gering ist. Gerade begabte Kinder und Jugendliche, die von sozialer Benachteiligung betroffen sind, über eine geringe familiäre Ressourcenausstattung verfügen und durch Lebensbedingungen und Lebensführung

9

von der anerkannten schulischen Wissens- und Lernkultur weit entfernt sind, wären jedoch am stärksten auf schulische Begabungsförderung angewiesen.

Deshalb drängt sich eine zweite Frage auf: Welche Faktoren sind dafür verantwortlich zu machen, dass dem nicht so ist? Die Beantwortung dieser Frage ist zentral, denn das System der Begabungsförderung, so wie es aktuell praktiziert wird, kommt angesichts der Tatsache des kleinen Anteils geförderter begabter Migrantenkinder und Kinder aus bescheidenen sozialen Verhältnissen nicht darum herum, sich mit einem gewichtigen Vorwurf auseinanderzusetzen: dass Begabungsförderung ihr Ziel verfehlt hat, weil sie auf diese Weise zur Verstärkung bestehender sozialer Ungleichheiten und zur Zementierung der sozialen Vererbungspraxis beiträgt.

Vor diesem Hintergrund scheint mir die dritte Frage zentral: Was kann dagegen getan werden? Diese Frage zu beantworten ist nicht einfach. Denn: Überdurchschnittlich begabte Minderheiten stehen jenseits unserer Erwartungen. Viele von uns haben sich noch nie überlegt, dass auch Migranten, Benachteiligte, Arme oder Behinderte überdurchschnittliche Begabungen haben können. Es gilt somit zunächst einmal, überhaupt einen Blick auf solche Populationen zu werfen. Dabei kommen wir nicht darum herum, Begriffe wie «Migration» oder «Minoritäten» differenziert zu diskutieren. Dies scheint mir angesichts der neusten gesellschaftspolitischen Entwicklung besonders relevant. Die Schweiz erlebt gegenwärtig eine neue Phase der Migration. Im Zuge der EU-Personenfreizügigkeit nimmt die Zahl ausländischer Arbeitskräfte, aktuell vor allem aus Deutschland, ständig zu. Sowohl die Universitäten als auch der IT-Bereich oder das Ingenieurwesen sind stärker als je zuvor auf ausländische Fachkräfte angewiesen. Laut der 5. Zürcher Migrationskonferenz vom 21. September 2007 sind Migrantinnen und Migranten zum Motor des Schweizer Wirtschaftswachstums geworden, so dass sich die Frage stellt, wie wir auf den vermehrten Zuzug von hochqualifizierten ausländischen Arbeitskräften reagieren sollten. KUMMELS (2007) spricht dabei von einem Paradigmenwechsel, der sich jedoch noch nicht ins Bewusstsein der Öffentlichkeit niedergeschlagen habe. In erster Linie seien die unbewältigten Folgeprobleme der Migration der 1990er Jahre dafür verantwortlich zu machen. Einen solchen Perspektivenwechsel erachte ich zwar als legitim. Problematisch erscheint mir allerdings die Polarisierung von ‹hoch qualifizierten› und ‹nicht qualifizierten› Migranten. Sie erweckt den Eindruck, dass Nichtqualifizierung mit bescheidenen intellektuellen Fähigkeiten, geringem Schulerfolg und vielen Verhaltensproblemen, Hochqualifizierung hingegen mit hohen intellektuellen Fähigkeiten, Schul- und Berufserfolg und guter Sozialkompetenz einhergehe. Diese Implikation ist doppelt falsch. Erstens, weil sie in dieser Schwarz-Weiss-Malerei nicht stimmt und zweitens, weil sie die Tatsache ausklammert, dass es auch Migranten aus bescheidenen sozialen Verhältnissen mit hohem Potenzial gibt, die jedoch nicht erkannt und gefördert werden. Deshalb bilden sie den größten Anteil in der Gruppe der so genannten Minderleister.

Wenn in dieser Publikation ein spezifischer Blick auf begabte Minderheiten gerichtet werden soll, dann geschieht dies im Schnittpunkt von ethnischer Diversität und Schulleistung. Mein Blick hat sich erst in den letzten Jahren nach und nach geschärft, nicht zuletzt aufgrund der zahlreichen Kinder und Jugendlichen in meinen Projekten, die zwar aus bescheidenen Verhältnissen stammen, jedoch durch ihre Leistungsexzellenz, Motivation, ihren Erkenntnisdrang oder ihre Leichtigkeit, mit der sie lernten, auffielen. Ihnen allen danke ich, dass sie mich haben Anteil nehmen lassen an ihren Schul- und Berufslaufbahnen und dass ich in den zahlreichen Interviews mit ihnen viel Wissen erworben habe, das mich dazu geführt hat, diesen «neuen Blick» auf sie zu wagen.

In den Dank einschließen möchte ich auch die Eltern dieser Kinder und Jugendlichen. Sie haben nicht nur viele Interviewfragen beantwortet, sondern ihre Kinder auch immer wieder zur Teilnahme an unseren Studien motiviert. Danken möchte ich auch allen Lehrkräften, den Verantwortlichen der Bildungsdepartemente und weiteren Fachleuten, die mir mit ihren Rückmeldungen wichtige Hinweise für die Bearbeitung der Thematik geliefert haben.

Schließlich danke ich meinen Mitarbeitern, Danijel Maric und Matthias Felix, für ihre sorgsame Bearbeitung des Manuskripts bis zu seiner Fertigstellung.

Mit dieser Publikation betrete ich im deutschsprachigen Raum Neuland. Deshalb verbinde ich mit ihr drei Hoffnungen: Erstens, dass sie dazu beitragen möge, Anstrengungen von Kantonen (Ländern), Behörden und Bund zu unterstützen, den Blick auf begabte Minderheiten zu schärfen und eine bewusstere und gerechtere Begabungs- und Talentförderung anzustreben. Zweitens, dass die hier aufgeworfenen Fragen mit anderen aktuellen Themen verknüpft und zu einem bildungspolitischen Auftrag ausgebaut werden, der die Förderung von Leistungsexzellenz in einem umfassenden, auf alle Kinder und Jugendlichen ausgerichteten Sinn versteht und deshalb die Problematik der «Chancengleichheit als Kulturen verbindende Abwertung von Schwachen» (HÄBERLIN, 2008) in einem neuen Sinne diskutiert. Ich denke dabei an die aktuelle Frage der frühkindlichen Bildung und ihre Möglichkeiten, zum Aufbau von Startchancengleichheit beizutragen (STAMM & VIEHHAUSER, 2009), an die Diskussionen zur früheren Einschulung und die damit verbundene Neustrukturierung der Schuleingangsphase in der Schweiz (WANNACK, SÖRENSEN, CRIBLEZ & GILLERION GIROUD, 2006) oder an Projekte wie «START», eine von der Deutschen Gemeinnützigen Hertie-Stiftung und anderen Institutionen geförderte Bildungsinitiative. START soll begabten und gesellschaftlich engagierten jungen Menschen mit Migrationshintergrund den Zugang zu höheren Bildungsabschlüssen erleichtern und als Investition in Köpfe einen Beitrag zur Integration und zur Toleranz zwischen jungen Menschen leisten (FAZ, 2007).

Schließlich verbinde ich mit der Publikation die Hoffnung, dass sie einen Beitrag zum positiven Einfluss unserer kulturellen Vielfalt auf die Dynamik von Talententwicklung und Leistungsexzellenz und damit auf die Betonung des Mehrwerts von Minoritätsgruppen zur Integration und zur Toleranz zwischen jungen Menschen leistet.

Einleitung

Hochbegabung, überdurchschnittliche oder besondere Begabung – wie auch immer man das Phänomen bezeichnen will; dass es Personen gibt, welche deutlich bessere Leistungen oder ein auffallend höheres Potenzial als andere mitbringen – ist eine Thematik, die über weite Strecken salonfähig geworden ist und als Notwendigkeit eines gut entwickelten Bildungssystems und einer demokratischen Gesellschaft erkannt wird. Sie gilt heute als politisch konsensfähiges Thema, das seinen Niederschlag in Parteiprogrammen und Strategiepapieren, aber auch in vielen Gesetzgebungen und im neuen Schweizer Berufsbildungsgesetz (nBBG) gefunden hat. Auch in der pädagogischen Praxis hat sich viel getan: Begabungsförderung ist in den letzten Jahren vielerorts zu einem Schwerpunkt der Schul- und Bildungslandschaft geworden. Viele Programme wurden entwickelt, Beratungspraxen eröffnet oder Nachdiplomstudiengänge konzipiert. Die aktuellen Rahmenbedingungen für begabungsfördernde Maßnahmen sind so gut wie nie zuvor. Dies gilt zumindest für die Schweiz, wozu das ‹Netzwerk Begabungsförderung›, eine Dienstleistung der Schweizerischen Koordinationsstelle für Bildungsforschung in Aarau, wesentlich dazu beigetragen hat. Der Pilotbetrieb für die Jahre 2000 bis 2003 wurde von 20 Kantonen der Deutschschweiz getragen und mitfinanziert. Nach einer anschließenden Übergangsphase übernahmen die EDK-Regionalkonferenzen der Deutschschweiz seine finanzielle Trägerschaft. In ihm sind all jene Personen zusammengeschlossen, die sich beruflich oder als Eltern mit der Thematik Begabungsförderung auseinandersetzen (www.begabungsfoerderung.ch).

In wissenschaftlicher Hinsicht sieht die Situation nicht so günstig aus, gibt es doch nur wenige Forschungsprojekte, die sich ausschließlich mit Hochbegabung befassen (HOYNINGEN-SÜESS & GYSELER, 2006; SCHULTHESS-SINGEISEN, 2006; STAMM, 2007a). Wesentlicher jedoch scheint aus meiner Perspektive die Tatsache, dass die Beschäftigung mit Hochbegabung Anlass für die Lancierung vieler anderer Projekte geworden ist. Spezifisch gilt dies auch für die in dieser Publikation verfolgte Frage der begabten Minderheiten. Sie basiert auf wesentlichen Erkenntnissen der Studie «Frühlesen und Frührechnen als soziale Tatsachen», zu der eine Publikation vorliegt (STAMM, 2005a). Gleiches gilt für die vom Schweizer Nationalfonds (SNF) finanzierte Studie «Schulabsentismus in der Schweiz – ein Phänomen und seine Folgen» (STAMM, RUCKDÄSCHEL & TEMPLER, 2008), für die von der Gebert-Rüf-Stiftung geförderten Studie «Die Zukunft verlieren? Schulabbrecher in der Schweiz» (STAMM, 2007a) und auch für das von der Berufsbildungsforschung des Bundesamtes für Berufsbildung (BBT) in Auftrag gegebene Projekts «Hoch begabt und ‹nur› Lehrling?» resp.

das Folgeprojekt «Begabung und Leistungsexzellenz in der Berufsbildung» (STAMM, 2007b). Alle diese Studien lassen eine Gesamterkenntnis zu, nämlich, dass

- Leistungsexzellenz mit Schulabsenz einher gehen kann: Recht viele der Frühleser und Frührechnerinnen waren Schulschwänzer. Schulabsentismus betrifft folglich nicht nur – wie dies bisher in Medien und Wissenschaft dargestellt worden ist – schlechte Schülerinnen und Schüler, sondern auch gute und überdurchschnittlich begabte Kinder und Jugendliche;

- Leistungsexzellenz nicht vor Schulabbruch oder -ausstieg schützt: Im Verlaufe der obligatorischen Schulzeit haben insgesamt 22 der 383 ehemaligen Frühleser und Frührechnerinnen (7,5%) die Schule resp. eine Ausbildung abgebrochen haben und somit die Annahme aufgegeben werden muss, dass akzelerierte Kompetenzen und/oder überdurchschnittliche Begabung vor nicht-linearen Schullaufbahnen, Schulversagen, Abstieg oder Ausstieg schützen;

- Leistungsexzellenz nicht vor Schulunlust schützt: Mit zunehmender Beschulung zeigte sich bei einem Teil der Jugendlichen eine ausgeprägte Schulunlust, die einer der wesentlichsten Gründe dafür gewesen sein dürfte, weshalb fast ein Drittel der Frühleser und Frührechner in die Berufsbildung eintraten, obwohl sie die kognitiven Voraussetzungen für eine akademische Laufbahn bei weitem erfüllt hätten (STAMM, 2005b). Dies war für mich Motivation, in der Berufsbildung die Frage hoch begabter Lernender zu untersuchen.

Für die vorliegende Publikation wesentlich war, dass ich über all die Jahre gelernt habe, wie wichtig der soziale Hintergrund eines Menschen, gerade in der Schweiz, für seine schulische und – in geringerem Umfang – auch für seine berufliche Karriere ist. Überdeutlich hat sich dies im Rahmen meiner verschiedenen Evaluationsstudien von Begabungsförderprogrammen gezeigt. Sowohl im Projekt «Universikum» der Stadt Zürich (STAMM, 2001) als auch in den Begabungsförderprogrammen des Kantons Aargau (STAMM, 2003a) hat sich mit großer Deutlichkeit gezeigt, dass Kinder mit Minoritätshintergrund deutlich unterrepräsentiert sind. Andere Evaluationen förderten identische Befunde zu Tage (IMHASLY, 2004). Solche Probleme sind international erkannt. In den USA (BALDWIN, 1994; US DEPARTMENT OF EDUCATION, 1991; FORD & HARRIS, 1999), in Großbritannien (WEST & PENNELL, 2003; SWANN, 2004) oder in Australien und Neuseeland (DAY, 1992; CRAWFORD, 1993; REID, 1994) werden sie seit längerer Zeit unter den Stichworten ‹gifted disadvantaged› und ‹cultural diversity and giftedness› untersucht und in großen Reports empirisch bestätigt, so im Swann Report (DEPARTMENT FOR EDUCATION AND SCIENCE, 1985) oder im

Report National Excellence (ROSS, 1993). Die deutschsprachige Forschung hat solche Randgruppen bisher jedoch nicht berücksichtigt.

Gerade PISA hat für Belgien, Deutschland und die Schweiz eine besondere Gemeinsamkeit herausgestrichen: In diesen Ländern tragen die Schulen so wenig wie nirgendwo sonst dazu bei, Kindern mit schlechten Startchancen zu guten Leistungen zu verhelfen und den Schulerfolg von der sozialen Herkunft zu entkoppeln. Dieser unangenehme Befund hat dazu geführt, dass sich die Forschung zunehmend mit diesen, meist aus sozioökonomisch und kulturell benachteiligten Verhältnissen stammenden ‹Bildungsverlierern› befasst. Sie gelten als nicht erfolgreich und problembehaftet, schlicht: als bildungsfern und defizitär. Ist somit Schulerfolg ohne Bildungsnähe gar nicht möglich? Gibt es keine überdurchschnittlich begabten Kinder aus benachteiligten Familien? Ein flüchtiger Blick in die Begabungsförderprogramme oder in die Lernstandserhebungen von Schulanfängern scheint solche Vermutungen zu bestätigen. In allen Angeboten ist diese Population minimal vertreten, und bei Schuleintritt ist sie Kindern aus privilegierten Familienverhältnissen in den Lese- und Mathematikkompetenzen deutlich unterlegen (STAMM, 2004; MOSER, STAMM & HOLLENWEGER, 2005).

Aber es gibt sie, die überdurchschnittlich begabten Schülerinnen und Schüler aus kulturell, sozial oder ökonomisch benachteiligten Familien. Sie sind bislang nur kaum ins Blickfeld der Mainstream-Forschung getreten. Ihre Existenz ist nicht nur in der Frühleserstudie oder im Projekt «Hoch begabt und ‹nur› Lehrling?» empirisch bestätigt worden, sondern auch in verschiedenen anderen, für unseren Bildungsraum relevanten Projekten, so etwa im Schweizerischen Nationalfondsprojekt zu den Secondos (BOLZMANN et al., 2003). Sie alle belegen, dass Leistungsexzellenz und überdurchschnittliche Begabung nicht zwingend an ein bildungsorientiertes Elternhaus gebunden und erfolgreiche Leistungsentwicklungen von Kindern und Jugendlichen aus bildungsfernen Familien über die gesamte Schul- und Ausbildungszeit hinweg möglich sind.

Die vielleicht zentralste Erkenntnis aus meinen Forschungsprojekten betrifft die Bedeutung des Eintritts eines Kindes in den Bildungsraum. Sowohl die Frühleseruntersuchung (STAMM, 2005a) als auch die Zürcher Erhebung zu den Lernständen von Erstklässlern (MOSER, STAMM & HOLLENWEGER, 2005) zeigten erstmals und mit einer beeindruckenden Deutlichkeit auf, dass Kinder aus bildungsfernen Familien beim Schuleintritt gegenüber privilegierten Kindern in Bezug auf ihren Kompetenzstand in Lesen und Mathematik benachteiligt sind und die Unterschiede bis zu einem halben Schuljahr oder mehr betragen können. Fast identische und ebenso ernüchternde Befunde liefert die Studie «Lernen und Leisten im Kopf» (STAMM, 2004). Sie untersuchte die Vorläuferfertigkeiten vier- und fünfjähriger Kinder in Lesen und Mathematik. Kinder aus privilegierten Familien verfügten dabei über deutlich bessere Lese- und Mathematikkompetenzen als Kinder aus eher bescheidenen Verhältnissen. Die Ursache lag in erster Linie am Umstand der anregungsreicheren familiären Situation, aber auch an der verstärkten Förderorientierung bildungsnaher Eltern.

Im Zuge all dieser Forschungsarbeiten kristallisierten sich zwei Erkenntnisse heraus: Erstens, dass es zwar richtig ist, dem Eintritt in den Bildungsraum (Kindergarten und Grundschule) eine weit größere als bis anhin zugedachte Bedeutung beizumessen. Wenn es jedoch um die Herstellung gleicher Startchancen für alle geht, dann müssen entsprechende Bemühungen bereits vor dieser Phase einsetzen, d.h. während der frühen Kindheit zwischen null und vier Jahren. Frühkindliche Bildung ist daher keine isolierte Aufgabe der Familie und der vorschulischen Institutionen, sondern des gesamten Bildungssystems. Nur so dürfte es am ehesten gelingen, die Folgen sozialer Ungleichheit und Instabilität zu kompensieren und alle Kinder mit gleichen Startchancen auszurüsten. Dies gilt insbesondere auch für begabte Kinder aus benachteiligenden Familienverhältnissen. Zweitens ist jedoch der Glaube daran, dass früh geförderte Kinder später in ihrer Schullaufbahn keine Schwierigkeiten mehr haben werden, ein blauäugiger. Langfristiger Bildungserfolg und Interesse am lebenslangen Lernen kann nicht mit der Etablierung vorschulischer Bildungsprogramme garantiert werden. Mit Blick auf die Talentförderung begabter Minoritäten braucht es deshalb einen Perspektivenwechsel, der das gesamte Bildungssystem in den Blick nimmt. Denn die Unterrepräsentation bildungsbenachteiligter Gruppen in Begabungsförderprogrammen stellt ein Problem dar, das selbst wiederum als Teil eines größeren Problems verstanden werden muss: das Verfehlen unseres Bildungssystems, Benachteiligte und Minoritäten adäquat zu beschulen. Mehr Chancengleichheit im Bildungssystem heißt im Hinblick auf Begabungsförderung somit, die verborgenen Mechanismen der Verkopplung von Herkunft, Identifikation und Förderung sichtbar zu machen und zu eliminieren, damit auch die Nachkommen nicht privilegierter Bevölkerungsschichten die Chance bekommen, ihr Potenzial auf eine ihnen adäquate Weise zu entfalten. Leistung, Verhalten im Klassenzimmer und Ethnie verweisen auf Komplexität und Kontroversen. Wenn der Fokus auf die Extreme gelegt wird – Schülerinnen und Schüler mit ausgeprägten Schulleistungsstörungen und Verhaltensproblemen einerseits und solchen, welche als überdurchschnittlich begabt und talentiert angesehen werden andererseits – dann wird die Komplexität noch größer.

Gegenstand dieser Publikation ist eine unterschätzte, meist ausgeblendete Population im Bereich am oberen Ende der Skala: die begabten Minderheiten. Den Begriff ‹Minderheit resp. ‹Minorität› verwende ich nachfolgend immer in einem breiten Sinn, um ihn auf alle Kinder und Jugendlichen anzuwenden, die bezüglich ihrem sozioökonomischen Status, ihrer Sozialisationswege oder ihrer kulturellen Herkunft benachteiligt sind, weil sie in Armut und unter finanziellen Entbehrungen, in von der dominanten Kultur verschiedenen Umgebungen oder in Familien aufwachsen, in denen Bildung keinen hohen Stellenwert hat. Gewisse Kinder können mehreren dieser Gruppen angehören.

Gegliedert in fünf Teile und zehn Kapitel versuche ich, die Problematik und einige Lösungsmuster aufzuzeigen. In den ‹Voraussetzungen› in Teil I beantworte ich in den Kapiteln 1 und 2 die Frage, welche Gründe es für die Annahme gibt, dass begabte Minderheiten einen höheren Förderbedarf als vergleichbare Populationen haben. Teil II trägt den Titel ‹Frühe Erfahrungen›. In den Kapiteln 3 und 4 werden Antworten auf die Frage nach frühen Entwicklungseinflüssen gegeben und Programme vorgestellt, welche einen Beitrag zur vorschulischen Förderung leisten, unabhängig vom Blick auf überdurchschnittliche Begabung. Teil III (‹Schulerfahrungen›) stellt in Kapitel 5 die allgemeine Ausbildung und den Unterricht und deren potenzielle Rolle in der disproportionalen Platzierung von Minoritätskindern in Begabungsförderprogrammen in den Mittelpunkt. Dazu gehört die Frage, ob der gegenwärtige Status quo von Begabungsförderprogrammen tatsächlich in reliabler Weise begabte Kinder und Jugendliche identifiziert oder ob gewisse verzerrte Prozesse in Bezug auf Geschlechts- oder Ethniezugehörigkeit auszumachen sind. Kapitel 6 widmet sich dann den rechtlichen Grundlagen. Teil IV beantwortet in den Kapiteln 7 und 8 die Frage, wie Leistungsexzellenz verbessert werden kann. Während Kapitel 7 aktuelle Erkenntnisse zu Fragen der Identifikation, Definition und Klassifikation von Hochbegabung diskutiert, zeigt Kapitel 8 alternative Zugänge auf. In Teil V wird nach verbesserten Ausbildungsperspektiven gefragt. Kapitel 9 beantwortet dabei die Frage, welche Maßnahmen für überdurchschnittlich begabte Kinder und Jugendliche günstig sind. In Kapitel 10 werden schließlich auf der Basis der vielen verschiedenen Bereiche, welche in dieser Publikation diskutiert worden sind, einige hauptsächlichen Konklusionen formuliert, und die eingangs formulierten Fragen nochmals zusammenfassend beantwortet. Dies mündet in die Formulierung von acht Empfehlungen.

Teil I: Voraussetzungen

Schulleistung, Verhalten und Ethnie – das sind drei Komponenten des Schulerfolgs, die – wenn sie in ihrer Interaktion betrachtet werden – komplizierte Zusammenhänge zu Tage fördern und vielfältige Kontroversen auslösen. Wenn der
Fokus zusätzlich auf die beiden Enden der Skala gelegt wird, d.h. auf Schülerinnen und Schüler mit ausgeprägten Lernschwierigkeiten oder auf besonders leistungsfähige und/oder solche mit hohem Potenzial, dann multiplizieren sich Ver-
strickungen und Kontroversen.

In den nachfolgenden Kapiteln werden diese Schwierigkeiten angesprochen
und differenziert dargelegt. In Kapitel 1 werden nach der Formulierung der vier,
diese Publikation leitenden Fragen theoretische Begabungskontexte im Hinblick
auf begabte Minderheiten diskutiert, ein Kontextmodell der Schülerleistung dargestellt und auf dieser Basis der Einfluss des aktuellen Bildungskontextes auf
begabte Minoritäten diskutiert sowie die Rolle der Lehrpersonen reflektiert.

Kapitel 2 präsentiert nach der Erläuterung des aktuellen Forschungsstandes
eine Analyse zur Beteiligung von Schülerinnen und Schülern mit Minoritätshintergrund in Förderangeboten. Ihr folgt eine Diskussion über mögliche Hintergründe inklusive einiger Einschränkungen, die bei der Interpretation der Zugangspraxen zu berücksichtigen sind.

1 Zugang zur und Kontext der Thematik

Die Motivation, diese Publikation zu schreiben, liegt in der Tatsache der disproportionalen Repräsentation begabter Minderheiten in Begabungsförderprogrammen begründet. In diesem Kapitel werden die Grundlagen für die Diskussion
dieser insgesamt komplexen Thematik gelegt. In einem ersten Schritt werden
vier Fragen formuliert, welche in den nachfolgenden Kapiteln ausführlich diskutiert werden. Der zweite Teil untersucht die theoretischen Begabungskontexte im
Hinblick auf begabte Minderheiten. Neben einem historischen Rückblick konzentriert er sich auf vier weitere Aspekte: auf Kinder, deren Gemeinsamkeit zwar
die Spezialförderung ist, sie jedoch entweder am oberen oder am unteren Ende
der Skala anzusiedeln sind; auf ein Kontextmodell der Schülerleistung, das die
Bedeutung der Interaktion zwischen Lehrperson, Klasse und Kind vor dem Hintergrund bildungspolitischer Einflüsse nachzeichnet und schließlich auf den aktuellen Bildungskontext und die Rolle der Lehrperson.

Dass begabte Schülerinnen und Schüler aus benachteiligten Familien in Be-
gabungsförderprogrammen stark untervertreten sind, belegen viele der verfügba-
ren Evaluationen. Sichtet man beispielsweise die etabliertesten Programme der
Schweiz – so die Maßnahme «Klassenüberspringen im Kanton Zürich» (AM-
MANN & BÄHR, 2000), der «Fördertag im Kanton Thurgau» (HOYNINGEN & GY-
SELER, 2001), das Programm «Förderung begabter Schulkinder» im Kanton Bern
(WOLFGRAMM, 2004), den Pilotversuch «Begabtenförderung in Volksschulklas-
sen im Kanton Zürich» (STAMM, 2001), das Projekt «Exploratio Zürich» (HOY-
NINGEN-SUESS & GYSELER, 2007) sowie das Programm «Begabungsförderung in
der Volksschule des Kantons Aargau» (STAMM, 2003b), so zeigt sich durchgehend das gleiche Bild: In den Förderprogrammen sind leistungsstarke und im
Verhalten angepasste Kinder aus der Mittel- und Oberschicht übervertreten, während Kinder aus bildungsfernen Milieus, ausländischer Nationalität, Mädchen
und behinderte Kinder unterrepräsentiert sind. Der Anteil an Kindern mit Minoritätshintergrund beträgt insgesamt nur 5% bis 10% (ebd.; IMHASLY, 2004;
HOYNINGEN-SÜESS & GYSELER, 2007).

Wenn Förderprogramme adäquate, individuelle Instruktion anbieten und
sich dabei zur Rechenschaftslegung über das Lernen des Schülers resp. der Schülerin verpflichten, dann erscheint es doppelt problematisch, wenn solche Kinder
und Jugendlichen einfach übergangen werden (was einer falsch-negativen Entscheidung gleich kommt). Ebenso oft dürfte auch der Fall eintreten, dass solche
Schülerinnen und Schüler als hoch begabt identifiziert werden, obwohl sie nicht

über die erforderlichen Fähigkeiten verfügen (was einer falsch-positiven Entscheidung entspricht[1]).

Insgesamt ist es ein Problem, wenn qualifizierte begabte, jedoch benachteiligte Kinder, welche eine Förderung wohl am nötigsten hätten, im Identifikationsprozess übersehen werden. Genauso problematisch ist es jedoch, wenn beispielsweise aufgrund einer Quotenregelung Minoritätsschüler ausgewählt werden, obwohl sie eigentlich den Anforderungen von Begabungsförderprogrammen gar nicht genügen. Die Lösung des Problems liegt somit nicht einfach darin, dass lediglich die ethnischen Unterschiede in der Zuweisung eliminiert und begabte Minoritäten verstärkt oder gar mittels Quotenregelung in Begabungsförderprogramme aufgenommen werden. Von grundsätzlichem Interesse ist vielmehr, wie und weshalb solche Disproportionalitäten zu Stande kommen. Mein Zugang zur Thematik wird deshalb durch vier Fragen bestimmt:

1. Welche Gründe sprechen dafür, dass überdurchschnittlich begabte Schülerinnen und Schüler einen höheren Förderbedarf haben? Trifft dies spezifisch für Angehörige von Minoritätsgruppen zu? Gibt es gewisse Entwicklungsfaktoren, die sich nach Ethnie und sozialer Herkunft unterscheiden?

2. Welchen Beitrag leistet die Schule mit ihrer Lern- und Leistungsförderung zur Manifestation von überdurchschnittlicher Begabung? Mit welchen Strategien stellt sie sicher, dass sie Talententwicklung moderiert und nicht hemmt oder gar verhindert?

3. Sind die zur Anwendung gelangenden Identifikationsmethoden reliabel? Ist es möglich, dass gewisse Identifikationsprozeduren in Bezug auf ethnische und sozio-ökonomische Aspekte verzerrt sind?

4. Welche Fördermaßnahmen sind gut für überdurchschnittlich Begabte, und sind sie auch wirksam für begabte Minoritäten?

Die Vision, welche in dieser Publikation entfaltet wird, basiert auf dem Verständnis, dass auch Kinder aus bescheidenen oder gar benachteiligten Familienverhältnissen herausragende Talente haben können. Um der Entfaltung dieses

---

[1]   Zur Identifikation überdurchschnittlich Begabter wird üblicherweise ein Grenzwertkriterium eingesetzt, um eine richtige Zuweisung zu einem Förderprogramm zu gewährleisten. Dabei unterscheidet man neben der korrekten Zuweisung zwei Fehlformen: (1) wenn eine Person einem Förderprogramm zugewiesen wird, obwohl sie aufgrund ihrer Fähigkeiten nicht als überdurchschnittlich begabt zu bezeichnen wäre, dann spricht man von einem Fehler I oder einem α-Fehler; (2) wenn eine Person ungerechtfertigterweise nicht als überdurchschnittlich begabt bezeichnet und keinem Förderprogramm zugewiesen wird, obwohl sie über die entsprechenden Fähigkeiten verfügt, dann spricht man von einem Fehler II oder einem ß-Fehler.

Talents eine Chance geben zu können, müssen Ausbildung und Förderung enger verzahnt werden. Gerade bei benachteiligten begabten Kindern soll das ‹früher = besser›-Prinzip schon vor dem Schuleintritt zum Zug kommen. Je effektiver biologische Schädigungen und Verletzungen zurückgebunden werden und je früher solche Kinder Support für ihre kognitive und verhaltensmäßige Entwicklung erhalten, desto weniger Kinder werden in der Schule mit dem Risiko des Scheiterns behaftet sein und desto mehr werden sich ihre Talente entfalten können (vgl. dazu auch STEDTNITZ, 2008).

1.1 Begabte Minoritäten im historischen Kontext

Die disproportionale Verteilung benachteiligter Kinder hat historische Grundlagen. Sie erst ermöglicht, den aktuellen Bildungskontext zu verstehen, in dem sich diese Komplexität äußert.

Eine erste Diskussion um Begabung und soziale Herkunft begann vor hundert Jahren mit dem ‹Aufstieg der Begabten› von PETERSEN (1916) und den ersten Intelligenzmessungen von Stern, dessen Erkenntnisinteresse sich unter anderem auch darauf konzentrierte, Kinder mit Risikofaktoren aus benachteiligten Milieus zu entdecken (PETER & STERN, 1919). Im weiteren Verlauf des 20. Jahrhunderts traten solche Bemühungen zunehmend in den Hintergrund, da TERMAN und ODEN (1959) im Rahmen ihrer viel beachteten Längsschnittstudie hatten nachweisen können, dass drei Viertel der begabten Kinder aus der Mittel- und Oberschicht und nur ein Viertel aus dem Arbeitermilieu stammten. Nach dem zweiten Weltkrieg erlangte jedoch gerade dieses Viertel erneut Aktualität. Denn im Gefolge des Sputnikschocks vom Oktober 1957 wurde Bildung zu einem wichtigen Faktor im Wettbewerb des Westens gegen den Osten, so dass sich das bildungspolitische Interesse nun auf den Ausbau der institutionellen Bildung und damit auf die Ausschöpfung der Begabungsreserven konzentrierte. In den USA hieß die Antwort kompensatorische Erziehung und Head-Start (SMITH & BISSELL, 1970), im deutschsprachigen Raum waren es Programme zur kognitiven Frühförderung und zur Intelligenzentwicklung (LÜCKERT, 1969) sowie Initiativen zu Gunsten der Benachteiligten im Bildungswesen, die erstmals in einer systematischen Soziologie der Bildungsbeteiligung ihren Niederschlag fanden. Im Mittelpunkt stand dabei die empirische Untersuchung der realen Bildungswege von Kindern unterschiedlicher sozialer Herkunft auf der Folie des Postulats der Chancengerechtigkeit. Die berühmte Kunstfigur des ‹katholischen Arbeitermädchens vom Lande› (PEISERT, 1967), die auf die vier am stärksten benachteiligten Gruppen verwies, wurde fortan zum Beleg, dass nicht Begabung und Leistungsfähigkeit Grundlagen des Schulerfolgs waren, wie dies dem ‹Bürgerrecht auf Bildung› von DAHRENDORF (1965) entsprochen hätte, sondern, dass sie in hohem Maße von der sozialen Herkunft abhängig waren. Der Mensch solle nicht länger sein, als was er geboren wurde, sondern er solle werden, was er kann.

Solche Forderungen fanden in Pichts ‹Bildungskatastrophe› (1964) einen Motor, der dank seiner Prophezeiung, dass der Mangel an qualifiziertem Nachwuchs zu einem Verlust der Wettbewerbsfähigkeit der deutschen Wirtschaft führen werde, zum Ausgangspunkt gesellschaftlicher Modernisierung wurde.

Damit verbunden war auch eine öffentliche Entmythologisierung des Begabungsbegriffs, dargelegt in Heinrich ROTHS (1969) Gutachten ‹Begabung und Lernen›. In der Einleitung schrieb er, dass Begabung und Intelligenz als Begriffe ausgedient hätten. Sie sollten einem neuen Lernbegriff Platz machen, in dessen Mittelpunkt Lernfähigkeit, Lernzuwachs oder Lernverfahren zu stehen hätten. Für den hier gewählten Argumentationsgang wesentlich ist allerdings Roths Formulierung, wonach «die gesamte kulturelle Entfaltung der Person entscheidend von den Lernprozessen abhängt, in die der Heranwachsende in der Schule (…) verwickelt wird. Wie intensiv sich das Kind diesen Lernprozessen unterzieht, hängt wiederum von der allgemeinen Leistungsmotivation ab, die Elternhaus und Schule in ihm aufzurichten vermochten» (S. 36). Im gleichen Band differenzierte MOLLENHAUER (1969) diese Problematik unter dem Titel ‹Sozialisation und Schulerfolg› weiter. Er schrieb: «Die Lernfähigkeit von Kindern und ihr Leistungsniveau sind abhängig von verschiedenen Variablen, die den Sozialisationsprozess standardisieren. Durch ihr Zusammenwirken bringen sie Dispositionen im Kinde hervor, die als kollektive Chancenunterschiede begriffen werden müssen. Die Lernfähigkeit des Kindes als ein Aspekt seiner ‹Begabung›, unterliegt damit einer Reihe von Bedingungen, die sich für die Unterschicht relativ beschränkend, für die Mittelschicht sich relativ fördernd auswirkt. Diese restriktiven Bedingungen, die im Sozialisationsprozess wirksamen ‹Begabungs›-Barrieren, sind vornehmlich in sozio-ökonomischen Bedingungen, Wertorientierungen, Erziehungspraktiken und familienstrukturellen Merkmalen zu suchen.» (S. 292).

Seit den 1980er Jahren sind die Bemühungen stetig gewachsen, die Leistungslücken zwischen einheimischen und Kindern mit Minoritätshintergrund sowie zwischen Mittel- resp. Oberschicht und Bildungsbenachteiligten zu schließen. Doch spiegelt sich in den deutschsprachigen Ländern die herkunftsbedingte Ungleichheit nach wie vor im Fakt, dass die Aussicht auf Hochschulbildung zwar kontinuierlich gestiegen ist, für Kinder aus der Mittel- und Oberschicht um durchschnittlich mehr als 30%, für Kinder aus der Unterschicht jedoch um weniger als 9% (KRÜGER & GRUNERT, 2002). Die Bildungsexpansion hat somit nicht dazu geführt, dass herkunftsbedingte Einflüsse auf die Höhe der erreichten Abschlüsse im allgemeinbildenden Schulsystem geringer geworden wären. Zwar zeigen Kohortenanalysen (MEULEMANN, 1999), dass im Generationenvergleich der Einfluss der sozialen Herkunft geringer geworden ist und die Bildungsexpansion allen Bevölkerungsgruppen zugute kommt, Kinder aus niedrigen Sozialschichten jedoch nach wie vor deutlich schlechtere Bildungschancen haben. Damit liegen erneut Beweise vor, dass wir substanziellere Reformen brauchen.

Interessanterweise hat sich der noch in den achtziger Jahren auf die allgemeine Begabung ausgerichtete Fokus gegen die neunziger Jahre hin zunehmend und mit einiger Verzögerung gegenüber den anglo-amerikanischen Ländern auf die Thematik der Hochbegabung verschoben. Legitimiert wurde dieser Perspektivenwechsel mit der Feststellung, dass sich die Verwirklichung der Chancengleichheit bis anhin allzu stark auf die schwachen Schülerinnen und Schüler konzentriert habe und im Sinne der Chancengerechtigkeit nun eine angemessene Berücksichtigung hoch begabter Schülerinnen und Schüler mit ihren unterschiedlichen Eignungsvoraussetzungen und Lernbedürfnissen zu erfolgen habe (HELLER, 2001). Längsschnittstudien wie die von ROST (1991; 2000) oder von HELLER (2000) sind Ausdruck dieses Paradigmawechsels. Trotzdem konnte sich – abgesehen von der Thematik hoch begabter Mädchen – im ganzen deutschsprachigen Raum kein expliziter Forschungsschwerpunkt zu benachteiligten Gruppen überdurchschnittlich Begabter entwickeln, so dass dieser Bereich bis heute unterbelichtet geblieben ist.

Die Geschichte von Schule und Begabung kann auch auf der Folie der beiden Paradigmen Homogenität und Heterogenität gelesen werden. Homogenität hat über Jahrzehnte hinweg eine zentrale Rolle gespielt. Die allgemeine Schulbildung hat lange Jahre auf dem Gedanken basiert, wonach Gruppen von zwanzig oder mehr Schulkindern gleichen chronologischen Alters von einer Lehrkraft und anhand eines Curriculums, das für alle gilt, effektiv unterrichtet werden können. Dieses Homogenisierungsprinzip stand lange Jahre stellvertretend für eine grundlegende Funktionsweise unseres Schulsystems: für den Umgang mit einer ursprünglich heterogenen Schülerschaft vor allem über Maßnahmen der externen Leistungsdifferenzierung, um sie auf diese Weise in homogenere Lerngruppen zu unterteilen. Solch eine schrittweise Homogenisierung der Schülerschaft war jedoch mit zwei aus heutiger Sicht schwerwiegenden Problemen verbunden. Zum einen mündete sie in einen Prozess von sozialer und ethnischer Segregation: Schülerinnen und Schüler mit bescheidenem sozioökonomischen Hintergrund oder Migrationshintergrund sind in den anforderungsniedrigen Schulstufen überrepräsentiert. Zum anderen scheint insbesondere das oftmalige Wiederholen von Klassen eine mehr oder weniger willkürliche Angelegenheit zu sein. BLESS et al. (2005) konnten in ihrer Schweizer Untersuchung aufzeigen, dass – hauptsächlich in der Romandie – als wichtiger Risikofaktor für eine Klassenwiederholung die ausländische Herkunft der Kinder hinzukam. Mussten in der deutschsprachigen Schweiz 1,9% der Kinder eine Klasse wiederholen, so waren es in der französischsprachigen Schweiz 2,8%. Bei den repetierenden Kindern in der Romandie betrug der Ausländeranteil 53,7% (deutsche Schweiz 23,8%). Dies ist umso erstaunlicher, als die Immigrantenpopulation in der französischsprachigen Schweiz zu einem großen Teil aus dem Mittelmeerraum (Italien, Spanien und Portugal) stammt und so linguistische und auch kulturelle Verwandtschaften bestehen. In der deutschsprachigen Schweiz ist dies anders: da sind in den letzten Jahren vermehrt Kinder aus Ex-Jugoslawien, der Türkei und

Albanien und somit aus entfernteren Kulturräumen eingeschult worden. Das Forscherteam konnte zudem aufzeigen, dass künftige Repetierende von ihren Lehrkräften systematisch unterschätzt wurden.

Ein anderer wesentlicher Kritikpunkt ist die wachsende Anzahl an Kindern in separierenden Spezialförderungsmaßnahmen, aber auch die Tatsache, dass immer mehr Kinder eine integrierte Förderung bekommen und diese Frage somit insgesamt dazu beigetragen hat, die Defizitperspektive zu verstärken. Gleichzeitig ist in den letzten Jahren immer deutlicher geworden, wie multikulturell unsere Gesellschaft in Bezug auf Kultur, Herkunft und Erstsprache geworden ist. In den 50er Jahren waren 92% der Schülerpopulation Schweizer gewesen. Im Jahr 1980 waren es nur noch 84% und im Jahr 1990 78,3%. Im Jahr 2006 betrug ihr Anteil noch 76,7%. Solche empirisch belegten Ergebnisse wurden Teil des Zweifels, ob der eingeschlagene Weg zum Umgang mit Heterogenität in der Schülerpopulation wirklich der richtige war. Sie führten dazu, dass das Homogenitätsmodell zunehmend unter Druck geriet.

Deshalb erstaunt es wenig, dass sich in der Schweiz Mitte der Neunziger Jahre der Schulentwicklung durchzusetzen begann, die Heterogenität als Leitidee für Unterrichtsentwicklung zu postulieren und die anhin dominierende Defizitorientierung durch eine Potenzialorientierung ersetzt haben wollte. Damit verbunden wurde ein generell neues Rollenverständnis von Lehrpersonen und eine Neuausrichtung auf zwei pädagogische Leitideen; auf die Integration einerseits und die Individualisierung andererseits. Eine wesentliche Rolle spielten dabei die Kantone und ihre Bemühungen um die Etablierung begabungsfördernder Maßnahmen (SCHWEIZERISCHE KOORDINATIONSSTELLE FÜR BILDUNGSFORSCHUNG, 1999). In dem Maße, wie sich die Schule nun auf Integration und Individualisierung konzentrierte und den umfassenden Förderauftrag in den Mittelpunkt stellte, wuchs das Verständnis, dass dazu auch Kinder und Jugendliche mit ungewöhnlich hohen Fähigkeiten in verschiedenen Begabungsdomänen gehören. Es begann sich der Gedanke durchzusetzen, dass nicht nur Überforderung, sondern auch Unterforderung bei der kindlichen Leistungsentwicklung eine Rolle spielte: Während die einen Schülerinnen und Schüler aus Überforderung im Unterricht hoffnungslos zurückbleiben, werden die anderen aus Unterforderung frustriert und gelangweilt. Im Gegensatz zu Kindern am unteren Ende der Skala, deren geringe kognitive Fähigkeiten durch physische und medizinische Ursachen oder durch Lernprobleme bedingt sein können, lernen Schülerinnen und Schüler am oberen Ende der Skala in der Regel schneller als der Durchschnitt, weshalb sie durch die Stoffvermittlung ungenügend herausgefordert sind und häufig mit Motivationsproblemen und Minderleistung zu kämpfen haben.

Heute ist zwar Begabungsförderung mit Herausforderungen verlinkt, welche durch die Diversität der Schülerinnen und Schüler entstehen, doch ist die Situation begabter Kinder mit Minoritätshintergrund unberücksichtigt und deshalb eine Black Box geblieben. Für talentierte und begabte Kinder aus solchen Milieus hat sich dadurch eine fast inverse Situation ergeben, wobei die Probleme in vielerlei Hinsicht mit denjenigen in sonderpädagogischen Förderprogrammen identisch sind. Sind Kinder in solchen Programmen übervertreten, sind sie in begabungsfördernden Maßnahmen durchgehend deutlich untervertreten. Unterschiedlich ist jedoch, dass die Schulbehörden keine analogen Verpflichtungen in Bezug auf die Förderung begabter Schülerinnen und Schüler haben, wie dies für Kinder mit Sonderschulbedarf gilt. Demzufolge bestehen keine Rechte für Begabte, gleich wie Sonderschüler gefördert zu werden. Zwar ist in den meisten Schulgesetzen der Fördergedanke verankert, aber sie haben trotzdem kein Anrecht auf eine ihren Fähigkeiten angepasste Ausbildung. Obwohl die Schulgesetze ein fundamentales Recht auf Bildung einschließen und festhalten, dass Kinder entsprechend ihren individuellen Fähigkeiten gefördert werden sollen, ist das Recht Hochbegabter kein Recht auf eine spezielle Art von Ausbildung. Dazu kommt für die Schweiz, dass zwar die (Hoch-)Begabungsdefinitionen zwischen den Kantonen variieren, weit stärker jedoch die Identifikations- und Fördermaßnahmen. Obwohl einzelne Kantone über spezifische Einrichtungen für Begabte verfügen, bleibt es meistens bei der Empfehlung solcher Angebote, wobei die Entscheidung für den Einsatz eines Programms oder einer Maßnahme wie auch Finanzierung ebenfalls ihnen überlassen ist und die Förderung überdurchschnittlich Begabter in die Verantwortung der Schule gelegt wird.

Diese großen Unterschiedlichkeiten machen verständlich, weshalb Datensammlung, Monitoring und Forschungsbasis insgesamt nicht nur begrenzt, sondern auch quantitativ und qualitativ sehr unter-schiedlich sind. Aus solchen Gründen sind wir uns auch dessen nicht bewusst, was im nächsten Kapitel beschrieben wird: dass es ein ‹Paradoxon der Begabungsförderung› gibt.

1.2 Das Paradoxon der Begabungsförderung

Der Begabungsförderung inhärent ist ein kaum wahrgenommenes Paradoxon: die disproportionale Platzierung von Kindern aus benachteiligten Familien. Das Begabungsförderprogramm, das zusätzliche Ressourcen und Unterstützung bereit stellen und so das überdurchschnittliche Potenzial von Kindern und Jugendlichen entwickeln will, benachteiligt gleichzeitig Schülerinnen und Schüler mit Minoritätshintergrund, weil es sie nicht zur Fördermaßnahme zulässt. Zwar ist Disproportionalität in der Zulassung für Begabungsförderung an sich nicht problematisch, wenn der Effekt auf Grund der Zielsetzung entstanden ist, den Zugang auf der Basis anspruchsvoller und qualitativ hochstehender Curricula einzuschränken. Disproportionalität ist aber dann ein Problem, wenn ein Schulkind stigmatisiert, tieferen Erwartungen ausgesetzt ist und als weniger begabt eingestuft wird. Dies führt nicht nur zu deutlich geringeren Nominationschancen und in der Regel auch zu geringeren Erwartungshaltungen der Lehrpersonen, sondern auch zu weniger guten Schulleistungen.

Diese Situation besteht schon seit der Lancierung der ersten Begabungsförderprogramme in den 1990er Jahren. In den angloamerikanischen Ländern ist sie schon seit 1930er Jahren bekannt. Auch hierzulande hat sich das Verständnis, wie Kinder lernen und mit welchem Potenzial, in den letzten Jahren geändert. Die in Kapitel 2 zu diskutierenden Daten werden diese Disproportionalität deutlich aufzeigen, aber sie werden nicht einfach zu interpretieren sein. Im Hinblick auf die großen Auswirkungen, welche erschwerte Lebensumstände und -bedingungen auf benachteiligte Gruppen haben, ist eine proportionale Repräsentation in Begabungsförderprogrammen fast unmöglich. Aber ohne genaue Angaben zur Anzahl und den Hintergründen überdurchschnittlich Begabter können wir gar nicht wissen, ob eine ethnische Gruppe in den einzelnen Kategorien über- oder unterrepräsentiert ist. Wie bereits vorangehend festgestellt worden ist, ermöglicht eine Platzierung in Begabungsförderprogrammen, dass die individuellen Bedürfnisse gegenüber einem Schulkind aus einer benachteiligten Familie verstärkt wahrgenommen werden. Gleichzeitig kann damit jedoch auch eine Stigmatisierung verbunden sein, weil eine Platzierung in einem solchen Förderprogramm mit einer Separation von den kulturgleichen Peers einhergeht. Solche Separierungstendenzen gelten zwar für beide Gruppen – privilegierte und benachteiligte Kinder und Jugendliche – für letztere zählen sie jedoch doppelt. Denn für sie entsteht dadurch ein Dilemma, das in Kapitel 2 noch einmal angesprochen wird: Entweder übernehmen sie das Verhalten der vorherrschenden Kultur und besuchen das Förderprogramm, nehmen jedoch dafür in Kauf, sich von ihrer Gemeinschaft und Tradition zu distanzieren oder dann halten sie die Loyalität zu diesen beiden Systemen aufrecht, können jedoch solche intellektuellen Herausforderungen nicht annehmen.

Wie diese kurze Darstellung gezeigt hat, liegt dem Paradoxon zwar das Diversitätsproblem zu Grunde, doch ist dieses wiederum eine Funktion der Sozialpolitik sowie des wissenschaftlichen und philosophischen Verständnisses, das ihm zu Grunde liegt. Auch die Verteilung der Ressourcen (Personal, zusätzliche Ressourcen, Arten der Förderprogramme und Anzahl sowie gesetzliche Grundlagen) ist von diesem Verständnis abhängig. Wichtig wäre somit die Etablierung einer allgemein anerkannten Definition von (Hoch-)begabung, um den Anspruch nach Förderung dieser Population abzusichern.

Handlungsleitend für die in den nächsten Kapiteln formulierten Überlegungen ist ein Modell, das die Komplexität der einschlägigen Probleme in Bezug auf die Identifikation des Kindes als atypischen Lerner darstellt. Dabei wird ersichtlich, dass die Benennung eines Kindes als überdurchschnittlich begabt Teil des Ergebnisses ist, was in der Schule geschieht.

1.3 Ein Kontextmodell der Schülerleistung

Für die Zulassung zu Begabungsförderprogrammen stellt die Identifikation den zentralen Prozess dar. Er hat sein Herzstück in der individuellen Schülerleistung. Vorangehend ist argumentiert worden, dass der Entscheid entlang dieses Leistungskontinuums – ob Nomination oder nicht – ein zufälliger und ein künstlicher ist. Faktoren, welche beeinflussen, ob ein Schüler entlang dieses Kontinuums liegt, sind deshalb von größter Wichtigkeit. Die Komplexität der Probleme von kulturellem Hintergrund einerseits und Schulkontext andererseits machen es jedoch fast unmöglich, diejenigen kontextuellen und interpersonalen Faktoren zu benennen, welche die Zuweisungs- und Platzierungsmuster beeinflussen. Ein Kind, das ausserordentliche Leistungen zeigt, ist ein Produkt der Interaktion dieser Variablen. Deshalb ist es schwierig zu beurteilen, ob die Höhe dieser Leistung eher den Fähigkeiten, dem Verhalten, den intrinsischen Charaktermerkmalen des Kindes zugeschrieben werden sollen oder eher Konsequenzen des kindlichen Kontextes darstellen.

Verfechter des individuellen Ansatzes (des so genannten fixed-trait-Modellansatzes) gehen davon aus, dass sich überdurchschnittlich Begabte qualitativ von ihren Peers unterscheiden. Heute wird dieses Konzept jedoch in Frage gestellt und durch zunehmend komplexere Modelle verdrängt. Der stabile Anstieg des Intelligenzquotienten (IQ) von ca. drei Punkten pro Jahrzehnt, der oft als Flynn-Effekt[2] (FLYNN, 1984; DICKENS & FLYNN, 2001) bezeichnet wird, ist eine weitere bedeutsame Herausforderung für die Befürworter des fixed-trait-Modells. Aber auch die – zumindest kurzfristige – Formbarkeit der gemessenen Intelligenzwerte durch vorschulische Bildungsprogramme lässt ebenfalls einen Einfluss der Umgebung auf die kognitive Leistung vermuten. Dazu liegen verschiedene Befunde vor. Am bekanntesten sind die Ergebnisse aus den amerikanischen ‹Head Start›-Programmen zur gezielten Förderung von benachteiligten und unterprivilegierten Bevölkerungsgruppen. Die festgestellten kurzfristigen Fortschritte der Kinder fielen jedoch nach Beendigung der gezielten Förderung zum großen Teil ab. Interpretiert wurde dieser vielfach gefundene Befund damit, dass ohne strukturelle Veränderungen im Sozialsystem offenbar keine nachhaltigen Veränderungen erwartet werden können (IBEN, 1997). Allerdings konnten auch einige Langzeitwirkungen nachgewiesen werden. BARNETT (2006) beispielsweise untersuchte in einer Metaanalyse die besten US-Programme vorschulischer Erziehung und Bildung und ermittelte in verschiedenen Programmen in

---

[2]   Der neuseeländische Politikwissenschaftler James R. FLYNN stellte in den 1980er Jahren fest, dass in fast allen Ländern der durchschnittliche IQ ungefähr drei Punkte pro Jahrzehnt anstieg. Mögliche Erklärungen dieses Effekts sind eine bessere Ernährung, schnellere Reifung, bessere schulische Förderung und Umwelteffekte. Allerdings gibt es auch neuere Forschungsbefunde (SUNDET, BARLAUG & TORJUSSEN 2004), wonach der Flynn-Effekt etwa ab Mitte der 1990er Jahre aufgehört hat.

erster Linie gute Langzeiteffekte im IQ, etwas weniger große Effekte in Bezug auf deutlich reduzierte Klassenwiederholungen und Maßnahmen sonderpädagogischer Förderung, sowie in der sozialen Anpassung. Aber nicht alle Programme produzieren solche Wirkungen. Die Gründe dürften in der Qualität und der Finanzierung liegen.

Im Kern geht es um die Frage, welche relevanten Elemente die Komplexität erfassen, die der Schulleistung unterliegt. Das nachfolgende, in Abbildung 1 dargestellte Modell orientiert sich an RENZULLIs Drei-Ring-Modell (1986). Dieses alt bekannte Modell der Hochleistung zeigt auf, dass weder hohe Testwerte automatisch zu kreativer Hochleistung führen, noch dass nur Personen mit extrem hohen Testwerten kreativ produktiv sein können. Es muss davon ausgegangen werden, dass nur ein kleiner Teil derjenigen Erwachsenen, die durch kreative Hochleistung auf sich aufmerksam machen, bereits im Kindesalter mittels Testuntersuchungen als überdurchschnittlich begabt hätten identifiziert werden können. Was das Kind von zu Hause mitbringt und in schulische Settings einfließt, ist sicher durch individuelle biologische Charaktereigenschaften oder genetische Ausstattung, genauso wie durch umgebungs- und gesundheitsbezogene Faktoren beeinflusst. Ausgeprägt sind auch die Einflüsse des familiären Kontextes des Kindes inklusive des kulturellen und ökonomischen Kapitals der Familie und der Wohngemeinde. Gemäß der Reproduktionstheorie von BOURDIEU (1983) ist der Erwerb dieses Kapitals für die Ausbildungs- und Erwerbsbiografie besonders wichtig, weil die stabile Reproduktion der Klassenstrukturen moderner Gesellschaften aufgrund der ungleichen Verteilung der Bildungschancen stattfindet.

Wie Abbildung 1 verdeutlicht, ist die Leistung des überdurchschnittlich begabten Schulkindes ein Produkt des Instruktionsprozesses und eines Sets von Interaktionen, welche die Lehrperson direkt einschließen. Genauso wie die Schülerinnen und Schüler unterscheiden sich die Lehrpersonen in ihren individuellen Charakteristika (Fähigkeiten und Temperament), die sie ins Klassenzimmer und in den Unterricht hineintragen. In vielen Untersuchungen hat sich die Ausbildung der Lehrkräfte und ihre Professionalität und Erfahrung im Unterricht als positive Einflussfaktoren auf die Schulleistung erwiesen (WEINERT & HELMKE, 1997a; DOLL & PRENZEL, 2004). Ferner beeinflusst die individuelle Fähigkeit der Lehrperson zu Klassenmanagement und Unterrichtsführung, zur Unterstützung von Schulleistung oder zu Schülerverhalten den Lernerfolg ebenfalls (SCHÖNBÄCHLER, 2007). Mit Klassenmanagement gemeint ist damit das auf soziale Ordnung und Gruppenprozesse gerichtete Handeln von Lehrpersonen. Eine geschickte Organisation und Führung des Unterrichts bildet die eigentliche Grundlage, damit Lernprozesse überhaupt in Gang kommen können und ein erfolgreicher Unterricht möglich ist. Klassenführung spielt zudem eine Rolle bei der Prävention von Unterrichtsstörungen. Andere Charakteristika wie die Familiarität der Lehrperson mit Schülerinnen und Schülern unterschiedlicher kultureller Herkunft kann die Wirksamkeit des Unterrichts und ihres Klassenmanagements ebenfalls beeinflussen. Schließlich übt die Klassenzimmerumgebung selbst einen Einfluss auf die individuelle Schulleistung aus. Herausragende Merkmale des Klassenzimmers umfassen folgende Variablen: Klassengröße, Diversität der Schülerschaft inklusive ihre kognitiven und verhaltensbezogenen Entwicklungsstände, Stoffwahl der Lehrperson, von ihr zur Verfügung gestelltes Material und Ressourcen sowie zusätzliches Personal (Schulpsychologische Dienste, schulische Sozialarbeit, Stützlehrkräfte, Administration), von welchem die Lehrperson Unterstützung erwarten kann.

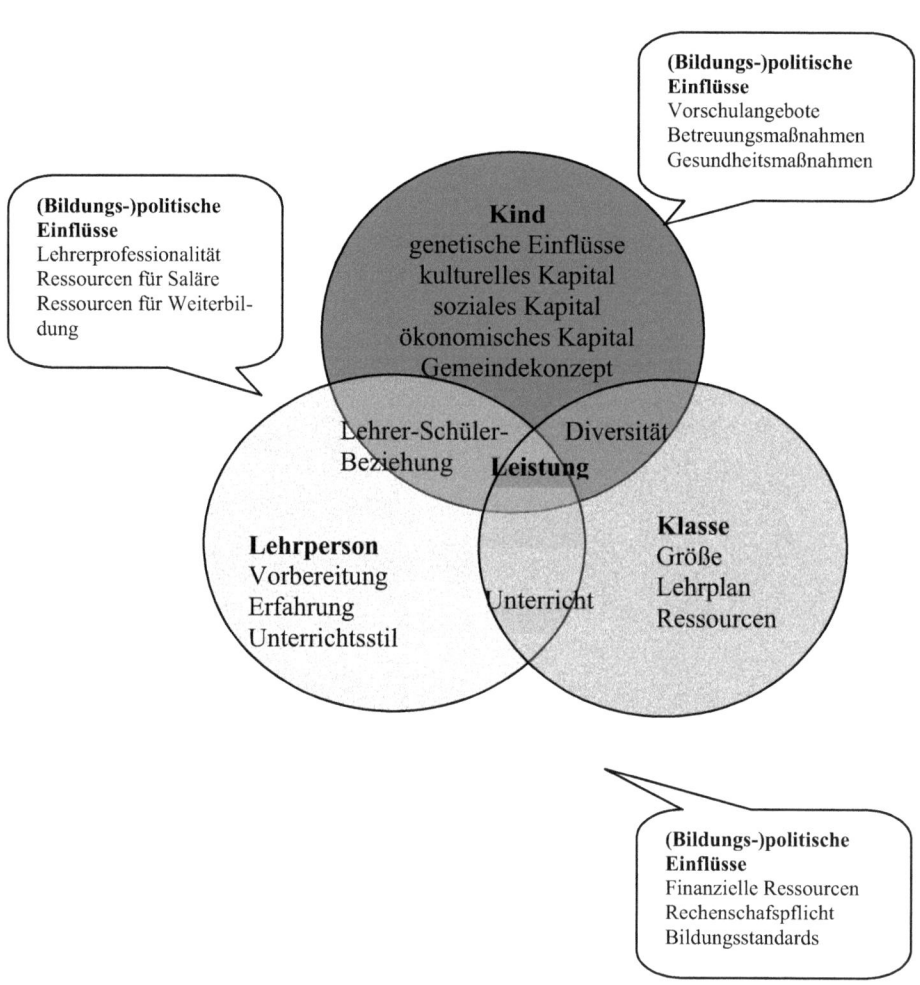

Abbildung 1.1: Kontextmodell der Schülerleistung (in Anlehnung an Donovan & Cross, 2002, p. 29)

Jeder der drei Kreise des Modells liefert einen Beitrag zur Schulleistung. Die bildungspolitischen Einflüsse, welche im Hinblick auf die Problematik der disproportionalen Verteilung überdurchschnittlich begabter Minoritäten in den Blick zu nehmen sind, betreffen nicht nur den Unterricht, sondern ebenfalls die Kontexte, welche die frühen Entwicklungslaufbahnen von Kindern beeinflussen, die Qualität der Lehrkräfte, denen sie ausgesetzt sind und die Klassenzimmer-umgebungen, in denen die Kinder lernen sollen. Die hier verfolgte Perspektive betrachtet somit die Förderung von überdurchschnittlich begabten Kindern und Jugendlichen als integralen Teil des Bildungssystems. Dies bedeutet, dass ein Fokus auf die disproportionale Verteilung begabter Schülerinnen und Schüler aus benachteiligten Familien immer auf der Folie des ganzen Bildungssystems erfolgen muss.

1.4 Der aktuelle Bildungskontext und sein Einfluss auf begabte Minoritäten

Die letzten zwanzig Jahre haben unserer Gesellschaft bemerkenswerte demografische und ökonomische Veränderungen gebracht. Spätestens seit dem Integrationsbericht des BUNDESAMTES FÜR MIGRATION (2006), der erstmals eine breitere Öffentlichkeit darauf hingewiesen hat, dass bei gut einem Drittel der Jugendlichen entweder Vater oder Mutter oder beide Eltern in anderen kulturellen Zusammenhängen aufgewachsen sind als in traditionellen Schweizer Verhältnissen, ist deutlich geworden, dass Jugendliche mit Migrationshintergrund ein wesentlicher Teil der Integrations-, Kinder- und Jugendpolitik werden müssen. Unser Land wird zunehmend ethnisch divers, und die Zusammensetzung der Kinder und Jugendlichen in Bezug auf Ethnie, kulturelle Herkunft und Erstsprache verändert sich stark. Gesundheits- und ökonomische Möglichkeiten haben sich für viele verbessert, aber Disparitäten nach kultureller Herkunft bleiben. Darauf verweist auch der Caritas-Bericht von OSTERTAG und KNÖPFEL (2006).

Nur vereinzelt stammen Lehrpersonen selbst aus Kulturen, die allgemein mit Minoritätsstatus belegt werden. Aufgrund der überproportionalen Verteilung einheimischer, vorwiegend einsprachiger und aus der Mittelschicht stammender Lehrpersonen ist zu vermuten, dass Einstellungsmuster von Lehrkräften gegenüber Kindern aus anderen Ethnien nur schwer verändert werden können. Angesichts der in den nächsten Jahren zu erwartenden Zunahme der kulturellen Heterogenität der Schülerschaft dürften solche Veränderungen allerdings vordringlich und vielversprechend sein. Belegen lässt sich dies mit Ergebnissen aus Studien, welche positive Auswirkungen nachweisen. WANG et al. (1994) oder DARLING-HAMMOND (1997) zeigen auf, dass Schulkinder bessere Leistungen erzielen, wenn ihre Lehrkräfte einen vergleichbaren kulturellen Hintergrund haben. Solche Lehrkräfte sind hierzulande rar. In Nordrhein-Westfalen haben beispielsweise von 168 265 Lehrpersonen 1 472 einen ausländischen Pass. Das sind gerade einmal 0,8 %. In der Schweiz sind es 1,9% auf der Primarstufe 1,5%, auf der Sekundarstufe I 5,2% und auf der Sekundarstufe II 6,7% (Bundesamt für Statistik BFS, 2007). Aufgrund dieser Tatsache kommt den sich verändernden demografischen Trends das negative Potenzial zu, eine bedeutsame soziale Distanz zwischen Schülern und Lehrkräften zu erzeugen, welche die Erreichung von Bildungsegalität innerhalb der derzeit existierenden Schulstrukturen unwahrscheinlicher machen. Wenn sich die Einstellungsmuster einheimischer Lehrpersonen nicht wesentlich verändern, dürfte es für Schulen mit einem großen Anteil an Minoritätsschülern zusätzlich schwieriger werden, neue Lehrkräfte anzuziehen.

Armut ist in den letzten beiden Jahren zu einem Thema der Bildungsdiskussion geworden. Nach der Expertise von KRAPPMANN (2000) und der Nationalfondsstudie von GÄRTNER und FLÜCKIGER (2005) waren es vor allem der UNICEF-Bericht (2005), eine Studie der Caritas (KEHRLI & KNÖPFEL, 2006) sowie der Bericht der EIDGENÖSSISCHEN KINDER- UND JUGENDKOMMISSION (EKKJ) (2007), welche die Problematik der Kinder- und Jugendarmut auch in der Schweiz ins Zentrum der bildungspolitischen Diskussion rückten. Alle diese Forschungen zeigen, dass Kinder ein hohes Armutsrisiko haben. Allerdings ist der Umfang der Kinderarmut von der Definition abhängig. So haben Kinder bis zu sechs Jahren ein besonders hohes Armutsrisiko. Je nach verwendeter Äquivalenzskala (Anzahl der Personen, durch die das Einkommen eines aus ‹n› Mitgliedern bestehenden Haushalts geteilt werden muss, um es mit dem Einkommen eines Einpersonenhaushalts zu vergleichen) fallen die Ergebnisse jedoch unterschiedlich aus (ZIMMERMANN, 2000). Unabhängig von der verwendeten Äquivalenzskala hängt das Risiko der Kinderarmut auch vom Alter des Kindes, vom Bildungsstand und der sozio-ökonomischen Stellung des Haushaltsvorstands sowie von der Familienstruktur (Einelternfamilie) ab.

Armut ist nicht nur auf die finanzielle Dimension beschränkt. Sie umfasst auch andere Faktoren wie intellektuelle Fähigkeiten, körperliche Gesundheit, soziale Ausgrenzung oder den sozialen Kontext. Waren es früher Randgruppen, die von Armut betroffen waren, so lässt sich heute anhand aktueller Studien ein Übergang auf die Mittelschicht erkennen (PALENTIEN, 2005). Sowohl kinderreiche Familien, Alleinerziehende und Familien mit Arbeitslosigkeit kämpfen besonders mit dem Armutsrisiko. Armut hängt zudem eng mit Nationalität, Bildung und Ausbildung zusammen. Ausschlaggebend für den Ländervergleich ist das mittlere Einkommen (Medianeinkommen), das in der Schweiz laut Bundesamt für Statistik (BFS) 7 888 Franken beträgt (BUNDESAMT FÜR STATISTIK, 2008). Als arm bezeichnet werden Familien, die weniger als 50% des Medianeinkommens verdienen. Laut UNICEF-Bericht (2005) leben heute in den am meisten entwickelten Ländern zwischen 40 und 50 Millionen Kinder in Armut. Die Schweiz liegt im Vergleich zu den 26 Mitgliedsländern der Organisation mit 7,0% zwar an fünftbester Stelle. Etwa 150 000 bis 250 000 Kinder sind jedoch armutsbetroffen (ca. 7%). Damit ist die Kinderarmut in der Schweiz fast dreimal so hoch wie in Dänemark, das mit 2,4% die geringste Rate der OECD-Länder aufweist und von Finnland (2,8%), Norwegen (2,8%) und Schweden (4,2%) dicht verfolgt wird. In Deutschland sind es ca. 2 Millionen Kinder, was ca. 15% entspricht. In allen Ländern gilt, dass das Armutsrisiko für Kinder fast doppelt so hoch ist wie für Erwachsene. Dies zeigt auch der Bericht der EIDGENÖSSISCHEN KOMMISSION FÜR KINDER- UND JUGENDFRAGEN (2007), wonach Kinder und Jugendliche in der Schweiz fast die Hälfte der Sozialhilfeempfänger ausmachen.

Der anhaltende Trend der steigenden Kinder- und Jugendarmut hat einen Einfluss auf den Bildungsbereich. Wo Armut konzentriert ist, wirkt sie auch auf das Klassenzimmer und den Unterricht ein. Kinder- und Jugendarmut konzentriert sich jedoch zunehmend in städtischen Ballungszentren. Damit leben solche Kinder und Jugendliche in Nachbarschaften, in denen Ausbildungsmöglichkeiten und ökonomische Chancen am stärksten limitiert sind und wo sich diese Probleme noch verstärken. Kinder sind jedoch nicht nur Teil einer armen Familie, sondern eigenständige Personen, die in besonderem Maße an den Folgen von materieller und immaterieller Armut ihrer Eltern leiden. Sie sind von einer multidimensionalen Unterversorgung in zentralen Bereichen betroffen, welche die Lebensqualität wie Bildung und Ausbildung, Gesundheit und Wohnen, Ernährung und soziale Teilhabe bestimmen. Die Begabungsforschung berücksichtigte diesen Sachverhalt bis anhin kaum und bemühte sich entsprechend wenig, ihre Identifikationspraktiken als Ausgleich von Ungleichheit einzusetzen.

Besonders virulent ist das Problem von ungleichen Startpositionen. Bereits beim Eintritt in den Bildungsraum haben sozial benachteiligte Kinder ungleiche Bedingungen (STAMM, 2004; MOSER, BAYER & BERWEGER, 2008), da zentrale Kompetenzen wie Motivation und Emotion in deutlichem Zusammenhang mit der Familie stehen. Dadurch werden die Bildungschancen der Kinder beeinflusst, was ausschlaggebend für ihr ganzes Leben sein kann. Es ist deshalb von großer Bedeutung, den Kreislauf der sozialen Deprivation zu durchbrechen. Dies gilt insbesondere auch für Kinder mit besonderem Begabungspotenzial. Auswahl- und Zuweisungspraktiken zu Begabungsförderprogrammen sind deshalb das Herzstück dieses Ziels. Sie sollten zu einem sozial ausgleichenden Forum werden.

Diese Forderung bezieht sich auf Förderprogramme für Jugendliche. Hinlänglich bekannt und von den Medien stark berücksichtigt wird die Tatsache, dass Migranten mit 38,2% den höchsten Anteil an Jugendlichen aufweisen, die keinen beruflichen Abschluss erreichen, dies für Schweizer Jugendliche jedoch nur zu 12% zutrifft (BUNDESAMT FÜR STATISTIK, 2006). Viel seltener zur Kenntnis genommen wird jedoch, dass die Daten auch am anderen Ende der Skala eine deutliche Sprache sprechen:

Beispielsweise ist diese Population nicht nur in *allen* Schweizer Begabungsförderprogrammen deutlich unterrepräsentiert, sondern es macht auch nur jeder
zehnte Jugendliche mit Minoritätshintergrund eine Matura (BUNDESAMT FÜR
STATISTIK, 2006). Ebenso deutlich unterrepräsentiert sind junge Studierende mit
Minoritätshintergrund in der Schweizer Studienstiftung für begabte junge Menschen. Ihr Anteil beträgt lediglich 3% (SCHWEIZERISCHE STUDIENSTIFTUNG,
2004).

1.5 Die Rolle von Lehrpersonen und Bildungsstandards

1.5.1 *Die Rolle von Lehrpersonen*

Wie das Arbeitsmodell in Abbildung 1 postuliert, spielen die Lehrpersonen eine
Schlüsselrolle in Bezug auf die Schulleistungen ihrer Schülerinnen und Schüler.
Angesichts der verstärkten Bedeutung angemessener Ausbildungsmöglichkeiten
für alle Kinder und Jugendlichen, insbesondere für solche mit Minoritätshintergrund, liegt eine der größten zukünftigen Herausforderungen in der Rekrutierung
von Lehrkräften, welche in der Lage sind, zunehmend pluralistisch werdende
Schülergenerationen zu unterrichten und dabei sowohl die Psychologie als auch
das Lernen von Kindern und Jugendlichen aus benachteiligten Familien zu verstehen. Gefragt sind somit nicht nur Konzepte eines integrativen Unterrichts,
sondern auch die Erarbeitung von pädagogisch-psychologischen Grundlage-
materialien. Sie beide bilden das Fundament des *Perspektivenwechsels,* der in
den nächsten Jahren erfolgen sollte.
    Es wäre jedoch blauäugig, anzunehmen, dass die Verwirklichung eines sol-
chen Perspektivenwechsels nur von der Bereitschaft zum Engagement der Lehrpersonen abhängen würde. Vielmehr sind die Bedingungen des gesamten Bildungssystems in den Blick zu nehmen, welche die Umsetzung erschweren dürften. So haben in den letzten zwanzig Jahren verschiedene Trends in der Bildungspolitik Druck auf Lehrpersonen ausgeübt, manchmal in unterschiedliche
Richtungen. Einer der größten Einflüsse ist der Druck auf die Schulen zu Rechenschaftslegung und Produktivität. Dabei zeichnen sich neue Strategien ab,
mit denen diese Ziele erreicht werden sollen. Dazu gehören Bildungsstandards,
Teilautonomie und die Verpflichtung der Schulen zur Qualitätssicherung und
Qualitätsentwicklung sowie die Akkreditierung von Schulen und Studiengängen.
Mit Blick auf die in dieser Publikation verfolgte Frage, wie ungleiche Zugangs-
chancen für begabte Kinder aus benachteiligten Familien vermieden werden
könnten, wird nachfolgend ausschließlich die *Bildungsstandardreform* in den
Blick genommen. Sie kann möglicherweise eine wichtige Rolle im Hinblick auf
eine ausgewogenere Förderung der hier fokussierten Schülergruppe spielen.

1.5.2 Die Rolle von Bildungsstandards

Ziel der Bildungsstandardreform ist die Steigerung der Schulqualität und die Umsetzung des Anspruchs, dass Schülerinnen und Schüler ungeachtet der geografischen Regionen und der kontextuellen und sozio-ökonomischen Hintergründe überall das Gleiche in einem Mindestmaß lernen. Deshalb sollten sich auch die Divergenzen zwischen den Leistungen einzelner Gruppen reduzieren lassen. Bildungsstandards sind Maßstäbe, die angeben, was Kinder und Jugendliche erreichen sollen. Sie konkretisieren die Ziele des Lehrplans in Form von Kompetenzen und legen fest, welches Leistungsniveau alle Schüler am Ende einer bestimmten Klassenstufe mindestens (‹Minimalstandards›) oder durchschnittlich (‹Regelstandards›) erreichen müssen. Die Konzentration auf Mindeststandards erachten KLIEME et al. (2003) und KLIEME (2004) als entscheidend, weil sie darauf abzielt, «dass gerade die Leistungsschwächeren nicht zurückgelassen werden (…). Angesichts der Tatsache, dass unser Bildungssystem, verglichen mit den Systemen anderer Industriestaaten, Schwächen vor allem im unteren Leistungsbereich zeigt, kommt diesem Merkmal besondere Bedeutung zu.» (KLIEME et al., 2003, S. 27) Mit Hilfe von Vergleichstests sollen Standards zur zentralen Steuerung des Bildungssystems eingesetzt werden.

In der Schweiz ist vorgesehen, regelmäßige Leistungsmessungen im zweiten, sechsten und neunten Schuljahr, in Deutschland im vierten, sechsten und achten und in Österreich im vierten und achten Schuljahr durchzuführen. Im Weißbuch der SCHWEIZER ERZIEHUNGSDIREKTORENKONFERENZ EDK (2004) ist festgehalten, dass alle Schülerinnen und Schüler die Mindeststandards erreichen müssen. Deshalb stellt sich die Frage, wie Lehrpersonen reagieren, um dieses Ziel zu erreichen. In erster Linie werden sie sich auf die Schülerinnen und Schüler konzentrieren, die allenfalls Mühe haben, die Mindeststandards zu erreichen. Genauso fragt sich jedoch auch, was mit Schülerinnen und Schülern geschieht, welche die Mindeststandards überschreiten. Dies sind wichtige Fragen, die aktuell noch nicht beantwortet werden können. Gerade im Hinblick auf ihre Auswirkungen auf die Disproportionalität in Identifikation und Förderung von begabten Schülerinnen und Schülern ergeben sich jedoch bereits jetzt offene Fragen, die der weiteren Reflexion bedürfen. Sicher ist zunächst einmal, dass ein unreflektierter Einsatz von Bildungsstandards und Leistungstests ungewollte Nebenwirkungen erzeugen kann, die sich in lernhemmenden Einstellungen, schuldistanzierten Verhaltensweisen und Lehrpersonen manifestieren können, die ihre ganze Aufmerksamkeit auf die Einhaltung solcher Minimalstandards konzentrieren. Damit reduzieren sie die Zeit, welche für die Unterrichtung der Schülerinnen und Schüler am oberen Ende der Skala gedacht wäre. Wenn diese nämlich die Minimalstandards überschreiten, dann dürften die Leistungsstarken nicht weiter gefördert werden, weil sie ja die Soll-Ziele erreicht haben. Dies jedoch ist fatal für deren Motivations- und Leistungsentwicklung.

Mit Blick auf die aktuelle Debatte und die hier verfolgte Fragestellung lassen sich folgende Punkte hervorheben:

- Aktuell ist es schwierig abzuschätzen, welche Wirkung die Bildungsstandardreform tatsächlich haben wird. Denn wir wissen insgesamt noch nicht, wie Bildungsstandards, Leistungstests und die Nutzung der Ergebnisse durch die Lehrkräfte vonstatten gehen wird. Obwohl die international verfügbaren Befunde mehrheitlich auf Erfahrungen der Kombination von Bildungsstandards und Leistungstests beruhen und deshalb nur mit großer Zurückhaltung auf unsere Verhältnisse übertragen werden dürfen, erweist sich ein kritischer Blick auf Mindeststandards als unabdingbar: So scheint die Orientierung an Mindeststandards zwar einleuchtend, weil mit ihr die Absicht einhergeht, den Anteil an Risikoschülern zu senken und ihnen einen reibungslosen Übergang in die Arbeitswelt zu sichern. Aber es ergeben sich auch einige kritische Fragen und Bemerkungen in Bezug auf das Erreichen und Übertreffen der Mindeststandards. Wenn die Anstrengungen vor allem auf Minoritätsschüler mit schlechten Schulleistungen zielen, dann sind sie typischerweise nicht darauf ausgerichtet, hohe Leistungen bei benachteiligten Kindern und Jugendlichen zu erwarten und zu fordern. Die Orientierung an Mindeststandards scheint zwar einleuchtend, weil mit ihr die Absicht einhergeht, den Anteil an Risikoschülern zu senken und ihnen einen reibungslosen Übergang in die Arbeitswelt zu sichern. Aber es ergeben sich auch einige kritische Fragen und Bemerkungen in Bezug auf das Erreichen der Mindeststandards: Gerade begabte Schülerinnen und Schüler mit Migrations- resp. Minoritätshintergrund dürften zwar die Mindeststandards schneller erreichen als ihre weniger begabten Peers aus identischen Milieus. Damit sie jedoch ihre Potenziale entfalten und ihre Talente zur Geltung bringen könnten, brauchen sie mehr: die aktive Unterstützung ihrer Lehrkräfte, ihren anspruchsvollen Unterricht und eine Selbstwert förderliche Umgebung. Das neue Paradigma der Mindeststandards kann aus diesem Blickwinkel zu neuen Benachteiligungen derjenigen Gruppe führen, die das Gebot der Chancengleichheit am nötigsten hätte. Denn wenn einerseits für Begabungsförderung mit dem Argument der Chancengleichheit legitimiert wird, dann scheint es kontraproduktiv, wenn gerade innerhalb der Gruppe der überdurchschnittlich Begabten diejenigen vernachlässigt werden, die der Förderung des Staates in besonderer Weise bedürften. Auf diese Weise würde das Konzept der Bildungsstandardreform, das eigentlich einen entscheidenden Beitrag zum Abbau von Disparitäten unseres Bildungssystems beitragen sollte, als veränderte Form der bereits bekannten sozialen Selektion enden und somit die bestehenden Verhältnisse weiter zementieren. Deshalb sind folgende Bemerkungen von großem Interesse:

- Als erstes ist zu fragen: Was ist zu tun, wenn ein Schüler oder eine Schülerin die Mindeststandards nicht erreicht? Zwar ist mit TENORTH (2004) festzuhalten, dass sich die Schule eigentlich nicht leisten kann, Schüler aus der Schule zu entlassen, die nicht über die notwendigen Mindestkompetenzen verfügen. Welches ist jedoch die Aufgabe der Schule, wenn der Aufwand zur Erreichung der Mindestkompetenzen für diese Schüler zu groß und die Zeit zu knapp ist? Schule hat zwar eine Bringschuld, doch sind ihre kompensatorischen Möglichkeiten vor allem dann beschränkt, wenn ungünstige personelle Bedingungen vorhanden sind und die zur Verfügung stehende Kompensationsdauer zu kurz ist. Eine mögliche Antwort ist, bereits früh in der Schullaufbahn an Bildungsstandards orientierte Lernstandserhebungen einzusetzen. Im Wesentlichen ist dies auch so für die deutschsprachigen Länder vorgesehen. Auf diese Weise wird eine Überprüfung der Mindeststandards, eine frühe Rückmeldungen zum Leistungsniveau der Kinder und der Einsatz spezifischer Fördermaßnahmen bereits in der zweiten oder dritten Klasse und nicht erst kurz vor dem Abschluss der Schulpflicht in der achten oder neunten Klasse möglich.

- Mit Lernstandsmessungen ist jedoch eine besondere Dilemma-Situation verbunden, weil sie, aber auch Leistungstests oder Vergleichsarbeiten, für schlechte Schüler zu einem weiteren Grund für Schulversagen und für begabte Kinder mit Minoritätshintergrund zu einer voreiligen Etikettierung als ‹zwar nicht schlecht› Deutschkompetenz jedoch ‹ungenügend› führen und damit zu einer Nicht-Zulassung zu Förderprogrammen. In diesem Sinne betonen Lernstandsmessungen die aktuelle Performanz zu stark und das Potenzial zu wenig. Besonders problematisch dabei ist, dass Lehrkräfte Leistungstests, auch wenn diese lediglich schulübergreifenden Charakter haben sollen oder für Bildungsmonitorings bestimmt sind, häufig zu individuellen Leistungsvergleichen nutzen. Es versteht sich daher von selbst, dass begabte Kinder aus benachteiligten Milieus oder anderen Kulturen fast durchgehend schlechter abschneiden dürften als einheimische Kinder. Je früher solche Standardüberprüfungen eingesetzt werden, desto größer wird deshalb die Gefahr, dass sich Lehrkräfte wieder an den ‹Dummen› und den ‹Gescheiten›, an den ‹Leistungsschwachen› und den ‹Leistungsstarken›, orientieren, auch wenn Vergleichstests sie eigentlich befähigen sollten, den Lern*fortschritt* jedes einzelnen Schulkindes *im Vergleich mit sich selbst* festzustellen. Solche Tests könnten somit dazu beitragen, dass sie zur weiteren Vertiefung der Kluft zwischen den leistungsstarken und leistungsschwachen respektive benachteiligten Schülerinnen und Schülern beitragen und den Distanzierungs- und Rückzugsprozess letzterer unterstützen.

- Zwar sind sich Wissenschaft und Bildungspolitik hierzulande einig, dass Bildungsstandards und Leistungstests nicht mit Selektion verbunden werden sollten. Die vorangehenden Ausführungen lassen jedoch die Befürchtung zu, dass insbesondere Übertrittsentscheide und -empfehlungen Gefahr laufen, auf derartigen Grundlagen getroffen zu werden. Im Zusammenhang mit Leistungstests erweisen sich Mindeststandards, die für Schnittstellen formuliert werden, deshalb als besonders problematisch. Wenn MOSER (2006) beispielsweise formuliert, dass die Ergebnisse eines Leistungstests dazu führen sollten, dass das Bildungssystem schneller oder langsamer als bisher durchlaufen werden kann, dann kommt ein solcher Entscheid letztlich einer selektiven Maßnahme gleich. Im Falle eines akzelerierten Durchlaufens des Schulsystems ist eine solche Maßnahme zwar zu begrüßen, weil leistungsstarke Schülerinnen und Schüler damit die Chance erhalten, den Lernstoff in kürzerer Zeit zu bewältigen als dies dem Durchschnitt möglich ist. Leistungsstarke profitieren von Bildungsstandards, während für Leistungsschwache Gegenteiliges gilt. Dies dürfte jedoch kaum für begabte Minoritäten zutreffen, denn werden sie lediglich an ihrem schulischen Wissen und im Vergleich zum einheimischen Durchschnitt gemessen, dann dürfte ihr Potenzial weiterhin unentdeckt bleiben und damit eine geeignete Legitimationsgrundlage für eine Nichtförderung und damit für die Unterrepräsentation begabter Minderheiten in der Begabungsförderung darstellen.

- Langsameres Durchlaufen der Schullaufbahn basiert auf dem Nichterreichen der Minimalstandards und geht fast immer mit separierenden Maßnahmen wie Klassenwiederholungen und selten mit umfassenden integrativen Stütz- und Fördermaßnahmen oder veränderten Unterrichtsstrategien einher. Das Konzept der Minimalstandards würde aber eigentlich zur *intensiveren* und nicht zur verlängerten Beschulung der Leistungsschwachen zwingen. Begabte Minoritäten würden auf Enrichment-Prozesse ausgerichtete Zusatzförderung brauchen, damit sie Lücken ausbalancieren und ihr Potenzial entwickeln können. Die Zulassung zu Begabungsförderprogrammen müsste zudem um kulturfaire Identifikationsinstrumente erweitert werden (vgl. Kapitel 7 und 8).

- Vielleicht die wichtigste Erkenntnis der hier verfolgten Diskussion ist die, dass schulische Rechenschaftslegungssysteme – und dazu gehört auch die standardbasierte Reform – eine unvollständige Indikation von Schulleistung respektive ‹Bildungserfolg› vornehmen und falsche Schlüsse über die Wirksamkeit von Bildungsstandards und Vergleichstests ziehen, wenn sie es unterlassen, andere Maße zusätzlich zu berücksichtigen. Einer solchen Engführung der Bildungsstandardreform kann im Hinblick auf die Frage der Förderung begabter Schulkinder entgegengewirkt werden, wenn der Lernfortschritt von solchen Schülerinnen und Schülern und die Bemühungen der

Schule im Mittelpunkt stehen, potenziell begabte und leistungsstarke Kinder mit Minoritätshintergrund bestimmten Förderangeboten zuzuführen. Diese Forderung basiert nicht zuletzt auf angloamerikanischen Erkenntnissen, wonach sich Schulen, deren Förderbemühungen lediglich an der Anzahl implementierter Programme gemessen werden, schlechter entwickeln als Schulen, die für eine effektive Förderung auch überdurchschnittlich begabter Risikoschüler belohnt werden (DONOVAN & CROSS, 2002).

Die standardbasierte Reform verzeichnet eine Aufsehen erregende Erfolgsgeschichte. Bildungsstandards und Leistungstests sind nicht zuletzt deshalb populär geworden, weil sie vorgeben, sowohl Qualität als auch Chancengleichheit zu erhöhen und somit das Problem der Risikoschülerinnen und -schüler zu bekämpfen. Möglicherweise ist diese Hoffnung jedoch eine doppelt trügerische, erstens, wenn die damit verbundenen allgemeinen Nebenwirkungen nicht bedacht werden und zweitens, wenn Minimalstandards die Leistungsexzellenzentwicklung begabter Kinder und Jugendlicher blockieren oder gar unterbinden. Allerdings sind bei uns Bildungsstandards noch nicht fest verankert, so dass die hier formulierten Gedanken durchaus aufgenommen und in das Standardsystem eingearbeitet werden können. Die aktuelle Implementationsphase kann deshalb zur Reflexion genutzt werden, inwiefern sich problematische Entwicklungen vermeiden ließen. Gleichzeitig gilt es zu fragen, was es bedeuten könnte, wenn die Bildungsstandardreform nicht das bewirkt, was sie intendiert und gar unbemerkte, gegenteilige Effekte hat. In Verbindung mit Leistungstests sind Bildungsstandards möglicherweise nicht nur kontraproduktiv gegenüber Minoritäten generell und begabten Minoritäten im Besonderen, sondern sie untergraben vielleicht auch die Qualitätsentwicklung an Schulen. Was nützen uns Schulen, die zwar gute Testergebnisse erzielen, jedoch keine Halte- und Förderkraft entwickeln und viele schwache Schüler auf der Strecke lassen? Standardreformen binden zudem viele Testgelder, welche dem Bildungssystem für ebenso bedeutsame, andere Aufgaben zur Verfügung stehen könnten. Eine solche Aufgabe wäre die Förderung begabter, benachteiligter Kinder und Jugendlicher. Wenn dem so wäre, dass die Bildungsstandardreform auch zu neuen Benachteiligungen begabter Minoritätskinder führt, welche die Potenzialförderung am nötigsten hätten, dann könnte das, was eines der Hauptziele der Standardreform geplant war, «einen entscheidenden Beitrag zum Abbau von Disparitäten unseres Bildungssystems» (KLIEME, 2004, S. 28) beizutragen, als veränderte Form der bereits bekannten sozialen Selektion enden und somit die bestehenden Verhältnisse weiter zementieren. Mit Blick auf die Begabungsförderung würde unser selektives Bildungssystem noch selektiver.

2 Kinder mit Minoritätshintergrund und ihr Zugang zu Förderangeboten

Im letzten Kapitel ist behauptet worden, dass Kinder mit Minoritätshintergrund in Begabungsförderprogrammen unterrepräsentiert sind. Dazu liegen einige interessante Forschungsbefunde aus dem angloamerikanischen Sprachraum vor, die auch für das deutschsprachige Europa bedeutsam sind, verweisen sie doch auf mögliche Ursachen und Hintergründe. Wie kann man jedoch feststellen, ob Kinder mit Minoritätshintergrund *tatsächlich* in Begabungsförderprogrammen unterrepräsentiert sind? Oberflächlich betrachtet ist die Antwort einfach. Schwieriger ist sie jedoch deshalb, weil die Art ihrer Definition bestimmt, ob die Frage überhaupt beantwortet werden kann. Stellt nämlich die Population der Minoritätsschüler insgesamt die Referenzgröße dar, dann lässt sich einfach der Anteil identifizierter Schülerinnen und Schüler mit dem Anteil in der gesamten Schülerpopulation vergleichen. Fragen wir jedoch, ob die Anzahl der Identifizierten im Verhältnis zu denjenigen steht, die besondere Förderbedürfnisse zeigen, dann handelt es sich um eine Frage, zu der aktuell kaum Antworten vorliegen, weil geeignete Datengrundlagen fehlen.

Nachfolgend wird diese Problematik diskutiert. Zunächst wird der aktuelle Forschungsstand anhand einiger einschlägiger Untersuchungen präsentiert. Danach erfolgt eine Analyse der Beteiligung von Schülerinnen und Schülern mit Minoritätshintergrund in Förderangeboten. Dabei wird die Anzahl für ein Begabungsförderprogramm Identifizierter nach ethnischer und sozialer Herkunft aufgeschlüsselt und mit ihrer Repräsentation in der gesamten Schülerpopulation verglichen. Dabei sollte jedoch im Kopf behalten werden, dass anhand dieser Daten keine Aussagen über die Genauigkeit der Identifikation, d.h. ob die richtigen Schülerinnen und Schüler den Förderangeboten zugewiesen wurden, gemacht werden können. Daran anschließend werden mögliche Hintergründe inklusive einige Einschränkungen diskutiert, die bei der Interpretation von Zugangspraxen zu berücksichtigen sind.

2.1 Forschungsstand zu begabten Minoritäten und Hintergründe ihrer Unterrepräsentation in Förderangeboten

Hinlänglich bekannt und allgemein akzeptiert ist die von der Forschung mehrfach belegte Tatsache, dass hoch begabte durchschnittlich begabten Kindern vor allem in ihren kognitiven Fähigkeiten, ihrer Selbstregulation und ihren strategischen Fähigkeiten überlegen sind (HELLER et al., 2000). DONOVAN und CROSS' Forschungsreview (2002) lenkt den Blick auf die Unterscheidung von überdurchschnittlich begabten Kindern aus privilegierten und benachteiligten Familienmilieus. Als Hauptbefund kristallisiert sich dabei heraus, dass sich begabte benachteiligte Kinder und Jugendliche sehr wohl ihrer sozialen Einschränkungen bewusst sind, welche ihnen ihr unmittelbares Lebensumfeld aufbürdet. Trotzdem streben sie aktiv danach, ihr Leben so zu gestalten, dass sie es mit Erfolg ausstatten können. Ähnliche Argumentationsmuster stammen von STERNBERG und ARROYO (2006). Sie liefern damit weitere Hinweise für die Notwendigkeit, dass begabte Minoritäten als diejenigen Schülerinnen und Schüler zu betrachten sind, welche ihr intellektuelles Potenzial nur unter der Voraussetzung maximieren können, dass es ihnen gelingt, gleichzeitig auch ihre benachteiligende Umgebung zu maximieren. Demzufolge müssen sie bei Schuleintritt – anders als Kinder aus gut situierten Familien – ihre vielfach kulturell geprägten Persönlichkeitsmerkmale und ihr Potenzial zuerst in kognitive, verhaltensadäquate, motivationale und persönlichkeitsbezogene Fähigkeiten transferieren. Erst auf dieser Basis sind dann gute oder herausragende Leistungen möglich.

STERNBERG (1997; 1998) hat in seiner Triarchischen Theorie der Intelligenz (vgl. Abbildung 2.1) die Idee entwickelt, dass Intelligenz eine Adaptation an, Bewusstseinsbildung gegenüber und Selektion von Kontexten ist. Seine Theorie bildet den Versuch einer Synthese verschiedenster Ansätze der Intelligenzforschung unter Fokussierung der geistigen Prozesse, aus denen intelligente Handlungen entstehen. Sie geht davon aus, dass die Intelligenz aus drei voneinander abhängigen Aspekten (Subtheorien) besteht: Die erste Subtheorie, die kontextuelle Subtheorie, spezifiziert, wie soziale Strukturen definieren, was als intelligentes Verhalten betrachtet wird und wie sich das Individuum an die Umwelt, mit dem Ziel des Überlebens und der Bedürfnisbefriedigung anpasst, sie auswählt, aber möglicherweise auch versucht, sie zu verändern. STERNBERG (ebd.) spricht hier von praktischer Intelligenz. Die zweite Subtheorie, die Komponentensubtheorie, spezifiziert die internalen, mentalen Strukturen, welche intelligentes Verhalten bestimmen. Dabei geht es um psychometrisch erfassbare Aspekte des Wissenserwerbs (Integration neuer Erfahrungen, Vergleiche, Kombinationen), der Metakognition (Kontrollprozesse bezüglich Planung, Vorgehen, Überprüfung und Schlussfolgerung) und Verarbeitung (Kodierung, Zuordnung). Die dritte Subtheorie schließlich, die Erfahrungssubtheorie, spezifiziert, wie die Erfahrungsniveaus mit einer Aufgabe oder Situation die Manifestation von intelligentem Verhalten beeinflusst. Gemäß STERNBERG handelt es sich um die kreative oder erfahrungsbezogene Intelligenz, die mit der analytischen Intelligenz interagierende, universelle Fähigkeit des Austausches zwischen neuen Anforderungen und bestehenden Erfahrungen, automatisierten Denk- und Handlungsabläufen.

Triarchische Theorie der Intelligenz (STERNBERG, 2001)		
Kontextuelle Subtheorie	Subtheorie der Erfahrung	Komponenten-Subtheorie
Umweltbezogene • Adaptation • Selektion • Umformung	• Verarbeitung neuer Erfahrungen • Prozess-Automatisierung	Informationsverarbeitung: • Meta-Komponenten • Performance-Komponenten • Wissenserwerb
⬇	⬇	⬇
Praktischer Denkstil	Kreativer Denkstil	Analytischer Denkstil

Abbildung 2.1: Die Triarchische Theorie von Sternberg & Arroyo (2001)

Nach dieser Triarchischen Theorie ist Intelligenz somit kontextabhängig und variiert von Person zu Person und auch zwischen sozialen Gruppen. Um diesen Sachverhalt zu illustrieren, haben STERNBERG und Kollegen in verschiedenen Studien aufgezeigt, dass sich Laien und Experten darin unterscheiden, welche Bedeutung sie gesellschaftlich als intelligent erachteten Verhaltensmerkmalen geben. In einer Untersuchung legten STERNBERG et al. (1993) Ergebnisse zum Vergleich der Einschätzungen von Laien und Experten vor. Die Probandinnen und Probanden bekamen eine Liste von Verhaltensmerkmalen, die ein praktisch intelligentes, ein akademisch intelligentes und ein alltäglich intelligentes Individuum charakterisierten. Hierauf wurden die Laien-Testpersonen gebeten, jedes Verhalten mit Blick auf eine ideal intelligente Person zu beurteilen. Obwohl die Sicht der Laien im Allgemeinen mit der Beurteilung der Experten übereinstimmte, betonten diese stärker das akademische Verhalten wie etwa die Fähigkeit des verstehensorientierten Lesens, die Flexibilität im Denken und im Handeln, das logische Argumentieren, die Kreativität sowie die Fähigkeit schnellen Lernens und Problemlösens. Laien betonten hingegen stärker die sozialen Aspekte von Intelligenz wie Höflichkeit, Geduld mit sich selbst und anderen Menschen, Ehrlichkeit und Aufrichtigkeit mit sich selbst und anderen sowie die Fähigkeit, mit anderen gut auszukommen und Emotionen zu zeigen, welche der Situation angemessen waren. Der Vergleich zwischen den Einschätzungen von

Experten und Laien verdeutlicht, dass letztere breitere Intelligenzkonzeptionen haben und erstere eher dem g-Konzept verpflichtet sind.

In der Studie von YANG und STERNBERG (1997b) zu taiwanesischen Intelligenzkonzeptionen kristallisierten sich neben dem erwarteten kognitiven Faktor überraschenderweise auch Faktoren inter- und intrapersonaler Kompetenz, intellektueller Selbstbehauptung und intellektueller Selbstzurückhaltung heraus. Etwas anders gelagerte Befunde liefert die Studie von GRIGORENKO und seiner Forschungsgruppe (2001) zu kenyanischen Intelligenzkonzepten. Sie verweisen darauf, dass dort verschiedene Begriffe verwendet werden, um die Intelligenzkonzeptionen zwischen ländlich aufwachsenden Kenyanern zu umschreiben: Mit *rieko* beispielsweise werden Wissen und Fähigkeiten unterschieden, mit *luoro* Respekt, mit *winjo* das Verständnis, wie reale Lebensprobleme zu meistern sind und mit *paro* die Initiative. Als besonders auffallend erachtet die Forschergruppe, dass nur die erste Konzeption, *rieko*, schulische Fähigkeiten einschließt, während dem die Anderen alternative Konzeptionen ansprechen. Für die hier diskutierten Zusammenhänge zwischen Benachteilung und überdurchschnittlicher Begabung besonders relevant ist jedoch die Studie von OKAGI und STERNBERG (1993) zu den Intelligenzkonzepten unterschiedlicher Elterngruppen in Kalifornien. Dabei zeigte sich, dass sich das Begabungsverständnis des Elternhauses je nach kulturellem Hintergrund von demjenigen der Lehrkräfte unterschied und diese in der Regel dazu tendierten, die Leistungen derjenigen Kinder besonders positiv zu bewerten, die ihren Vorstellungen einer förderlichen familiären Sozialisation am besten entsprachen. Deshalb, so die Autoren, kann die Leistungsbeurteilung der Schülerinnen und Schüler in der Regel durch das Ausmaß vorausgesagt werden, in dem die Begabungskonzeptionen der Eltern denjenigen der Lehrkräfte entsprechen. STERNBERG et al. (1993) untersuchten des Weiteren die Unterschiede zwischen tatsächlichen Fähigkeiten und Verhaltenserwartungen bestimmter sozialer Gruppen (Eltern, Lehrkräfte, Peers). Dabei erwiesen sich die sozialen Unterschiede in den Intelligenzdefinitionen als die zentralen Aspekte, welche die Kluft zwischen den Fähigkeiten sichtbar machen, die Individuen in bestimmten Situationen zeigen und den ihnen durch die Umgebung auferlegten Verhaltenserwartungen. Die Forschergruppe konnte beispielsweise belegen, dass Kinder aus familiären Milieus, in denen die sozialen Aspekte von Intelligenz betont und gefördert werden, in der Schule weniger erfolgreich sind als diejenigen Kinder aus Familienkontexten, in denen die akademischen Aspekte von Intelligenz analog schulischer Wertungen betont werden.

Von Interesse ist ferner die Zuordnung des Triarchischen Modells zum Konzept der ‹Successful Intelligence›. STERNBERG (1996) versteht unter ‹Erfolgsintelligenz› die Fähigkeit, ein erfolgreiches Leben zu führen bzw. innerhalb einer gegebenen Kultur Erfolg zu haben. Erfolgsintelligenz beinhaltet den flexiblen Einsatz der drei Intelligenzformen (analytisch, praktisch, kreativ), wobei der Stellenwert der psychometrischen Intelligenz gegenüber den anderen beiden Intelligenzformen als untergeordnet dargestellt wird. Kritiker des Ansatzes bemängeln jedoch, dass in diesem Gesamtkonzept eine Gleichsetzung von Intelligenz und Lebenserfolg vorgenommen werde, ohne zu klären, wie sich Intelligenz zeige und auf welche Art sie gemessen werde (WEBER & WESTMEYER, 2001).

Insgesamt legitimieren diese Studien, dass überdurchschnittliche Begabung bei Minoritätskindern nicht als stabile, ganzheitliche und durch einen hohen Intelligenzquotienten repräsentierte Größe verstanden werden kann, weil sie sich im Kontext einer sozio-ökonomisch deprivierten Umgebung entfalten muss. Solche Kinder können eine hohe praktische Intelligenz haben, aber eine relativ niedrige akademische Intelligenz. Deshalb ist es zwingend, Hochbegabung als Konstrukt zu verstehen, das mehr als die messbare intellektuelle Kapazität umfasst. Es hat Verhaltensweisen einzuschließen, welche überdurchschnittlich begabten Schülerinnen und Schülern ermöglicht, sozio-ökonomische Deprivation und stressvolle Lebensereignisse zu bewältigen. In Kapitel 9 werden diese Gedanken weiter differenziert. In diesem Zusammenhang sei an die neue Resilienzforschung (Kapitel 3.5) erinnert, die eine Anzahl an Verhaltensweisen und persönlichen Ressourcen identifiziert, welche benachteiligte Kinder nutzen, um mit ihren Lebensverhältnissen umzugehen. Solche adaptiven Verhaltensweisen werden jedoch selbst wiederum durch kognitive Verhaltensweisen beeinflusst. Weil diese intelligentes Verhalten konstituieren, ist es sinnvoll, anzunehmen, dass die verhaltensbezogenen Charakteristika, welche einige benachteiligten Kinder zeigen, Hochbegabung spiegeln können.

2.2   Datenanalysen zu geförderten Kindern in der Schweiz

Bemühungen, reliable Daten zu begabten und leistungsstarken Minoritätskindern zu sammeln, sind im Rahmen dieser Publikation viele unternommen worden, haben sich jedoch insgesamt als sehr schwierig erwiesen. Der Grund liegt unter anderem darin, dass – mit Blick auf die Schweiz – zum einen nicht alle Kantone über solche Daten verfügen, weil sie diese gar nicht sammeln und die Hoheit den Gemeinden überlassen. Zum anderen sind die Daten nicht vollständig, weil sie nicht von allen Gemeinden oder Kantonen den betreffenden Stellen gemeldet werden. Es ist somit augenscheinlich, dass reliable Daten nicht per se verfügbar und umfassende Informationen über begabte Kinder schwierig zu erhalten sind.

Trotz dieser Einschränkung sind die nachfolgend zusammengestellten Befunde in gewisser Hinsicht nützlich. Es handelt sich um eine Datenanalyse zur Platzierung von Kindern unterschiedlicher sozialer und ethnischer Herkunft in Begabungsförderprogrammen (2.2.1) sowie um eine Analyse von Lernstandserhebungen und Leistungsmessungen in Bezug auf die Leistungsexzellenz von Minoritätsgruppen (2.2.2).

2.2.1 Datenanalyse von Platzierungsraten in Begabungsförderprogrammen

Die nachfolgend präsentierte Datenanalyse ist in Anlehnung an eine Untersuchung von DONOVAN und CROSS (2002) entstanden. Es werden drei verschiedene Kennziffern verwendet, um diese Thematik zu konturieren. Jede dieser Kennziffern beleuchtet die Disproportionalität unterschiedlich. Es sind dies der Risiko-Index, der Odds Ratio-Index (ein Maß zur Angabe der Stärke von Zusammenhängen) und der Zusammensetzungs-Index. Der *Risiko-Index* wird berechnet, indem die Anzahl der Schülerinnen und Schüler je nach sozialer Herkunft in einem Begabungsförderprogramm geteilt wird durch ihren Anteil in der gesamten Schülerpopulation. Der Risiko-Index gibt somit den prozentualen Anteil aller Schülerinnen und Schüler nach ihrer sozialen Herkunft in einem Begabungsförderprogramm an. Der *Odds-Ratio-Index* teilt den Risiko-Index einer ethnischen Gruppe durch den Risiko-Index einer anderen Gruppe und stellt deshalb einen vergleichbaren Risiko-Index dar. Alle hier berichteten Odds-Ratios sind relativ zu Schweizer Kindern der Unterschicht. Ist der Risiko-Index einer spezifischen Gruppe und Schweizer Unterschichtkindern identisch, dann ist der Odds-Ratio-Index OR=1.0. Ein OR größer als 1.0 bedeutet, dass die betreffende Gruppe einem größeren Risiko ausgesetzt ist, nicht identifiziert zu werden, während ein Odds-Ratio-Index kleiner als 1 darauf verweist, dass sie weniger risikogefährdet ist. Der *Zusammensetzungs-Index* wird berechnet, indem die Anzahl der Schülerinnen und Schüler einer sozialen Herkunftsgruppe, die in einem Begabungsförderprogramm eingeschrieben sind, durch die totale Anzahl der Schülerinnen und Schüler geteilt wird. Die Summe ergibt 100%.

In Tabelle 2.1 werden die Daten zur relativen Partizipation von Schülerinnen und Schülern in fünf Subgruppen dargestellt: Schweizer Kinder der Mittel- und Oberschicht; Schweizer Kinder der Unterschicht, Kinder mit ausländischem Pass der Mittel- und Oberschicht, Kinder mit ausländischem Pass der Unterschicht. Die Daten stammen aus zwei Evaluationen sowie aus aktuellen Befragungen von insgesamt zehn deutschschweizer Schulgemeinden. Daraus ergab sich eine Stichprobe von N=1 879 Kindern im Alter zwischen sieben und 12 Jahren. Aus der Tabelle wird ersichtlich, dass 3,62% aller Kinder in Begabungsförderprogrammen platziert werden, dass aber die Platzierungsraten für die verschiedenen Gruppen starken Schwankungen unterworfen sind. Der Risiko-Index, d.h. die Platzierungsrate für Schweizer Kinder der Mittel- und Oberschicht, beträgt 6,98%. Dies bedeutet, dass eines von vierzehn Kindern in einem solchen Programm platziert wird. Tiefere Platzierungsraten ergaben sich hingegen bei Schweizer Kindern aus der Unterschicht (RI=2,57). Besonders ausgeprägt trifft es für ausländische Kinder der Unterschicht zu (RI=0,61). Der Risiko-Index für ausländische Kinder der Mittel- und Oberschicht ist mit RI=4,78 jedoch relativ hoch. Der Odds Ratio-Index sagt Ähnliches aus: Schweizer Kinder der Mittel- und Oberschicht haben fast doppelt so häufig wie Schweizer Kinder der Unterschicht die Chance, in ein Förderprogramm aufgenommen zu werden (OR= 1,46), während dies für Mittel- und Oberschichtkinder mit ausländischem Pass noch zu einem Drittel häufiger als für die Schweizer Referenzgruppe zutrifft (OR=1,30). Am deutlichsten benachteiligt sind ausländische Unterschichtkinder. Im Vergleich zu Schweizer Unterschichtkindern haben sie eine fast doppelt so geringe Chance, für ein Förderprogramm selektioniert zu werden (OR=0,55).

Tabelle 2.1: Platzierungsindizes von Begabungsförderprogrammen

soziale Herkunft	Risiko-Index	Odds Ratio-Index	Zusammen-setzungs-Index
Schweizer Kinder der Ober- und Mitteschicht (N=1507)	6,98	1,46	80,22%
Schweizer Kinder der Unter-schicht (N=82)	2,57		4,40%
Kinder mit ausländischem Pass der Ober- und Mitte-schicht (N=270)	4,78	1,30	14,36%
Kinder mit ausländischem Pass der Unterschicht (N=20)	0,61	0,55	1,02%
Total (N=1 879)	3,62		100,00%

Insgesamt kann diese Datenanalyse sowohl als Indikator für Platzierungsraten als auch für den Aktivitätsgrad in der Begabungsförderung betrachtet werden. Obwohl die Zahlen unvollständig sind, haben sich konsistente und informative Muster ergeben. Dies gilt vor allem im Hinblick auf die prozentualen Anteile, die mit Sicherheit mehr über die Variation in der kantonalen oder lokalen Praxis aussagen als über die Unterschiedlichkeit der Schülerpopulationen. Solche Variationen wären eine interessante Grundlage für das Bildungsmonitoring Schweiz.

2.2.2 Begabte Minoritäten und Leistungsexzellenz

Angaben zur Verbindung von Minoritätsstatus und Leistungsexzellenz sind selten. Aus dem deutschsprachigen Raum sind keine solchen Studien bekannt. Möglich sind jedoch Feinanalysen in Erhebungen zu Lernausgangslagen oder fachspezifischen Leistungserfassungen. Beispiele sind die Studie LuL «Lernen und Leisten im Kopf» (STAMM, 2004) bei vier- und fünfjährigen Kindern oder die Zürcher Studie zum Leistungsstand von Erstklässlern (MOSER, STAMM & HOLLENWEGER, 2005). In Tabelle 2.2 und 2.3 werden Daten dieser drei Untersuchungen präsentiert, wobei die prozentualen Anteile der Kinder resp. Jugendlichen aus den verschiedenen Gruppen angegeben werden, die in Mathematik und Lesen über dem 50, und 75, Perzentil liegen.

Tabelle 2.2: Prozentuale Verteilung der verschiedenen Schülergruppen in den Perzentilen 50+ und 75+ in Lesen

	LuL*		Zürcher Studie	
	50+	75+	50+	75+
Schweizer Kinder der Ober- und Mittelschicht	42	20	47	21
Schweizer Kinder der Unterschicht	19	11	26	12
Kinder mit ausländischem Pass der Ober- und Mittelschicht	21	19	22	15
Kinder mit ausländischem Pass der Unterschicht	7	10	11	8

*«Lernen und Leisten im Kopf»

Tabelle 2.3: Prozentuale Verteilung der verschiedenen Schülergruppen in den Perzentilen 50+ und 75+ in Mathematik

	LuL*		Zürcher Studie	
	50+	75+	50+	75+
Schweizer Kinder der Ober- und Mittelschicht	48	22	51	25
Schweizer Kinder der Unterschicht	24	12	30	12
Kinder mit ausländischem Pass der Ober- und Mittelschicht	39	19	35	20
Kinder mit ausländischem Pass der Unterschicht	11	16	15	8

*«Lernen und Leisten im Kopf»

Betrachtet man zunächst einmal die Tabellen im Überblick so wird ersichtlich, dass Unterschiede zwischen den sozialen und ethnischen Gruppen bereits vor Schuleintritt augenscheinlich sind und dann bis zum 15. Altersjahr markant zunehmen. Die Gruppenanteile sind in Mathematik allgemein leicht höher als im Lesen. Die Eindeutigkeit dieser Muster wird noch augenscheinlicher, wenn man die Unterschiede zwischen Minoritäts- und privilegierten Kindern untersucht. Die wichtigsten Muster zeigen sich darin, dass

- … Kinder mittlerer und hoher sozialer Herkunft am häufigsten hohe Leistungswerte in Lesen und Mathematik erzielen. Für Schweizer Kinder und Jugendliche trifft dies zu 42% (Lesen) und 48% (Mathematik) in der LuL-Untersuchung, zu 47% (Lesen) und 51% (Mathematik) in der Zürcher-Untersuchung.

- … Kinder aus einem vergleichbaren Sozialniveau, jedoch mit ausländischem Pass seltener in den obersten Leistungsbereichen anzutreffen sind (Lesen: 21% in LuL, 22% in der Zürcher-Studie; Mathematik: 39% in LuL, 35% in der Zürcher-Studie). Sie übertreffen jedoch sowohl Schweizer Kinder als auch ausländische Kinder aus Unterschichtmilieus um zwischen 3% und 14% im Lesen und zwischen 15% und 28% in Mathematik.

- … ausländische Unterschichtkinder am seltensten in den beiden obersten Leistungsbereichen anzutreffen sind. Beim Eintritt in den vorschulischen Bildungsraum sind es 7% im Lesen und 11% in Mathematik. Bei Schuleintritt sind es 11% im Lesen und 15% in Mathematik.

- Insgesamt erzielen ausländische Kinder mit Eltern, welche über einen höheren Sozialstatus verfügen, bessere Durchschnittwerte als Schweizer Kinder mit tiefem Sozialstatus. Damit stützen diese Daten die bereits im vorangehenden Kapitel formulierten Erkenntnisse zu den Mustern von Kindern aus benachteiligten Familien, die in Begabungsförderprogrammen unterrepräsentiert sind.

- Die allgemeine Unterrepräsentation von Minoritätsgruppen im Vergleich zu gut situierten Schweizer Schülerinnen und Schülern ist eine ausgeprägte Tatsache.

- Es gibt sowohl substanzielle Unterschiede zwischen der Mittel-/Oberschicht- und Unterschicht bei den ausländischen und der Mittel-/Oberschicht und Unterschicht bei den Schweizer Kindern.

- Die limitierte Präsenz der Minoritätsgruppen innerhalb der Leistungsspitze findet sich über alle sozialen Klassen hinweg. Zwar ist sie bei gut situierten ausländischen Kindern geringer, aber immer noch deutlich weniger ausgeprägt als bei vergleichbaren Schweizer Kindern.

- Die beschränkte Präsenz der Minoritäten in den Leistungsspitzen bildet sich bereits beim Eintritt in den vorschulischen und schulischen Bildungsraum ab. Unserem Bildungssystem gelingt es nicht, den Anteil der leistungsbesten Minoritäten bis zum 15. Altersjahr zu vergrößern.

2.3 Hintergründe der Unterrepräsentation

Die Unterrepräsentation von benachteiligten Minderheiten in Begabungsförderprogrammen ist somit eine statistische Tatsache. Unklar ist hingegen, *warum* dieses Problem existiert. Überblickt man die verfügbare Literatur zur Thematik, dann lassen sich die Gründe in beeinflussbare und schlecht beeinflussbare Ursachen einteilen. Beeinflussbare Ursachen liegen innerhalb des theoretischen Feldes und umfassen die Konzeptionen von Hochbegabung und die Praktiken der Identifikation. Schlecht beeinflussbare Faktoren liegen in den Ungleichheiten unserer Gesellschaft, die sich in sozialen und kulturellen Faktoren wie Armut, Rassismus oder Klassenunterschieden manifestieren.

Die in Kapitel 2.1 dargestellten Forschungsbefunde verweisen mit großer Deutlichkeit darauf, dass das, was wir als ‹Begabung› oder ‹Leistungsfähigkeit› erfassen, ein soziokulturell eingeengter und systematisch zugunsten der vorherrschenden Gruppennorm verzerrter Ausschnitt der menschlichen Leistungsfähigkeit ist. ‹Begabung› oder ‹Leistungsfähigkeit› sind bereits Produkte eines Erziehungsprozesses, in welchem die soziokulturellen Bedingungen eine große Rolle spielen und ihr Ausprägungsgrad somit in hohem Maße von Herausforderungen der Umwelt abhängig ist. Bereits vor fünfundzwanzig Jahren hat dies TANNENBAUM (1983) in seiner psycho-sozialen Konzeption von Hochbegabung dort auf den Punkt gebracht, wo er argumentiert, dass der soziale Kontext als Komponente von Hochbegabung verstanden werden müsse. Gemäß HELLERs (1996) interkulturellen Betrachtungen sind hierzulande entwickelte Hochbegabungskonzepte als ethnozentrisch zu bezeichnen. Bei uns ist es die akademische, Mittel- und Oberschicht fixierte Hochbegabung, die Deskriptor der Werte und Stärken unserer Kultur geworden ist und die Basis für die Unterrepräsentation überdurchschnittlich begabter Minoritäten in Begabungsförderprogrammen bildet.

Eine Reihe amerikanischer Studien belegt die große Problematik, die mit der Identifikation begabter Minderheiten einhergeht (CALLAHAN et al., 1995; FRASIER, 1997). Dies trifft vor allem für die Identifikationsinstrumente zu. Hinlänglich bekannt ist, dass standardisierte Tests, die vor dem Hintergrund unseres abendländischen Kulturkreises entwickelt wurden, mit Inkonsistenzen befrachtet sind und – bei kulturellen Minoritäten angewendet – zu Verfälschungen in Testsituationen führen. Unterrepräsentation ist somit häufig die Folge eines solchen ‹cultural bias›. Gleiches gilt in der Regel für Checklisten, die zwar verstärkt begabungsrelevante Faktoren beinhalten, sich jedoch meist ebenso ausgeprägt auf die dominante Kultur beziehen (MCLEOD & CROPLEY, 1989) und deshalb nur begrenzte Information über kulturelle und umgebungsbezogene Charakteristika benachteiligter Populationen liefern können. In den letzten Jahren sind allerdings einige Alternativen entwickelt worden (vgl. Kapitel 8).

Zur Identifikationsproblematik gehört jedoch auch die institutionelle Diskriminierung. Gemäß GOMOLLA und RATKE (2002) liegen ihre Ursachen in der normalen Alltagskultur der Schulen und in der Berufskultur der Lehrpersonen, die sich in negativen und abträglichen Gewohnheiten gegenüber Schülerinnen und Schülern mit Migrationshintergrund äussern können. Als Teil des institutionellen Habitus der Schule artikulieren sich solche Mechanismen auf informellen und unausgesprochenen Wegen über Routinen und tägliche Verfahren (vgl. dazu auch EDELMANN, 2007). Sie sind zwar schwer sichtbar zu machen, manifestieren sich jedoch mit Blick auf die hier verfolgte Thematik insbesondere in den selektiven Empfehlungspraxen der Lehrpersonen für die Aufnahme in Begabungsförderprogramme. Da die Gültigkeit ihrer Urteile häufig durch den Mittelschicht-Bias (HARTMANN, 1990) eingeschränkt ist, unterliegen Lehrpersonen verstärkt der Überzeugung, mit bestimmten Kulturen seien auch tiefere intellektuelle Fähigkeiten verbunden, weshalb talentierte Schülerinnen und Schüler aus benachteiligten Milieus inexistent seien (OGBU & FORDHAM, 1986). Bestätigt sehen sie ihre Vermutungen in den mangelnden Sprachkenntnissen der betroffenen Kinder sowie in ihrer im Vergleich zu einheimischen Kindern anders gearteten kulturellen Umwelt. Diese äußert sich häufig auch in einem selteneren Zugang zu Büchern, Spielzeugen, Puzzles oder kultureller Animation wie Museums- oder Zirkusbesuche (MOSER, STAMM & HOLLENWEGER, 2005; OGBU & SIMONS, 1998). Kinder, die bereits vor der Einschulung im Umgang mit solchen Bereichen Erfahrung sammeln können, haben in diesem frühen Stadium schon die Möglichkeit, eine entsprechende Familiarität zu erwerben und darauf aufbauend basale kognitive und schulrelevante Fähigkeiten zu entwickeln. Sind solche Materialen und Angebote nicht vorhanden, dann fehlt den Kindern auch die Möglichkeit, sich mit den späteren Erfordernissen des Schulunterrichts zu konfrontieren. Lehrpersonen, welchen solches Hintergrundwissen fehlt oder nur eine geringe Bereitschaft zeigen, ihre auf Mittelschicht und unser Kulturparadigma ausgerichteten Alltagstheorien zu hinterfragen, werden im Hinblick auf die Nomination von Schülerinnen und Schülern für Begabungsförderprogramme logischerweise kaum begabte Minoritätskinder vorschlagen. Anzunehmen ist, dass sie Strategien der Nicht-Nomination und des ‹Übersehen-werdens› als logische Folge ihres selektiven Wahrnehmungsprozesses anwenden werden (KITANO, 1991; SISK, 2003).

Es sind aber nicht nur Hintergründe für die Unterrepräsentation von begabten Minoritätskindern in Förderprogrammen auf Klassen- und Schulebene auszumachen, sondern auch auf der Ebene der Steuerung des Bildungssystems. Im Rahmen der Datensammlung für die Platzierungsanalyse in Kapitel 2.2 und der Sammlung schulrechtlicher Angaben zu Fragen der Begabungsförderung haben sich in den Kantonen viele Lücken und Ungereimtheiten gezeigt, welche einen Beitrag zur Problematik der disproportionalen Verteilung leisten. Dazu gehören folgende Aspekte:

- *Begrifflichkeiten:* Die Tatsache, dass es bis heute nicht gelungen ist, eine in den Kantonen allgemein akzeptierte Definition von Hochbegabung zu bestimmen, hat dazu geführt, dass fast alle gesetzlichen Grundlagen keine detaillierte Bestimmung dessen enthalten, was unter diesem Konstrukt zu verstehen ist. In der Schweiz hat dies dazu geführt, dass eher Formulierungen wie ‹Begabung›, ‹überdurchschnittliche Begabung›, ‹Talent› oder ‹Leistungsstärke› gewählt werden, allerdings ohne genaue Explizierung dessen, wofür der Begriff steht. Deshalb bleiben viele Unklarheiten. Handelt es sich beim gewählten Begriff eher um statisch erfassbare, sich kaum verändernde Fähigkeiten oder um dynamische Fähigkeiten, die kontinuierlich weiterentwickelt werden oder auch stagnieren? Umfasst der gewählte Begriff intellektuelle und/oder nicht-intellektuelle Fähigkeiten? Wird das, was unter dem gewählten Begriff verstanden werden soll, als Produkt oder als Entwicklungsmöglichkeit mit Prozesscharakter verstanden? Ob Potenzial oder Produkt, Kompetenz oder Performanz bleibt somit trotz gesetzlicher Grundlage ungeklärt.

- *Kantonale Variationen:* In den vergangenen zehn Jahren hat jeder Kanton selbst bestimmt, welches Konstrukt als geeignete Grundlage für die Etablierung begabungsfördernder Maßnahmen gelten soll. Entsprechend verfügen die Kantone über variierende gesetzliche Regelungen, Richtlinien und Regulative. Demzufolge macht diese unterschiedliche Handhabung die betreffenden Schülerinnen und Schüler zu ‹Hochbegabten›, ‹überdurchschnittlich Begabten›, ‹Talentierten› oder ‹Leistungsstarken› und zu einer zum kantonalen Schulsystem und seinen gesetzlichen und konzeptionellen Grundlagen relativen Population. Diese Relativität ist jedoch rational, wenn man das Förderangebot betrachtet. Eine Schülerin mag beispielsweise auf eine spezifische begabungsfördernde Maßnahme nur dann angewiesen sein, wenn die schulischen Ansprüche nicht besonders hoch sind, der Unterricht nur wenig individualisiert ist und sie insgesamt eher unterfordert ist. Gegenteiliges gilt allerdings im Falle eines ihren Fähigkeiten angepassten herausfordernden Unterrichts. Eine Konsequenz dieser Relativität ist somit, dass die Daten zur Nomination für und die Teilnahme an Förderangeboten weit schwieriger zu interpretieren sind als bisher angenommen.

- *Personenabhängigkeit:* Obwohl fast alle Kantone Begabungsförderung betreiben, wird die Implementation entsprechender Maßnahmen und Angebote stark durch das Engagement einzelner Fachpersonen geprägt, weshalb die Programme in ihren Konzepten, Identifikations- und Zuweisungspraxen sehr unterschiedlich sind.

- *Fehlende Standards:* Interessanterweise kennen nur wenige Kantone Standards, die festlegen, wie Identifikation und Nomination zu geschehen haben. Entsprechend selten sind systematisierte Identifikations- und Zuweisungspraxen. Die meisten Kantone haben lediglich Identifikationsinstrumente spezifiziert und deren Nutzung empfohlen. Bislang sind keine Instrumente zur Identifikation von ökonomisch, sozial oder kulturell benachteiligten Schülerinnen und Schülern entwickelt worden oder bereits in Anwendung. Im Ergebnis verweisen diese Tatsachen auf die enorme Variabilität der Definitions-, Identifikations- und Zuweisungspraktiken und damit der Zugänge zu Begabung und Hochbegabung in unserem kleinen Land.

2.4 Die Bedeutung der Familie für die Potenzialentfaltung

Gemäß den vorliegenden Forschungsbefunden gilt die Bedeutung der Familie für die kognitive Sozialisation als unbestritten (MARJORIBANKS, 1979; WILD & HOFER, 1999), insbesondere ihre begünstigende Rolle bei der Entfaltung des Potenzials. Entsprechende Belege finden sich nicht nur in TERMANS Studie (TERMAN & ODEN, 1959), sondern auch im Gulbenkian-Projekt von FREEMAN (1991), in der Untersuchung von TETTENBORN (1996) oder von HOYNINGEN-SÜESS und GYSELER (2006). Dass der familiäre Hintergrund auch deshalb so wichtig ist, weil eine an Bildung und Leistung orientierte Statuserwerbsphilosophie der Eltern den Schulerfolg ihrer Kinder fördert, ist nicht nur Erkenntnis aktueller Untersuchungen (STAMM, 2005), sondern war bereits Fakt des COLEMAN- und des PLOWDEN-Reports (COLEMAN et al., 1966; PLOWDEN, 1967; zusammenfassend FRASER et al., 1987). BOURDIEU (1983) hat ihn in seiner Kapitaltheorie dahingehend differenziert, dass das ökonomische, das soziale und das kulturelle Kapital drei Dimensionen darstellen, welche die elterlichen Bildungseinstellungen determinieren und die ‹stillen Reserven› der Kinder bilden. Während das ökonomische Kapital darüber bestimmt, welche Ressourcen den Kindern zur Verfügung stehen, umfasst das kulturelle (intellektuelle) Kapital alle Einstellungen der Familie, ihren Bildungsgrad, ihr Wissen, ihre Fähigkeiten, aber auch ihre Erwartungsorientierungen. Gemäß ETTRICH et al. (1996) unterscheiden sich bildungsnahe und bildungsferne Familien signifikant voneinander. Erstere unterstützen ihre Kinder in der Entwicklung von verbalen Fähigkeiten und Persönlichkeitsmerkmalen wie intellektuelle Neugier, Fleiss oder Erwartungen auf Erfolg und ermöglichen ihnen darüber hinaus vielfältige Sozialerfahrungen. Begabte Kinder aus bildungsfernen Familien werden hingegen anders sozialisiert. Aufgrund ungünstiger eigener schulischer Erfahrungen zeigen ihre Eltern häufig mangelndes Interesse an schulischen Angelegenheiten.

Bei Kindern mit Migrationshintergrund kommen zusätzliche Risikofaktoren dazu. Neben der fehlenden Beherrschung der Standardsprache sind es gemäß BORLAND et al. (2000) oder BORLAND und WRIGHT (2000) vor allem kulturelle Gepflogenheiten (z. B. Mangel an häuslicher Konversation, der den Kindern keine Möglichkeit gibt, Diskussionen zuzuhören und am Dialog teilzunehmen oder ein lärmiges und überstimulierendes Umfeld, das den Aufbau von Hörbereitschaft oder Konzentrationsfähigkeit verhindert). Insbesondere der Soziolinguistik ist es zu verdanken, dass wir heute zu den bemerkenswerten Diskrepanzen zwischen den Kommunikationsmustern von Eltern und Kindern aus kulturell unterschiedlichen Gruppen und den in der Schule vorherrschenden Kommunikationsgepflogenheiten relativ viel wissen. Viele Kinder mit Minoritätshintergrund kommen aus Umgebungen, in denen direkte Fragen vermieden werden, Augenkontakt als unhöflich gilt und Konzepte wie Vergleichbarkeit, Relativität oder Dialektik negativ bewertet werden. Konsequenterweise treten viele Kinder aus benachteiligten Familien mit bestimmten kognitiven Fähigkeiten und Verhaltenserwartungen in die Schule ein, welche sie von zu Hause mitbringen, die jedoch von der Schule nicht notwendigerweise positiv bewertet werden. Beispielsweise wenden sie den Blick ab, wenn sie angesprochen werden, beachten verschiedene Aspekte eines Geschehens oder einer Fragestellung gleichzeitig oder wechseln den Fokus laufend, sind emotional expressiv und spontan. Diese Verhaltensweisen sind jedoch den schulischen Verhaltensstandards entgegengesetzt, die eher auf direkten Augenkontakt mit der Lehrkraft während des Unterrichts oder auf fokusierte und sequentielle Fragenbearbeitung sowie auf Selbstkontrolle emotionaler Verhaltensweisen ausgerichtet sind. Da kulturelle Minoritäten zudem oft eher optisch orientiert und auf körperliche Auseinandersetzungen sowie auf die unmittelbare Befriedigung von Bedürfnissen als auf verbale Interaktion ausgerichtet sind, fällt es solchen Kindern besonders schwer, abstraktes Denken oder Beharrlichkeit zu entwickeln – Aspekte, die in unserer Gesellschaft jedoch besonders bedeutsam sind. Insgesamt ist somit anzunehmen, dass verbale Interaktionen in Minoritätsfamilien das Wachstum kognitiver kindlicher Fähigkeiten in der Regel nicht in dem Maß fördern, wie es durch die Schule vorausgesetzt, gefördert und bewertet wird.

Mit Blick auf begabte Kinder und Jugendliche mit Migrationsstatus unterscheiden OGBU und FORDHAM (1986) zwischen freiwilliger und unfreiwilliger Immigration. Ihre Analysen zeigen, dass freiwillig immigrierte Familien weit stärker bereit sind, kulturelle Differenzen in Bezug auf Sprache, Integration oder Kommunikation als Herausforderung zu überwinden, während unfreiwillig immigrierte Familien sie zum Schutze ihrer ursprünglichen Identität nutzen und eine zum Mainstream konträre Subgruppenidentität entwickeln. Dass dadurch gerade für begabte Schülerinnen und Schüler ein Dilemma entstehen kann, wird allerdings nur von ausgewählten Studien diskutiert. So verweist HUNSAKER (1995) auf zwei mögliche Strategien: Die erste Strategie ist auf die Übernahme der Verhaltensweisen der vorherrschenden Kultur ausgerichtet. Damit einher geht jedoch eine Distanzierung von den traditionellen Gemeinschaften. Die zweite Strategie hat zum Ziel, die Loyalität zum eigenen kulturellen Kontext aufrecht zu erhalten. Sie hat jedoch zur Folge, dass jede intellektuelle Herausforderungen zurückgewiesen werden müssen. TAN (2005) sieht deshalb in der schulischen Unauffälligkeit, in der «Kultur der Bescheidenheit» (S. 15) ein mögliches Bewältigungsmuster, das Ansätze beider Strategien enthält. Es erspart Konfrontation und Ausgrenzung und erlaubt, dem permanenten Druck zwischen der familiären und der schulischen Kultur auszuweichen (DUBOVAYA, 2008).

Derartige Erklärungsansätze verweisen auf die vielen Nachteile, die begabten Kindern mit Minoritätshintergrund erwachsen. Sie beeinflussen ihre Fähigkeiten, ihren Wissensstand und ihre Motivation nachhaltig und lassen sie besonders häufig zu unauffälligen Minderleistern mit mangelndem Zutrauen in die eigene Leistungsfähigkeit und vorprogrammiertem Gefühl des Versagen müssens werden. Besonders betroffen sind sie, wenn sie von Schule und Lehrpersonen nicht unterstützt werden. In seinem Bericht «Recent research on the achievements of ethnic minority pupils» verweist das britische OFFICE FOR STANDARDS IN EDUCATION (1996) deshalb mit Nachdruck darauf, dass solchen Schülerinnen und Schülern das fehlt, was für sie ganz besonders wichtig wäre: eine starke Unterstützung und Ermutigung, dass schulisches Lernen wertvoll ist und eine positive Wertschätzung schulischen Erfolgs sowie Kontakte zu entsprechenden Vorbildern.

2.5   Die Fähigkeit zur Selbstorganisation: Der Schlüssel zum Erfolg von begabten Minoritäten?

Treten Kinder mit Minoritätshintergrund mit inadäquaten kognitiven Fähigkeiten in die Schule ein oder demonstrieren sie Fähigkeiten, welche als irrelevant für den schulischen Erfolg angesehen werden, dann stellt sich gemäß STERNBERG und ARROYO (2006) die Frage, wie denn Leistungsunterschiede zwischen gleich benachteiligten Kindern festgestellt und erklärt werden können und was den Schulerfolg eines benachteiligten Kindes gegenüber dem Versagen eines anderen bestimmt. Die Antwort der Autoren liegt in den Prozessen der Selbstorganisation. Sie leiten sie aus den Prämissen der kontextuellen Subtheorie der Triarchischen Intelligentheorie und dem entsprechenden Forschungskorpus ab, der sich um deren empirische Validierung bemüht hat (STERNBERG, 1991; 1997; 1998; STERNBERG et al., 1999). Gemäß diesen empirischen Befunden ist zu vermuten, dass Kinder fähig sind, die Kluft zwischen den zu Hause angeeigneten kognitiven Fähigkeiten und den wachsenden kognitiven Herausforderungen durch die

Schule oder andere Sozialisationsagenten mittels Selbstorganisation zu überbrücken. Solche Fähigkeiten erlauben ihnen, Probleme zu definieren, Ziele zu setzen, das Können in den geforderten Aufgaben unter Beweis zu stellen und ein Erfolgsmonitoring zu betreiben.

Die Mutter-Kind-Interaktionen sind Ausgangspunkt der Betrachtung von STERNBERG und ARROYO (2006). Sie gehen davon aus, dass Mütter in der sozialen Interaktion ihrem Kind die notwendigen Strukturen zur Verfügung stellen, damit es lernt, später auch planen und sein Verhalten überwachen zu können und so seine intellektuelle Entwicklung vorantreiben kann. Weil jedoch benachteiligte Kinder kognitive Fähigkeiten nicht vollumfänglich in der sozialen Interaktion erwerben können, erachten die Autoren die Wahrscheinlichkeit einer optimalen intellektuellen Entwicklung als relativ gering – außer, wenn ein Kind Selbstregulations- und Selbstorganisationsfähigkeiten entwickelt. Deshalb gehen sie davon aus, dass solche fähigen Kinder in der Lage sind, entweder unterstützende alternative Sozialisationsagenten zu finden oder sich die notwendigen Selbstorganisationsfähigkeiten anzueignen, welche gute Leistungen unterstützen. Als Sozialisationsagenten können Lehrkräfte oder andere einflussreiche Personen innerhalb der Schule wirken, welche einen Beitrag zur Egalisierung mangelnder Selbstorganisationsfähigkeiten leisten können.

Das Konzept der Selbstorganisation erinnert damit an das Resilienzkonzept, das in Kapitel 3.5 besprochen wird. Seit RUTTER et al. (1979) und MAUGHAN (1989) wissen wir, dass auch die Institution Schule resilienzfördernd konzipiert sein kann. Wesentliche Komponenten sind hohe Leistungsanforderungen, eine geeignete Binnendifferenzierung mit Variation von Lehrinhalten und -formen, vor allem aber eine Klassenlehrperson, die sich als Bezugsperson definiert und die Folgen von Deprivation und Benachteiligung dämpft und Gefühle des Halts und der Sicherheit vermittelt. Unter solchen Bedingungen kann die Schule für begabte Minoritäten zu einer zweiten Heimat werden. Die Bedeutung derartiger Schulqualitätsfaktoren wird von einigen neueren Forschungsarbeiten zu resilienten Hochbegabten unterstrichen (EMERICK, 1992; FORD, 1994; NEIHART, 2001; REIS, COLBERT & HÉBERT, 2005). Ganz besonders notwendig für begabte Heranwachsende ohne bildungsnahen Hintergrund und ohne kulturelles Elternkapital ist ein angemessenes Curriculum. Ein wenig herausfordernder Unterricht, niedrige Leistungsansprüche, unangemessene Lernzeit oder das Fehlen ähnlich interessierter Peers können zu Unterforderung und damit zu emotionalen und sozialen Anpassungsproblemen führen.

Um jedoch die kognitiven Prozesse zu erläutern, welche benachteiligte Kinder zu einer erfolgreichen Adaptation ihres Verhaltens an Schulerfordernisse befähigen, ist es hilfreich, noch einmal zur Triarchischen Theorie und ihrem Modell, wie sie Intelligenz erklärt, zurückzukehren. Auf der Basis der bisherigen Ausführungen und mit Blick auf das Konzept von STERNBERG und ARROYO (2006) lassen sich für die kognitive Entwicklung begabter Minderheiten folgende Schwerpunkte zusammenfassen:

- *Kognitive Prozesse und Verhalten:* Zunächst einmal ist es von Bedeutung, wie die kognitiven Prozesse in außergewöhnliches Verhalten integriert sind. Gemäß dieser Subtheorie wird Intelligenz über die Fähigkeiten einer Person definiert, wie sie mit neuen Verhaltenserfordernissen und situationalen Anforderungen umgeht und wie gut es ihr gelingt, Informationsprozesse zu automatisieren. Die Erfahrungssubtheorie macht jedoch einen Unterschied zwischen den kognitiven Prozessen, welche für die Bewältigung einer neuen Aufgabe erforderlich sind und denjenigen Prozessen, welche notwendig sind, um die Natur einer neuen Aufgabe zu verstehen. Demzufolge müssen Individuen erkennen, dass eine neue Situation mentale Prozesse oder Strategien erfordert, welche sich von den üblicherweise verwendeten Strategien unterscheiden. Weil jedoch jede Situation sehr unterschiedlich bewältigt werden kann und es kein richtiges Handlungsmuster gibt, muss das Individuum selbst bestimmen, welche der neuen konzeptionellen Strategien für eine effiziente und effektive Aufgabenlösung die angemessenste ist. Manchmal kann die effektivste Strategie gerade diejenige sein, mit der das Individuum nicht vertraut ist, weshalb eine erfolgreiche Aufgabenbewältigung ein Anreiz zum Erwerb einer neuen Strategie sein kann.

- *Adaptationsmechanismen:* Es ist anzunehmen, dass kognitive Prozesse, welche mit der erfolgreichen Bewältigung einer neuen Aufgabe assoziiert sind, für Selbstorganisationsprozesse bei begabten Minoritäten nützlich sind. So haben ARROYO und ZIEGLER (1995) in einer Studie bei afroamerikanischen Kindern zu schulverwandten Gewohnheiten und Überzeugungen herausgefunden, dass hoch leistende Minoritätskinder im Vergleich zu solchen mit schlechten Leistungen zwischen dem familiären und dem schulischen Kommunikationsstil unterschieden und mit ihren Lehrpersonen anders interagierten. Offenbar änderten diese Kinder bewusst die Art und Weise ihres Verhaltens, weil sie erfolgreich sein und das Beste versuchen wollten, die Lehrkräfte von sich selbst zu überzeugen. Solche Kinder sind somit kontrastierenden Anforderungen ausgesetzt, wenn sie einerseits die traditionellen, vom Schulsystem festgelegten Aufgaben erfüllen, sich andererseits nicht von ihrem eigenen kulturellen Hintergrund entfernen wollen. Gleichzeitig wird aber auch deutlich, dass solche begabte Kinder offenbar auch fähig sind, im geforderten Sprachsystem sowohl Standards als auch ihre eigenen Abweichungen aufzudecken und ihre eigene Sprache in Übereinstimmung an die Verhaltenserwartungen der kontrastierenden Umgebungen Schule - häusliche Umwelt zu adaptieren.

- *Der soziale Kontext aussergewöhnlichen Verhaltens:* Von zentralem Interesse ist, wie sich Intelligenz in realen Alltagssituationen manifestiert. Gemäß OGBU und SIMONS (1998), welche die besonderen Einflüsse von Sozialstrukturen auf Minderheiten herausstreichen, sind schlechte Schulleistungen von benachteiligten Schülerinnen und Schülern ein Ergebnis der sozialen Schichtung, von Marginalität und Rassismus.

Anzunehmen ist deshalb, dass diejenigen Kinder und Jugendlichen besonders erfolgreich sind, denen es gelingt, sich Verhaltensstile und Gewohnheiten anzueignen, die der breiten Mittelschicht eigen sind und diese zugleich erfolgreich in die eigene Kultur zu integrieren. Diesen Schülerinnen und Schülern fällt es dann auch leichter, die Schule als effektives Mittel für ihren sozialen Aufstieg zu betrachten.

- *Die basalen motivationalen Faktoren herausragenden Verhaltens:* Die Bewertung der Schule und ihres Kontextes hat auch eine große Wirkung auf ihre Motivation, schulerfolgreich zu sein. Viele Untersuchungen zeigen, dass soziale Deprivation, Stress oder Risiko begabte Minderheiten auch motivieren kann, ihr Leben in einer Art und Weise zu gestalten zu versuchen, um den persönlichen Erfolg und ihre sozialen Bedingungen zu verbessern. Wenn sich solche Kinder auf spezifische Leistungsziele hin ausrichten, dann strukturieren sie ihre Verhaltensweisen auch entsprechend. Die motivationalen Faktoren, welche mit solchen Zielen assoziiert sind, können die kognitiven Prozesse, welche der Planung und Abwicklung von zielorientiertem Verhalten zu Grunde liegen, ebenso aktivieren und unterstützen.

- *Die Persönlichkeitsmerkmale begabter, benachteiligter Schülerinnen und Schüler:* Viele Studien charakterisieren begabte Minoritäten als selbstbewusst, arbeitsam, fleissig, kompromisslos und individualistisch. Dazu kommt ein ausgeprägter Sinn nach Zugehörigkeit zu einer spezifischen sozialen Gruppe. Er ist eine von zahlreichen Komponenten, welche das Selbst konstituieren. Entsprechend ist die Selbstdefinition dieser Schülerinnen und Schüler durch zwei Dinge bestimmt: durch das, was sie nicht besitzen, aber gerne haben möchten und durch das, was sie bekämpfen. Deshalb entwickeln sie einen Sinn von personaler und kollektiver Identifikation. So sind sie sich ihrer verfügbaren Möglichkeiten sich selbst und anderen gegenüber durchaus bewusst, streben aber gleichzeitig an, diese durch den unmittelbaren sozialen Kontext limitierten Möglichkeiten zu transzendieren. Die logische Konsequenz davon ist, dass Kinder ihre Kultur nicht verleugnen können. Was sie sind und was es heisst, einer bestimmten Ethnie und sozialen Klasse angehörig zu sein sind deshalb essenzielle Elemente, die ihre Leistungsmotivation beeinflussen und steuern.

2.6 Die Notwendigkeit eines neuen Begabungskonzepts für Minoritäts-gruppen

Die bisherigen Ausführungen machen klar, dass bestehende Begabungskonzeptionen erweitert werden müssen. Zwar wären Einwände verständlich, wonach es bereits zu viele Konzeptionen gäbe, doch sind sie alle auf das konventionelle, mittelschichtorientierte Verständnis von (Hoch-)Begabung ausgerichtet. Gerade deshalb ist ein neues Verständnis wichtig. Dazu kommt, dass wir aufgrund der fehlenden Forschung zu leistungsstarken Minoritäten insgesamt recht wenig über ihre tatsächlichen intellektuellen Fähigkeiten wissen. Hierin mag einer der Gründe liegen, weshalb sich die wenigen vorliegenden Studien meist auf den Vorschlag der Entwicklung alternativer, kultursensibler Intelligenztests beschränken (FORD & HARRIS, 1999; FRASIER, 1997; VANTASSEL-BASKA, 1998). STERNBERG (2002; 2007) argumentiert hingegen, dass benachteiligte Kinder unterschiedliche kulturelle Fähigkeiten und Stile haben, welche ins Repertoire der als überdurchschnittlich begabt zu bezeichnenden Verhaltensweisen aufgenommen werden müssten. Dazu zählt er soziale Aufmerksamkeit, Vertrauen, Humor, Ausdrucksstärke, Sensitivität gegenüber Bewegung, Risikobereitschaft, sprachliche Kreativität etc. Das sind Verhaltensweisen, welche begabte Minoritäten kennzeichnen und auch von der Resilienzforschung betont werden.

Demzufolge ist jede streng fähigkeitsbasierte Begabungskonzeption für Kinder mit Minoritätshintergrund inadäquat. Im Anschluss an STERNBERG und ARROYO (2006) soll deshalb eine Definition vorgeschlagen werden, die auf den vier Komponenten kognitive Prozesse, sozialer Kontext, Motivationsfaktoren und persönliche Charakteristika basiert. Dieses Konzept wird in Kapitel 8.2 anhand eines von STERNBERG und ARROYO (2006) entwickelten Instrumentariums differenziert. Auf dieser Basis lässt sich überdurchschnittliche Begabung als zweckgerichtetes und zielorientiertes Handeln beschreiben, welches innerhalb eines realen Kontextes gezeigt wird:

Überdurchschnittlich begabt sind solche Individuen, welche effektiv in der Lage sind, ihre Verhaltensweisen und Fähigkeiten an die Anforderungen der Umgebung anzupassen, gleichzeitig jedoch fähig sind, die Umgebung so zu ändern, dass ihre herausragenden Fähigkeiten besser zum Ausdruck kommen und die darüber hinaus auch kompetent sind, unüberwindbare Umgebungshindernisse zu erkennen.

Insgesamt ist davon auszugehen, dass begabte Minoritäten kognitive Prozesse nutzen, welche dafür verantwortlich sind, wie sie mit ihrer Umgebung interagieren. Sie verfügen dabei über Selbstorganisationsfähigkeiten, die ihnen erlauben, in unterschiedlichen sozialen Systemen zu funktionieren. Wenn benachteiligte Kinder lernen, ihr Verhalten an die Werte und Herausforderungen der Schule anzupassen, dann können sie die erforderlichen Aufgaben erfolgreich erfüllen. Ihre Leistungen gewinnen dann auch die Aufmerksamkeit von Lehrkräften, und die Aufmerksamkeit wiederum trägt dazu bei, dass die Erfolgsaussichten größer werden. Dieser Schneeballeffekt erzeugt bedeutsame Implikationen für die persönliche und motivationale Entwicklung des Kindes. Darüber hinaus unterstützen alternative Sozialisationsagenten wie Klassenlehrpersonen oder andere in oder außerhalb der Schule tätigen Personen die Kinder, weiterreichende Erfahrungen zu machen und ihre Selbstbilder und ihre Zukunftsaussichten zu verbessern.

Eine so formulierte Begabungskonzeption hat auch eine Entwicklungsperspektive. Denn die mit Selbstorganisationsfähigkeiten ausgestatteten begabten Minoritäten sind charakterisiert durch die Motivation, ihre durch den unmittelbaren sozialen Kontext limitierten Möglichkeiten zu transzendieren. Dies braucht jedoch eine langfristige Planung und sich entwickelnde Selbstorganisationsfähigkeiten. Aus dieser Entwicklungsperspektive resultiert folglich die Forderung, dass überdurchschnittliche Begabung anhand kognitiver, motivationaler und persönlichkeitsbezogener Fähigkeiten im Zeitverlauf untersucht werden muss.

Teil II: Frühe Erfahrungen

Teil I hat aufgezeigt, dass die prozentualen Anteile von Schulkindern verschiedener sozialer Gruppierungen in begabungsfördernden Angeboten stark variieren. Aufgrund fehlender Daten war es nicht möglich, die Anteile ethnischer Gruppierungen zu eruieren. Wegen der wenig verlässlichen Datenlage war es dabei schwierig festzustellen, ob es in der jeweiligen Gruppe zu viele oder zu wenige sind. Als Quelle solch disproportionaler Verteilungsmuster lassen sich drei mögliche Erklärungen heranziehen:

1. Kinder unterscheiden sich bei Eintritt in den Vorschulraum (STAMM, 2004a) und bei Schuleintritt (MOSER, STAMM & HOLLENWEGER, 2005; MOSER, BAYER & BERWEGER, 2008) in ihren kognitiven und verhaltensbezogenen Charakteristika. Solche Aspekte sind in der Regel auch für die Zuweisung zu einem Begabungsförderprogramm ausschlaggebend. Diese Unterschiede könnten zwischen den Kindern in ethnischen Gruppen disproportional verteilt sein.

2. Schulen können Schulerfolg und Verhalten der Kinder und Jugendlichen beeinflussen. Der Schulerfolg kann nach Zusammensetzung der Ethnien variieren und auch nach der Ethnie der einzelnen Schülerin oder des einzelnen Schülers (RUTTER et al., 1979; OSWALD & KRAPPMANN, 2005).

3. Nominations- und Zuweisungsverfahren und die entsprechenden Standards können so gewählt oder angewendet werden, dass sie Kinder und Jugendliche bestimmter Ethnien benachteiligen und deshalb Disproportionalität produzieren.

In diesem Teil II wird die Aufmerksamkeit auf den ersten Punkt gelegt und damit auf die aktuelle Wissensbasis zu den frühen Einflüssen auf Kognition und Verhalten. Neben biologischen, sozialen und kontextuellen Einflussfaktoren wird in Kapitel 3 auch das Phänomen der Resilienz als mögliche Antwort auf die Risikoperspektive diskutiert. Gefragt wird dabei, welche charakteristischen Merkmale quer durch alle ethnischen Gruppen hindurch die Leistung voraussagen können und welche Faktoren einen signifikanten Anteil an der Variation in kognitiven und verhaltensbezogenen Merkmalen haben. Frühe Erfahrungen fokussieren jedoch auch auf entwicklungspsychologische Aspekte. Entsprechend wird in Kapitel 4 ein Blick auf die vorschulische Phase und die Möglichkeiten spezifi-

scher Förderung geworfen. Auf der Basis des inzwischen breiten Forschungskorpus' zur frühen Kindheit wird der Frage nach der Wirksamkeit von Vorschulangeboten zur Optimierung der kognitiven und verhaltensbezogenen Leistungen
für Risikokinder nach Schuleintritt nachgegangen. Zu Risikokindern sind auch
begabte Kinder und Jugendliche mit Minoritätshintergrund zu zählen.

3 Frühe Einflüsse auf Entwicklung und Verhalten

3.1 Entwicklung und Verhalten: ein Perspektivenwechsel

In den letzten Jahrzehnten hat die biologische, aber auch die sozialwissenschaftliche Forschung neue Erkenntnisse gewonnen, die zu substanziellen Veränderungen im vorherrschenden Verständnis über die Faktoren geführt haben, welche Kognition und Verhalten beeinflussen. In den klassischen Arbeiten von GALTON (1869) oder BURT (BURT et al., 1934) waren Intelligenzunterschiede noch vollständig mit Vererbung erklärt worden. In den Sozialwissenschaften allerdings legten Studien in den 1930er und 1940er Jahren über Kleinkinder und in Institutionen betreute Kinder die Aufmerksamkeit bereits auf Umgebungs- und Kontextfaktoren. Deprivationsstudien und Untersuchungen zu frühen Interventionseffekten in den sechziger Jahren dienten als kollektive Beweise, dass frühe Erfahrungen eine große Wirkung auf die nachfolgende Entwicklung haben (vgl. zusammenfassend MIETZEL, 2002). Aktuell besteht allgemeiner Konsens, dass genetische und physiologische Faktoren zwar weiterhin eine zentrale Rolle im Verständnis von kognitiven Merkmalen, Schulleistungen und Verhaltensmerkmalen spielen, die Behauptung jedoch, dass das Kind grundsätzlich von der Umgebung unterschiedlich sei, nicht mehr aufrecht erhalten werden kann. Gleiches gilt für die Annahme, dass kindliche Entwicklung geradezu einen Fokus auf Umgebungsaspekte erfordert, nicht zuletzt deshalb, weil sich Kontextvariablen als wichtige Leistungsmoderatoren erweisen.

Verschiedene wirtschafts- und sozialwissenschaftliche Disziplinen haben in den letzten zehn Jahren die Aufmerksamkeit auf unterschiedliche Korrelate von Leistung und Verhalten gelegt. Während die Bildungsökonomie beispielsweise die Rolle des Familieneinkommens betont, schaut die Soziologie stärker auf Gemeinde-, Nachbarschafts-, Schul- und Familienstrukturen (NETTLES, O'BRIAN CAUGHY & O'COMPO, 2008). Die Psychologie wiederum fokussiert auf die Interaktion zwischen den Familienmitgliedern und anderen wichtigen Individuen, um die sozialen, emotionalen und kognitiven Entwicklungsprozesse zu verstehen. BRONFENBRENNER (1981) sowie BRONFENBRENNER und MORRIS (1998) vermuten in ihren bahnbrechenden Arbeiten, dass die Entwicklung der kindlichen Bedürfnisse durch alle diese Faktoren beeinflusst wird. Das BRONFENBRENNERsche Modell basiert auf dem Verständnis menschlicher Entwicklung als dem Produkt von vier Komponenten und ihrer wechselseitigen Beeinflussungen: Prozess, Person, Kontext und Zeit. Der Prozess als der primäre Mechanismus für Entwicklung schließt alle Interaktionen zwischen der Person und ihrer Umgebung ein. Der Einfluss dieser Prozesse auf die Entwicklung variiert als Funktion der Charakteristika von drei anderen Komponenten des Modells, der Person (biologische Ausstattung und Dispositionen), der Umgebungskontexte (sowohl mittel- als auch unmittelbare, einschließlich der Beziehungen in den Kontexten) und der Zeitabschnitte, in denen die Prozesse ablaufen.

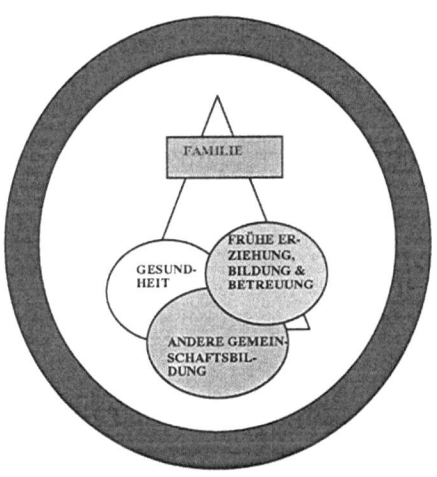

Abbildung 3.1: Das ökologische Modell von BRONFENBRENNER
(BRONFENBRENNER & MORRIS, 1998)

Diese vier Prämissen sind: (1) Das Zentrum des Modells bildet das Kind. (2) Es beeinflusst die Settings, in denen es seine Zeit verbringt, und es wird auch von diesen Settings selbst beeinflusst. (3) Das wichtigste Setting für das Kind ist seine Familie. Mit ihr verbringt es am meisten Zeit, und sie hat auch den größten emotionalen Einfluss. (4) Andere wichtige Settings und gemeinschaftsbildende Elemente sind Verwandtschaft, Nachbarschaft, Arbeitsplatz der Eltern, Spielplätze etc. Die kindliche Entwicklung wird durch die Erfahrungen, welche das Kind in diesen Settings macht und die Zeit, welche es in ihnen verbringt, determiniert: Ist beispielsweise jemand da, der mit ihm spricht, mit ihm liest, ihm vorliest, ihm Material anbietet und mit ihm spielt? Ist jemand da, der ihm Emotionalität, Wärme und Geborgenheit entgegenbringt? BRONFENBRENNER spricht hier von so genannten *proximalen Prozessen*. Gemeint sind reziproke Interaktionen mit Personen, Objekten und Symbolen in der unmittelbaren Umwelt (wie z. B. damit einhergehende Lernvorgänge). Diese Umwelten, in denen das Kind seine Zeit verbringt, beeinflussen die Stärke der proximalen Prozesse und damit die kindliche Entwicklung. Damit sich diese auf die Entwicklung auswirken, müssen sie regelhaft über einen längeren Zeitraum einwirken können. (5) Die Anzahl und Qualität der Verbindungen zwischen den Settings, in denen das Kind eine bestimmte Zeit verbringt (z.B. seine Familie und die vorschulischen Erfahrungen), haben ebenfalls wichtige Implikationen für seine Entwicklung, z. B.: Kommunizieren seine Eltern, Erzieherinnen und Erzieher wie auch Lehrkräfte miteinander und wie oft? Haben sie ähnliche Erwartungen an es? (6) Schließlich beeinflussen Faktoren des familiären Gesundheitsverhaltens Entwicklung und Aufwachsbedingungen des Kindes. Dazu gehören der Zugang zu Gesundheitsvorsorge, präventives Verhalten, Ernährungsgewohnheiten etc.

Veränderte Sichtweisen zeigen sich aber auch in den Forschungen zur Anlage-Umwelt-Debatte. Im Hinblick auf die in dieser Publikation verfolgte Fragestellung sind die nachfolgend diskutierten neueren Erkenntnisse wichtig.

Annahmen darüber, ob Begabung lernbar ist oder nicht, basieren auf einem statischen respektive dynamischen Begabungsbegriff. Der statische Begabungsbegriff, von JENSEN (1969) und später von HERRNSTEIN und MURRAY (1994) pointiert vertreten, orientiert sich an der Vorstellung, dass das Begabungsniveau eines Menschen von Geburt an festgelegt ist, sämtliche Persönlichkeitsmerkmale genetisch determiniert sind und von Umweltfaktoren nur in vernachlässigbarem Ausmaß beeinflusst werden können. Die dynamische Perspektive geht hingegen von der Vorstellung aus, dass Begabung durch kulturelle Anregungen entwickelt werden kann und als pädagogische Aufgabe des ‹Begabens› zu verstehen ist. In der aktuellen Begabungsförderung ist die dynamische Position dominant. Mögliche Vererbungseffekte werden kaum diskutiert oder sogar in Abrede gestellt. Das zeigt sich etwa dort, wo konstatiert wird, dass «der statische Begabungsbegriff (…) keineswegs aus der alltagsweltlichen Diskussion ganz verschwunden ist» (BUSCH & REINHARDT, 2005, S. 14) und deshalb eine optimale Unterstützung der sehr verschiedenen Lernprozesse der Kinder durch die Lehrkräfte erschwere. Diese Aussage verkennt, dass sowohl anlagebedingte als auch umweltbedingte Ursachen bei der Herausbildung individueller Begabungsunterschiede eine Rolle spielen, es aber in erster Linie darum geht, *wie* sich ihre *Interaktion* gestaltet. Zwar ist auf der Grundlage von Zwillings- und Adoptionsstudien versucht worden, dieses Verhältnis in Prozentwerten zu formulieren. WEINERT (2001) beispielsweise geht davon aus, dass etwa 50% der interindividuellen Fähigkeitsunterschiede genetisch, ein Viertel durch die kollektive Umwelt und ein weiteres Viertel durch die individuelle Umwelt determiniert sind. Viel bedeutsamer als die Formulierung von Prozentwerten – die zudem von geografischen, zeitlichen und anderen Faktoren abhängen – dürfte jedoch die Frage der Modifizierbarkeit von Begabung sein. Begabung kann mehr oder weniger vererbt und gleichzeitig auch teilweise oder fast gänzlich modifizierbar sein. Dass anlagebedingte Komponenten modifizierbar sind, zeigt sich beispielsweise bei der Schwerhörigkeit, die zwar einen Heritabilitätskoeffizienten[3] von ‚55 hat (HER-GERSBERG & WEIGELL-WEBER, 2000), deren Symptome jedoch durch gute Schulung und Ausbildung sowie durch die moderne Technik relativ klein gehalten werden können.

Zusammengefasst können dem Konstrukt Begabung sowohl substanzielle anlage- als auch umweltbedingte Komponenten zugesprochen werden, die zumindest in gewissen Teilen lern- und vermittelbar sind. Außerordentliche Veränderungen können zwar nicht erzielt werden. Doch ist die Behauptung von HERRNSTEIN und MURRAY (1994), wonach die Förderung kognitiver Fähigkeiten nichts weiter als ein Wunsch einiger Wissenschaftler sei, als unzulässige, zumindest als eine stark untertriebene Aussage zu bewerten. Genetische und gesundheitliche Einflüsse können heute nicht weiter als allein biologisch determinierend, fix und vorbestimmt angesehen werden, sondern als *probabilistische Größen,* welche zu *gewissen Anteilen* gegenüber Umgebungseinflüssen *responsiv* sind. In Tierversuchen beispielsweise wurde herausgefunden, dass Kontexterfahrungen die Physiologie des Gehirns verändern können. Aktuelle Genetikstudien gehen deshalb davon aus, dass möglicherweise das Enkodieren neuer Erfahrungen neues Wachstum des Gehirns nährt. NEISSE et al. (1996) gehen ferner davon aus, dass in der Gene-Umwelt-Dynamik jeder der beiden Teile eine distinktive, aber separierte Rolle spielt und die Funktion des genetischen Systems insgesamt kontextabhängig ist. Damit formulieren sie eine heute allgemein akzeptierte Vorstellung, wonach die genetische Variation nicht separat vom Kontext verstanden werden kann.

Der in diesem und dem nächsten Kapitel verfolgte Fokus ist notwendigerweise auf frühe Schädigungs- und Risikofaktoren ausgerichtet, welche die normale Entwicklung beeinträchtigen und die Ausprägung und Manifestation von Potenzial unterbinden können. Es wird zu zeigen sein, dass die Gruppe der Risikokinder klar definiert werden kann und dass gerade auch (potenzielle) Hochleister resp. überdurchschnittlich Begabte über einzelne solche Segmente definiert werden könnten.

Trotzdem scheint der Faktorenkomplex, welcher die Schülerleistung beeinflusst, über die ganze Normalverteilung hinweg wirksam zu sein. Abbildung 3.2 visualisiert die Schulleistung als Normalverteilung in einer allgemeinen Population, in der sich Schülerinnen und Schüler in ihren Leistungen auf Grund biologischer und kontextbezogener Bedingungen unterscheiden.

---

[3] Unter Heritabilität versteht man das Maß für die Erblichkeit von Eigenschaften. Bei ihrer phänotypischen Erscheinung (die Summe aller äußerlich feststellbaren <u>Merkmale</u> eines <u>Individuums</u>) sowohl die Genetik als auch Umwelteinflüsse eine Rolle spielen.

Die beiden Enden repräsentieren eine hypothetische Subgruppe, die möglicherweise zusätzliche Unterstützung braucht (sonderpädagogische Erziehung und Bildung am unteren, Fördermaßnahmen für überdurchschnittlich Begabte am oberen Ende der Skala), wenn die Bildungsaufgaben der Schule im Durchschnitt betrachtet werden.

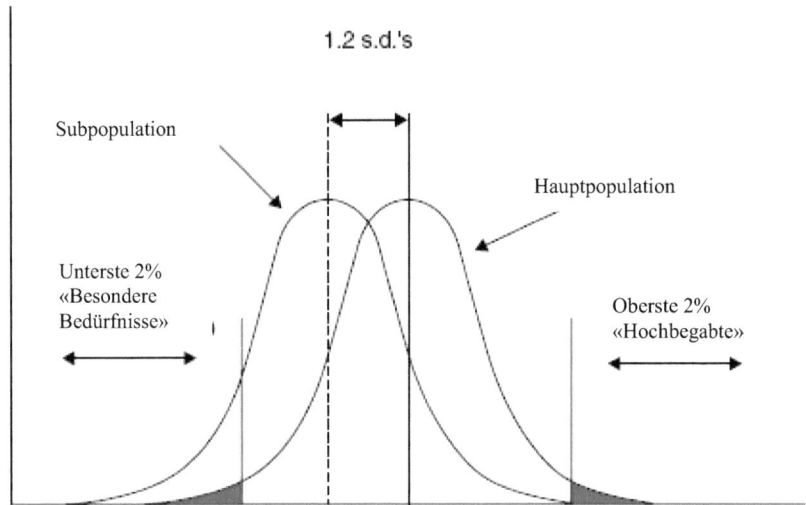

Abbildung 3.2: Idealisierte Repräsentation der Platzierung von Subgruppen im Hinblick auf die Hauptpopulation in jeder normal verteilten Variable, hier: der Schülerleistung (nach Donovan & Cross, 2002, p. 97)

Nachfolgend diskutiere ich die aktuelle Wissensbasis zu den frühen Einflüssen auf Kognition und Verhalten unter Einschluss der Bedingungen und Umstände, welche die Schulleistungen hemmen. In einem ersten Schritt (Kapitel 3.2) erfolgt der Fokus auf die biologischen Faktoren und ihre Einflüsse auf die frühe Entwicklung und das kognitive Verhalten. In einem zweiten Schritt werden die kontextuellen Einflüsse betrachtet (Kapitel 3.3). Diese künstliche Dichotomie zwischen Anlage- und Umwelteinflüssen ist möglicherweise sehr bedeutsam, wenn man die Rolle von Armut in der sozialen und kontextuellen Entwicklungsperspektive diskutiert. Es wird zu zeigen sein, dass die biologischen Faktoren mit dem Armutsstatus variieren. Wollen wir die kognitiven und verhaltensbezogenen Entwicklungsergebnisse unserer Kinder und die potenziellen Aufgaben sozialer Intervention verstehen, dann kommen wir nicht darum herum, die biologische und soziale Welt als *stark miteinander verflochten* zu betrachten.

Trotz dem aktuell vorherrschenden Verständnis ihrer Unseparierbarkeit sind bisherige Untersuchungen großenteils unabhängig voneinander in vorwiegend disziplinärer Ausrichtung durchgeführt worden. Das ist auch der Grund, weshalb zuerst die neurobiologische, die biologische, dann die kontextbezogene Seite und erst anschließend ihre Interaktion betrachtet wird.

3.2   Neurobiologische Grundlagen

Erkenntnisse zu frühen Einflüssen auf Kognition und Verhalten liefert die Neurobiologie. BRAUN et al. (2002) zeigen auf, wie sich frühe Bindungserfahrungen auf die Entwicklung im Gehirn auswirken. In der frühen Entwicklung wächst das Gehirn schneller als alle anderen Körperorgane. Es erfährt ein Wachstum von 400 Gramm bei der Geburt bis 1000 Gramm im Alter von zwei Jahren. Nervenzellen bilden eine hohe Anzahl von Synopsen (Kontaktstelle zwischen zwei Nervenzellen zur Informationsübertragung). Während der Hauptwachstumsperiode sterben viele umgebende Nervenzellen in allen Hirnregionen ab, um Raum für neue synaptische Verbindungen zu schaffen. Es ist nun die Stimulierung, die festlegt, welche Nervenzellen überleben werden und fortfahren, neue Synapsen zu bilden. Diese Stimulierung kann durch feinfühlige Interaktion einer Bezugsperson mit dem Kind erreicht werden. Im Mittelpunkt steht dabei die Stimulation des Limbischen Systems (Areal, das der Entstehung und Verarbeitung von Emotionen dient). Dieses System entwickelt sich beim Menschen zu einem ausgedehnten System von Schaltkreisen des Gehirns, das einen umfassenden Einfluss auf die emotionale Bewertung aller Sinneserfahrungen bzw. eine Motivationskontrolle über Verhalten ausübt. Nach AHNERT (2004) baut sich dieses System über frühkindliche emotionale Erfahrungen auf. Fehlt eine entsprechende Stimulation beispielsweise – wie etwa bei Deprivation (Verlust oder Mangel an [mütterlicher] Pflege und Fürsorge) – dann können sich solche hochkomplexen Strukturen nur unzureichend entwickeln. Damit wird auch die Anpassung an die Herausforderungen alterstypischer Entwicklungsaufgaben erschwert. Zwischen sechs und zwölf Monaten sind dies der Aufbau einer sicheren Bindungsbeziehung oder die motorische Selbstkontrolle, zwischen einem und drei Jahren Sprachentwicklung, Exploration und Autonomie, zwischen drei und sechs Jahren Impulskontrolle und Beziehung zu Gleichaltrigen (SPANGLER & ZIMMERMANN, 1999).

3.3 Biologische Faktoren und Anteile an der kognitiven und verhaltensbezogenen Entwicklung

Die enorme Bedeutung der frühen Lebensjahre für die individuelle Entwicklung ist undiskutabel. Die rasante Geschwindigkeit des Gehirnwachstums und die Entwicklung fundamentaler kognitiver, emotionaler, sozialer und motorischer Prozesse verleiht der Periode von der Empfängnis bis zum Schulbeginn außergewöhnliche Chancen, aber auch ebensolche Vulnerabilitäten (Verwundbarkeiten). Obwohl sich die Plastizität des Gehirns bis in die Adoleszenz auszubreiten scheint und sich teilweise auch erst im dritten Lebensjahrzehnt entwickelt, sind Kinder, welche früh schon mit biologischen Beeinträchtigungen und Stressoren konfrontiert werden, größeren Risiken in ihren Lebensentwicklung ausgesetzt. Für jedes Individuum kommt genetische und erfahrungsbezogene Information in einem Prozess zusammen, der vom Gehirn funktional organisiert wird. In der Modulation pränataler und früher postnataler Gehirnentwicklung spielen dabei signifikante Umgebungsfaktoren eine Rolle. Gemäß DONOVAN und CROSS (2002) gehören viele Faktoren dazu, von denen die Forschung annimmt, dass sie an den nach Ethnie unterschiedlichen Entwicklungsergebnissen und Schulleistungen der Kinder einen Anteil haben: Bleibelastung, Frühgeburten und niedriges Geburtsgewicht, fötale Gifte wie Alkohol, Nikotin und Drogen sowie Mangelernährung.

3.3.1 Bleibelastung

Blei ist ein allgemeines Element der Erdkruste, das durch Erosion und Vulkanausbrüche, aber auch durch den Menschen in Form von industriellen Verarbeitungsprozessen entsteht. Die Freisetzung erfolgt primär über die Luft. Für menschliche Lebewesen ist Blei nur dann schädlich, wenn es biologisch verfügbar ist, d.h. eingelassen ist in Farben oder Staub, welche Blei enthalten und über die Pollution in die Lunge geraten. Blei wird sowohl in die Blutbahnen getragen als auch in den Knochen und Weichteilen abgelagert. Die fötalen Monate und die frühen Kindheitsjahre mit ihrem schnellen Knochen- und Weichteilwachstum konstituieren deshalb eine besonders verletzliche Periode für Bleiexposition (BUNDESAMT FÜR GESUNDHEIT, BAG, 2008).

Im Organismus bindet sich Blei zuerst an die roten Blutkörperchen. Danach wird es ins Gewebe verteilt, vor allem in Knochen, Leber, Niere, Gehirn und Muskeln. Die Halbwertszeit im Knochen beträgt über 20 Jahre. Mit dem Gewebe findet ein Austausch statt, weshalb auch lange nach einer Exposition beträchtliche Bleikonzentrationen im Blut zu finden sind. Blei wird in die Muttermilch ausgeschieden und gelangt über die Plazenta in den Fötus. Kindheits-Bleivergiftungen sind erst im letzten Jahrhundert entdeckt worden, zu einer Zeit, in der dramatische umweltbedingte Veränderungen zu verzeichnen waren. In der zweiten Hälfte des zwanzigsten Jahrhunderts waren es Zink- und Titanium-Oxide, welche Blei in Farben erzeugte. In der Schweiz wird der Umgang mit Blei zwar durch verschiedene Gesetzgebungen mit dem Ziel geregelt, den Einsatz von Blei einzuschränken oder zu verbieten. Dadurch konnte die Bleiexposition in den letzten Jahren drastisch reduziert werden, doch zeigte zur gleichen Zeit die epidemiologische Forschung auf, dass auch auf tieferem Niveau deutliche Effekte der Bleibelastung bestehen (OTTO & MÜHLENDAHL, 2007). Dazu kommt, dass Kinder in großstädtischen Wohnumgebungen mit älteren Häusern und bleihaltigen Materialien in der Regel höheren Bleiniveaus ausgesetzt sind. Folgedessen ist das Niveau der Bleiexposition für Kinder mit Minoritätshintergrund größer als für ihre in komfortableren Wohngegenden aufwachsenden Peers.

Die WHO hat bereits 1991 darauf verwiesen, dass die Wirkung des Bleigehalts im Blut auf das Nervensystem vor allem bei Föten und Kleinkindern besorgniserregend sei und bereits niedrige Bleiblutkonzentrationen von 10-20µg/ 100 ml als Risikogrenze für Gesundheitsschäden angesehen werden können. WINNEKE et al. (1990) oder BELLINGER (1993) gehen sogar davon aus, dass sich Bleigehalt im Blut auch bei eingehaltenen Grenzwerten auf Intelligenz, Durchhaltevermögen und Aktivität der Kinder negativ auswirken könne. Auch in Ländern wie Österreich, Deutschland, Neuseeland, Mexiko oder Jugoslawien wurden ähnliche nachteilige Effekte im Zusammenhang mit sozialem Verhalten nachgewiesen (BUNDESKAMMER FÜR ARBEITER UND ANGESTELLTE FÜR WIEN, 2004). Von Interesse sind solche Studien, welche direkt die Schulleistungen messen. Während LYNGBYE et al. (1990) in Dänemark einen signifikanten Zusammenhang zwischen erhöhten Bleiwerten und sonderpädagogischer Betreuung fanden, zeigten sich in Studien von FULTON et al. (1987) in Schottland oder von FERGUSSON et al. (1988) in Neuseeland in mathematischen und sprachlichen Leistungsbereichen Defizite. Bilanzierend kommen fast alle Studien zum gleichen Schluss, nämlich, dass ein Kind mit einem erhöhten Bleigehalt im Blut eine Behandlung braucht, welche die Exposition aufhebt und dass jede andere Art von Behandlung inadäquat ist.

Jedes Jahr wird hierzulande eine recht große Anzahl von Kindern mit niedrigem Geburtsgewicht (<2500g) geboren (BUNDESAMT FÜR STATISTIK, 2007a). Das sind ca. 4% bis 10% aller Neugeborenen. Davon sind die meisten Frühgeburten, aber auch bei termingerechter Geburt sind viele Kinder zu leicht. Viele dieser Babys sind ansonsten völlig gesund. Die Schweiz hat aktuell eine der höchsten Frühgeburtenraten in Europa. Mit 9% Frühgeborenen unter der 37. Schwangerschaftswoche steht sie an zweiter Stelle hinter Österreich, gefolgt von Deutschland und den Niederlanden (BUNDESAMT FÜR STATISTIK, 2007b) Dies war nicht immer so. In den siebziger Jahren hatte bei uns das Aufkommen von tiefem Geburtsgewicht abgenommen, stieg dann aber in den achtziger und neunziger Jahren wieder an. Die 72'125 Spitalgeburten des Jahres 2004 teilten sich auf in 90% Termingeburten, 9% Frühgeburten und 1% übertragene Geburten.

Die Ursachen für ein zu niedriges Geburtsgewicht des Babys sind vielfältig. Unzureichende Ernährung, Rauchen oder Alkoholkonsum während der Schwangerschaft spielen ebenso eine Rolle wie Infektionen, eine chronische mütterliche Krankheit, Mehrlingsschwangerschaften oder angeborene Fehlbildungen. Zu früh, zu klein und zu leicht geborene Babys sind besonders anfällig für Komplikationen. Die neuere Forschung geht davon aus, dass Frühgeburten trotz guter und schnell einsetzender Betreuung in der Tendenz niedrigere kognitive Fähigkeiten, eine geringere emotionale Reife oder Aufmerksamkeitsdefizite haben (HAMPEL et al., 2007). Ferner besteht bei untergewichtigen Neugeborenen – auch wenn sie keine ‹Frühchen› sind – ein erhöhtes Risiko für Störungen der Atmungs- und Verdauungsfunktionen sowie für neuropsychologische Probleme. CONLEY und BENNETT (2000) oder HACK et al. (2004) untersuchten ferner die Schullaufbahnen von Geschwistern und fanden heraus, dass Kinder mit niedrigem Geburtsgewicht bis zu viermal seltener hohe Schulabschlüsse als ihre normalgewichtigen Geschwister erzielten.

Für die in dieser Publikation verfolgte Fragestellung ist von besonderer Bedeutung, dass hierzulande Babys mit niedrigerem Geburtsgewicht bei Migranten verbreiteter sind als bei Einheimischen (DRACK & ACKERMANN, 1998). Dies gilt auch nach Kontrolle des sozio-ökonomischen Status. Die Verbindung zwischen dem Einkommen und niedrigerem Geburtsgewicht ist ebenfalls gut nachgewiesen (ebd.). Sie bleibt auch dann bestehen, wenn der Ausbildungsgrad der Mutter kontrolliert wird. In einer Studie (HAMPEL et al., 2007) verlor das Geburtsgewicht allerdings seine Signifikanz mit der Kontrolle des Geburtsgewichtsstatus der Eltern. Ein Kind mit niedrigerem Geburtsgewicht zu haben nahm um das Vierfache zu, wenn die Mutter selbst ein tiefes Geburtsgewicht gehabt hatte und um das Sechsfache, wenn dies beim Vater der Fall gewesen war.

Um Frühgeburten und niedriges Geburtsgewicht zu reduzieren, werden viele Interventionen vorgenommen. Dazu gehören vorgeburtliche Betreuung, mütterliche Ernährung, adäquate Gewichtszunahme während der Schwangerschaft,

Blutdruckkontrolle, Vermeidung langer Arbeitszeiten und ausgeprägter psychischer Anspannung gegen das Ende der Schwangerschaft. Interventionen, welche auf die nachgeburtliche Phase ausgerichtet sind, zeigen ebenfalls eine gewisse Wirksamkeit. Sie reichen von der Betreuung in Intensivabteilungen für Neugeborene bis zu Gesundheits- und Entwicklungsprogrammen, die umfassende Serviceleistungen für Babys und ihre Eltern für mehrere Monate nach der Entbindung anbieten. Zusätzliche Stimulation von Babys mit niedrigem Geburtsgewicht kann die kognitive Entwicklung fördern, insbesondere bei Kindern aus Familien mit benachteiligten Kontextbedingungen (vgl. dazu zusammenfassend DRACK & ACKERMANN, 1998).

3.3.3   *Belastung durch Alkohol während der Schwangerschaft*

International sind die Auswirkungen des Konsums von Alkohol während der Schwangerschaft auf das sich entwickelnde Kind seit den 1970er Jahren bekannt, doch haben wir in der Schweiz nur einen beschränkten Zugang zu nationalen Daten über die Effekte von Alkohol. Obwohl die Anzahl Frauen, welche während der Schwangerschaft mäßig Alkohol zu sich nehmen, seit Mitte der neunziger Jahre eher zurück gegangen ist, sind Gesamtveränderungen durch einen Anstieg im leichten Alkoholkonsum zu verzeichnen. Alle verfügbaren Untersuchungen verweisen auf ein höheres Auftreten von übermäßigem Alkoholkonsum während der Schwangerschaft bei Frauen aus benachteiligten Milieus.

Mütterlicher Alkoholkonsum kann die physische und mentale Entwicklung des Fötus beeinflussen, obwohl die Vulnerabilität sehr unterschiedlich und in ihren Facetten noch nicht genau untersucht ist. Medizinisch werden solche Auswirkungen heute als Fötales Alkoholsyndrom (FAS) gekennzeichnet. In seiner schlimmsten Form ist es verantwortlich für craniofaziale Veränderungen, Wachstumsverzögerungen und Beeinträchtigungen des zentralen Nervensystems inklusive mentalen Entwicklungsverzögerungen sowie verschiedenen psychischen Störungen, die sich nicht selten als Aufmerksamkeitsdefizit-Hyperaktivitätsstörung (ADHS) manifestieren. Aber auch bei Kindern, welche kein FAS haben, kann moderates bis starkes Trinken während der Schwangerschaft mit Wachstumsdefiziten und Entwicklungsbeeinträchtigungen einher gehen.

STEINHAUSEN, WILLMS und SPOHR (1995) sowie SPOHR, WILLMS und STEINHAUSEN (2007) untersuchen seit zwanzig Jahren die Folgen für die Langzeitentwicklung. Es handelt sich um die weltweit längste Beobachtung an Menschen mit FAS, welche die irreversiblen Schädigungen durch übermäßigen Alkoholgenuss während der Schwangerschaft dokumentieren. Dabei erkannten die Autoren, dass sich die charakteristischen Missbildungen im Schädel- und Gesichtsbereich zwar verflüchtigten, Kleinwuchs und beim männlichen Geschlecht das Untergewicht jedoch bestehen blieben, während bei Frauen das Körpergewicht abnahm.

Beeindruckend waren dabei die bleibenden Einschränkungen der geistig-seelischen Entwicklung mit einem hohen Anteil an geistiger Behinderung, stark eingeschränkten Beschäftigungsmöglichkeiten, bleibender Abhängigkeit von Sozialhilfe und zahlreichen Verhaltensauffälligkeiten, unter denen Symptome von ADHS besonders markant waren.

3.3.4   Rauchen und Drogenmissbrauch

Alkohol ist nicht der einzige schädliche Effekt auf den sich entwickelnden Fötus. Es gibt einen bemerkenswerten Anteil an Literatur, welche davon ausgeht, dass Nikotin einen schädlichen Einfluss hat, inklusive der Wahrscheinlichkeit eines niedrigen Geburtsgewichts und dass sich die größten Effekte bei einer höheren Exposition zeigen (20 oder mehr Zigaretten pro Tag). Neugeborene von rauchenden Müttern wiegen bei Geburt rund 200 Gramm weniger als Babys von Nichtraucherinnen und weisen ein um 140% erhöhtes Risiko für einen intrauterinen Wachstumsrückstand auf (KYRKLUND-BLOMBERG & CNATTINGIUS, 1998), was mit den vorangehend beschriebenen Konsequenzen verbunden ist. Es gibt einen klaren Dosis/Wirkungs-Zusammenhang zwischen der Anzahl der von der Mutter während der Schwangerschaft gerauchten Zigaretten und dem fötalen Wachstumsdefizit (BAUMAN et al., 1990). Neugeborene mit einem Wachstumsrückstand haben ein erhöhtes Risiko für Hypoglykämie (anormales Absinken des Blutzuckers) und Hyperkalzämie (zu hohe Kalziumkonzentration im Blut). Die Sterblichkeit bei und nach der Geburt liegt höher, und es lässt sich eine leichte Einschränkung des späteren Wachstums und der neurokognitiven Entwicklung feststellen.

In vielen Studien wurden Langzeiteffekte von mütterlichem Rauchen auf das spätere kindliche Verhalten gefunden (LAUCHT & SCHMIDT, 2004), die auch eine Kontrolle vieler konfundierter Variablen erlauben. Einige Effekte scheinen groß, andere hingegen klein zu sein. Mittlere milde Aufmerksamkeitsdefizite wurden ebenfalls gefunden. Gemäß WAKSCHLAG et al. (2002) zeigen dem Rauchen pränatal ausgelieferte Kinder im Alter von fünf bis sechs Jahren schlechtere Ergebnisse in sprachlichen Vorkenntnissen und in Gedächtnisaufgaben als Kinder ohne solche Risikofaktoren. Dazu kommt, dass solche Kinder anfälliger für Kinderkrankheiten sind und eine höhere Sterblichkeit aufweisen.

Seit zwanzig Jahren ist zudem der Zusammenhang von mütterlichem Kokainkonsum während der Schwangerschaft und seinen Auswirkungen auf die Entwicklung des Kindes von zunehmendem Interesse. Sorgfältige Forschung ist allerdings kompliziert, weil der illegale Status der Drogen das Sample beeinflusst und weil der Kokainkonsum oft von der Einnahme anderer Drogen sowie von Alkohol- und Tabakkonsum begleitet ist. Der unabhängige Anteil von Kokain ist somit sehr schwer zu bestimmen. Eine neuere Metaanalyse von LESTER et al. (1998) zur Kokainnutzung kommt zudem zum Schluss, dass viele Studien in ihren Untersuchungsanlagen fehlerhaft und deshalb nicht geeignet für Konklusionen seien.

Insgesamt gilt es – wie bei den anderen diskutierten biologischen Faktoren – zu beachten, dass auch das vorgeburtliche Rauchen mit weiteren mütterlichen Konditionen und Verhaltensweisen korrelieren kann, aber auch mit solchen, welche mit den Entwicklungsergebnissen der Kinder assoziiert sind. Eine kausale Verbindung zwischen Rauchen und diesen Resultaten ist deshalb schwierig herzustellen.

3.3.5   Mangelernährung

Vor allem im anglo-amerikanischen Sprachraum gibt es viele Studien, welche einen Zusammenhang zwischen Ernährung und kognitiven Fähigkeiten resp. Schulerfolg herstellen. Bereits vor mehr als 25 Jahren konnten in den USA gemäß DONOVAN und CROSS (2002) Assoziationen im Hinblick auf die soziale Herkunft der Eltern nachweisen. Dabei fanden sie positive Zusammenhänge zwischen Nahrungszusätzen, Intelligenz und Verhalten. Im Allgemeinen zeigte sich, dass zusätzliche, während der Schwangerschaft verabreichte Mineralien und Vitamine dazu führten, dass kleine Kinder im Vergleich zu Kontrollkindern höhere Intelligenzwerte und ein besseres physisches und mentales Wohlbefinden zur Folge hatten. SIGMAN und WHALEY (1998) konnten auch Zusammenhänge in verschiedenen kulturellen Kontexten nachweisen. In ihrer kenianischen Studie hatten Kinder, welche eine proteinreichere Nahrung bekommen hatten, bessere Schulleistungen als Kinder ohne diesen Nahrungszusatz. Die Autoren argumentierten, dass mangelhafte Ernährung eine eingeschränkte Gehirnentwicklung zur Folge habe, welche ihrerseits zu geringerem kognitivem Funktionieren und zu schlechteren Schulleistungen führe.

Eisenmangel ist eine der bekanntesten allgemeinen Einzelernährungsstörungen. Eisen beeinflusst Kognition und Verhalten durch seinen Einfluss auf die Gehirnstrukturen und -funktionen. Studien von RONCAGLIOLO et al. (1998) oder BAERLOCHER (2004) liefern klare Hinweise zu den nachteiligen Effekten von Eisenmangel auf die Gehirnentwicklung. Kinder mit Eisenmangel in der Kleinkindzeit erzielen in der Regel schlechtere Werte in den Verhaltens- und Entwicklungsmaßen. Von besonderer Bedeutung ist dabei, dass sich schwächende Effekte schon in der frühen Kindheit ausbreiten. Eisenmangel scheint indes nach LOZOFF et al. (2000) auch dann noch Konsequenzen zu haben, wenn er schon lange eliminiert ist. Dieser nicht unbedingt einleuchtende Befund könnte mit anderen elterlichen und familiären Charakteristika einhergehen, welche die Entwicklung beeinflussen (beispielsweise Armut, Arbeitslosigkeit, Eineltern-Familie etc.).

Im Aufkommen von Eisenmangel gibt es bedeutsame Differenzen zwischen den sozialen und ethnischen Schichten. Obwohl Eisenmangel gesamthaft aufgrund der eisenangereicherten Kleinkindnahrung und der Zunahme des Stillens im Abnehmen begriffen ist, ist die Rate des Rückgangs bei Mittelschichtkindern deutlich größer als bei Unterschichtkindern oder bei Kindern anderer Ethnien. Eine sorgfältige Literaturreview stammt ferner von EYSENK und SCHOENTHALER (1997). Zusammen mit den Ausführungen bei DONOVAN und CROSS (2002) bilden sie die Grundlage für verschiedene Konklusionen, welche für die in dieser Publikation verfolgte Fragestellung hoch bedeutsam sind:

- Ungenügende Vitamin- und Mineralienanteile in der Blutbahn reduzieren die kognitiven kindlichen Fähigkeiten, währenddem Zusätze in der täglichen Nahrung die nonverbalen kognitiven und motorischen Fähigkeiten signifikant erhöhen können.

- Die Konsequenzen von Eisenmangel sind weitreichend. Sie betreffen in erster Linie die verlangsamte kognitive und erschwerte soziale Entwicklung, kurze Aufmerksamkeitsspannen und beschränkte Lernkapazitäten.

- Je jünger das Kind ist, desto größer ist der Effekt der Zusätze. In der Adoleszenz gibt es nur noch bescheidene Effekte.

- Die Konzentration der Effekte scheint bei benachteiligten Kindern am größten zu sein.

Auch hier gilt, dass schlechtere Ernährung oder Unterernährung allgemein mit anderen Stressoren einhergeht, inklusive Armut und Verwahrlosung (BRADBURY, JENKINS & MICKLEWRIGHT, 2001; BEISENHERZ, 2002; BUTTERWEGGE, 2004). Diese Konfundierung macht es schwierig, die Auswirkungen von schlechter Ernährung allein zu beurteilen. Zudem gibt es einige Argumente, welche gegen die Wirkung von Mikronahrung sprechen. In erster Linie gehört FLYNNS (1984; DICKENS & FLYNN, 2001; vgl. Fußnote in Kapitel 1.3) Behauptung dazu, dass der durchschnittliche Anstieg der Intelligenz mit der verbesserten Ernährung über die Zeit hinweg erklärt werden könne.

Obwohl es für diese Sicht einige Unterstützung gibt, lassen sich gemäß MARTORELL (1998) oder DONOVAN und CROSS (2002) auch Hinweise dafür finden, dass der Intelligenzanstieg seit den 1970er Jahren in vielen Industrieländern der Welt weniger mit der Nahrung als mit anderen wichtigen Variablen einhergehen dürfte (verbesserte schulische Förderung, andere Umwelteffekte).

3.4 Soziale und kontextuelle Einflüsse auf die Entwicklung

Sowohl hierzulande wie auch in anderen Ländern sind kulturelle Herkunft und Armut stark miteinander verknüpft. Für die Schweiz zeigen verschiedene Studien diesen Zusammenhang auf (KUTZNER, MÄDER & KNÖPFEL, 2004; VOLKEN & KNÖPFEL, 2005; KEHRLI & KNÖPFEL, 2006). Dies trifft für Erwachsene zu, für Kinder jedoch noch in einem deutlicheren Ausmaß. Viele Datensammlungen und Analysen heben darüber hinaus die starke Konsistenz der Assoziationen zwischen sozio-ökonomischem Status und der kognitiven und emotionalen Entwicklung, dem Bildungsniveau, dem Gesundheits- und dem Beschäftigungsstatus hervor. In den USA hat schon vor dreißig Jahren die Studie von BROMAN et al. (1975) bei mehr als 20 000 Babys zu den Effekten von biomedizinischen und verhaltensbezogenen Variablen auf die intellektuelle Leistung mit vier Jahren große Aufmerksamkeit erregt. Nur elf der mehr als hundert Variablen betrafen dabei familiäre- oder soziale Faktoren. Aber zwei von ihnen, die soziale Herkunft der Familie sowie Verhaltensprobleme und Schulversagen erschienen besonders signifikant. Diese Befunde sind inzwischen durch viele Studien bestätigt worden (JOIREMAN & ABBOTT, 2004; zusammenfassend auch STAMM, 2005b).

In diesem Kapitel werden fünf Assoziationsbereiche etwas genauer untersucht: die Effekte der sozialen Herkunft, elterliche Interaktion und häusliche Umgebung, Armut und Sprachentwicklung, mütterliche Depression, Qualität von Kinderbetreuung sowie multiple Risiken. Dieser letzte Bereich wird auch im Hinblick auf die Resilienzforschung diskutiert.

3.4.1 Effekte der sozialen Herkunft auf den Schulerfolg

Warum zeigen Kinder aus benachteiligten Familien schlechtere Entwicklungsergebnisse? Weshalb sind sie weniger erfolgreich in der Schule? Eine Antwort auf diese Frage ist nicht einfach. Sie erfordert mehr als die Darstellung von Korrelationen. Gefragt ist ein Verständnis dafür, wie und auf welchen Wegen Kinder Unterstützung erhalten. Dazu existieren zwei gründliche Studien zur Entwicklung kleiner Kinder: «Eager to learn» von BOWMAN, DONOVAN und BURNS (2001) sowie die EPPE-Studie «The effective provision of preschool education project» von SYLVA et al. (2004). Beide unterstreichen zwar die Verbindung und das Zusammenwirken von kognitiver, motorischer und sozio-emotionaler Entwicklung. Trotz der enormen Komplexität der frühkindlichen Entwicklung erachten sie die Beziehung des kleinen Kindes zu einer bedeutsamen erwachsenen Person als das wesentlichste Erfolgskriterium überhaupt. Sie argumentieren, dass trotz der großen Diversität in den individuellen Charakteristika und den unterschiedlichen Kontextbedingungen *alle* Kinder für ein gesundes Aufwachsen stabile Beziehungen brauchen. DONOVAN und CROSS (2002) nennen folgende Standards, welche für erwachsende Bezugspersonen gelten. Sie muss demnach in der Lage sein,

- eine zuverlässige und unterstützende Beziehung aufzubauen, welche Sicherheit und Geborgenheit garantiert;

- eine affektive Beziehung zu pflegen, welche die Entwicklung des kindlichen Selbstkonzepts unterstützt;

- gegenüber dem Kind eine responsive Haltung einzunehmen, um sein Selbstwirksamkeitserleben zu steigern;

- das Kind im Zuwachs neuer Kapazitäten zu unterstützen, welche im erreichbaren Bereich liegen;

- eine reziproke Interaktion sicherzustellen, welche die Entwicklung der Sprache und die Fähigkeit zu kooperativer und respektvoller Kommunikation unterstützt.

Sprachentwicklung und häusliche Umgebung sind auf eine besondere Art miteinander verknüpft. Bildungsorientierte Eltern tendieren dazu, mit ihrem Kind länger und intensiver zu sprechen, ihm in kontingenter Art zu antworten und ihm auch mehr Antworten zu entlocken. Bereits die Arbeiten von COLEMAN et al. (1966) oder PLOWDEN (1967) haben die Assoziation zwischen dem kulturellen Kapital der Eltern und ihrer Interaktion mit dem Kind nachgewiesen. In den letzten beiden Jahrzehnten haben zahlreiche weitere Arbeiten diese Befunde bestätigt. Als Erstes hat BOURDIEU (1983) COLEMANs Ausführungen in seiner Kapitaltheorie dahingehend differenziert, dass das ökonomische, das soziale und kulturelle Kapital drei Dimensionen darstellen, welche die elterlichen Bildungseinstellungen determinieren und die ‹stillen Reserven› der Kinder bilden. Während das ökonomische Kapital darüber bestimmt, welche Ressourcen den Kindern zur Verfügung stehen, umfasst das kulturelle (intellektuelle) Kapital alle Einstellungen der Familie, ihren Bildungsgrad, ihr Wissen, ihre Fähigkeiten, ihre Unterstützung von Hausaufgaben und Leistungsmotivation fördernden Aktivitäten. aber auch ihre Erwartungsorientierungen. Mit Blick auf begabte Kinder und Jugendliche mit Migrationsstatus unterscheiden OGBU und FORDHAM (1986) zwischen freiwilliger und unfreiwilliger Immigration. Ihre Analysen zeigen, dass freiwillig immigrierte Familien weit stärker bereit sind, kulturelle Differenzen in Bezug auf Sprache, Integration oder Kommunikation als Herausforderung zu überwinden, während unfreiwillig immigrierte Familien sie zum Schutze ihrer ursprünglichen Identität nutzen und eine zum Mainstream konträre Subgruppenidentität entwickeln. Dass dadurch gerade für begabte Schülerinnen und Schüler ein Dilemma entstehen kann, wird allerdings nur von ausgewählten Studien diskutiert. So verweist HUNSAKER (1995) auf zwei mögliche Strategien: Die erste Strategie ist auf die Übernahme der Verhaltensweisen der vorherrschenden Kultur ausgerichtet. Damit einher geht jedoch eine Distanzierung von den traditionellen Gemeinschaften. Die zweite Strategie hat zum Ziel, die Loyalität zum eigenen kulturellen Kontext aufrecht zu erhalten. Sie hat jedoch zur Folge, dass jede intellektuelle Herausforderungen zurückgewiesen werden müssen. TAN (2005) sieht deshalb in der schulischen Unauffälligkeit, in der Kultur der Bescheidenheit (S. 15) ein mögliches Bewältigungsmuster, das Ansätze beider Strategien enthält. Es erspart Konfrontation und Ausgrenzung und erlaubt, dem permanenten Druck zwischen der familiären und der schulischen Kultur auszuweichen.

Der Verlauf der frühen Sprachentwicklung ist in Bezug auf die spätere Lesefähigkeit und den Erwerb von Inhaltswissen besonders wichtig. Aus der Untersuchung von MOSER, STAMM und HOLLENWEGER (2005) wissen wir, dass die Größe des Wortschatzes den besten Einzelprädiktor des Leseerfolgs darstellt. Darüber hinaus belegt die Studie auch substanzielle Unterschiede zwischen der Wortschatzgröße des Kindes in benachteiligten und privilegierten Familien sowie zwischen dem Wortschatz des Kindes und demjenigen seiner Eltern. Eindeutig sind auch die empirischen Befunde zu den Lernausgangslagen von Vorschulkindern (STAMM, 2004). Sie verweisen auf die bereits im Vorschulalter auffälligen Unterschiede im Wissen und der Fähigkeitsentwicklung quer durch die sozialen Gruppen hindurch. Die Evaluation der Grund- und Basisstufe von MOSER et al. (2008) unterstützt diese Befunde. Die sozialen Ungleichheiten zeigen sich am deutlichsten in Mathematik und Sprache.

Tabelle 3.1 zeigt die Unterschiede nach der sozialen Herkunft und den Vorläuferfertigkeiten der vierjährigen Kinder der Studie von STAMM (2004), welche allgemein als Grundlagen für das Lesenlernen gelten: Erkennen, dass man Buchstaben von links nach rechts lesen muss; wissen, wo es weitergeht, wenn eine Linie endet oder wissen, wo eine Geschichte zu Ende ist. Betrachtet man in der Tabelle die Extreme, dann zeigt sich beispielsweise, dass 44% der vierjährigen Kinder, welche zu Hause deutsch sprechen, alle drei Vorläuferfertigkeiten beim Eintritt in den Bildungsraum beherrschten (Niveau 3), während dies bei nicht deutsch sprechenden Kindern nur in 27% der Fälle zutraf. Ein ähnliches Muster ist bei der Nationalität zu erkennen: Nur 12% der Schweizer Kinder beherrschen noch keine Vorläuferfertigkeiten (Niveau 0). Bei den Kindern aus dem osteuropäischen und asiatischen Raum sind es doppelt so viele (26% resp. 24%). Bei den Vorläuferfertigkeiten in Mathematik zeigt sich ein sehr ähnliches Muster, weshalb es hier nicht dargestellt wird.

Tabelle 3.1: Prozentuale Verteilung der Vorläuferfertigkeiten von vierjährigen Kindern im Lesen nach Kinder- und Familienmerkmalen auf vier verschiedene Niveaus (0=tiefstes Niveau; 3=höchstes Niveau)

Merkmal	Vorläuferfertigkeiten (%)			
	Niveau 0	Niveau 1	Niveau 2	Niveau 3
Total	16	19	24	41
Geschlecht				
männlich	17	19	29	35
weiblich	15	16	35	34
Nationalität				
Schweiz	12	18	23	47
Mittel- und Südeuropa	18	27	35	20
Osteuropa	26	33	28	13
Asien	24	32	25	19
Ausbildung der Mutter				
keine Lehre	25	31	28	16
Akademischer Abschluss	13	16	26	45
Erste zu Hause gesprochene Sprache				
deutsch	16	23	17	44
nicht deutsch	25	23	25	27

3.4.2 Elterliche Interaktion, häusliches Umfeld und Armut

Zahlreiche Studien der 1970er und 1980er Jahre haben eine starke Verbindung zwischen der Qualität der häuslichen Umgebung des Kindes – indexiert durch Dimensionen wie Responsivität, Sensitivität der Mutter zu ihrem Kind, Umfang und Niveau sprachlicher Stimulation, Erziehungsstile – und den intellektuellen Kompetenzen des Kindes unterstrichen (MARJORIBANKS, 1979; WYGOTSKY, 1987). Auch in den 1990er Jahren hat sich die Mutter-Kind-Interaktion als ebenso guter Prädiktor für die spätere Intelligenz- und Sprachentwicklung wie die aktuelle kindliche Leistung erwiesen (REPETTI & WOOD, 1997; RAMEY et al., 2000; AINSWORTH & BELL, 2003).

Gemäß ETTRICH et al. (1996) unterscheidet sich auch das häusliche Umfeld bildungsnah und bildungsfern aufwachsender Kinder signifikant voneinander. Bildungsnahe Familien unterstützen ihre Kinder in der Entwicklung von verbalen Fähigkeiten und Persönlichkeitsmerkmalen wie intellektuelle Neugier, Fleiß oder Erwartungen auf Erfolg und ermöglichen ihnen darüber hinaus vielfältige Sozialerfahrungen. Kinder aus bildungsfernen Familien werden hingegen anders sozialisiert. Aufgrund ungünstiger eigener schulischer Erfahrungen zeigen ihre Eltern häufig mangelndes Interesse an schulischen Angelegenheiten. Bei Kindern mit Migrationshintergrund kommen zusätzliche Risikofaktoren dazu. Neben der fehlenden Beherrschung der Standardsprache sind es gemäß BORLAND et al. (2000) oder BORLAND und WRIGHT (2000) vor allem kulturelle Gepflogenheiten (z. B. Mangel an häuslicher Konversation, der den Kindern keine Möglichkeit gibt, Diskussionen zuzuhören und am Dialog teilzunehmen oder ein lärmiges und überstimulierendes Umfeld, das den Aufbau von Hörbereitschaft oder Konzentrationsfähigkeit verhindert). Da kulturelle Minoritäten zudem oft eher optisch orientiert und auf körperliche Auseinandersetzungen sowie auf die unmittelbare Befriedigung von Bedürfnissen ausgerichtet sind, fällt es solchen Kindern besonders schwer, abstraktes Denken oder Beharrlichkeit zu entwickeln – Aspekte jedoch, die in unserer Gesellschaft besonders bedeutsam sind.

In Kapitel 1.4 ist bereits auf die Armut als wichtige Kontextvariable verwiesen worden. Seit den wichtigen Studien von GÄRTNER und FLÜCKIGER (2005), dem UNICEF-Bericht (2005), der Studie der Caritas (KEHRLI & KNÖPFEL, 2006) sowie der Bericht der EIDGENÖSSISCHEN KINDER- UND JUGENDKOMMISSION EKKJ (2007) ist Kinder- und Jugendarmut in der Schweiz ein Thema geworden. Dabei weisen diese Studien auf eine international anerkannte Tatsache hin: Langandauernde Armut ist streng korreliert mit wenig optimalen häuslichen Umgebungen. Die Hälfte des Unterschieds in den Leistungsergebnissen zwischen benachteiligten und privilegierten und mehr als ein Drittel zwischen benachteiligten und privilegierten Vorschulkindern ist in den häuslichen Lernumgebungen zu suchen (SMITH et al., 1997). Dabei können sich die Effekte von Armut vor allem in den elterlichen Erziehungspraktiken manifestieren. Befunde verschiedener Studien (WALPER, 2005) belegen die strengen negativen Effekte von sozialer und ökonomischer Bedrängnis auf Erziehungspraktiken von Eltern mit kleinen Kindern. In einer Studie von WALPER et al. (2001) zeigte sich, dass soziale Benachteiligung mit strikter Elterndisziplin und diese wiederum mit aggressivem kindlichen Verhalten einherging. In einer Untersuchung von CONGER et al. (1997) waren es ausgeprägte elterliche und finanzielle Konflikte, welche die Beziehung zwischen familiärer Instabilität und Armut auf das kindliche Verhalten und die schulischen Probleme prädizierten. Insgesamt lassen solche Studien vermuten, dass es bereits in der Vorschulzeit starke Hinweise von emotionalen und sozialen Problemen in der Interaktion der Eltern und ihren Kindern gibt. Die frühe Entwicklung von Verhaltensproblemen scheint dabei ein strenger Prädiktor von entsprechenden Problemen im Kindergarten, der Primarschule und der späteren Berufslaufbahn zu sein. Aus Studien von VITARO (2005) müssen wir davon ausgehen, dass 5% bis 25% der Vorschulkinder die diagnostischen Kriterien für allgemein ‹oppositionelles, deviantes Verhalten› erfüllen. Die Werte sind dabei in Familien am höchsten, die von der sozialen Wohlfahrt abhängig sind.

Von besonderer Bedeutung ist jedoch der verfeinerte Blick der neueren Forschung auf den Armutsstatus. Dazu gehören Ausmaß, Dauer und Beginn. Eine Studie von SMITH et al. (1997) verdeutlicht die große Variation zwischen den Effekten von Armut auf die kognitiven Fähigkeiten, je nachdem, wie ausgeprägt die Armut war. Besonders pointiert war dabei ihr Befund, wonach Veränderungen im familiären Mindesteinkommen mit einer deutlichen Steigerung der kognitiven Fähigkeiten einhergingen. Ähnliche Ergebnisse finden sich bei BROOKS-GUNN et al. (1999). Nicht überraschend ist dabei, dass die Länge des Zeitabschnitts, in der Kinder in Armut leben, ebenfalls eine Rolle spielt. Die Studie von SMITH et al. (1997) konnte zudem belegen, dass Kinder, welche über einen langen Zeitraum mit ihren Familien in Armut lebten, um sechs bis neun Punkte tiefere Werte in einem kognitiven Fähigkeitstest aufwiesen als Kinder, die nur vorübergehend in Armut lebten.

Derartige Befunde haben direkte Implikationen für Minoritätskinder. So spielt offenbar der *Zeitpunkt*, ab welchem Kinder in Armut leben, eine Rolle. Dabei scheinen die Effekte des Einkommens auf die kognitive Leistung und die Schulleistung insbesondere in den ersten Lebensjahren bedeutsam zu sein.

Wenn Armut zudem in der späteren Kindheit mit Schulbereitschaft negativ korreliert und mit Schuldistanzierung und Klassenrepetition einher geht (RUMBERGER, 1995), dann ist dies ein weiteres Indiz dafür, dass frühkindliche Bildung, Betreuung und Erziehung für die Herstellung gleicher Startchancen von erster Bedeutung ist.

3.4.3   *Mütterliche Depression*

Hierzulande hat ungefähr jede zehnte Frau mit kleinen Kindern Depressionserfahrungen (WOLKE & KURSTIENS, 2002). Dabei sind die Werte für Mütter, die in Armut leben, deutlich höher und betragen je nach Studie zwischen 13% bis 28% (DOWNEY & COYNE, 1990; CUMMINGS & DAVIES, 1994). In zwei großen amerikanischen Studien von QUINT et al. (1997) zu armen Frauen in Arbeits- und Trainingsprogrammen wurden gar 40% mit klinisch-depressiven Symptomen gefunden. Möglicherweise kann diese erhöhte Quote mit dem Stress erklärt werden, der den ökonomischen Druck begleitet. Obwohl starke Einkommenszwänge als Katalysatoren für Depression gelten können, muss jedoch berücksichtigt werden, dass die meisten Mütter aus armen Familien nicht depressiv sind. Auch gilt zu beachten, dass mütterliche Depression als isolierter *Risikofaktor* relativ geringe Auswirkungen auf die kindliche Entwicklung hat. Aber weil die Prävalenzraten für in Armut lebende Mütter viel höher sind, ist Depression oft mit anderen Risiken verlinkt. Als Gruppe sind Kinder mit depressiven Müttern in Bezug auf emotionale und verhaltensbezogene Probleme risikogefährdeter. Umgekehrt sind sie mit schulischen Schwierigkeiten, Aggression, schwachen Peer Beziehungen und reduzierter Fähigkeit zu selbstkontrollierendem Verhalten verbunden. Diese Kinder zeigen auch erhöhte psychopathologische Verhaltensweisen.

Manifeste mütterliche Depression geht meist einher mit einer reduzierten Erziehungsqualität und Störungen in der emotionalen Beziehung zwischen Eltern und Kind. Für die emotionale und verhaltensbezogene Entwicklung besonders bedeutsam ist dabei die geringere Beziehungskonsistenz der Mütter zu ihren

Kindern. In einer Studie von BETTES (1988) zeigten sich deutliche Unterschiede zwischen depressiven und nicht-depressiven Müttern und der linguistischen und emotionalen Entwicklung ihres Kindes. Während nicht depressive Mütter schneller als depressive Mütter reagierten, zeigten diese eine höhere Latenz und banden ihre Stimuli nicht an den stimmlichen Output ihres Kindes an. Depressive Mütter zogen sich eher zurück, antworten weniger emotional und auch weniger energisch. Wenn sie sich engagieren, dann taten sie dies in eher aufdringlicher oder ablehnender Art. Ähnliche Befunde liefert eine deutsche Studie. KESSLER (2005) untersuchte 133 Mutter-Kind-Dyaden anhand eines depressiven (Testgruppe) und eines psychisch unauffälligen (Kontrollgruppe) Elternteils. Dabei konnte er folgende signifikante Unterschiede nachweisen: Während der Interaktion mit ihren Kindern orientierten sich depressive Mütter seltener aufgabenbezogen unter gleichzeitiger Einbeziehung des Kindes, insgesamt unangemessener sowie weniger supportiv und auch weniger direktiv. Umgekehrt zeigten die zwei Jahre alten Kinder in der Interaktion mit ihren depressiven Müttern häufiger negative Reaktivität (d.h. signifikant häufiger vokale, mimische und motorische negative Kontingenz).

3.4.4 *Qualität von familienexterner Bildung und Betreuung*

Weil kleine Kinder heute bedeutend mehr Zeit in einer Kinderbetreuungseinrichtung verbringen als je zuvor, gilt ein Großteil der Aufmerksamkeit der Frage nach den Konsequenzen von familienexterner Kinderbetreuung auf die kindliche Entwicklung. In der Wissenschaft besteht heute allgemeiner Konsens, dass die Bindungsqualität nicht leidet, wenn das Kind bei der Aufnahme der mütterlichen Berufstätigkeit drei Jahre oder älter ist. Umstritten ist nur die mütterliche Vollzeitberufstätigkeit mit 20 bis 30 Stunden pro Woche Krippenbetreuung im ersten und zweiten Lebensjahr. Es ist vor allem die Qualität der Mutter-Kind-Beziehung im ersten Lebensjahr, welche die spätere Fähigkeit des Kindes, sich an andere Personen sicher zu binden, prägt. Familienexterne Betreuung hat darauf wenig Einfluss. Aber: Schlechte Krippenqualität beeinträchtigt sehr wohl die Mutter-Kind-Bindung. Damit krippenbetreute Kinder keinen Nachteil haben, müssen Mindeststandards erfüllt sein: ein Betreuungsschlüssel von 1:3 (für Kinder von null bis zwei Jahren), eine konstante Bezugsperson sowie eine zugewandte, liebevolle und kompetente Betreuung.

Die Frage nach der Qualität von Lernumgebungen resp. von Vorschulprogrammen für kleine Kinder ist nicht neu, nur war sie jeweils auf andere Zielsetzungen ausgerichtet. Schon in den 1960er und 1970er Jahren wurde im Gefolge des Sputnikschocks die Qualität der kompensatorischen Ansätze daran gemessen, inwiefern sie die soziale Ungleichheit minimieren, zur Ausschöpfung der Begabungsreserven oder zur kognitiven Frühförderung resp. zur Intelligenzentwicklung beitragen können (LÜCKERT, 1969: SMITH & BISSELL, 1970). In den

1980er Jahren veränderte sich der Qualitätsfokus, und es stand nun die soziale Kompetenzförderung und die kindliche Gesamtpersönlichkeit im Mittelpunkt. In den neunziger Jahren war es dann die Betreuungsqualität für Kinder mit besonderen Bedürfnissen (Kinder aus Einelternfamilien, verschiedene kulturelle Gruppen, Kinder mit Verhaltensproblemen) und die Frage nach optimalen Förderbedingungen. Angesichts der zunehmenden Diskussion um die relativ hohen Anteile von Kindern, die einen Teil des Tages in außerfamiliären Betreuungseinrichtungen verbringen, konzentrierte sich die Diskussion in den späten neunziger Jahren jedoch zunehmend auf die pädagogische Qualität von vorschulischen Institutionen insgesamt (TIETZE, 1998). Seit ein paar Jahren liegt nun der Fokus verstärkt auf der Förderung und Stimulation von Lernerfahrungen des kleinen Kindes, auf schulvorbereitenden Maßnahmen sowie auf Fragen der Startchancengleichheit bei Schuleintritt (ALLMENDINGER, 2006; STAMM, et al. 2009). Qualität wird heute unter verschiedenen Gesichtspunkten diskutiert (BURCHINAL et al., 1996; ROßBACH, 2006):

- *Hauptdimensionen von Qualität:* Wenn heute die Qualität vorschulischer Angebote einen Unterschied im Hinblick auf die kindlichen Lernerfahrungen macht, dann muss das Qualitätskonstrukt differenziert werden. BURCHINAL, ROBERTS, NABORS und BRYANT (1996) unterscheiden beispielsweise zwei Hauptdimensionen von Qualität: Strukturqualität und Prozessqualität. ROßBACH (2006) fügt eine dritte Dimension an: die Orientierungsqualität. Die Strukturqualität ist die beobachtbare organisationale Charakteristik, die in den Regelsystemen zum Ausdruck kommt. Sie ist eine notwendige, aber nicht hinreichende Bedingung von Qualität. Es lassen sich drei Aspekte von struktureller Qualität differenzieren, die meist als eiserner Triangel beschrieben werden: Gruppengröße, Personal-Kind-Relation sowie Qualifikation des Ausbildungspersonals. Andere strukturelle Faktoren beziehen sich auf die Länge und Intensität des Vorschulbesuchs, die Löhne des Personals und die Personalwechsel-Quoten. Die Prozessqualität schließt die sozialen Beziehungen und Interaktionen innerhalb des Programmsettings ein. Eine gute Orientierungsqualität äußert sich in sensitiven Lehrkräften, welche Kinder fortwährend trösten und ermutigen, auf ihre Initiativen antworten und sie auch aktiv oder gar provokativ unterstützen, ohne dass sie punitive oder kontrollierende Methoden anwenden. Sie kennen die ihnen anvertrauten Kinder genug, um ihre Handlungen zu interpretieren, sie herauszufordern, ihre Peer-Beziehungen und ihr Lernen insgesamt zu unterstützen.

- *Qualität messen:* Obwohl die Messung der Qualität vorschulischer Angebote eine komplexe Aufgabe darstellt, hat die zunehmende Nutzung direkter Unterrichtsbeobachtungen die Entwicklung neuer Instrumentarien unterstützt. Dabei sind reliable und valide Werkzeuge entstanden. Dazu gehören Skalen wie die ECERS-Skala (Early Childhood Environment Rating Scale) von HARMS und CLIFFORD (1980) sowie die in ihrem Gefolge für den deutschen Sprachraum entwickelte KES, die Kindergarteneinschätzskala von TIETZE, SCHUSTER und ROßBACH (1997). Zwar sind zwischenzeitlich beide Skalen mit Kritik belegt worden. Sie betrifft die mangelnde Explikation der theoretischen Hintergründe und forschungsbasierten Zugänge sowie ihre mangelnde Flexibilität in Bezug auf den Einsatz in situational und regional besonderen Situationen (BROPHY & STATHAM, 1994; FTHENAKIS, 1998; zusammenfassend: FRIED, 2003). Trotzdem werden sie seit mehreren Jahren zur Einschätzung der Qualität von Vorschulprogrammen und Kindergärten eingesetzt, unter anderem auch in den bundesweiten Studien von TIETZE (1998) und WOLF, BECKER und CONRAD (1999). Heute ist die dritte Auflage der revidierten KES, die KES-R von TIETZE et al. (2005) in Betrieb. Sie ist dabei für Gruppen mit Kindern im Kindergartenalter ausgelegt. Mit den Einschätzskalen für Krippe (KRIPS-R), Hort- und Ganztagsangebote (HUGS) sowie für die Tagespflege (TAS) stehen nun Verfahren zur Erfassung der pädagogischen Qualität in allen institutionellen Formen der Bildung, Betreuung und Erziehung von Kindern sowie in der semi-institutionellen Form der Tagespflege zur Verfügung. Häufige Verwendung in Evaluationen staatlicher Vorschulprogramme und in Längsschnittstudien wie der NICHD-Studie («National Institute of Child Health and Human Development») findet auch die CLASS («Classroom Assessment Scoring Systems») von PIANTA et al. (2005). Dabei handelt es sich um ein prozessorientiertes Beobachtungs- und Bewertungssystem mit neun Dimensionen, welche die sozialen und instruktionalen Unterrichtsprozesse messen, weitere Aspekte wie Möbel und Ausstattung oder fein- und grobmotorische Fähigkeiten des Kindes allerdings weglassen. In den vorliegenden Evaluationen scheinen sich die CLASS-Dimensionen gemäß als reliable und valide Prädiktoren der Leistungsentwicklung und des Sozialverhaltens für den Kindergarten (HOWES et al., 2008) sowie die erste und zweite Klasse (NICHD ECCRN & DUNCAN, 2003) bewährt zu haben.

- *Struktur- versus Prozessqualität:* Obwohl Prozessvariablen für die Vorhersage kindlicher Lern- und Entwicklungsergebnisse die strengsten Prädiktoren sind, gelten strukturelle Merkmale nach wie vor als gewichtiger. Trotzdem ist die Forschung in der Aufdeckung von Korrelationen zwischen strukturellen Merkmalen, Unterrichtsqualität und Entwicklungsergebnissen insgesamt inkonsistent.

Teilweise liegen Befunde vor, welche einen Zusammenhang zwischen Ausbildungsqualität der Lehrpersonen und der beobachteten Unterrichtsqualität nachweisen (RICE, 2003; BLÖMEKE, 2007), doch zeigen andere Studien (NICHD ECCRN & DUNCAN, 2003) keine entsprechenden Assoziationen. Zusätzlich zu Lehrercharakteristika scheinen mögliche Angebotsvariablen wie etwa die Anzahl der Kinder, der Betreuungsschlüssel (BARNETT & BOOCOCK, 2003) oder die Anzahl Stunden pro Tag eine Rolle zu spielen (LOEB et al., 2004).

- *Lehrerqualifikation als Qualitätskorrelat:* Als wichtiges Korrelat der Qualität von Lernumgebungen gilt die Lehrerqualifikation (ROßBACH, 2006). Zusammen mit der Gruppengröße und dem Bildungs- resp. Betreuungsschlüssel (Verhältnis Anzahl Lehrkräfte und Kinder) gilt sie sogar als eisernes Dreieck der Strukturbedingungen (DUNN, 1993). Damit einher geht die Forderung, Lehrkräfte dieser Stufe müssten über einen akademischen Abschluss und über eine generell auf diese Stufe fokussierte Ausbildung verfügen. Diese Forderung basiert auf zwei Forschungssträngen: erstens auf Studien zu vorschulischen Settings, welche die Lehrerausbildung mit der Betreuungsqualität verbinden; zweitens auf Forschungsergebnissen, welche Auswirkungen guter vorschulischer Lernumgebungen auf die Schulbereitschaft nachweisen. Zum ersten Forschungsstrang finden sich in der Literatur viele Hinweise auf einen Zusammenhang von hohen Lehrerausbildungsniveaus und hoher Qualität von Lernumgebungen (TIETZE et al., 1998; ROUX, 2003; HOWES & RITCHIE, 2002; EARLY et al., 2007; LOCASALE et al., 2007). Kaum zur Kenntnis genommen wird dabei allerdings, dass auch gegenteilige Befunde vorliegen, d.h. Studien, welche nahezu keine Zusammenhänge eruieren konnten oder nach Kontrolle weiterer Faktoren wie Eltern- oder Betreuungsvariablen verschwanden (BLAU, 2000). Auch zum zweiten Forschungsstrang – zum Zusammenhang von Vorschulqualität und individuellen kindlichen Kompetenzen – liegen einige bedeutsame Untersuchungen vor. Dies gilt sowohl für den angelsächsischen (BURCHINAL et al., 1996; PIANTA et al., 2005) als auch für den deutschsprachigen Raum (SPIESS et al., 2003; BOS et al., 2003; BECKER & LAUTERBACH, 2004; OECD, 2006). Gemeinsamer Nenner dieser Studien ist ihr mehrfacher empirischer und nach Kontrolle einer umfassenden Anzahl von Hintergrundsvariablen noch zutreffender Beleg, dass Kinder, welche eine Vorschuleinrichtung resp. einen Kindergarten besucht haben, mit besser entwickelten sprachlichen und mathematischen Fähigkeiten in die Schule eintreten und von den Lehrkräften auch eher als schulfähig bezeichnet werden.

- *Sozial-emotionales Klima und Support:* Studien zur Qualität frühkindlicher Lernprozesse haben wiederholt zwei Prädiktoren für die kindliche Entwicklung identifiziert: das sozial-emotionale Klima (SYLVA et al., 2004; CLAR-

KE-STEWART & CAMPBELL, 2002) und der Support der Lehrkräfte (HELMKE & SCHRADER, 2001; HASCHER, 2004; PIANTA et al., 2005). Lehrkräfte, welche sensitiv sind und ein positives Klima schaffen, erkennen eher die individuellen Bedürfnisse und Fähigkeiten eines Kindes als zurückhaltende Lehrkräfte. HELMKE und WEINERT (1997) zeigen beispielsweise, dass die Qualität von sozialer und emotionaler Interaktion die Leistungen der Kinder in Kindergarten und erster Klasse und das Engagement auch noch in der zweiten Klasse steigert. Ähnliche Befunde legt das EPPE-Projekt vor («Effective Provision of Pre-School-Education Project»; SYLVA et al., 2004) oder auch die NICHD-Studie (NICHD ECCRN & DUNCAN, 2003). Obwohl jedoch die Forschung von verbesserten Ergebnissen in schulischer und emotionaler Hinsicht für Kinder in qualitativ hochstehenden pädagogischen Settings berichtet, identifizieren neuere Studien nur jeweils einen kleinen Anteil an Kindern, welche von solchen hochstehenden Angeboten profitieren. TIETZE (1998) spricht für Deutschland von 50%, LOCASALE et al. (2007) für den amerikanischen Sprachraum von 20% Kindern. Gleiches gilt für die NICHD Studie (NICHD EECRN & DUNCAN, 2003). Gemäß DONOVAN und CROSS (2002) dürften 10% bis 20% der Vorschulprogramme die Minimalstandards nicht erreichen. In solchen Settings ignoriert das Betreuungspersonal die Ansprüche der Kinder nach Aufmerksamkeit und Affektivität, nach Altersangemessenheit des Spielmaterials.

- *Qualität und soziale Benachteiligung:* Insbesondere aus Evaluationen amerikanischer Vorschulprojekte wie das «Carolina Abecedarian Project», das «Chicago Child-Center Program», sowie das «High/Scope Perry Preschool Project» (SCHWEINHART, BARNES & WEIKART, 1993; SCHWEINHART & WEIKART, 1997; RAMEY et al., 2000; BARNETT, 2006) wissen wir, dass Kinder aus benachteiligten Milieus besonders profitieren. Bei diesen Programmen handelt es sich jedoch um qualitativ hoch stehende, staatlich finanzierte Einrichtungen. Deshalb gelten sie als Ausnahme der Regel, wonach die Qualität der Kinderbetreuung direkt mit dem Einkommensniveau verbunden ist. Allgemein ist eine Eigenfinanzierung eines solchen Angebots für benachteiligte Familien fast unerschwinglich, weshalb sie häufig auf billigere, jedoch qualitativ schlechtere Angebote ausweichen, aber immer noch einen hohen Anteil ihres Einkommens für Kinderbetreuung aufwenden müssen.

- *Auswirkungen schlechter Betreuungsqualität:* Allgemein gilt jedoch zu beachten, dass eine schlechte Betreuungsqualität nicht deterministisch ist für eine inadäquate Entwicklung. Eine ausgeprägte Bindungsqualität an einen Elternteil und damit verbundene Resilienzfaktoren scheinen Kinder in großem Maß vor negativen Effekten schlechter Betreuungsqualität zu schützen. Aber die meist limitierten finanziellen und humanen Ressourcen, welche prädiktiv sind für schlechte Betreuungsqualität, werden oft von anderen Stressoren begleitet. Verschiedene Autoren wie AHNERT (2004) kommen zum Schluss, dass Kinder, die sowohl zu Hause als auch in Betreuungssituationen Risikofaktoren ausgesetzt sind, intensive Bemutterung brauchen. Diesen Schluss lässt auch die NICHD-Studie in Bezug auf Kinder mit in benachteiligten Milieus lebenden Müttern zu, die jedoch in qualitativ hochstehende Programme integriert waren. Sie zeigten responsivere Interaktionen als Mütter gleichen Niveaus, welche ihre Kinder ausschließlich zu Hause erzogen oder in Programmen mit schlechter Betreuungsqualität. Kinderbetreuung ist somit nicht durchgehend, aber unter bestimmten Bedingungen, ein protektiver Faktor.

3.4.5 Multiple Risiken

Seit BRONFENBRENNERs (1981) einflussreiches Werk «Die Ökologie der menschlichen Entwicklung» auch in deutscher Sprache publiziert worden ist, haben substanzielle empirische Forschungsergebnisse die Effekte einer Kombination von Risikofaktoren untersucht, welche in ihrer Interaktion die kindlichen Erfahrungen bestimmen. Wie beispielsweise LIEGLE (2000) oder OPP und FINGERLE (2007) aufzeigen, haben die vorangehend beschriebenen Risikofaktoren zwar signifikante Auswirkungen auf die Entwicklung, aber alleine kann keiner der Faktoren auch nur einen kleinen Anteil der Variation der Entwicklungsergebnisse erklären. Obwohl Armut oder ein niedriges Geburtsgewicht in der Regel messbare Auswirkungen haben, gibt es auch Kinder mit solchen Charakteristika, die sich gut entwickeln. Ein Risiko festzustellen kann nicht mit tatsächlicher Risikoentwicklung gleichgesetzt werden.

In ihrer berühmten Studie «Fiftheen thousand hours» untersuchten RUTTER et al. (1979) die resilienzspezifische Rolle der Schule gegenüber den Schülerinnen und Schülern. Ihre Ergebnisse konnten belegen, dass Schulen in unterprivilegierten Gegenden große Unterschiede hinsichtlich Delinquenz, Verhaltensstörungen, Schulbesuch und Schulleistung verzeichneten, diese Situation jedoch nicht die Ursache von Verhaltens- und Leistungsproblemen darstellte. Vielmehr waren benachteiligte Schulen auch dann in der Lage, protektiv gegen familiale Benachteiligung zu wirken und die Wahrscheinlichkeit emotionaler und verhaltensbezogener Störungen zu reduzieren, wenn sie Selbstwertentwicklung anregten und soziale Integration sowie Leistungserfolg förderten. Insgesamt zeigte sich, dass Kinder mit einzelnen Risikofaktoren nicht häufiger eine psychische Störung aufwiesen als Kinder ohne Risikofaktoren. Wenn jedoch zwei Stressoren aufeinander trafen, dann stieg das Risiko um das Vierfache und mit vier Stressoren gar um das Zehnfache. Solche Befunde wurden in der Zwischenzeit durch Evaluationen von Längsschnittstudien bestätigt (SYLVA, 2000), und es liegen viele Replikationsstudien vor.

Die Ergebnisse sind nicht weiter überraschend: Heute besteht allgemeiner Konsens, dass die Anzahl der Risikofaktoren, mit denen Kinder konfrontiert werden, wichtiger sind als der Impact jedes Einzelfaktors. Risiko und Resilienz scheinen somit systemische Phänomene zu sein, die nicht außerhalb des Systems verstanden werden können. Diese Tatsache soll im nächsten Kapitel eingehender untersucht werden.

3.5 Resilienz als Antwort auf die Risikoperspektive

Unzweifelhaft hat die Risikoforschung in den letzten zehn Jahren große Verdienste erworben. Aber ihre nahezu exklusive Aufmerksamkeit auf die Risikofaktoren verhindern den Blick auf positive Lebensentwicklungen dort, wo sie erstens unhinterfragt davon ausgeht, dass der Mensch Produkt seiner Sozialisation ist und sich nicht aus eigener Kraft entwickeln kann und wo sie zweitens die Tatsache verdunkelt, dass es Kinder und Jugendliche gibt, welche trotz schwieriger Lebensumstände sehr gute Schülerinnen und Schüler werden, sich auf sozial akzeptiertem Weg gut entwickeln und ein positives Leben aufbauen. Die Entwicklungspsychologie hat in den letzten Jahren verstärkt herausgearbeitet, dass kleine Kinder einerseits einer ausgeprägten Beeinflussbarkeit und Vulnerabilität (Verwundbarkeit) ausgesetzt sind, andererseits jedoch auch aktiv in die Lebenswirklichkeit hineinwirken können. Demzufolge müssen zwar Risikofaktoren aus den kindlichen Kontextbedingungen abgeleitet werden, aber es gilt ebenso zu berücksichtigen, dass Kinder in der Lage sind, Risikofaktoren außer Kraft zu setzen resp. deren Einfluss zu mildern. Entsprechend votiert die Entwicklungspsychologie verstärkt für eine ressourcenorientierte, zuungunsten einer defizitorientierten Bewertung der frühkindlichen Sozialisation, «die neben den Gefährdungen durch suboptimale Sozialisationsbedingungen auch die Chancen der betroffenen Kinder auf eine ungestörte Entwicklung in den Blick nimmt» (AHNERT, 2006, S. 75).

Die Risikoforschung wird denn auch in mindestens zweifacher Hinsicht mit Kritik belegt. Die eine Kritik streicht hervor, dass Bildung und Forschung bislang weit mehr getan haben, um die Bedingungen von Risiko und Defiziten zu beschreiben als erfolgreiche Lösungen oder Wege aufzuzeigen (RÖPER, VON HAGEN & NOAM, 2001). Die andere Kritik äußert sich insbesondere zur Verwendung des Risikobegriffs und seinen Implikationen. Gemäß CATTERALL (1998) oder BENDER und LÖSEL (1998) besteht eine aktuelle Tendenz der Wissenschaft,

Risiko mit der Zugehörigkeit zu einer sozial benachteiligten Gruppe gleichzusetzen (‹risk by association›, CATTERALL, 1998, S. 305). Klassische Beispiele dieser Sichtweise bilden etwa Risikostudien des medizinischen Mainstreams, die eine Interaktion von Gewicht und Blutdruck, von Rauchen und Lebensstil oder von Stress und Herzinfarkt postulieren und sie in bestimmten Risikogruppen verkörpert sehen. Auch Bildungsforschung und Wissenschaftspolitik verstärken solche Tendenzen in vielerlei Hinsicht. Wenn die durchschnittliche Leistungsfähigkeit und Zielerreichung mit Einkommen, Ethnie, Sprachfähigkeit oder Geschlecht korreliert wird, dann ist es ein leichtes, ganze Gruppen von Jugendlichen als Risikogruppen zu identifizieren. Problemverstärkend wirkt dabei unsere Gewohnheit, unhinterfragt solche Beziehungen aufzustellen.

Eine zugespitzte Antwort auf die Kritik am Risikobegriff ist das Konzept der Resilienz. Es untersucht, wie und warum Kinder und Jugendliche einen positiven und gesunden Entwicklungsgang nehmen und Risiken und ungünstigen Lebensumständen trotzen können, obwohl sie mehrfach Risikofaktoren wie Armut, Vernachlässigung, Misshandlung oder Alkoholkrankheit der Eltern ausgesetzt waren. Der Begriff Resilienz hat viele Synonyme. Während RUTTER (1999; 2001), EGELAND, CARLSON und SROUFE (1993) oder LUTHAR, CICCHETTI und BECKER (2000) von ‹Resilienz› sprechen, wählen KAUFFMANN, GRUNEBAUM, COHLER & GAMER (1979) sowie LÖSEL et al. (1992) den Begriff ‹Superkids›, WERNER und SMITH (1982) den Begriff ‹vulnerable childs›, GARMEZY, MASTEN und TELLEGREN (1984) die ‹Stressresistenz› und ANTHONY und COHLER (1987) den Begriff ‹invulnerable child›. MASTEN (2001) betrachtet Resilienz als positives Gegenstück zur Vulnerabilität und kennzeichnet sie mittels drei Erscheinungsformen:

(1) positive Entwicklung trotz hohem Risikostatus (z.B. chronische Armut, elterliche Psychopathologie, sehr junge Elternschaft); (2) konstantes Kompetenzverhalten unter Stressbedingungen (z.B. elterliche Trennung und Scheidung, Wiederverheiratung eines Elternteils); (3) schnelle Erholung von traumatischen Erlebnissen (z.B. Tod eines Elternteils, Gewalterfahrungen, Naturkatastrophen oder Kriegs- und Terrorerlebnisse).

3.5.1 Hochbegabung, Benachteiligung und Resilienz

Insbesondere im angelsächsischen Sprachraum hat dabei der Zusammenhang von Hochbegabung, Resilienz und Benachteiligung besondere Beachtung gefunden (BLAND, SOWA & CALLAHAN, 1994; NEIHART, 2001), also die Frage, warum Kinder trotz ungünstiger Lebensumstände ihre überdurchschnittlichen Fähigkeiten erfolgreich umsetzen und sich positiv und kompetent entwickeln können. Insbesondere Kinder aus bildungsfernen Milieus sowie kulturellen und linguistischen Minoritäten, die nicht ihren Fähigkeiten entsprechend gefördert werden, sind in höherem Ausmaß zu den Risikogruppen zu zählen als dies für andere

Subpopulationen Hochbegabter zutrifft. Ihnen steht weder ökonomisches noch soziales oder kulturelles Kapital in ausreichendem Maß zur Verfügung, so dass ihnen deutliche Nachteile erwachsen, die ihren Wissensstand, ihre Fertigkeiten, ihre Motivation und ihr Selbstbild beeinflussen. Erstaunlicherweise liegen bis anhin dazu kaum Studien vor. Dies hat in erster Linie seine Ursache darin, dass aufgrund unseres auf die benachteiligten Risikokinder ausgerichteten Blicks solche Kinder gar nicht wahrgenommen werden.

In der Literatur lassen sich viele Beispiele berühmter resilienter Persönlichkeiten finden. Dazu gehören Adalbert STIFTER, Leo TROTZKI und Wladimir STALIN (PRAUSE, 2007). Sie alle kamen aus sehr bescheidenen Verhältnissen und mussten aufgrund schwieriger familiärer Bedingungen früh schon in Haus und Hof mithelfen und mitverdienen. Obwohl ihre Eltern kaum lesen und schreiben konnten, durften sie dank der Unterstützung durch eine Drittperson (der Großvater bei STIFTER, ein naher Verwandter bei TROTZKI, der Gemeindevorsteher bei STALIN) trotzdem eine Ausbildung absolvieren, die ihnen das Tor zum Erfolg öffnete. Die Namen von STIFTER, TROTZKI und STALIN stehen stellvertretend für resiliente Entwicklungsverläufe von Menschen, die sich durch Fähigkeiten auszeichnen, Entwicklungsrisiken weitestgehend zu vermindern respektive zu kompensieren, negative Einflüsse zu neutralisieren und sich bewältigungsrelevante Kompetenzen anzueignen. Einzelfallstudien von resilienten Menschen, die trotz hohem Risiko-Status positive und gesunde Entwicklungsverläufe nachzeichnen, sind vor allem in psychologischen und psychiatrischen Zeitschriften veröffentlicht worden (MASTEN & O'CONNOR, 1989). Die nachfolgend dargestellten Portraits von Peter und Maria stammen aus der Längsschnittstudie «Frühlesen und Frührechnen als soziale Tatsachen», in deren Mittelpunkt die Frage der Wirkungen des vorschulischen Kompetenzerwerbs auf die Berufsentwicklung und seines Zusammenhangs mit Hochbegabung steht.

Peter (18 Jahre): *Peter, Sohn einer minderjährigen Mutter, war eine Frühgeburt und verbrachte die ersten zwei Monate im Spital. Zwar kannte er seinen leiblichen Vater nie, da dieser schon vor der Geburt untergetaucht war, doch bekam Peter durch die Heirat der Mutter einen Stiefvater und auch zwei kleine Geschwister. Als Peter vier Jahre alt war, wurde die Ehe geschieden. Er lebte zuerst mit seinen Geschwistern bei der Mutter. Ihre zunehmenden Alkoholprobleme führten jedoch dazu, dass sie einen Großteil der Zeit in Entziehungskuren verbringen musste und die Ehe geschieden wurde. Seit seinem siebten Altersjahr lebt Peter mit seinen Geschwistern beim Vater. Mit der Mutter hat er heute fast keinen Kontakt mehr. Vor allem die Versuche der Mutter, Peter an sich zu binden und ihn zu verpflichten, bei ihr zu wohnen, haben bei ihm verschiedene Stressepisoden ausgelöst, die mit Leistungseinbußen und verstocktem Verhalten einhergingen. Heute, mit 18 Jahren, ist Peter ein großgewachsener, athletischer junger Mann, der mitten in einer kaufmännischen Lehre steckt und daneben die Berufsmatura absolviert. Sein Ziel ist die Fachhochschule, an der er ein be-*

triebsökonomisches Studium absolvieren will. Auch im außerschulischen Bereich ist Peter aktiv. Er leitet eine Jungscharabteilung und engagiert sich daneben noch freiwillig im Jugendkirchenchor. Der Leiter ist seit Jahren sein Mentor, der ihn begleitet und stützt. Aber auch der Lehrer hatte eine ähnliche Rolle während der ersten Schulzeit, aber auch noch später, gehabt. Ihm war auch Peters überdurchschnittliche Intelligenz aufgefallen. Bei Schuleintritt konnte er nicht nur bereits auf einem hohen Niveau lesen und rechnen, sondern er kannte auch Teile des regionalen Fahrplanes auswendig, so dass der Lehrer für die Organisation eines Schulausfluges immer Peter mit dem Fahrplanstudium beauftragte. Lesen und Rechnen hatte sich Peter – wie er selbst sagte – aus Langeweile selbst beigebracht und zwar anhand der Kalenderblätter, die in der Küche hingen und der Kassenbons, die die Mutter jeweils heimbrachte, wenn sie als Serviererin tätig war.

Maria (18 Jahre): *Maria ist eine heute 18jährige Diplommittelschülerin. Sie will Kinderkrankenschwester werden und hat bereits eine Lehrstelle in einem Regionalspital in Aussicht. Momentan ist sie daran, ihr Französisch als Au-Pair in Paris aufzufrischen. Maria hat eine schwierige Kindheit und Jugendzeit hinter sich. Als erstes Kind einer übergewichtigen, nervösen und psychisch stark angeschlagenen Mutter und eines zwar liebevollen, aber hilflosen Vaters geboren, musste sie beide Eltern in den ersten Lebensjahren häufig entbehren. Die Mutter wurde verschiedentlich über längere Zeit hospitalisiert oder auf psychiatrischen Stationen betreut, der Vater – er hat keinen Schulabschluss und arbeitet als Hilfschauffeur – war arbeitshalber teilweise mehrere Wochen hintereinander von zu Hause abwesend. Maria und die um ein Jahr später geborene Schwester wurden in dieser Zeit von der Schwester der Mutter betreut. Die Schulzeit wurde für Maria ein sehr schöner und erfolgreicher Zeitabschnitt, nicht zuletzt, weil sie sich hier wohl fühlte und auch die chronischen elterlichen Konflikte vergessen konnte. Insbesondere die Werklehrerin wurde für sie eine Vertrauensperson, die nicht nur ihr handwerkliches Talent förderte, sondern sie auch in schulischen Belangen unterstützte. Dazu kam, dass Maria nun eine Tagesmutter bekam, bei der sie sich sehr wohl fühlte. In der Schule war dies jedoch nicht in allen Teilen der Fall. Insbesondere hinsichtlich der sozialen Kontakte bekam Maria zunehmend Mühe, weil sie nur schwer Freundschaften schließen konnte und häufig Außenseiterin blieb. Anders war es jedoch in Bezug auf ihre schulische Leistungsfähigkeit. Maria gehörte während der ganzen Schulzeit zu den guten bis sehr guten Schülerinnen. Mathematik war eine ihrer Stärken und auch ihr Lieblingsfach. Vor dem Hintergrund der Tatsache, dass Maria vor Schuleintritt bereits auf einem hohen Niveau rechnen konnte, erstaunt dieser Sachverhalt wenig. Die Ursache für den frühen Kompetenzerwerb hatte dabei in der vorschulischen Betreuungssituation gelegen. Da Marias Tante als Schneiderin Heimarbeit verrichtete, hatte sie immer ein riesiges Arsenal an verschiedensten Hemd-, Mantel-*

und Kleiderknöpfen auf Vorrat, mit dem sich Maria stundenlang beschäftigen konnte und die ihr gewissermaßen als Zählrahmen dienten.

Was macht Peter und Maria derart stark? Über welche entscheidenden Ressourcen verfügen sie, dass sie im Vergleich zu anderen Heranwachsenden diese schwerwiegende Lebensbelastungen so erfolgreich bewältigen konnten und können? In beiden Portraits scheinen verschiedene Charakteristika auf, die uns auch die aktuelle Resilienzforschung lehrt: Peter und Maria sind Individuen mit einem hohen Selbstkonzept und reellen Werten, die die Fähigkeit besitzen, bedrohliche Erfahrungen in den Griff zu kriegen und sie konstruktiv zu lösen, auch wenn damit Unangenehmes oder gar Leid verbunden ist. Ebenso gelingt es ihnen, von anderen Personen positive Aufmerksamkeit zu gewinnen und den Glauben an eine Vision für ein bedeutungsvolles Leben zu entwickeln.

Eine hohe Intelligenz kann offenbar mögliche Risiken für antisoziale Entwicklungen abpuffern. Darauf verweisen auch andere Studien (KLINE & SHORT, 1991; EGELAND et al., 1993; FORD, 1994; ARELLANO & PADILLA, 1996; NEIHART, 2001; REIS et al., 2005). Gemeinsam ist diesen Studien die allgemeine Beobachtung, dass schulerfolgreiche Hochbegabte aus benachteiligten Milieus über eine Anzahl persönlichkeitsspezifischer Qualitäten verfügen, die mit Resilienz in Beziehung stehen. Emotionale Gesundheit und soziale Kompetenz beruhen somit am ehesten auf einer Reduktion der Risikofaktoren bei gleichzeitiger externer Unterstützung durch protektive Faktoren. Dies trifft auch für unsere Fallbeispiele Peter und Maria zu, die beide überdurchschnittliche kognitive Fähigkeiten und unübliche psychische Stärken besitzen und trotz familiärem und persönlichem Stress – unterstützt durch protektive Faktoren des sozialen Nahraums – Lebenswege einschlagen, die einen positiven Ausgang versprechen.

In beiden Portraits scheinen jedoch auch Besonderheiten auf, die auf den insgesamt begrenzten Beschreibungs- und Erklärungswert des Resilienzkonstruktes verweisen (GABRIEL, 2005; WUSTMANN, 2005; KRONIG, 2006). Zunächst einmal – und dies zeigt sich insbesondere im Portrait von Maria deutlich – ist Resilienz kein angeborenes Persönlichkeitsmerkmal, sondern «eine Kapazität, die im Verlaufe der Entwicklung im Kontext Kind-Umwelt-Interaktion erworben wird» (WUSTMANN, 2005, S. 193). Sodann ist Resilienz, auch wenn sie als ein positives Gegenstück zur Vulnerabilität betrachtet werden kann, weniger eine absolute ‹Invulnerabilität› als eine relative Widerstandsfähigkeit gegenüber pathogenen Umständen und Ereignissen. Dass ferner Resilienz über die Zeit und über bestimmte Situationen sowie Ereignisse hinweg variieren und sie keine stabile, sondern ebenso eine episodenhafte Disposition darstellen kann, ist eine von RUTTER (1999; 2001) nachdrücklich vertretene These. Sie findet in Peters Stressepisoden Bestätigung, die zu Risikofaktoren wurden, sein psychosoziales Funktionsniveau über längere Zeit erheblich beeinflussten und seine Bewältigungskompetenz in Frage stellten. Widerstandsfähigkeit im Kindheitsalter schützt somit nicht vor einem späteren Zusammenbruch, und eine Stressepisode kann durchaus von resilientem Verhalten abgelöst werden. BENDER und LÖSEL (1998) sprechen deshalb von Resilienz als ‹elastischer› Widerstandsfähigkeit, die flexibel den jeweiligen Situationsanforderungen angepasst wird und keine lebenslange Fähigkeit darstellt. Schließlich erweist sich Resilienz auch als bereichsspezifisches Konstrukt, das sich beispielsweise ausschließlich in sozialer Hinsicht, aber nicht in der Leistungsfähigkeit manifestieren kann. Darauf verweisen Begriffe wie ‹social resilience›, ‹emotional resilience› oder ‹behavioral resilience› (GROTBERG, 1997). Diese Bereichsspezifität manifestiert sich auch in Marias Portrait. Während sie während ihrer Schulzeit im Leistungsbereich konstantes resilientes Verhalten zeigte, traf dies für den sozialen Bereich nur in beschränktem Ausmaß zu, so dass sie häufig Außenseiterin blieb.

Insgesamt stellt Resilienz ein komplexes Konstrukt von individuell-konstitutionellen oder kontextuell erlernten Merkmalen dar, weshalb Kinder nicht aus sich selbst heraus Widerstandsfähigkeit entwickeln, sondern auf eine Begleitung im sozialen Nahraum angewiesen sind. Emotionale Gesundheit und soziale Kompetenz sind somit weniger ein Ergebnis individueller Charakteristik als der Wechselwirkungen zwischen Kindern, ihrer Familie, der Schule und der weiteren Umgebung. Aber auch wenn Wechselwirkungen erfolgreich verlaufen, unterscheiden sich Jugendliche in ihren bereichsspezifischen Fähigkeiten zur Belastungsregulation.

3.5.2   Protektive Wirkfaktoren

Dieses Kapitel stellt diejenigen Merkmale zusammen, die in den Forschungsarbeiten als protektive Wirkfaktoren aufscheinen. Dabei werden in Anlehnung an die immer noch gültige Unterscheidung von WERNER und SMITH (1982) und WERNER (1999) zwei Arten solcher Einflüsse unterschieden: die Schutzmechanismen, die in der Person des Individuums liegen (personale Schutzmechanismen) und die Schutzmechanismen in seiner Betreuungsumwelt (soziokulturelle Schutzmechanismen). Letztere umfassen familiäre (Ressourcen innerhalb der Familie) und soziale Schutzmechanismen (Ressourcen innerhalb des Umfeldes).

Personale Schutzfaktoren: Zunächst einmal unterscheiden sich resiliente Kinder und Jugendliche durch ihren Status in der Familie von anderen. So haben Erstgeborene eine größere Chance, negative Lebensumstände erfolgreich zu überstehen, während bei spätgeborenen Kindern mit mehreren älteren Geschwistern eine Risikobelastung besteht (WERNER, 1999). In nahezu allen Resilienzstudien zeigt sich ferner, dass ein positives, eher zurückhaltendes Temperament dienlich ist, um negative Lebensumstände erfolgreich zu überstehen. Resiliente Kinder werden meist schon als Säuglinge und Kleinkinder als freundlich, gut gelaunt und herzlich charakterisiert (GROSSMANN & GROSSMANN, 2001; MASTEN, 2001). Sie spielen lebhaft, zeigen ein aktives Bewältigungsverhalten, suchen neue Erfahrungen und zeigen keine Furcht. Zudem sind sie selbstverantwortlich, aber bereit, bei Bedarf bei Erwachsenen und Peers Hilfe zu holen, wenn sie diese brauchen. Viele von ihnen zeichnen sich im Entwicklungsverlauf durch Flexibilität und Anpassungsfähigkeit aus, die mit Persönlichkeitsmerkmalen wie Pflichtbewusstsein, Disziplin, Ehrgeiz, Fähigkeit zur Selbstsorge, intellektueller Neugier und Besonnenheit sowie sozialer Verträglichkeit, Einfühlungsvermögen und Rücksichtnahme einhergehen (JULIUS & PRATER, 1996; LÖSEL & BENDER, 1999; MASTEN, 2001). Solche Merkmale sind häufig gepaart mit einer optimistischen, ANTONOVSKYs (1979) Kohärenzsinn entsprechenden Grundhaltung, mit einer religiösen Überzeugung und dem dynamischen Gefühl der Zuversicht an die Macht über das eigene Schicksal, auch wenn Widerwärtigkeiten zu ertragen sind. Möglicherweise sind es solche Persönlichkeitseigenschaften, die bei Familienmitgliedern und Fremdpersonen positive Rückmeldungen, Empathie und Aufmerksamkeit auslösen. Eine Basis für eine gelungene Entwicklung ist jedoch auch ein positives Selbstwertgefühl. ARELLANO und PADILLA (1996) oder KLINE und SHORT (1991) zeigen auf, dass resiliente Kinder und Jugendliche über realistische Kontrollüberzeugungen verfügen, die ihrerseits hohe Effizienzerwartungen begünstigen und umgekehrt. So sind sie nicht nur in der Lage einzuschätzen, welche Situationen bzw. Ereignisse sie beeinflussen können und welche nicht, sondern sie trauen sich auch zu, etwas korrekt auszuführen und erfolgreich darin zu sein, eine erwartete Konsequenz herbeiführen.

Gemäß NEIHART (2001) und REIS, COLBERT und HÉBERT (2005) haben resiliente und hoch begabte Jugendliche aus benachteiligten Milieus einiges gemeinsam, so etwa die intellektuelle Neugier, das Selbstwirksamkeitsstreben, eine hohe Moralität oder auch positive Erklärungsstile und besondere Problemlösekompetenzen. Gemeinsam ist ihnen häufig auch eine eigene Lebenswelt, ein Refugium, das ihnen als Quelle der Inspiration zur Verwirklichung ihrer Hobbies und kreativen Interessen dient. In der Adoleszenz übernehmen zudem viele soziale Verantwortung, indem sie sich in organisatorischer Hilfe organisieren, auf jüngere Geschwister aufpassen, Haushaltverantwortung oder Teilzeitarbeit übernehmen. Auch wenn sich solche Jugendlichen stark in ihrem sozialen Nahraum engagieren, so sind Befunde doch auffällig, wonach viele von ihnen bereits kurz nach der Schulzeit das belastende Milieu ihrer Familie oder ihrer Gemeinde verlassen und sich eine Umwelt suchen, die ihren Lebensvorstellungen und ihren Fähigkeiten besser entspricht (WERNER & SMITH, 1982; REIS, COLBERT & HÉBERT, 2005).

Soziale Schutzfaktoren: Risikoübernahme und Ausbildung resilienzfördernder Eigenschaften wie Eigenverantwortung, der Aufbau eines positiven Selbstbildes und Komponenten der Selbstwirksamkeit sind nur auf der Basis einer sicheren emotionalen Unterstützung möglich. Dies trifft für eine Vielzahl der als resilient Identifizierten zu. Trotz chronischer Armut, Familienzerrüttung oder psychischen Krankheiten in der Familie gelingt es vielen von ihnen, zu mindestens einer Bezugsperson innerhalb des sozialen Nahraumes einen engen und stabilen Bezug aufzubauen. Diese Bezugsperson – es kann sich um einen Großvater, eine Tante, eine Lehrperson, einen Sozialarbeiter oder einen Pfarrer handeln – übernimmt die Funktion von Ersatzeltern. Sie bildet damit nicht nur eine gute Basis, um eine Vertrauensgrundlage zu entwickeln, sondern auch eine wichtige Rolle als Identifikationsmodell oder auch als problemreduzierender Coach. Aber seit RUTTER et al. (1979) und MAUGHAN (1989) wissen wir, dass auch die Institution Schule resilienzfördernd konzipiert sein kann. Wesentliche Komponenten sind hohe Leistungsanforderungen, klare Strukturen, Regeln und angewiesene Pflichten, eine geeignete Binnendifferenzierung mit Variation von Lehrinhalten und Lehrformen, schülergerechte Angebote mit Relevanz für Lebensbewältigung, eine zielgerichtete Führung durch eine Klassenlehrperson, die sich als Bezugsperson definiert und die Folgen von Deprivation und Benachteiligung dämpft und Gefühle des Halts und der Sicherheit vermittelt. Unter solchen Bedingungen kann Schule für resiliente Heranwachsende zu einer zweiten Heimat werden. Die Bedeutung derartiger Schulqualitätsfaktoren wird von einigen neueren Forschungsarbeiten zu resilienten Hochbegabten unterstrichen (EMERICK, 1992; FORD, 1994; NEIHART, 2001; REIS, COLBERT & HÉBERT, 2005). Ganz besonders notwenig für hoch begabte Heranwachsende ohne bildungsnahen Hintergrund und ohne kulturelles Elternkapital ist ein angemessenes Curriculum. Ein wenig herausfordernder Unterricht, niedrige Leistungsansprüche, unangemessene Lernzeit oder das Fehlen ähnlich interessierter Peers können zu Unterforderung und damit zu emotionalen und sozialen Anpassungsproblemen führen.

Für alle, nicht nur für überdurchschnittlich begabte resiliente Jugendliche erweist sich schließlich der Beruf als bedeutsame Variable. Sowohl in der Bremer Längsschnittstudie von SCHUHMANN (2003) als auch in der Invulnerabilitätsstudie von LÖSEL und BENDER (1999) oder der Kompetenz-Studie von MASTEN (2001) zeigte sich, dass die Entwicklung resilienten Verhaltens eng mit beruflicher Eingliederung oder Perspektiven verbunden ist oder dass arbeitslose Jugendliche nur dann resilientes Verhalten entwickeln konnten, wenn sie über adaptive Ressourcen im Sinne eines guten kognitiven Funktionsniveaus und elterlicher Fürsorge mit mindestens einem unterstützenden Elternteil verfügten. Mit Blick auf den Übergang ins Erwachsenenalter erweist sich damit der «Beruf … als das Rückgrat des Lebens» (NIETZSCHE, 1883/1999, Vers Nr. 575), als *der* protektive, vor Vulnerabilität schützende Faktor.

3.5.3 Kritik an der Resilienzforschung und Implikationen für die zukünftige Forschung

Mit dem starken Aufkommen der Resilienzforschung ist jedoch auch die Kritik an ihr gewachsen. Sie betrifft Methodologie, theoretische Basis und Konstruktoperationalisierung. Zum einen wird beanstandet, dass Resilienzstudien oftmals unterschiedlich konzipiert seien und kein Konsens in der Definition herrsche (JULIUS & PRATER, 1996). Sodann würden Angaben zum Prozesscharakter von Resilenz gemacht, obwohl keine Längsschnittstudien und somit auch keine Pfad-analysen vorliegen würden, welche solche Aussagen legitimieren könnten (LÖ-SEL & BENDER, 1999). Und schließlich seien es traditionelle ätiologische Frages-tellungen, welche auch die Resilienzforschung belasten würden. Genannt werden Probleme der Variablenkonfundierung, komplexe Ursachenketten, Scheinkorre-lationen, aber auch Variationen bei der Operationalisierung, den Stichproben und den Informationsquellen (KRONIG, 2006). Es versteht sich von selbst, dass derart unterschiedliche methodologische Grundlagen und Verfahrensweisen vielfältige Probleme bei der Generalisierung der Befunde entstehen lassen. Trotzdem gibt es zwischen den einzelnen Untersuchungen hinsichtlich der personalen und so-zialen Schutzfaktoren erstaunlicherweise relativ große Übereinstimmungen.

Das möglicherweise bedeutsamste Ergebnis der Resilienzforschung ist, dass sie der Risikoforschung eine alternative Sichtweise gegenüberstellt und über die Bedeutung positiver Ergebnisse im Sinne von Bewältigungsressourcen und Kompetenzentwicklung bei Risikokindern nachdenkt. Damit stellt sie eine verän-derte Sichtweise des passiven, von der Umwelt geprägten, zum aktiven, das eige-ne Leben gestaltenden und bewältigenden Individuums bereit, das jedoch Unter-stützung von den verschiedenen Sozialisationsumwelten bedarf (BRONFEN-BRENNER, 1981). Die Chancen des Resilienzkonzepts liegen denn auch darin, der Theoriebildung mit Blick auf das Risikoparadigma Differenzierungsmöglichkei-ten und Alternativen und der Praxis Hoffnungen zu liefern, um mit neuen Strate-gien die Lebenspfade von risikogefährdeten Kindern positiv zu beeinflussen.

Resilienz basiert auf der Koordination verschiedener endogener und exoge-ner Systeme, die in ihrem Zusammenspiel aber noch nicht wirklich erforscht sind. Wir wissen vorerst lediglich, dass Resilienz nicht nur von der Stärke der Risiko- oder Schutzfaktoren abhängig ist, sondern ebenso von den genetischen Anlagen, den früheren biografischen Erfahrungen und vorteilhaften Wendepunk-ten. Resilienz ist somit keine einheitliche, ‹glückliche› Eigenschaft, die Kinder zufällig besitzen oder nicht. Sie enthält viele Facetten, die risikospezifisch und kontextabhängig sind und Ergebnis des Zusammenspiels von Person und Um-welt darstellen. Resilienz ist auch kein lineares Phänomen. So kann der Wieder-aufbau nach Schicksalsschlägen unvollständig sein und möglicherweise sogar eine gestiegene Verwundbarkeit nach sich ziehen.

Wo liegen die Gefahren des Resilienzkonzepts? Sie liegen zum ersten darin, dass seine theoretische Verortung noch lange nicht abgeschlossen ist und viele Fragen offen sind. Das Konstrukt ist weitreichend und deshalb ungenau. Es liegt in seiner Natur, dass nicht generalisierend festgelegt werden kann, welche spezi-fischen personalen oder externalen Bedingungen, Ressourcen und Erfahrungen als adaptive Systeme für die Entwicklung von Resilienz in einem Individuum verantwortlich sind, wie sie funktionieren, beschädigt, geschützt oder gefördert werden können. Im Gegensatz zu Risikofaktoren ist für ihr Vorhandensein somit nicht die Abwesenheit von Krankheit charakteristisch, sondern ihre Wirksam-keit, wie Belastungen kompensiert und bewältigt werden. Vorerst bleibt jedoch ungeklärt, ob Schutzprozesse überhaupt angeregt werden können und welche Aktivitäten dafür verantwortlich zu machen wären. Eine zweite Problematik liegt in der unvorhersehbaren Popularität, die Resilienz zu einem Modethema gemacht hat. Der Grund liegt in den zahlreichen populärwissenschaftlichen Abhandlungen, die meist auf journalistischem Bemühen basieren, der Leserschaft möglichst dramatische Einzelfälle zu präsentieren. Resiliente Kinder werden dort als aus sich selbst heraus widerstandsfähig beschrieben, die in der Lage seien, «am Morgen im Spiegel ...[ein] fröhliches und kein verbittertes, trauriges oder zorniges Ich [zu] sehen» (Doubek, 2003, S. 18). Eine solche Sichtweise des resilienten Verhaltens als individuelles Charakteristikum entspricht der Vorstellung des ‹american dream of life›, der auf ein hohes individuelles Entwicklungspotenzial setzt und sozial-strukturelle Risikofaktoren und genetische Bedingtheiten unterschlägt. Solche Interpretationen sind gefährlich, weil sie Resilienz als vom Individuum selbst herzustellende personale Eigenheit definieren und mit einer impliziten Pathologisierung der nicht widerstandsfähigen Individuen einhergehen. Bildungspolitisch gewendet wäre es denn auch fatal, resiliente Heranwachsende als Modelle gesunder Heranwachsender zu kennzeichnen, die aus eigener Kraft ihre soziale Benachteiligung wettmachen können. Resilienz ist ohne unterstützende Interaktion im sozialen Kontext nicht zu denken.

4 Vorschulangebote: Wege zur Startchancengleichheit?

Frühkindliche Bildungsprogramme wurden in den USA vor mehr als 40 Jahren und in England vor mehr als 30 Jahren erstmals implementiert. Lag ihr erstes Ziel damals vor allem in der Verbesserung der Schulfähigkeit von Kindern aus vorwiegend benachteiligten Milieus bzw. aus bescheidenen sozialen Verhältnissen und damit im Bestreben, ihnen ein im Vergleich zu ihren Peers entsprechendes Fundament für die formalen Voraussetzungen ihres schulischen Bildungsweges offerieren zu können, so geht es heute eher darum, die frühe Kindheit als bedeutsame Phase in der individuellen Bildungsbiografie eines Menschen zu erkennen und sie als ersten Schritt im Prozess des lebenslangen Lernens zu verstehen. Auch aus diesem Grund ist es von Interesse, inwiefern vorschulische Bildungs- und Präventionsprogramme zum späteren Schulerfolg einen Beitrag leisten können.

In diesem Kapitel stehen solche Angebote zur Diskussion. Zwar werden auch Programme aus dem deutschsprachigen Raum vorgestellt, doch muss aufgrund der hierzulande sehr rudimentär entwickelten frühkindlichen Bildungspolitik und -forschung notgedrungen auf die wesentlichen angloamerikanischen Programme zurückgegriffen werden. Zunächst wird mit Blick auf die in dieser Publikation verfolgte Fragestellung die Aktualität der frühkindlichen Bildungsdiskussion anhand der Frage der Chancengleichheit von Minoritäten aufgezeigt und mittels empirischer Befunde unterlegt. Anschließend werden einige Programme auf ihre Effektivität hin befragt und dabei auch spezifisch das Erfolgskriterium des Schulabschlusses in den Blick genommen. Abschließend wird Bilanz gezogen und gefragt, was frühkindliche Bildungsprogramme zum Ausgleich sozialer Diskrepanzen und zum Schulerfolg von Minoritätskindern tatsächlich beitragen können.

4.1 Zur Aktualität frühkindlicher Bildung

Das zwanzigste Jahrhundert hat die Kindheit als eigenständige Lebensphase mit speziellen Entwicklungsbedingungen und Ansprüchen entdeckt. Erstmals wurden Rechte der Kinder formuliert, in der UN-Kinderrechtskonvention international fixiert und ihre weltweite Durchsetzung angestrebt (KRAPPMANN, 2007). Eines dieser Rechte ist das in den letzten Jahren neu entdeckte Recht des Kindes auf Bildung. Im Zuge der globalisierten Wirtschaft und ihren neuen Herausforderungen ist Bildung zur zentralen Ressource geworden, die ihre Qualität im internationalen Wettbewerb unter Beweis stellen muss. Im Rahmen der länderübergreifenden Schulleistungsstudien haben deshalb viele Länder ihre Bildungssysteme überprüft und sie neu reguliert. In diesem Kontext und im Zuge neuer Forschungserkenntnisse aus den Neurowissenschaften und der Entwicklungs- und Familienpsychologie wird die frühe Kindheit zunehmend als bedeutsame Phase in der individuellen Bildungsbiografie eines Menschen erkannt und als erster Schritt im Prozess lebenslangen Lernens verstanden (SCHUHMACHER, 2005). Das internationale Interesse manifestiert sich denn auch in einem starken Anstieg der Bildungs-, Betreuungs- und Erziehungsarbeit in diesem Sektor (OECD, 2006).

Diese Entwicklung trifft die Allgemeine Erziehungswissenschaft relativ unvorbereitet, hat sie bislang die frühe Kindheit doch vernachlässigt. Wohl gibt es eine ausgedehnte Kindheitsforschung, doch kommen Kinder vor dem Schulalter fast nur am Rande vor. Dies manifestiert sich beispielsweise darin, dass es in Deutschland und Österreich nur sehr wenig Lehrstühle für den Bereich der Pädagogik der frühen Kindheit gibt und in der Schweiz nur an der Universität Fribourg als Schwerpunkt des Departements Erziehungswissenschaften. Eine akademische Fachzeitschrift fehlt ebenfalls. Gleiches gilt für Forschungsschwerpunkte oder Nationale Forschungsprogramme und für die empirisch-systematische frühkindliche Bildungsforschung generell. Deshalb liegen auch kaum Antworten auf Fragen vor, die für die Etablierung von Programmen zur frühkindlichen Bildung, Betreuung und Erziehung (FBBE) nötig wären. Solche Antworten wären jedoch erwünscht, sind doch in den letzten Jahren hierzu sehr engagierte und verdienstvolle Initiativen privater Bildungsträger unter großer Aufmerksamkeit von Politik und Gesellschaft gestartet worden. Die aktuelle Situation erschwert somit die Trennung wissenschaftlich geprüfter Erkenntnisse von ideologisch-politischen Aussagen. Solche Erkenntnisse liefert die Grundlagenstudie der Schweizer UNESCO-Kommission zur frühkindlichen Bildung in der Schweiz (STAMM, REINWAND, BURGER, SCHMID, VIEHHAUSER & MUHEIM, 2009).

Ist frühkindliche Bildung somit in der Lage, soziale Benachteiligung zu kompensieren und allen Kindern gleiche Startchancen für ihre Bildungslaufbahnen zu ermöglichen? Vor dem Hintergrund der PISA-Erkenntnisse, die Deutschland und der Schweiz einen besonders starken Zusammenhang zwischen sozialer Herkunft und Schulerfolg attestiert hatten, kommt dieser Frage besondere Brisanz zu (TERHART, 2002; PISA-KONSORTIUM, 2003; SCHWEIZERISCHE KOORDINATIONSSTELLE FÜR BILDUNGSFORSCHUNG, 2006). Die Bildungsgerechtigkeit ist in Deutschland denn auch zur zukunftsweisenden Aufgabe einer vorsorgenden Gesellschaftspolitik erklärt worden (KÖHLER, 2006). Ob frühkindliche Bildung überhaupt chancenausgleichende Wirkung entfalten kann, ist abhängig von der Fähigkeit unserer Gesellschaft, inwieweit es ihr gelingt, allen Kindern diejenigen Dinge grundlegend zu vermitteln, die sie für eine erfolgreiche Lebensgestaltung brauchen. Ausgangsbasis ist dabei das brüchig gewordene Modell des Zusammenspiels von Familie als Betreuungs- und Erziehungs- und Schule als Bildungsinstanz und die daraus resultierende Forderung, eine Vorschulreform bedürfe sowohl bildungsrelevanter als auch betreuender und erzieherischer Elemente. Heute besteht allgemeiner Konsens, dass frühkindliche Bildungskonzeptionen auf diese Trias hin angelegt sein müssen. Die Erkenntnis, wonach eine qualitativ hoch stehende Vorschulerziehung und -bildung für den späteren Bildungserfolg von Kindern von großer Bedeutung ist, ist heute international unbestritten. Dies verdeutlichen auch die Daten zur Beteiligung von unter fünfjährigen Kindern an Vorschulangeboten. Von 1999 bis 2003 hat sie im europäischen Raum durchschnittlich von 55% auf 65% zugenommen, in Frankreich war sie immer schon auf nahezu 100%, in Deutschland stieg sie von 68% auf 78%, in Italien von 96% auf 98%. In der Schweiz ist ihr Anteil klein und von 20% auf lediglich 23% angestiegen (OECD, 2006).

4.2 Vorschulangebote und ihre Effektivität

4.2.1   Angebote bis ca. drei Jahre

In der Verbindung zwischen Eltern und Kind können starke, in die frühe emotionale und verhaltensbezogene Entwicklung implizierte Risiko- und Schutzfaktoren gefunden werden. Die Eltern spielen eine zentrale Rolle in der sozialen und emotionalen Fähigkeitsregulation. Diese ist essentiell für die spätere Anpassung an die Erfordernisse der Primarschule und für die Eingliederung in eine Peergruppe. Einen direkten Effekt auf die emotionale Entwicklung haben Eltern ferner durch das Ausmaß, in welchem sie das Kind von negativen gesundheitlichen oder kontextualen Effekten schützen. Die Qualität der Kindererziehungspraktiken, welche in der Entwicklung von emotionalen und verhaltensbezogenen Problemen aufscheint, wird ihrerseits von unzähligen kontextuellen Faktoren beeinflusst, welche mit Armut sowie in vielen Fällen auch mit Minoritätsstatus, einher gehen. Frühe Interventionen, welche auf die Optimierung der Kindererziehung junger Mütter und Väter ausgerichtet sind, scheinen vielversprechend für die Prävention emotionaler Probleme bei Kindern, bevor sich solche dann bei Schuleintritt zeigen. Nachfolgend werden einige Modelle aufgelistet, welche solche Zielsetzungen verfolgen und auf die ersten Lebensjahre ausgerichtet sind.

- *Frühe Hausbesuchsprogramme während der Schwangerschaft und den ersten Lebensjahren:* Das vielversprechendste und am sorgfältigsten evaluierte Set von frühen Interventionen ist im amerikanischen Sprachraum das Programm von OLDS et al. (1998). Es lässt sich wie folgt charakterisieren: Beginnend im dritten Semester der Schwangerschaft werden Frauen, welche in Armut leben, in ein Programm aufgenommen, das auf gesundheitliche Belange und Risikofaktoren ausgerichtet ist und pränatale Betreuungsaufgaben, mütterliche Nahrung und Gesundheitsverhalten einschließt. Wichtig ist, dass die Mütter in der Entwicklung professioneller Fähigkeiten ermutigt und unterstützt werden. Das Programm bietet Mentoring und intensiven emotionalen Support der Mütter an. Das Planziel ist das mütterliche Engagement mit dem Kind sowie die allgemeinen Erziehungsfähigkeiten zwei Jahre nach der Geburt.

- Hierzulande hat das Modell «Opstapje» (SANN & THRUM, 2005) große Bedeutung erlangt. Dazu liegen auch einige Evaluationen vor. Bei diesem Programm handelt es sich um ein präventives Förderprogramm für anderthalb bis vierjährige sozial benachteiligte Kinder. Ausgangspunkt des in den Niederlanden entwickelten Konzepts war die Feststellung, dass Familien mit Migrationshintergrund die institutionellen Bildungs- und Betreuungsangebote für ihre kleinen Kinder nur wenig nutzten (BÄCKER-BRAUN & PETTINGER, 2001). Um dieses Präventionsdilemma anzugehen und den Kindern dieser Familien dennoch gute Startchancen im niederländischen Bildungssystem zu ermöglichen, wurde ein niederschwelliges Hausbesuchsprogramm entwickelt, das sich speziell an den Bedürfnissen und Erwartungen von Familien mit Migrationshintergrund orientiert. Gemäß MANSTETTEN, SANN & THRUM (2004) wurde Opstapje in den letzten Jahren als deutsches Modellprogramm realisiert, mit dem Unterschied allerdings, dass auch sozial benachteiligte Familien neben Familien mit Migrationshintergrund an diesem Förderprogramm teilnahmen. Die gesamte Konzeption des Programms fokussiert auf die Nutzung und Erweiterung vorhandener Kompetenzen und Ressourcen, sowie die Stärkung der Eigenverantwortung der Familien. In der Schweiz wurde Opstapje vom Verein a:primo (www.a-primo.ch) an die hiesigen Verhältnisse angepasst. Heute wird es unter dem Namen «schritt:weise» für Städte und Gemeinden angeboten. Es richtet sich an sozial benachteiligte Familien, sowohl schweizerische als auch solche mit Migrationshintergrund. Das Programm dauert eineinhalb Jahre und findet im Wesentlichen zu Hause in den Familien statt. Das Projekt «Primano» der Stadt Bern, umfasst ebenfalls solche Modelle. Es zielt auf die Förderung von Kindern im Vorschulalter, um ihnen altersgerechte Lernerfahrungen unter anderem in sprachlicher, motorischer, kognitiver und sozialer Hinsicht zu ermöglichen. Hinzu kommt, dass auch Eltern in ihren erzieherischen Fähigkeiten gestärkt werden. Des Weiteren zielt es auf die Verbesserung der Rahmenbedingungen für eine fördernde Ausgestaltung der Lebenswelt sozial benachteiligter Kinder von 0 bis 5. «Primano» möchte auf diese Weise Wirksamkeit im Bereich der Durchsetzung besserer Chancen (sozial) benachteiligter Kinder erreichen (STAMM et al., 2009).

Beim Programm «Hippy» (Home Instruction for Parents of Preschool Youngsters) besuchen semiprofessionell geschulte Mitarbeiterinnen (ebenfalls Mütter in der Migration) regelmäßig Kinder im Alter von vier bis fünf Jahren zu Hause, spielen mit ihnen und fördern sie in Zusammenarbeit mit der Mutter. Hippy wurde zuerst in den 1990er Jahren in Deutschland und dann auch in der Schweiz in Winterthur von SCHERER-KORKUT (1997) in Winterthur eingeführt (vgl. dazu auch EROL, 2001).

- *Verbesserung der Mutter-Kind-Bindung:* Die Basis für eine frühe und sichere emotionale Bindung zwischen Mutter und Kind wird seit langem als Grundlage betrachtet, auf der die psychische, emotionale und soziale Entwicklung des Kindes aufgebaut ist (vgl. auch Kapitel 3.2). Unsichere Bindung resultiert aus harschen und vernachläßigenden Erziehungsmethoden und der Entwicklung von externalisierenden Verhaltensweisen kleiner Kinder. Eine große Anzahl an Studien zur Wirksamkeit von Modellinterventionen, welche auf die Optimierung der Bindungsqualität ausgerichtet waren, haben gemischte Ergebnisse zu Tage gefördert. Die klassische Studie von VAN DEN BOOM (1994) zeigte starke Effekte von frühen Interventionen auf die Mütter (kontingente Responsivität, Sensitivität) und auf das Kleinkind (sichere Bindung, Geselligkeit, Selbstbesänftigung, Exploration). Diese Befunde wurden von WENDLAND-CARRO et al. (1999) und von TODTH et al. (2000) teilweise repliziert. Obwohl auch heute noch die langfristigen Effekte von bindungsorientierten Interventionen nicht klar sind (vgl. Kapitel 4.2.2), erhöhen sie die mütterliche Sensibilität und das Engagement, welche die Schlüsselfaktoren in der Prävention von emotionalen und verhaltensbedingten Problemen darstellen.

- *Trainingsprogramme und Elternkurse:* Entwicklungsbezogene Herausforderungen expandieren während der Vorschulzeit durch den Einschluss zunehmender Impulskontrolle, die Einhaltung sozialer Normen und elterlicher Erwartungen. Gemäß vieler Elternberichte zeigen sich besondere Risikofaktoren im schwierigen Temperament des Kindes, in der Nichtbefolgung von Anweisungen und in kindlicher Aggression. Als elterliche Risikofaktoren gelten Harschheit und Mangel an Disziplinierungsfähigkeiten, insbesondere die Unfähigkeit, Grenzen zu setzen, elterliche Wärme und Fröhlichkeit zu zeigen. Diese Konstellation von Risikofaktoren hat zur Entwicklung einer großen Anzahl an Eltertrainings geführt.

FUHRER (2007) zeigt anhand von Interventionsvorschlägen und Trainingsprogrammen respektive Elternkursen auf, wie Eltern mit Führungsproble-
men gute Verbesserungen in diesem Bereich erzielen können, aber ebenso
im kindlichen Sozialverhalten. Gemäß seiner Aussage sind insbesondere die
Programme zur positiven Erziehung (‹Triple P›), das ‹Gordon Familien-
Training› resp. das ‹Parenting Wisley› hoch replizierbar und lassen sich mit
Videotapes und elterlichen Manuals optimieren.

4.2.2   *Erfolgreiche und weniger erfolgreiche Vorschulangebote*

Die Hoffnung, wonach es frühkindlicher Bildung gelingen soll, unterschiedliche
herkunftsbedingte Ausgangsbedingungen so weit wie möglich auszugleichen,
lässt sich vielfach begründen. Zum Ersten listet der Starting Strong-Bericht II
(OECD, 2006) verschiedene frühpädagogische Konzeptionen von Ländern auf,
welche dieses Ziel explizit verfolgen und allen Kindern einen chancengerechte-
ren Zugriff zu frühen Bildungsangeboten ermöglichen wollen. Dazu gehören
Chile, Frankreich oder Holland. In Chile beispielsweise wird im Rahmen einer
groß angelegten Chancengleichheitsinitiative das unterschiedliche Niveau der
vorschulischen Bildungs- und Betreuungsangebote durch ein nationales Bildungskonzept verbessert (VILLALÓN et al., 2002). Die zweite Begründung liefern
Befunde verschiedener anglo-amerikanischer Langzeitevaluationen zur Wirksamkeit institutionalisierter vorschulischer Bildungsprogramme auf sozial benachteiligte Kinder. Diese Programme sind zwar etwas unterschiedlich aufgebaut, müssen aber trotzdem als zwei Seiten einer Medaille betrachtet werden.
Der eine Typ richtet sich eher auf die psychologische Entwicklung und die geistige Gesundheit und betont die Bedeutung der Elternintervention. Der andere
Typ fokussiert eher auf die kognitive und verhaltensbezogene Entwicklung und
schließt die direkte Bereitstellung von Dienstleistungen für Kinder inklusive familiäre Dienstleistungen ein. Die Effekte solcher Programme sind schon sehr oft
reviewt worden, so dass an dieser Stelle lediglich deren Haupterkenntnisse zusammengefasst werden.

Tabelle 4.1: Qualitativ hochstehende anglo-amerikanische Vorschulprogramme

| Projekt | Start | Alter des Kindes | | N |
		Projekt-start	Follow Up	
Längsschnittstudien				
High/Scope Perry Preschool Project	1963	3-4 J.	39-41	123
Carolina Abecedarian Study	1972	6-12 W.	21	112
Early Childhood Longitudinal Study - Kindergarten Class (ECLS-K)	1998	5 J.	11	22 000
National Institute of Child health and Human Development (NICHD)	1991	1 Mon.	14	1364
Study of Cost, Quality and Child Outcomes 3 J. in Child Care Centers	1993	3 J.	8	828
Effective Provision of Preschool Education (EPPE)	1997		7	3000
Integrierte Schulprogramme				
Head Start	1965	3-4 J.	--	860 000
Chicago Child Parent Centre Program	1985	3-4 J.	21	1 539

In Tabelle 4.1 sind diejenigen Programme dargestellt, welche Angebote hoher Qualität und intensiver Betreuung repräsentieren. Dazu gehören die Längsschnittstudien «High/Scope Perry Preschool Project, die «Carolina Abecedarian Study», die «Early Childhood Longitudinal Study - Kindergarten Class» (ECLS-K), die Studie «National Institute of Child health and Human Development (NICHD), die «Study of Cost, Quality and Child Outcomes in Child Care Centers» und das Projekt «Effective Provision of Preschool Education (EPPE) (SCHWEINHART et al., 1993; SCHWEINHART & WEIKART, 1997; RAMEY et al., 2000; BARNETT, 2006) sowie integrierte Programme wie «Head Start» oder das «Chicago Child Parent Centre Program». Hohe Qualität bezieht sich dabei auf die Natur der Interaktionen zwischen Erziehern und Kind, auf den Bildungsgedanken und die Lernumgebungen sowie auf einen günstigen Betreuungsschlüssel und kleine Gruppengrößen.

Weil diese Projekte alle über längsschnittliche, bis ins Erwachsenenalter angelegte Untersuchungsdesigns verfügen, erlauben sie die Beantwortung der Schlüsselfrage nach der langfristigen Effektstabilität. Ihnen ist gemeinsam, dass sie im Ergebnis vorwiegend positive Effekte nachweisen können, die allerdings nur mit spezifischem Blick auf Angehörige aus sozio-ökonomisch benachteiligten Milieus Gültigkeit haben. Eine Review von BARNETT (1998) auf der Basis von 38 Längsschnittstudien zu vorschulischen Bildungsprogrammen weist in 60% der Programme signifikante Effekte auf spätere Schulleistungen sowie tiefere Klassenwiederholungsraten und geringere Quoten spezieller sonderpädagogischer Maßnahmen nach.

Das berühmteste Vorschulprogramm heisst «Head Start» resp. «Early Head Start». Ersteres wurde 1965 mit dem Ziel gegründet, die Kluft zwischen benachteiligt und privilegiert aufwachsenden Kindern zu verkleinern. Im Mittelpunkt stand das Ziel, ihnen und ihren Familien Ausbildungserfahrungen, verbesserte Ernährung, Elternunterstützung und Zugang zu sozialen und gesundheitsbezogenen Unterstützungsangeboten zu ermöglichen. Im Jahr 1999/2000 bediente das Programm 860'000 drei- und vierjährige Kinder und ihre Familien. Da bei den Schwarzen und Hispanics die soziale Benachteiligung deutlich ausgeprägter ist als bei den Weissen, ist ihr Anteil auch erwarteterweise durchgehend höher. Viele der Head Start-Programme bieten Hausbesuche an. 32% des Personals sind Eltern von Kindern, welche am Programm teilnehmen oder teilgenommen haben. 180'000 dieser Personen werden entlöhnt, weitere 1,25 Mio. arbeiten freiwillig mit. Die durchschnittlichen Ausgaben pro Kind beliefen sich im Jahr 1999/2000 auf $ 5'910, aber sie variieren enorm innerhalb und zwischen den Staaten. In Texas belaufen sie sich auf $ 1'081, in New York auf $ 17'029.

Ob das Programm das Ziel erreicht, die Kluft zwischen benachteiligten Kindern und ihren privilegierten Peers im Hinblick auf die Schulfähigkeit zu schließen, ist schwer zu sagen. Es liegen sowohl positive als auch negative Effektivitätsergebnisse vor. Der «Family and Child Experiences Survey» (ADMINISTRATION OF CHILDREN, YOUTH AND FAMILIES, 2001), welcher von Head Start finanziert wird, ist ein nationales repräsentatives Sample von Familien und Kindern in Head Start-Programmen. Als Monitoring-Instrument untersuchte dieser Survey die kognitiven und sozialen Veränderungen bei den Kindern zwischen dem Beginn und dem Ende des Schuljahres. Eine Analyse der Surveydaten förderte konfligierende Ergebnisse zu Tage, mit relativ kleinen Gewinnen im Wortschatz und ersten Schreibversuchen sowie keinen Verbesserungen in den Buchstabenkenntnissen und in der Förderorientierung des Elternhauses. Da jedoch keine Kontrollgruppen beigezogen wurden, können solche Ergebnisse nicht auf die Programminhalte zurückgeführt werden.

Einige neuere Studien gehen von langfristig positiven Programmeffekten aus. GARCES et al. (2002) analysierten Daten von heute 30jährigen Erwachsenen, welche ehemalige Head Start-Partizipanten gewesen waren. Das Datenset enthielt Informationen, welche die Kontrolle von familiären Hintergrunds- und Umgebungsfaktoren erlaubten. Die Befunde der Autoren lassen vermuten, dass weisse ehemalige Head Start-Partizipanten mit einer höheren Wahrscheinlichkeit die High School abgeschlossen und ans College gewechselt sowie höhere Saläre bezogen hatten als schwarze männliche Teilnehmende.

Das «Zwei-Generationen-Early-Head Start-Programm», das 1995 startete, bietet benachteiligten Familien mit Babys und Kleinkindern umfassende Unterstützung an. Eine nationale Zufallsstichprobe mit 3000 Kindern an 17 Standorten wird ebenfalls seit 1995 weiterverfolgt, ist bis heute jedoch noch nicht umfassend analysiert worden. Erste Ergebnisse von LOVE et al. (2005) lassen jedoch vermuten, dass die teilnehmenden Kinder im Vergleich zur Kontrollgruppe mit zwei Jahren bessere Ergebnisse zeigten im kognitiven, sprachlichen und sozioemotionalen Entwicklungsbereich, obwohl die Gewinne insgesamt relativ bescheiden sind. Aber im Vergleich zur Kontrollgruppe zeigten Early Head Start-Eltern ihren Kindern gegenüber mehr emotionale Unterstützung sowie eine ausgeprägtere sprachliche und lernorientierte Stimulierung. Zudem lasen sie ihnen mehr vor und schlugen sie weniger. Die prägnantesten Wirkungen zeigten solche Programme, welche sowohl Hausbesuche als auch zentrumsbasierte Angebote enthielten und Leistungsstandards früh schon implementierten.

In Tabelle 4.2 sind diejenigen Programme dargestellt, welche die insgesamt größten Effekte vorweisen können. Dazu gehören wiederum das «Abecedarian Project» und das «High/Scope Perry Preschool Project» sowie das «Milwaukee Project» und das «Project CARE». Der Vergleich erfolgt in Bezug auf die bediente Altersgruppe, den Betreuungsschlüssel, die Gruppengröße, die Programmintensität sowie die Elternaktivitäten. Anschließend erfolgt eine Besprechung hinsichtlich des Interventionszeitpunktes, der Programmintensität, der Art und Weise der Bereitstellung von Lernerfahrungen, der Curricula, des Ausmaßes des Beratungs- und Förderangebots sowie der Variation der Effektivität nach Typ und Ausmaß des Risikos.

Tabelle 4.2: Besonders effektive US-Vorschulprogramme

Projekt	Alters-gruppe	Schlüssel	N Gruppe	Zeit-dauer	Intensität	Eltern-aktivität
Carolina Abecedarian Project (CAMPBELL et al., 2002)	Kleinkinder	1:3	14	5 Jahre	ganztags	Gruppenmeetings Hausbesuche
	Vorschulkinder	1:6	12	5 Jahre		
Project CARE (WASIK et al., 1990)	Kleinkinder	1:3	14	5 Jahre	ganztags	Gruppenmeetings Hausbesuche
	Vorschulkinder	1:6	12	5 Jahre		
Milwaukee Project (GARBER, 1988)	Zweijährige	1:2	*	6 Jahre	ganztags	soziale Dienste, Hausbesuche
	Dreijährige	1:3				
	Vorschule	1:7				
Perry Preschool Program (SCHWEINHART et al., 1993)	Vorschule	1:5	20-25	2 Jahre	halbtags	wöchentliche Hausbesuche

* unbekannt

- *Interventionszeitpunkt:* Früh einsetzende und kontinuierlich andauernde Interventionen haben große Auswirkungen auf die teilnehmenden Kinder. Die Modellprojekte starteten alle während der frühen Kindheit. Die Daten des «Abecedarian Projects» lassen beispielsweise vermuten, dass Kinder, welche vielfache Risikofaktoren aufweisen und keinen Vorschulinterventionen zugeführt werden, bereits ab dem zweiten Lebensjahr substanzielle Rückstände aufweisen. Allerdings muss festgehalten werden, dass keine Studien mit experimentellen Designs vorliegen, weshalb auch kein empirisch abgestütztes Timing für den Start von Interventionsprogrammen festgelegt werden könnte.

- *Programmintensität:* Programme, welche ein Mehr an Betreuungszeit anbieten, produzieren höhere Effekte als weniger intensive Programme. Innerhalb der Programme profitieren diejenigen Kinder und Eltern am meisten, welche auch am aktivsten und am regelmäßigsten partizipieren. Darauf verweisen auch Befunde des «High Scope/Perry Preschool Projects», das zwar erst mit drei oder vier Jahren startet, aber hohe und intensive Betreuung bietet und gleichwohl substanzielle Auswirkungen vorweisen kann. Andere, weniger intensive Programme zeigen hingegen geringe oder gar keine Effekte auf die kognitive und soziale Entwicklung sowie auf die späteren Schulleistungen (RAMEY & RAMEY, 1998). Das wirksamste Prinzip der Programmintensität basiert auf der Zwei-Generationen-Arbeit, welche die Eltern spezifisch einbezieht. Ein Hausbesuchsprogramm produziert gemäß DONOVAN und CROSS (2002) dann signifikante kognitive Gewinne, wenn drei Hausbesuche pro Woche angesetzt werden.

- *Direkte Bereitstellung von Lernerfahrungen:* Kinder, welche eines der vier Programme besuchen und direkte Erziehungs- und Bildungserfahrungen machen können, zeigen größere und nachhaltigere Gewinne als Kinder in Programmen, welche ausschließlich auf elterliche Betreuung ausgerichtet sind (DONOVAN & CROSS, 2002). Auch wenn wöchentliche Hausbesuche von Geburt an etabliert werden, sind die Gewinne solcher Kinder und die Auswirkungen auf die Eltern bescheiden. Kinder jedoch, welche sowohl in Hausbesuche als auch in systematische Interventionsprogramme integriert sind, zeigen signifikante kognitive Gewinne (LOVE et al., 2005).

- *Curricula:* Die besonders erfolgreichen Interventionsmodelle verwenden sehr unterschiedliche Curricula. Dazu existieren jedoch nur wenige Studien, so dass ein direkter Vergleich der curricularen Effekte schwierig ist. Gemäß BRYANT und MAXWELL (1997) erwies sich jedoch keines der einzelnen Curricula als optimaler denn ein anderes. Dieser Befund kann auch als Hinweis auf die Schwierigkeiten gelesen werden, Curriculumeffekte, Programmintensität oder Lehrerqualität voneinander zu separieren. Trotzdem bleibt die große Bedeutung eines gut geplanten und integrierten Curriculums für die Lernergebnisse der Kinder bestehen.

- *Umfassende Beratungs- und Förderangebote:* Gemeinsam ist den Interventionsprogrammen ebenfalls, dass sie alle auf die Gesundheit und soziale Wohlfahrt ausgerichtete Hilfestellungen für die Familie und deren Bedürfnisse anbieten und dadurch die Qualität der Intervention insgesamt erhöhen.

- *Variationen der Effekte:* Die Idee, dass Kinder auf Interventionen unterschiedlich reagieren, ist in vielen Bereichen erkenntnisleitend, so in der kindlichen Entwicklung, der medizinischen Intervention oder in Ausbildung und Erziehung. Tatsächlich zeichnen sich die vier Projekte auch dadurch aus, dass sie verschiedene Interventionsarten für unterschiedliche Risikotypen anbieten. Eine lediglich dichotome Unterscheidung zwischen einer benachteiligten und nicht-benachteiligten Klientel genügt somit nicht, weil die Förderung damit kaum Bezug auf die spezifischen Charakteristika des einzelnen Kindes nehmen kann. Für den deutschsprachigen Raum wird diese Forderung auch von AHNERT (2006) unterstrichen. Mit Blick auf das Projekt CARE verweisen beispielsweise WASIK et al. (1990) oder COLE et al., (1993) darauf, dass Interventionen je nach Geburtsgewicht des Kindes unterschiedlich gestaltet würden. Gemäß Befunden aus dem Abecedarian Project von CAMPBELL et al. (2002) werden Kinder je nach mütterlichem Ausbildungsniveau unterschiedlich intensiv betreut. Solche Diversifizierungen werden durch verschiedene Studien legitimiert, welche große Auswirkungen intensiver Intervention nachweisen, wenn das mütterliche Ausbildungsniveau niedrig war (RAMEY & RAMEY, 1998).

VITARO (2005) konzentrierte sich in seiner Forschungsanalyse auf die Best Practice derjenigen Vorschulprogramme, die sich nicht nur in der Förderung der kognitiven, sondern auch der sozialen und emotionalen Entwicklung besonders auszeichneten. Dabei erwiesen sich diejenigen Projekte als am erfolgreichsten, die früh starteten, langfristige und intensive Angebote zur Verfügung stellten, eine kontinuierliche Unterstützung und Begleitung der Eltern vorsahen, von klaren Curricula mit entwicklungsspezifischen und pädagogischen Zielen geleitet waren und einen positiven Betreuungsschlüssel mit hoch qualifiziertem Personal aufwiesen. Auffallend war dabei, dass die kognitive Stimulation der Kinder zwar im Mittelpunkt der Programmaktivitäten stand, die sozial-emotionalen und verhaltensbezogenen Fähigkeiten jedoch durch spezifische Trainings mit Eltern und Peers gefördert wurden.

Erweitert man den auf die USA gerichteten Blick auf andere Länder, so lassen sich einige weitere Follow-Up-Studien nennen, die ebenfalls positive Auswirkungen von frühkindlicher Bildungspartizipation auf spätere Schulleistungen nachweisen (BOOCOCK, 1995). Allerdings sind sie deutlich kurzfristigerer Art. Dazu gehören Studien aus Irland (HAYES & KERNAN, 2002), Neuseeland (WYLIE et al., 2001), Kanada (GOELMAN & PENCE, 1987), Südkorea (RHEE & LEE, 1990) oder Schweden (LAMB et al., 1990).

Es lassen sich jedoch auch Studien finden, die keine oder nur geringfügige chancenausgleichende Effekte nachweisen. Dies trifft für eine schwedischen Untersuchung von ANDERSSON (1992), eine Studie in Bermuda von CHIN-QUEE und SCARR (1994) sowie für die englische National Child Development Study (NCDS) von FEINSTEIN et al. (1999) zu. Alle drei Untersuchungen zeigten kaum Effekte auf die späteren Schulleistungen. Allerdings konnte im NCDS-Projekt, dann eine längerfristige Kompensation sozialer Benachteiligung erzielt werden, wenn neben den Investitionen in der frühen Kindheit zusätzliche Unterstützungsmaßnahmen im Verlaufe der Schulzeit erfolgten. CURRIE und THOMAS (2001) wiederum relativieren solche Befunde. Sie belegen, dass die langfristige Zu- oder Abnahme der Schulleistungsunterschiede größtenteils auf die Unterschiede in der Schulqualität zurückzuführen sind.

4.2.3   Vorschulangebote in England und der Blick der OECD

Eine OECD-Studie von KAMERMAN et al. (2003) sowie britische Untersuchungen von OSBORNE und MILBANK (1987) sowie von SYLVA et al. (2004) bestätigen die bisher referierten Befunde weitgehend. Bei den letztgenannten Studien handelt es sich um groß angelegte englische Längsschnittprojekte, welche die Effekte vorschulischer Bildung auf die Schulentwicklung von Kindern zwischen dem dritten und achten Lebensjahr untersuchten. OSBORNE und MILBANK (1987) konnten langfristig positive Effekte bis zum vierten Schuljahr in den sprachlichen und mathematischen Fähigkeiten sowie in niedrigen Klassenwiederholungsquoten und verringerten Zuweisungen zu sonderpädagogischen Maßnahmen bis zum vierten Schuljahr nachweisen. Nur schwache Effekte zeigten sich jedoch im Verhalten (soziale Integration, Ängstlichkeit, Extraversion, Konzentration) und im Selbstkonzept. Die Ergebnisse von SYLVA et al. (2004) belegen, dass diejenigen Kinder, die Vorschuleinrichtungen besucht hatten, auch zwei Jahre nach Schuleintritt in ihrer kognitiven Entwicklung weiter fortgeschritten waren als Kinder, welche keine Vorschulprogramme besucht hatten. Positive Effekte zeigten sich auch in der sozialen Entwicklung. In beiden Projekten profitierten benachteiligte Kinder in besonders hohem Ausmaß vom Angebot. Am ausgeprägtesten war dies allerdings in Institutionen der Fall, die eine Kombination von Betreuung und Bildung mit schulvorbereitendem Charakter anboten. Auch die bildungspolitische Analyse der OECD (2002) kommt zu einer günstigen, langfristigen Wirksamkeitseinschätzung frühpädagogischer Programme in Bezug auf ihre chancenausgleichende Wirkung. Grundbedingung ist allerdings, dass sie von ausreichender Dauer und Intensität sind, auf klaren Curricula aufbauen, aber auch mit entwicklungsspezifischen und pädagogischen Zielen verbunden werden.

4.2.4   Deutschsprachige Vorschulangebote

Für Deutschland liegen ebenfalls Befunde aus der so genannten ECCE-Studie (European Child Care and Education, 1999) vor. Sie untersuchte in vier europäischen Ländern (Deutschland, Österreich, Spanien, Portugal) die Auswirkungen vorschulischer institutioneller Betreuungsformen auf das Sozialverhalten und die Schulleistungen von Kindern im Alter von acht Jahren. Während sich in Spanien und Österreich signifikante resp. tendenziell signifikante Zusammenhänge zeigten, war dies für Deutschland erst in einer erweiterten Analyse von TIETZE et al. (2005) der Fall. Zur Effektivität vorschulischer Bildungsprogramme im deutschen Sprachraum liegen nur ansatzweise empirische Forschungsergebnisse vor. Sie konzentrieren sich dabei mehrheitlich auf den Kindergarten. Zunächst einmal waren es vor allem im Anschluss an die PISA-Untersuchungen die IGLU-Studie (BOS et al., 2003), die Studie von SPIESS et al. (2003) sowie von BECKER und LAUTERBACH (2004), die einen signifikanten Zusammenhang zwischen Kindergartenbesuch und späteren Schulleistungen eruieren konnten und dies auch nach Kontrolle einer umfassenden Anzahl von Hintergrundsvariablen noch zutraf. Dabei zeigte sich, dass Kinder, welche vor dem Schuleintritt einen Kindergarten besucht hatten, signifikant bessere Ergebnisse in den Leistungstests erzielten als Kinder mit lediglich einjährigem oder gar keinem Kindergartenbesuch. Dass diese Befunde allerdings kaum als Beweis für die ‹Bildungsfähigkeit› des Kindergartens, insbesondere sozial benachteiligter Kinder, herangezogen werden können, wird nur verschiedentlich reflektiert, so etwa von RAUSCHENBACH (2006).

Ein spezifischer Blick auf Befunde der PISA-Studie (OECD, 2007) zeigt zunächst einmal, dass die Stärke des sozialen Einflusses zwischen verschiedenen Ländern schwankt und die Bildungssysteme die soziale Ungleichheit offenbar in unterschiedlichem Ausmaß dämpfen. Gemäß den vorangehend diskutierten Forschungsergebnissen ist anzunehmen, dass vor allem solche Bildungssysteme Chancengleichheit garantieren können, die besonders früh einsetzen und einen großen Teil der Kinder aus sozio-ökonomisch benachteiligten Familien erfassen. In ihrem Systemvergleich anhand von TIMSS-Daten konnten SCHÜTZ und WÖSSMANN (2005) nachweisen, dass Länder mit nahezu vollständigen Vorschulbesuchsquoten und ausreichender Dauer signifikant deutlicher zum Ausgleich der Bildungschancen beitragen als Länder mit geringeren Besuchsquoten und kürzerem Vorschulbesuch. Von Interesse ist dabei, dass das Einschulungsalter keine Rolle spielte, d.h. dass sich zwischen Einschulungsalter und Chancengleichheit bei Konstanthaltung des Einflusses der Dauer vorschulischer Bildung keine Zusammenhänge ergaben. Daraus lässt sich schließen, dass sich der Einfluss der familiären Herkunft auf die späteren Schulleistungen vor allem dann verringern ließe, wenn alle Kinder die vorschulischen Bildungsprogramme besuchen würden.

4.2.5 Fazit

Insgesamt lässt sich anhand der international verfügbaren Erkenntnisse die allgemein vorherrschende Überzeugung bestätigen, dass Vorschulangebote eine positive Auswirkung auf spätere Schulleistungen haben. Allerdings verweisen amerikanische Evaluationen zu qualitativ herausragenden Programmen nur auf für sozial benachteiligte Vorschulkinder deutlich positive Effekte. Kinder aus benachteiligten Milieus dürften deshalb am ausgeprägtesten von solchen Programmen profitieren. Zu beachten sind dabei jedoch zwei Aspekte: Erstens liegen bislang nur wenig Erkenntnisse zur Wirksamkeit von Vorschulprogrammen vor, die nicht vorselegierten Kindergruppen angeboten werden. Aus diesem Grunde sind keine Aussagen möglich, ob Vorschulprogramme auch für Kinder aus bevorzugten Sozialmilieus förderlich sind. Zweitens gilt es zu beachten, dass in vielen Studien nur über relativ kurze Zeiträume Zusammenhänge nachgewiesen werden konnten, in der Regel nur bis in die ersten Schuljahre hinein. Bekannt ist hingegen, dass einige Effekte erst nach einer längeren Zeit auftreten («sleeper effects»), so dass sich positive Auswirkungen auf die Schullaufbahn nicht zwingend bereits in den ersten Schuljahren zeigen. Von Interesse ist deshalb ein zweiter Wirksamkeitsindikator, die Schulabschlussquote. Sie wird in Kapitel 4.3 besprochen.

Obwohl die hier beschriebenen Angebote insgesamt gute Effekte vorweisen, haftet ihnen allen der Nachteil an, dass sie fast ausschließlich auf benachteiligte Kinder mit schlechten Schulleistungen resp. bescheidenen kognitive Fähigkeiten fokussierten. Auf der Folie der Problematik von Hochleistern mit Minoritätshintergrund drängen sich deshalb folgende Anmerkungen auf, welche aus den entsprechenden Evaluationen resultieren (vgl. zusammenfassend DONOVAN & CROSS, 2002):

- Obwohl langfristige, substanzielle Schuleffekte festgestellt werden konnten, waren sie nicht effektiv genug, um Kinder auf ein hohes Schulleistungsniveau zu befördern. Gleichwohl ist davon auszugehen, dass Vorschulprogramme indirekt vielen Kindern der nächsten Generation helfen werden, auf hohem Niveau Leistungen zu erbringen, weil dann ein größerer Anteil der benachteiligten Jugendlichen besser gebildete Erwachsene sein werden.

- Die besten Programme sind ressourcenintensiv. Besonders bei Head Start zeigten sich große Unterschiede in der Betreuungsqualität, die zumindest teilweise auf fehlende Ressourcen zurückgeführt werden konnten (LOVE et al., 2005).

- Eine Partizipation in einem Vorschulprogramm allein genügt noch nicht, um später gute Schulerfolge zu erzielen. Vielmehr spielt die pädagogische Qualität (im Sinne der Prozess, Struktur- und Orientierungsqualität) eine entscheidende Rolle. Ähnliche Befunde liegen inzwischen auch für Deutschland vor (COLBERG-SCHRADER, 1998; TIETZE, 1998; FRIED, 2002; HEINRICH & KOLETZKO, 2005; vgl. auch den Überblick bei ROßBACH, 2006, S. 112ff.).

- Da Vorschulprogramme in der Regel lediglich im Hinblick auf die Leistungssteigerung von benachteiligten Kindern mit ungünstigen kognitiven Fähigkeiten evaluiert wurden, muss unbeantwortet bleiben, ob derart konzipierte Vorschulangebote auch einen schulischen Nutzen für Mittel- und Hochleister-Kinder aus bescheidenem sozialem Milieu zu erzeugen in der Lage sind.

Im Hinblick auf die hierzulande aktuelle Diskussion zur Frage der Aufgabe frühkindlicher Bildung, gilt es, zukünftigen Reflexionen die Erkenntnis vieler anglo-amerikanischer Wirksamkeitsstudien zu Grunde zu legen: diese weisen fast durchgehend auf die große Bedeutung schulvorbereitender Aktivitäten hin, um Kindern aus bescheidenen Sozialmilieus ausgeglichenere Bildungschancen geben zu können. Damit liefern sie empiriegestützte Belege für einen stärkeren Bildungsauftrag der Vorschuleinrichtung. Gleichzeitig widerspricht dieser Befund den in unserem Sprachraum in Entwicklung begriffenen neuen Bildungskonzepten. Diese fokussieren hauptsächlich auf einen Bildungsbegriff, der sich weit stärker auf den explorierenden, spielenden und kommunikativen Umgang des Kindes mit sich und der Umwelt konzentriert als auf schulvorbereitende, wissensdominierte Komponenten (STAMM et al., 2009).

4.3 Schulabschlüsse und soziale Gewinne

Obwohl viele Studien eine Verbindung zwischen Vorschulangeboten und Schulleistung nachweisen, haben nur wenige Untersuchungen Schulabschlüsse als Ergebnis des Bildungserfolgs untersucht. Einer der Gründe liegt sicher in der mangelnden Verfügbarkeit längsschnittlicher Daten. Im Zuge der internationalen Diskussion zu den neuen Herausforderungen von Bildung als zentrale, wettbewerbsfähige Ressource wird die Frage nach früheren als bisher üblichen Bildungsinvestitionen im Hinblick auf Schulabschlüsse jedoch besonders wichtig. Im Zentrum dieser Diskussion steht denn auch die Hoffnung, sowohl einen Beitrag zur Überwindung sozialer Ungleichheit zu leisten als auch die Chancen Jugendlicher zu ökonomischer Selbstständigkeit und positivem Gesundheitsverhalten zu erhöhen. Diese Bedeutung ist heute von der anglo-amerikanischen Forschung erkannt, und es liegen inzwischen Studien vor, welche aussagekräftige Beweise zur Stützung der Verbindung von Vorschulprogrammen und Schulabschlüssen liefern (BARNETT, 1998; BORMAN & HEWES, 2003).

In diesem Kapitel werden die Effekte von Vorschulprogrammen auf die Schulabschlüsse in sieben veröffentlichten Studien untersucht. Es sind dies: das «Carolina Abecedarian Project», die «Curriculum Comparison Study», das «Consortium for Longitudinal Studies», das «High/Scope Perry Preschool Program», das «Chicago Child-Parent Center Program» und zwei Head-Start Programme an unterschiedlichen Orten. Die vier erst genannten, teilweise bereits in den vorangehenden Kapiteln erörterte Programme sind Modellprojekte mit relativ kleinen Stichprobengrößen; bei den letztgenannten handelt es sich um ins Schulsystem integrierte Programme. In Tabelle 4.3 sind die relevanten Informationen mit besonderer Berücksichtigung der Schulabschlussraten dargestellt. Die Ergebnisse zeigen, dass sowohl die Modell- als auch die integrierten Programme positive Effekte auf die Schulabschlüsse ausweisen. Überall sind die Abschlussquoten der Experimentalgruppe (E) höher als die Abschlussquoten der Kontrollgruppe (K). Das «Head Start Program», das größte Vorschulprogramm der USA, zeigt allerdings unterschiedliche Ergebnisse. Während ODEN et al. (2000) eine Abschlussquote der Experimentalgruppe von 95,1% gegenüber der Kontrollgruppe mit 81,1% eruieren konnte, sind es bei GARCES et al. (2002) nur 64,6% resp. 58,6%.

	Vorschulprogramm	Eintrittsalter	Dauer	Programmbeschreibung	Stichprobe (E=Experimental-, K=Kontrollgruppe)	Schulabschlussrate
Modellprogramme	Carolina Abecedarian Project (CAMPBELL et al., 2002)	6 Wochen bis 5 Jahre	5 bis 8 Jahre	Ganztägige Kinderbetreuung für Vorschulkinder; Elternprogramm für Schulkinder	N=111 E=57 K=54	E(70,3%) > K(67,2%)
Modellprogramme	Curriculum Comparison Study (MILLER & BIZZELL, 1983)	4 Jahre	1 bis 2 Jahre	Halbtags-Vorschulprogramm Kindergartenprogramm	N=312 E=244 K=68	E(67,2%) > K(53,1%)
Modellprogramme	Consortium (ROYCE et al., 1983)	3 Jahre	3 Jahre	Vorschulprogramm	N=364 E=252 K=112	E(64,8%) > K(52,5%)
Modellprogramme	Perry Preschool Program (SCHWEINHART et al., 1993)	3 bis 4 Jahre	1 bis 2 Jahre	Vorschulprogramm, 12.5 Std./Woche; Hausbesuche 1.5 Std./Woche, 30 Wochen/Jahr	N=123 E=58 K=65	E(67,2%) > K(49,3%)
Integrierte Schulprogramme	Chicago Child Parent Centre Program (REYNOLDS et al., 2001)	3 bis 4 Jahre	1 bis 6 Jahre	Halbtags-Vorschulprogramm Halbtags- oder Ganztags-Kindergartenprogramm	N=1539 E=989 K=550	E(49,7%) > K(38,5%)
Integrierte Schulprogramme	Head Start (ODEN et al., 2000; GARCES et al., 2002)	3 oder 4 Jahre	1 Jahr	Vorschulprogramm	N=3255 E=2122 K=1133	E(95,1%) > K(81,1%) E(64,6%) > K(58,6%)

Verschiedene dieser hier untersuchten Studien haben die Effektivität der Vorschulprogramme auf die Schulabschlüsse im Hinblick auf die ihnen zu Grunde liegenden Theorien untersucht. Dazu gehören die Studien von SCHWEINHART et al. (1993), CAMPBELL (2002), ODEN et al. (2000) oder BARNETT (1998). Zur Erklärung solcher Langzeiteffekte werden verschiedene Hypothesen vorgeschlagen. Am häufigsten untersucht wurden die kognitive Vorteilhypothese und die Familienunterstützungshypothese. Gemäß der kognitiven Vorteilhypothese zeigen sich die positiven Effekte der Vorschulprogramme auf die kognitive Entwicklung in erster Linie in positiven Leistungsentwicklungen und günstigen Schuleinstellungen bereits ab Kinder ab Schuleintritt. Sie begünstigen gute Entwicklungsergebnisse in der Adoleszenz und im Erwachsenenleben und führen zu sicheren Schulabschlüssen. Entsprechend den bisherigen Ausführungen genießt diese Hypothese konsistenten Support durch die Forschung. Zu den Fähigkeiten, welche aus dieser Perspektive besonders gefördert werden müssen, gehören Sprache und Wortschatz, Kenntnis numerischer Konzepte sowie mündliche Kommunikation, aber auch allgemeine kognitive Fähigkeiten, Leistungsmotivation, Einstellungen und Interessen. Die Familienunterstützungshypothese geht davon aus, dass langfristige Effekte in Form von Schulabschlüssen in dem Maß auftreten, in welchem das Programm in der Lage ist, die Selbstwirksamkeit der Familie und die Eltern in ihrer Erziehungspraxis kontinuierlich zu unterstützen. Beispielsweise kann eine verstärkte Programmintegration der Eltern dazu führen, dass sie höhere Bildungsaspirationen für die schulischen Leistungen und die beruflichen Ambitionen ihres Kindes entwickeln, seine Schularbeiten deshalb stärker unterstützen und mit ihm infolgedessen auch bildungsorientiertere Freizeitaktivitäten pflegen wie Vorlesen, gemeinsames Lesen oder Besuche von Bibliotheken, Konzerten oder Kunstausstellungen. Auf solche langfristigen Stabilisierungseffekte – dass Langzeiteffekte von Vorschulaktivitäten wahrscheinlicher werden, wenn die häusliche Umgebung als hauptsächliches Lernumfeld des Kindes gestärkt wird – hat BRONFENBRENNER (1975) schon vor dreissig Jahren aufmerksam gemacht. Vorschulprogramme sind zeitlich limitiert, aber Familienerfahrungen sind beständig. Dieser Sachverhalt kommt auch im in Kapitel 3.1 dargestellten Modell BRONFENBRENNERs (1998) und seinen vier Prämissen zum Ausdruck.

Beide Thesen gehen davon aus, dass die Stärkung der Allgemeinbildung, der Sprache und der kognitiven Fähigkeiten, aber insbesondere auch die Integration des Elternhauses wichtige Ziele von Vorschulprogrammen sind, um langfristige positive Effekte wie Schulerfolg und Schulabschlüsse zu erzeugen. Vereinzelt sind auch weitere Hypothesen untersucht worden. Die Schulunterstützungsthese von LEE und LOEB (1995) beispielsweise geht davon aus, dass ein qualitativ gutes Vorschulprogramm die Wahrscheinlichkeit erhöht, dass das Kind im Verlauf der Schulzeit ein grundlegendes Bindungsverhalten an die Schule und folgedessen eine gute Schulpräsenz entwickelt. Die Wahrscheinlichkeit schuldistanzierten Verhaltens, zu der auch verschiedene Formen der Schulmobilität gehören, dürfte deshalb vermindert und ein Bildungsabschluss wahrscheinlicher werden. Mit Blick auf die institutionelle Perspektive scheint allerdings die Einschränkung geboten, dass die Schule hierzu einen aktiven Beitrag zur Entfaltung ihrer Haltekraft leisten muss. Zwei weitere Hypothesen – die motivationale und die soziale Anpassungshypothese – sind ebenfalls zur Erklärung von Langzeiteffekten von Vorschulprogrammen herangezogen worden. Aber nur wenige Studien haben diese Hypothesen getestet, und die Befunde sind nicht konsistent (OU & REYNOLDS, 2004).

Schulschwierigkeiten und soziale Probleme sind die beiden am häufigsten genannten Ursachen für fehlende Schulabschlüsse. Solche Probleme können teilweise bereits im Vorschulalter entstehen. Dazu liegt eine Reihe von Studien vor. In ihren Forschungsübersichten verweisen HINSHAW (1992) oder VITARO

(2005) auf Faktoren wie Sprachprobleme, Aufmerksamkeitsdefizite oder phonetische Schwierigkeiten als den wichtigsten Prädiktoren für spätere schulische Schwierigkeiten und vorzeitige Schulabgänge. Auf den Zusammenhang von Problemen in Vorläuferfertigkeiten und späteren Schulschwierigkeiten weisen auch deutschsprachige Längsschnittstudien hin wie beispielsweise die Untersuchung von KLIPCERA und GASTEIGER KLIPCERA (1993) oder die Logik- und Scholastik-Studien von WEINERT und HELMKE (1997a) resp. von WEINERT (1998).

HYMEL und FORD (2003) fokussieren auf einen weiteren wichtigen, bislang jedoch marginalisierten und entsprechend wenig beforschten Bereich zum Schulabbruch: Sie identifizieren die sozio-emotionale Kompetenz als wesentliche vorschulische Erfahrung von Kindern, welche zu ihrem späteren Schulerfolg resp. Schulversagen beitragen kann. In ihrer Forschungsreview belegen sie anhand einer großen Anzahl von Studien, dass Kinder mit ungünstigen sozialen Fähigkeiten und schlechter emotionaler Kontrolle nicht nur große Schwierigkeiten mit der Integration in die Welt Gleichaltriger und Erwachsener haben, sondern auch frühe Erfahrungen mit schulischem Misserfolg machen. Diese Negativerfahrungen können zu sozialen Problemen oder zu allmählicher Schuldistanz führen und den regulären Schulabschluss gefährden. Derartige Analysen werden durch die Dokumentation von CYBELE RAVER (2002) gestützt, wonach frühe interpersonale Verhaltensmerkmale geeignetere Prädiktoren darstellen als intellektuelle Faktoren. Ihre Befunde gelten auch dann, wenn mögliche konfundierende Effekte von schulischen Verhaltensweisen in Rechnung gestellt werden.

Vorschulische Peer-Beziehungen können sowohl ein schädlicher als auch ein protektiver bzw. kompensatorischer Faktor sein, der das Leistungsstreben eines Kindes hemmen oder unterstützen und die Bindung an die Schule beinträchtigen oder fördern kann. Studien von LADD et al. (1999) oder RYAN (2000) weisen die bedeutsame Rolle von Peers als Sozialisationsagenten für schulisches Engagement und Leistungsmotivation nach. Kinder, welche bereits in der Vorschulzeit Freunde haben und bei Peers beliebt sind, zeigen im Verlauf der Schulzeit bessere Schulleistungen, positivere Einstellungen und geringere schulmeidende Verhaltensmuster als Kinder, welche von Peers zurückgestoßen werden, sich eher aggressiv verhalten und als Einzelgänger auffallen. Diese wiederum sind anfälliger für risikoreiche Schullaufbahnen, die sich in schlechten Schulleistungen, Klassenwiederholungen und Schulabsentismus (HYMEL & FORD, 2003), oder auch in minimaler schulischer Partizipation und antisozialem Verhalten manifestieren können (MCDOUGALL et al., 2001). Probleme mit sozialer Anpassung, Aggression oder schlechte Selbstregulation können jedoch auch indirekt Schulschwierigkeiten und Schulabbruch verursachen. Lehrkräfte oder Mitschülerinnen und -schüler können dabei selbst sozialen Ausschluss und negative Sanktionen auslösen und auf diese Weise ursächlich an der Herausbildung antisozialen Verhaltens und schulischen Rückzugs beteiligt sein. Solche Verhaltensweisen können somit sowohl Ursache als auch Folge von Schulproblemen, Schulversagen und letztlich Schulabbrüchen sein.

Die Auswirkungen früher Peer-Beziehungsprobleme sind facettenreich. Wie auch immer derartige Probleme zustande kommen, festzuhalten bleibt, dass Unbeliebtheit und Zurückweisung in Sozialbeziehungen zwei starke Prädiktoren für spätere Schuldistanz und Schulabbruch darstellen. Logischerweise ziehen sich Kinder, denen es nicht gelingt, sich in den Peer-Verband zu integrieren, tendenziell aus dem Schulmilieu zurück. Somit erstaunt es nicht, dass sich schuldistanzierte Kinder im Verlaufe ihrer Schulkarriere zunehmend weniger in schulische und außerschulische Aktivitäten involvieren lassen und sich verstärkt mit anderen marginalisierten Peers zusammentun, welche dem Schulerfolg wenig Bedeutung beimessen (OLWEUS, 1993; ELLENBOGEN & CHAMBERLAIN, 1997).

4.4 Konsequenzen für die Gestaltung eines auf Startchancengleichheit ausgerichteten Vorschulraumes

Die in den letzten Kapiteln vorgetragenen empirischen und theoretischen Befunde führen zur Frage, welche Konsequenzen sich daraus für die Gestaltung eines Vorschulraumes ergeben, der für alle Kinder gleiche Startchancen schafft. Die Basis bildet dabei die Einsicht, dass die vorangehend diskutierten Effektivitätsbefunde angloamerikanischer Studien zur Überwindung der sozialen Ungleichheit in einen neuen, diskursiven Kontext gestellt werden müssen, der sich an einem mehrdimensionalen Zugang orientiert. Dieser hat sowohl biologisch angelegte Dispositionen und Entwicklungsverläufe zu berücksichtigen und auch die selbst organisierten Prozesse des Lernens und der Aneignung sowie die Bestimmung von sozialen Erfahrungen der Umwelt und der gesellschaftlich vorgegebenen kulturellen Erfahrungen zu bedenken. Ein solcher Zugang steht für den deutschsprachigen Raum sowohl für die frühkindliche Bildungsforschung als auch für die von der Bildungspolitik initiierten Programme aus. Weder ist sich die Bildungspolitik einig, welche Bildungsaufgaben dem Vorschulbereich zugewiesen werden sollen (SCHWEIZERISCHE KONFERENZ DER KANTONALEN ERZIEHUNGSDIREKTOREN, 2006; ARBEITSSTAB FORUM BILDUNG, 2001; MCKINSEY, 2006), noch hat sich die Forschung auf einen gültigen Bildungsbegriff festgelegt.

Frühkindliche Bildungsprogramme sind entscheidende Bestandteile des Bildungssystems. Umfassen sie schulvorbereitende Maßnahmen, die gleichzeitig in ein ganzheitliches Bildungskonzept eingebunden sind, dann bilden sie zugleich eine wesentliche Voraussetzung für den Chancenausgleich am Start des Bildungsweges. Die frühkindliche Bildung muss deshalb zur ersten Bildungsstufe werden, nicht bloß zum unverbindlichen Beginn, sondern zur alles tragenden Basis. Kinder müssen erzogen und betreut werden, aber sie sollen in den ersten sechs Lebensjahren auch Bildung erfahren und gezielt lernen. Wenn frühkindliche Bildung keine isolierte Aufgabe der Familie und der vorschulischen Institutionen, sondern des gesamten Bildungssystems, darstellt, dürfte es am ehesten gelingen, die Folgen von Ungleichheit und Instabilität zu kompensieren. Dabei darf jedoch die Bedeutung der nachfolgenden Stufen nicht übersehen werden. Gemäß den hier dargelegten empirischen Befunden ist anzunehmen, dass die positiven Effekte über die Bildungslaufbahn hinweg abklingen und dass dies insbesondere für benachteiligte Kinder zutreffen könnte. Die Effektivität frühkindlicher Bildung ist deshalb zu relativieren. Obwohl sie über ein großes Potenzial zur Überwindung der sozialen Ungleichheit verfügen, stellt sich der Erfolg nicht lediglich durch ihre Etablierung ein. Sie braucht eine übergeordnete Perspektive, welche die nachfolgenden Leistungen des Bildungssystems in Rechnung stellt. Mit Blick auf begabte Minoritäten gilt dies ganz besonders.

Deshalb kommt den in den Teilen III (Schulerfahrungen), IV (Identifikationsverfahren) und V (Verbesserte Ausbildungsperspektiven) dargestellten Schwerpunkten eine wichtige Bedeutung zu. Im Wesentlichen handelt es sich um die potenzielle Rolle des Unterrichts in Bezug auf die disproportionalen Platzierung von Minoritätskindern in Begabungsförderprogrammen, die Gestaltung traditioneller und alternativer Zuweisungspraxen sowie um Fördermaßnahmen, welche sich für begabte Minoritäten als günstig erweisen.

Teil III: Der allgemeine Kontext

Das letzte Kapitel hat die vielschichtigen Gründe herausgestrichen, weshalb von Minoritätskindern im Gegensatz zu privilegiert aufwachsenden Kindern erwartet wird, dass sie weniger intelligent sind, mehr Lernprobleme haben und somit seltener zu den leistungsstärksten Schülerinnen und Schülern gehören. Trotzdem gilt: Auch wenn die große Bedeutung früher Erfahrungen als unwiderlegbar bezeichnet werden muss, bilden sie lediglich einen Teil eines komplexen Gesamtmosaiks.

Frühe biologische Einflussfaktoren und kontextuelle Erfahrungen sind die beiden Hauptfaktoren, die zur unangemessenen Repräsentation von Minoritätskindern in Begabungsförderprogrammen beitragen. Diese Tatsache ist mit der Feststellung kompatibel, dass Schulen einen wichtigen, messbaren und unabhängigen Einfluss auf die Leistung und auf die Platzierung von Minoritätskindern in Förderprogrammen ausüben (WILD, 1991; STAMM, 2001). Dazu liegen inzwischen auch Befunde aus der PISA-Studie vor, welche nachweisen, dass es Länder gibt, die trotz hoher Anteile benachteiligter Schülerinnen und Schüler überdurchschnittliche Leistungen erbringen (OECD, 2006). Solche Ergebnisse lassen vermuten, dass die Effekte der Schulen substanziell sind.

Der bedeutsamste Schritt auf dem Weg zur Begabungsförderung von Minoritäten ist der grundlegende: Zuerst muss das Potenzial der Schülerin oder des Schüler erkannt werden und dann eine Nomination erfolgen. Meist sind es die Klassenlehrpersonen, welche diesen ersten Schritt tun (sollten). Daneben beeinflussen jedoch weitere Variable diese Prozesse. In Kapitel 5 werden deshalb vier Schwerpunkte dieses Kontextes diskutiert: Bildungsressourcen als Inputfaktoren, Unterrichtsqualität, Verzerrungen im Schulalltag, die Rolle der Familie sowie – gewissermaßen als Outputvariable – die Lernausgangslagen von Vorschulkindern in der Schweiz. Kapitel 6 widmet sich dann den rechtlichen Grundlagen.

5   Der allgemeine Kontext und seine Bedeutung

Dieses Kapitel fokussiert auf den allgemeinen Kontext und seinen Anteil an der Leistung von Minoritätskindern. Weshalb?

- Erstens ist es unmöglich, ohne Kontextwissen eine kohärente Bewertung der disproportionalen Anteile von Kindern aus benachteiligten Milieus in Begabungsförderprogrammen vorzunehmen. Um diese zu gewährleisten, ist ein nuanciertes Verständnis der Faktoren nötig, welche die Leistungsunterschiede bedingen und die Maßgabe zum Eintritt in das Förderprogramm darstellen. Ein solches Verständnis ist notwendig, weil Schülerleistungen sowohl für die Erklärung der kulturellen Disproportion dienen als auch ein Mittel darstellen, um Kinder und Jugendliche Begabungsförderprogrammen oder sonderpädagogischen Maßnahmen zuzuführen.

- Zweitens liegt einer der Schlüsselfaktoren zur Überwindung der unausgewogenen Zuteilung zu Förderprogrammen darin, dass Kinder und Jugendliche mit Minoritätshintergrund in ihrer Leistungsbereitschaft und -fähigkeit besonders unterstützt werden. Solche Anstrengungen können aber nur erfolgreich sein, wenn Bildungspolitik und pädagogische Praxis ein Verständnis für diejenigen Faktoren entwickeln, welche am Zustandekommen der Schulleistung von Minoritätskindern beteiligt sind. Obwohl eine vollständige Analyse der damit verbundenen Probleme unmöglich ist, sollen in diesem Kapitel doch einige der zentralen empirisch gestützten Fakten erörtert werden.

- Drittens spielt der Kontext eine grundlegende, theoretisch fundierte Rolle. Dazu liegt eine große Anzahl von Studien aus unterschiedlichen methodologischen, theoretischen und disziplinären Traditionen vor. Sie verweisen auf die komplexen Wege, in denen der Kontext ein wesentlicher Faktor darstellt. Von besonderer Bedeutung ist dabei WYGOTSKIs (1987) Modell der Instruktion innerhalb der Zone der proximalen Entwicklung oder BRONFENBRENNERs (BRONFENBRENNER & MORRIS, 1998) Modell der verschachtelten ökologischen Systeme.

Diese drei Aspekte bilden Grundlage und Legitimation dieses Kapitels. Es gliedert sich in sechs Unterkapitel: die Bedeutung des Kontextes, Bildungsressourcen, Unterrichtsqualität und Verhaltensmanagement, Verzerrungen im Schulalltag, die Rolle der Eltern, Ergebnisse von Lernstandserhebungen (in Mathematik und Lesen) sowie Schülerverhalten.

5.1 Die Bedeutung des Kontextes

Die Ergebnisse der Schuleffektivitätsforschung belegen, dass bei der Umsetzung von Potenzial in Leistung der Schulkontext eine wichtige Rolle spielt. Den vielleicht überzeugendsten Beweis liefern die substanziellen Leistungsdifferenzen der gleichen Schulkinder in unterschiedlichen Kontexten. Dabei unterscheiden sich ihre Leistungen je nach sozialem Support (WILD & HOFER, 1999; WILD & REMY, 2004), nach Lehrereinschätzung (INGENKAMP, 1971; VALTIN, 2002), nach Klassen- oder Schulzugehörigkeit (DITTON, 2004, 2004a; DITTON et al., 2005). Die Fähigkeiten der Kinder schwanken dabei beträchtlich, je nach dem Ausmaß des sozialen Supports, der Beurteilung durch die Lehrkräfte oder der Platzierung.

Solche Erkenntnisse haben ihre Grundlagen in der Schuleffektivitätsforschung, genauer: in den Erkenntnissen der Forschergruppe um Rutter (RUTTER et al., 1979), die in der berühmten Abhandlung «Fünfzehntausend Stunden» die Wirkung der Schulen auf die Kinder untersuchte. Ihre Erkenntnisse wurden in den achtziger Jahren unter der Frage ‹Was ist eine gute Schule?› (STEFFENS & BARGEL, 1987) weiter vertieft und die daraus resultierenden Antworten zu vielen, unterschiedlich ausführlichen Merkmalslisten zusammengefasst. Gemäß SCHEERENS und BOSKER (1999) lassen sich solche Listen zu vier Faktorengruppen verdichten: Schülermerkmale, Schulressourcen, strukturelle Merkmale von Schulen sowie Schulprozesse. Sie alle sollen in unterschiedlicher Art und Weise Schülerleistungen beeinflussen. Die ersten drei Faktoren werden verschiedentlich als Inputfaktoren bezeichnet, weil sie vorgegeben und durch die Schule nicht veränderbar sind (LEE & BURKAM, 2003). Bei der vierten Faktorengruppe handelt es sich hingegen um durch die Schule kontrollierbare Prozessfaktoren, die sich auf Praktiken, Strategien und Abläufe beziehen. Die Unterscheidung von veränder- resp. kontrollierbaren und nicht veränder- resp. nicht kontrollierbaren Faktoren ist aus empirischer und theoretischer Sicht allerdings alles andere als eindeutig (RUMBERGER & THOMAS, 2000). In den nächsten Unterkapiteln werden die aktuell verfügbaren Befunde zu diesen Faktorengruppen in einer etwas unterschiedlichen Fokussierung diskutiert.

5.2 Bildungsressourcen als Inputfaktoren

Bildungsressourcen beeinflussen den Kontext, in welchem Lernen geschieht. Nachfolgend werden diejenigen Hauptprobleme herausgegriffen, von denen anzunehmen ist, dass sie die Platzierungsraten von Minoritäten in begabungsfördernden Angeboten beeinflussen können: Schülermerkmale, strukturelle Charakteristika, Schulressourcen, Klassengröße und Personal.

5.2.1   Schülermerkmale

Traditionellerweise haben sich Versuche, Schülerverhalten zu erklären, auf die Auswirkungen individueller Fähigkeiten und Dispositionen auf die Schulnoten oder Zertifikate konzentriert. Eindeutigster Tenor der aktuellen internationalen Schuleffektivitätsforschung ist denn auch der Befund, wonach zwischen Schülermerkmalen und Schulleistungen ein Zusammenhang besteht. Dabei ist die Liste der potenziellen Prädiktoren lang und ziemlich konsistent. Sie lassen sich drei Kategorien zuteilen: (a) dem sozialen Hintergrund (sozio-ökonomische Herkunft, Familienstrukturen, Geschlecht, Ethnie), (b) dem leistungsrelevanten Hintergrund (kognitive Fähigkeiten, Schulnoten/Testergebnisse, Klassenrepetition, (c) den personbezogenen und umweltabhängigen Faktoren (Leistungsmotivation, Disziplinprobleme, Schulschwänzen). Je nach Kombination dieser Faktoren, wie sie Schulkinder und Jugendliche auf sich vereinigen, gelten sie als ‹Risikoschüler und Schulen, welche eine große Anzahl von ihnen zu unterrichten haben, als Risikoschulen (KEOGH, 1999) respektive als Hochleistungsschülerinnen und -schüler oder als Hochleistungsschulen (THE COLLEGE BOARD, 1999). Nur am Rande von der Effektivitätsforschung berücksichtigt worden sind bislang Befunde aus der Hochbegabungsforschung. Entsprechend gering ist die Anzahl der für die hier verfolgte Thematik relevanten Studien, welche nachweisen, dass auch unter hoch begabten Jugendlichen der Anteil solcher mit Migrationshintergrund, welche eine Ausbildung abbrechen, kein seltenes Ereignis darstellt (LAJOIE & SHORE, 1981; RENZULLI & PARK, 2002) und auch hier ähnliche Prädiktoren – insbesondere schlechte Schulnoten, personbezogene Faktoren wie mangelnde Leistungsmotivation, Disziplinprobleme, Schulschwänzen und Wohnortwechsel – wirksam sind. Insbesondere schlechte Schulnoten können dabei auf Underachievement verweisen (MCCALL et al., 1992; STAMM, 2006; 2008).

5.2.2 Strukturelle Charakteristika

Zu den strukturellen Merkmalen wie Größe, Lage und Art der Schule und ihre Verknüpfung mit Schülerleistungen und Wohlbefinden gibt es eine bemerkenswerte Debatte. Dabei sind sowohl Studien verfügbar, welche derartige Zusammenhänge stützen als auch solche, die sie zurückweisen. Deshalb bleibt insgesamt unklar, inwiefern die strukturellen Charakteristika für die Unterschiede in den Lernergebnissen verantwortlich zeichnen. PITTMAN und HAUGHWOUT (1987) belegten beispielsweise, dass sowohl die geografische Lage als auch die Größe einer Schule und der Schultyp Einfluss auf Schülerleistungen haben. Ähnlich untersuchten LEE und LOEB (2000) in einer Review die Effekte der Schulorganisation auf das Wohlbefinden von Schülerinnen und Schülern im Hinblick auf die Rolle der Schulgröße. Die Autoren gelangten zum Schluss, dass zwar die meisten der untersuchten Studien entsprechende Effekte nachweisen konnten, es jedoch trotzdem unwahrscheinlich sei, dass die Größe allein einen direkten Effekt auf das Verhalten ausübe. Eher sei anzunehmen, dass in kleineren Schulen andere Faktoren als in großen Schulen eine Rolle spielen, wie etwa stärkere Beziehungen zwischen Schülerinnen oder Schülern und Lehrpersonen oder ein positiveres Engagement derselben. Ähnlich haben FEND und STÖCKLI (1998) oder EDELMANN (2007) festgehalten, dass wohl die entscheidende Schlussfolgerung aus den vielen Erhebungen diejenige sei, den strukturellen Merkmalen weniger Bedeutung beizumessen als der konkreten Binnengestaltung und der sozialen Binnengliederung einer Schule. Insgesamt lassen die verfügbaren Untersuchungen offen, inwiefern strukturelle Charakteristika selbst für die Unterschiede in den Lernergebnissen verantwortlich sind oder ob diese mit Unterschieden in den Schülermerkmalen und Schulressourcen einher gehen. Diese wiederum sind bekanntlich häufig mit den strukturellen Besonderheiten von Schulen assoziiert.

5.2.3 Schulressourcen

Lange Jahre war die Idee, dass Lehrpersonen die Schulleistung entscheidend beeinflussen, unbestritten. In den späten achtziger und anfangs der neunziger Jahre hat jedoch eine Kontroverse um den Einfluss der finanziellen Ressourcen diese Eindeutigkeit gestört. Seit dieser Zeit gibt es eine bemerkenswerte Debatte über das Ausmaß, in welchem Schulressourcen an der Schuleffektivität beteiligt sind. Ausgelöst wurde sie durch HANUSHEK (1989), der in einer Metastudie den Effekt von Schul- und Unterrichtsausgaben auf Schulleistungen untersucht hatte und zum Schluss kam, dass es trotz nachgewiesener großer Differenzen in den Schulleistungen zwischen den Schulen keinen systematischen Zusammenhang zwischen Ausgaben und Schulleistungen gäbe und Gleiches auch für Lehrerfahrungen und Klassengrößen zutreffe. Neuere Untersuchungen von HARBISON und HANUSHEK (1992), HANUSHEK (1995), WENGLINSKY (1997) oder ELLIOTT

(1998) bestätigen diese Befunde. Eine Reanalyse von HEDGES et al. (1994) eruierte allerdings unter Verwendung eines etwas anderen methodischen Zugangs zumindest gewisse positive Effekte finanzieller Ressourcen auf die Schulleistungen. Insgesamt unterstützen die angloamerikanischen Untersuchungen die Annahme weitgehend, dass es keinen linearen Zusammenhang zwischen dem Budget, über das eine Schule verfügen kann und der Güte der Schulleistungen einer Schule gibt. Steigende Ausgaben für Bildungsinputs resultieren somit nicht in steigenden Bildungsoutputs in Form von besseren Schulleistungen. Für die europäischen Länder stehen zwar keine Untersuchungen in ausreichender Anzahl zur Verfügung (PSACHAROPOULOS, 2002), doch gibt es zumindest eine vielfältige Kritik an empirischen Produktivitätsuntersuchungen (PSACHAROPOULOS, 2002; WEISS & PREUSCHOFF 2004). Zum einen bezieht sich diese Kritik auf grundsätzliche Probleme wie die Beschränkung auf Fachleistungen als Effektivitätskriterium, zum anderen auf Querschnittanalysen. Diese seien außer Stande, die in den gemessenen Leistungsniveaus zum Ausdruck kommenden kumulativen Lernergebnisse abzubilden. Spezifischerer Art sind Einwände, dass Analysen zu Merkmalen schulischer Ressourcenausstattung als direkte Wirkfaktoren konzeptualisieren würden.

5.2.4 Klassengröße

Im Rahmen einer öffentlichen Diskussion an der Frankfurter Buchmesse im Oktober 2006 hat der Leiter der Internationalen Grundschulleseuntersuchung Wilfried Bos ein Statement auf eine Bemerkung abgegeben, wonach man zuerst einmal die Klassenfrequenzen verringern sollte um Schul- und Unterrichtsqualität überhaupt sicherstellen zu können: «Das ist die dümmste Investition, die wir machen können, einfach nur Geld da hinein zu stecken, Klassen zu verkleinern. Stattdessen müssen wir die Professionalität unserer Lehrer vorantreiben.» Dieses Statement ist ein gutes Beispiel für die gegenwärtige Situation. Während Lehrkräfte und auch Eltern hierzulande meist überzeugt sind, dass kleinere Klassenfrequenzen viele aktuelle Probleme lösen würden und eine kleine Klasse eine notwendige Bedingung für eine erfolgreiche pädagogische Arbeit sei, geht unsere Schulforschung davon aus, dass die Klassengröße eine für Leistungsentwicklung und Schulerfolg bestenfalls untergeordnete Variable darstellt (VON SALDERN, 1993, HELMKE & JÄGER, 2002). Im Gegensatz dazu widerlegen Forschungsvorhaben aus den USA diese Annahme. Dort ist allerdings das Interesse an den Effekten der Klassengröße weit umfassender. Viele Studien liefern Hinweise dafür, dass eine Reduktion der Klassengröße, in erster Linie im Kindergarten, die Schülerleistungen verbessert und dass dies insbesondere für benachteiligte Kinder zutrifft (FINN & ACHILLES, 1999; MOLNAR et al., 1999). So liefert beispielsweise das Projekt «STAR» (Student-Teacher-Achievement-Ratio) wichtige Informationen zu den Auswirkungen der Klassengröße auf die Schülerleistung. «STAR» ist eines der bedeutendsten Projekte in den USA und die weltweit größte kontrollierte Studie zur Erforschung der Klassengröße. Es verfolgte die Analyse der Effekte der Klassengröße auf die Leistungen und Entwicklung der Kinder vom Kindergarten bis in Jahrgangsstufe 3 (K-3). Die Auswirkungen waren beträchtlich: Bis zum 8. Schuljahr blieben die positiven Effekte bestehen. Dies zeigte sich insbesondere in der besseren Motivation der Jugendlichen bei gleichzeitig geringerer Tendenz zu unterrichtsstörendem Verhalten. Im Projekt «SAGE» (Wisconsin's Student Achievement Guarantee in Education, MOLNAR et al., 1999) konnte ferner nachgewiesen werden, dass Klassengrößen unter 20 Kindern in der Lage sind, den Zeitanteil zu minimieren, den Lehrkräfte aufwenden müssen, um störendes Verhalten zu unterbinden. Kleine Klassenfrequenzen ermöglichten den Schülerinnen und Schülern, mehr Zeit für schulische Aufgaben aufzuwenden, im Rahmen einer Instruktion weniger lange auf die Lehrperson warten zu müssen und generell individualisiertere Hilfe zu bekommen, so dass der Anteil ihres aktiven Lernens größer wurde.

Vor dem Hintergrund der in dieser Publikation fokussierten Gruppe der begabten Minderheiten und ihrer gravierenden Benachteiligung in Begabungsförderangeboten aufgrund ihrer sozialen Herkunft, drängt sich eine differenzierte Betrachtung der Ergebnisse der STAR-Untersuchung auf. So wird beispielsweise besonders deutlich, dass die Schülerinnen und Schüler in unterschiedlichem Umfang von der Klassengröße profitierten. Während privilegierte Kinder mit guten Schulleistungen kaum Wirkung zeigten, niedrige Klassenfrequenzen kaum zu Gute kamen, erwiesen sich diese gerade bei Migrantenkindern mit schlechten Schulleistungen als besonders förderlich. Gleiches traf auch für begabte Migranten zu (BETTS & SHKOLNIK, 1999). Demzufolge ist anzunehmen, dass reduzierte Klassengrößen zu einer signifikanten Ausbalancierung der ‹Bevorzugten-Benachteiligten-Perspektive› beitragen können.

Hierzulande gehen die Meinungen weit auseinander, ob es sich bei der Klassengröße um eine bedeutsame Variable von Schule und Unterricht handelt. IM BRAHM (2006) fasst die Befunde in ihrer Review wie folgt zusammen: Studien zu den Erwartungshaltungen und subjektiven Theorien von Lehrkräften weisen nach, dass diese in der Regel von den positiven Effekten einer geringen Klassengröße überzeugt sind. Deutschsprachige empirische Studien widersprechen dieser Überzeugung jedoch vielfach. Weder im Hinblick auf die Schulleistung noch auf das Klassenklima oder die Leistungsmotivation der Schulkinder berichten sie von eindeutig positiven Effekten. Anders hingegen die angloamerikanische Befunde, die großenteils einen eindeutigen Einfluss der Klassengröße auf die Leistungsentwicklung von Schülerinnen und Schülern nachweisen. Dies gilt besonders für Kinder und Jugendliche mit Minoritätshintergrund. Unter der Prämisse, dass die Schülerinnen und Schüler dauerhaft, d.h. mindestens drei Jahre in einer kleinen Klasse verbleiben, können die Effekte kleiner Klassen auch langfristig wirksam sein. Diese widersprüchliche Befundlage versucht die Autorin so zu erklären, dass sich kleine Klassen nicht automatisch in besseren Schülerleistungen widerspiegeln. «Vielmehr ist – auch vor dem Hintergrund der empirischen Schul- und Unterrichtsforschung – davon auszugehen, dass die Potenziale einer kleinen Klasse erst auf der Prozessebene realisiert werden müssen, um schließlich den kognitiven Output (Schülerleistungen) zu beeinflussen.» (ebd., S. 4) In solche Effektivitätsüberlegungen einzubeziehen ist der Umstand, dass der Nutzen kleinerer Klassen nur dann zustande kommt, wenn Lehrkräfte in der Lage sind, die Vorteile kleiner Klassen im Unterricht auch tatsächlich zu nutzen. Notwendig sind deshalb explizites Lehrertraining und organisatorische Veränderungen, was wiederum sehr hohe finanzielle Aufwendungen bedingt. Bos et al. (2003) gehen bei einer Reduktion der Klassenfrequenz von 26 auf 24 Schüler von 700 Millionen Euro pro Jahr aus. Vor dem Hintergrund dieser Summe lässt sich zu Recht fragen, inwiefern solche Beträge für Förderpersonal eingesetzt werden könnten.

5.3 Unterrichtsqualität und Verhaltensmanagement als Prozessfaktoren

Während Schulen die vorangehend diskutierten Faktoren lediglich in geringem Ausmaß kontrollieren können, liegt es in ihrer Hand, wie sie Organisationsprozesse gestalten, welchen Unterricht sie erteilen und welches Lernklima sie ihren Schülerinnen und Schülern zur Verfügung stellen. Die Schuleffektivitätsforschung verweist denn auch darauf, dass viele Aspekte schulischer Leistung – Testergebnisse, Noten, Präsenz, Absentismus- und Mobilitätsraten – von einer ganzen Anzahl Schulcharakteristika in einer ähnlichen Art und Weise beeinflusst werden.

5.3.1 Unterrichtsqualität und außerschulische Einflussfaktoren

Bereits vor zwanzig Jahren hat die OECD-Studie «Schools and Quality» (1989) für die deutschsprachigen Länder Europas den überraschenden Befund dargelegt, dass vor allem weiche Faktoren wie Schul- und Unterrichtsprozesse in deutlich engerem Zusammenhang mit der Qualität der Schulleistungen stehen als harte, quantitative und leicht erfassbare Faktoren wie Schulgröße oder Ressourcen. Solche Befunde sind neuerdings durch zahlreiche Studien empirisch untermauert worden. Gemäß KRONIG et al. (2000) oder WEINERT (2001) sind vor allem solche Schulen am erfolgreichsten, in denen ein hoher Konsens im Kollegium besteht, Schüler- und Lehrerschaft in einem positiven Klassenklima eng und effektiv zusammenarbeiten und letztere eine hohe Erwartungs- und Anerkennungshaltung unabhängig von national sprachlichen Zugehörigkeiten zeigen. Seit RUTTER et al. (1979), COLEMAN (1990) oder GRUNDER und SCHWEIZER (2006) gilt auch das Schulethos als bedeutsame Variable. Ihre Aussage, wonach die Qualität der sozialen Beziehungen die Lernqualität eines Individuums unterstützt oder behindert, lässt sich beispielsweise dahingehend interpretieren, dass schlechte Schulleistungen auch das Ergebnis unvollständiger und fehlerhafter Integration sein können. Hochleistungen bedingen folgedessen, dass sich Kinder und Jugendliche sozial und akademisch integriert fühlen, sich als zugehörig empfinden und sich für den Schulstoff engagieren können. Auf solchen Gedankengängen bauen auch viele deutschsprachige Studien auf (AURIN, 1990; SENGE, 1997; SEYDEL, 2005).

Es gibt zwar seit PISA einige Erkenntnisse zur Verbindung von Unterrichtsqualität und Schülerleistung. Ergebnisse solch standardisierter Vergleichstests offenbaren jedoch keine unanzweifelbaren ‹Wahrheiten› über Schülerleistungen und die Qualität vorangegangenen Unterrichts, sondern bedürfen selbst der sensiblen Interpretation, welche die besonderen Voraussetzungen der Kinder und Jugendlichen, der konkreten Klassensituation und des außerschulischen Umfeldes mit einbezieht. Eine unter Erziehungswissenschaftlern neuerdings viel diskutierte US-amerikanische Längsschnittstudie zur schichtspezifischen Leistungsentwicklung von Schülerinnen und Schülern aus Baltimore (ENTWISLE & ALEXANDER, 1996) führte zu einem bemerkenswerten Befund, der hier in groben Zügen skizziert sei: Die relativen Lernzuwächse der untersuchten Kinder waren, unabhängig von ihrer Schichtzugehörigkeit, in Mathematik und Lesekompetenz während der Schulzeit in etwa von der gleichen Größenordnung. Die Schere zwischen Ober- und Unterschichtkindern wurde hingegen signifikant größer während der (in den USA vierteljährigen) Sommerferien, innerhalb derer die einschlägigen Kompetenzen der Oberschichtkinder weiter wuchsen, die der Unterschichtkinder hingegen stagnierten oder sogar zurückgingen.

Noch ist zwar nicht klar, ob sich dieser Befund für den deutschsprachigen Raum replizieren lässt (empirische Untersuchungen dazu laufen zur Zeit an), doch er gibt zumindest Anlass, hinter eine – bei uns verbreitete Annahme – ein deutliches Fragezeichen zu setzen: In der Diskussion der für Deutschland wenig schmeichelhaften TIMSS- und – auch für Österreich und die Schweiz zutreffend – PISA-Ergebnisse wurde oft die Hypothese vertreten, dass eine der Hauptursachen die Rückständigkeit und mangelnde didaktische Qualität des traditionellen Fachunterrichts sei. Auch der in Deutschland und der Schweiz besonders ausgeprägte Zusammenhang zwischen der Schichtzugehörigkeit der Schülerinnen und Schüler und ihren Testleistungen (GEISSLER, 2003) wurde oft mit einer unzureichenden Unterrichtsqualität zu erklären versucht: Deutsche Lehrkräfte seien offenbar nicht hinreichend in der Lage, die Schwächen ihrer Schülerinnen und Schüler zu erkennen und sie angemessen individuell zu fördern. Wenn jedoch – wie die ENTWISLE-ALEXANDER-Studie (1996) vermuten lässt – außerunterrichtliche Faktoren stärker zum schichtspezifischen Selektionseffekt beitragen als der schulische Fachunterricht — dann wäre es für die Abmilderung dieses Effekts dienlicher, wenn man verstärkt in den Aufbau außerunterrichtlicher Unterstützungssysteme investieren würde – selbstverständlich, ohne die didaktische Qualität des Unterrichts zu vernachläßigen.

5.3.2   Klassenmanagement

Unterrichtsqualität und Klassenmanagement gelten als wichtige Kontextfaktoren, die Verhaltensprobleme provozieren oder minimieren können. Die Evaluation des Begabungsförderprogramms der Stadt Zürich (STAMM, 2001) hat beispielsweise gezeigt, dass für die Förderkurse nominierte Kinder häufig aus Klassen kamen, deren Lehrkräfte nur über geringe Kompetenzen im Bereich des Verhaltensmanagements verfügten und nur in bescheidenem Rahmen individualisierende und differenzierende Unterrichtspraktiken einsetzten. Möglicherweise nutzten sie das Angebot der Förderkurse auch dazu, sich von allzu anspruchsvollen Schülerinnen und Schülern für einen Tag pro Woche zu entlasten.

Verschiedene Längsschnittstudien liefern die empirische Basis für die große Bedeutung der Verhaltensmanagementfähigkeiten von Lehrpersonen. Dazu gehört eine Studie von WANG et al. (1994). Sie eruierte, dass Klassenzimmermanagement- und -instruktionsfähigkeiten von Lehrkräften einen signifikanten und fast den gleichen Einfluss auf das Schülerlernen hat wie sozio-demografische Schülervariablen. KELLAM et al. (1998) konnte des weiteren nachweisen, dass Kinder, die zu Beginn der Schulzeit aggressiv waren, auch Jahre später noch ähnliches Verhalten zeigten, wenn sie von solchen Lehrpersonen unterrichtet wurden, welche ihre Klassen wenig führten und unangepasstes Verhalten weitgehend tolerierten. Andererseits zeigten BLESS und KLAGHOFER (1991) sowie BLESS (1995) auf, dass Schulen, welche mit organisierten Unterstützungsteams integrativ und führungsorientiert arbeiten, gleichzeitig sonderpädagogische Maßnahmen reduzieren können. Fallen jedoch solche Kontext-sensitiven Unterstützungsleistungen aus, sind Lehrkräfte, gerade wenn sie potenziell überlastet sind, kaum in der Lage, proaktiv und präventiv dem Schulversagen zu begegnen.

Ähnliche Ergebnisse liefert sowohl die Längsschnittstudie von TREMBLAY (2000) als auch die Leipziger Studie vom Zentralinstitut für Jugendforschung (BIEN et al., 1994). Spezifische Hinweise auf die Bedeutung eines effektiven Klassenmanagements im Hinblick auf die Unterrichtsqualität und das Lernen der Schülerinnen und Schüler liefert auch die allgemeine Unterrichtsforschung. Gemäß einer Literaturreview von DUBS (2005) verwenden Kinder und Jugendliche, welche in organisierten Klassenumgebungen unterrichtet werden, für schulische Aufgaben mehr Zeit, bearbeiten den Stoff schneller und erzielen bessere Ergebnisse als solche in schlecht geführten Klassen. Zu ähnlichen Befunden kommen WEINERT und HELMKE (1996) in ihrem Aufsatz ‹Der gute Lehrer›. LÖSEL et al. (2004) gehen ferner davon aus, dass ein geeignetes Verhaltensmanagementsystem auch eine wichtige Präventionsstrategie für Schülerinnen und Schüler mit Schulschwierigkeiten oder chronischen Verhaltensproblemen darstellen kann, wenn sie auch auf die Unterstützung der sozialen Kompetenz ausgerichtet sind. Solche Lehrpersonen konzentrieren sich auf drei Schwerpunkte: (a) Sie formulieren verhaltens- und schulbezogene Erwartungen, welche im Klassenzimmer und in der Schulumgebung erforderlich sind; (b) sie pflegen Klassenzimmerroutinen, die beispielsweise auf die Vervollständigung von Arbeiten, auf die Teilnahme an Klassendiskussionen oder auf unabhängiges und individuelles Arbeiten ausgerichtet sind; (c) sie achten auf hohe Anteile an Lehrer-Schüler-Interaktionen.

Obwohl diese Forschungsbefunde die allgemeine Schulausbildung betreffen, kann davon ausgegangen werden, dass sie auch auf das Segment überdurchschnittlich begabter Kinder und Jugendlicher übertragbar ist: Anzunehmen ist deshalb, dass verhaltensauffällige, überdurchschnittlich begabte Schülerinnen und Schüler von Lehrkräften ohne Verhaltensmanagementsystem benachteiligt werden. Der Grund dürfte darin liegen, dass sie ihr eigenes Führungsverhalten kaum selbstkritisch hinterfragen und deshalb Verhaltensprobleme von Schülern ausschließlich auf ihren familiären Hintergrund und ihre Persönlichkeitsmerkmale zurückführen und sie deshalb nicht in Förderprogramme überweisen. Solche Nicht-Überweisungspraktiken können jedoch zum Beginn eines Teufelskreises werden. Denn es ist anzunehmen, dass Kinder, welche nicht entsprechend ihren Möglichkeiten gefördert werden, sich weiterhin divergent zu dem verhalten, was von ihnen erwartet wird. Verstärkt dürfte dies für Kinder mit Minoritätsgrund zutreffen. Lehrpersonen, welche selbstkritisches und zielorientiertes Führungs- und Verhaltensmanagement betreiben, können solche Teufelskreise jedoch durchbrechen. Dies belegt ein großer Forschungskorpus zur Instruktionsforschung im Bereich der Begabungsförderung (HELLER et al., 2000; FISCHER, 2006).

Zu beachten ist allerdings, dass ineffektive Klassenmanagementtechniken und Unterrichtsstrategien sicher nicht die einzigen Gründe für Verhaltensprobleme im Klassenzimmer sind.

Wie in Kapitel 3 bereits aufgezeigt worden ist, zeigen sich bereits im Alter von vier und fünf Jahren, also bevor überhaupt schulische Anforderungen gestellt werden, in der Beurteilung von Eltern und Kindergartenpersonal Unterschiede zwischen den Kindern im Hinblick auf Verhaltensprobleme.

5.4   Verzerrungen im Schulalltag

Kinder mit Minoritätshintergrund und ihre Familien haben vielfach Erfahrung darin, ausgeschlossen und marginalisiert zu werden. Historisch gesehen ist der Ausschluss von Individuen auf der Basis von Ethnizität immer schon von einem Stigmatisierungsprozess begleitet gewesen. Dieser Prozess hat diejenigen Kinder und Jugendlichen entwertet, die einer ausgeschlossenen Minoritätsgruppe angehörten. Man denke in der Schweiz oder in Deutschland beispielsweise an die Fremdarbeiterproblematik der 1960er und 1970er Jahre (HOFFMANN-NOWOTNY, 1974). Neuerdings gibt es darüber hinaus eine reichhaltige Literatur, die nachweist, dass der Übergang in die Adoleszenz und die Erwachsenenwelt bei vielen Kindern und Jugendlichen mit einer Sensibilisierung einhergeht, welche die spezifischen Bewertungsrituale der ethnischen Gruppierungen durch die einheimische Bevölkerung bewusst werden lässt (HUMMRICH, 2002; KING, 2005). STEELE (1997) beispielsweise hat die Theorie der stereotypen Vulnerabilität ausgearbeitet. Auf ihr basierend und anhand einer Serie von Experimenten erklärt er, weshalb viele Minoritätskinder schlechte Schulleistungen erzielen oder gar akademische Kontexte meiden. Demzufolge meiden solche Kinder schulnahe Umgebungen in erster Linie deshalb, weil sie nicht das Risiko eingehen wollen, ihre schulische Unterlegenheit stereotyp bestätigt zu bekommen. Dies sei vor allem dann der Fall, wenn ihnen mitgeteilt würde, dass Kinder anderer Kulturen in Leistungstests normalerweise besser als sie abschneiden würden. HUMMRICH (2002) erweitert diese Perspektive jedoch um das Argument, dass es auch ein mangelndes Interesse solcher Minoritätskinder gäbe, sich aus eigenem Antrieb vor einer Stigmatisierung aufgrund schlechter Leistungen schützen zu wollen.

5.4.1   Lehrerurteil

Studien, welche vergleichen, wie Lehrkräfte ihre Schülerschaft wahrnehmen, verweisen auf große, auf kulturellen Stereotypien basierende Unterschiede. Dabei gibt es vielfältige Hinweise, wonach sie Schülerinnen und Schülern aus bescheidenen sozialen Verhältnissen weniger günstig beurteilen, weil ihr Urteil häufig durch den so genannten Mittelschicht-Bias (HARTMANN, 1990) eingeschränkt ist. Deshalb unterliegen Lehrpersonen verstärkt der Überzeugung, mit bestimmten Kulturen seien auch tiefere intellektuelle Fähigkeiten verbunden, weshalb talentierte Schülerinnen und Schüler aus benachteiligten Milieus inexistent seien (OGBU & FORDHAM, 1986). Bestätigt sehen sie ihre Vermutungen in den mangelnden Sprachkenntnissen der betroffenen Kinder sowie in ihrer im Vergleich zu einheimischen Kindern anders gearteten kulturellen Umwelt. Erkennen Lehrkräfte jedoch das Potenzial ihrer überdurchschnittlich begabten Schülerinnen und Schüler? Seit der klassischen, oft zitierten Studie von PEGNATO und BIRCH (1959), in der nur 50% der Lehrkräfte Hochbegabte erkannten, 30% dagegen falsch diagnostizierten, ist das Lehrerurteil in Verruf geraten. Deshalb erstaunt nicht, dass im Hinblick auf Begabungsförderungsprogramme Nicht-Nomination und ‹Übersehen-werden› somit die logische Folge eines selektiven Wahrnehmungsprozesses der Lehrpersonen darstellen. Diese Strategien mögen ihre Ursachen jedoch auch darin haben, dass die Einstellungen einzelner Lehrkräfte zu begabten Schülerinnen und Schülern sehr unterschiedlich sein können: Einige lehnen sie ab, während andere ihre allgemeinen Fähigkeiten auch überschätzen können. Dass gerade Schülerinnen und Schüler mit Minoritätsgrund häufig als problematisch wahrgenommen werden, verdeutlichen auch Statistiken zur Anzahl der Suspensionen, Time-out-Platzierungen oder verordnetem Schulwechsel (STAMM, 2007a; METTAUER & SZADEY, 2005; HASCHER et al., 2005).

Aktuelle Studien, welche den ausgeprägten Einfluss der Schichtzugehörigkeit des Kindes auf die Schullaufbahnempfehlung durch Lehrpersonen herausstreichen (LEHMANN & PEEK, 1997; RAMSEIER & BRÜHWILER, 2003; PRENZEL et al., 2007) stellen es auch nicht in ein besseres Licht. Dieser erhebliche Einfluss ließ sich in der Frühleseruntersuchung von STAMM (2005) auch dann nachweisen, wenn hohe kognitive Fähigkeiten und hohe Fachleistungen bei unterschiedlicher sozialer Herkunft miteinander verglichen werden. FrühleserInnen und FrührechnerInnen, die aus bildungsfernen Milieus stammten, erhielten beispielsweise dreimal seltener als gleich begabte und leistungsfähige Jugendliche aus mittleren und höheren sozialen Milieus von den Lehrpersonen eine auf das Gymnasium ausgerichtete Übergangsempfehlung. Damit unterstreichen diese Daten die Kopplung von Herkunft und Schulerfolg auf nicht erwartete Weise: Herkunftsbedingte Disparitäten in der Schullaufbahnempfehlung sind nicht nur bei leistungsschwachen oder durchschnittlich begabten Schülerinnen und Schülern, sondern auch bei besonders Befähigten festzustellen. WILD (1991) hat zudem nachgewiesen, dass das Lehrerurteil deutlich und systematisch von den Ergebnissen von Intelligenztests abweicht und deshalb Lehrereinschätzungen nie eine vergleichbare Validität aufweisen können wie Fähigkeitstests. HANY (2007) drückt dies so aus: «Das Lehrerurteil ist also unbrauchbar, wenn man Hochbegabung allein über Fähigkeiten definiert und sie im Extremfall sogar auf einen IQ-Bereich reduziert.» (S. 21) Ein solch eindimensionales Verständnis ist jedoch nicht die Aufgabe der Lehrpersonen, schon gar nicht im Hinblick auf begabte Minoritätskinder. Hochbegabung ist als vielschichtiges Konstrukt zu verstehen, das einen ganzen Katalog spezieller Fähigkeiten einschließt. Gerade deshalb ist das Lehrerurteil für die Identifikation begabter Schülerinnen und Schüler wichtig, weil für entscheidende Begabungsbereiche keine befriedigenden psychometrischen Messverfahren vorliegen.

5.4.2 Sozialisationspraktiken

Vor dem Hintergrund der signifikant disproportionalen Platzierung von (vorwiegend männlichen) Schülern mit Minoritätshintergrund in sonderschulischen Förderprogrammen und in kleinem Ausmaß in Begabungsförderprogrammen muss die Diskussion deshalb in Rechnung stellen, was man über solche verdeckten und offenen Praktiken weiss, von denen viele Kinder und Jugendlichen in der Schule betroffen sind. Jede Diskussion um hochbegabte respektive hochleistende Kinder und Jugendliche muss deshalb über kurz oder lang auf Sozialisationspraktiken zu sprechen kommen. Dazu existiert ein bemerkenswerter Forschungskorpus. Er dokumentiert traditionelle Sozialisationspraktiken von Minoritätsschülern, welche zu schulischer Fehlanpassung führen können. Das vielleicht illustrativste Beispiel dieser Fehlanpassungshypothese von IRVINE (1990) ist das, was er als ‹Verve› bezeichnet, als Neigung der Kinder und Jugendlichen, ihr kognitives Engagement mit affektivem und physischem Engagement anzureichern. Ein solches Verhalten kann sowohl als produktiv als auch als störend beurteilt werden. Empfinden es Lehrpersonen als störend, dann nehmen sie es als Stereotypie wahr und greifen auf sie zurück, um das Verhalten der Kinder auf diese Weise zu erklären. DONOVAN und CROSS (2002) listen auch verschiedene Studien auf, welche aufzeigen, dass aufgrund dieser Fehlanpassungshypothese die unterschiedlichen Wege zu berücksichtigen sind, wie Autorität ausgedrückt wird. Sie argumentieren dabei, dass Disziplinierungspraktiken in Minoritätskulturen traditionell explizit und direktiv seien. Umgekehrt würden Lehrkräfte bevorzugt eher autoritätsverdeckende Praktiken nutzen und gerade in Bezug auf Schulregeln häufig eher ein einladendes als ein vorschreibendes Aufforderungsverhalten praktizieren. Dazu sind in den letzten Jahren jedoch gerade im deutschsprachigen Raum verschiedene Forschungsarbeiten entstanden. HEYMANN (2006), RIEDL (2006) oder SIEWERT (2006) bilanzieren beispielsweise, dass Lehrkräfte expliziter als bis anhin Regeln unterrichten und weniger davon auszugehen sollten, dass sie die Kinder bereits verinnerlicht haben. Sei letzteres der Fall, dann führe dies dazu, dass sie die Kinder auf Grund ihres Mangels an diesem Regewissen als sozial inkompetent etikettierten. Diese Forderung beleuchtet einen wesentlichen Punkt: ein großer Teil dessen, was wir als effektives Klassenmanagement definieren, hängt nämlich nicht nur von den Fähigkeiten der Lehrkräfte ab, mit den Schülerinnen und Schülern Kontakt zu schließen, sondern ebenso von der Fähigkeit, mit ihnen in einer Respekt verheißenden und Caring ausdrückenden Art und Weise in Kontakt zu treten. Wie schon früher formuliert werden Schülerinnen und Schüler aus abgewerteten Minoritäten stärker durch negative und verzerrte Lehrerwahrnehmungen geleitet.

5.4.3 Sich selbst erfüllende Prophezeiungen: Urteile, Erwartungshaltungen

Ein wesentlicher Grund liegt darin, dass sich Lehrervoraussagen und -urteile – wie im nächsten Kapitel dargelegt wird – auch als sich selbst erfüllende Prophezeiungen erweisen können. Schülerinnen und Schüler – also auch begabte Minderheiten – erbringen möglicherweise in einer Art und Weise Leistungen, welche mit den Lehrererwartungen konsistent sind – oder nicht. Dem Blick auf begabte Minoritäten abträglich sind Auswirkungen einer vorurteilsbeladenen Schulumgebung. Dies ist ein Thema, das die Schulforschung seit Jahrzehnten beschäftigt. Grundlegend ist ein berühmtes Experiment von ROSENTHAL und JACOBSON (1968). Der Pygmalion-Effekt (auch bekannt als selbsterfüllende Prophezeiung) steht für die Erkenntnis, dass Erwartungen einer Person gegenüber auch eine entsprechende Realisierung bedingen. Auf den Schulalltag übertragen bedeutet dies: Hat eine Lehrperson im Vorfeld bereits bestimmte Erwartungen an die Leistungen einer zu beurteilenden Schülerin oder eines zu beurteilenden Schülers, so wird sich dessen Leistung in diesem Sinne entwickeln. Die Ergebnisse zu diesem erstaunlichen Effekt haben in der Folge weitere Studien angeregt. BROPHY und GOOD (1976) untersuchten beispielsweise systematisch, wie Lehrpersonen ihre Erwartungen an die Schulkinder verbal und nonverbal kommunizieren. Im Ergebnis fanden sie heraus, dass sie bei von ihnen als schwächer eingeschätzten Schülerinnen und Schülern nach einer Frage weniger lange auf eine Antwort warteten, sie weniger lobten und das Lob auch seltener im Zusammenhang mit einer konkreten Leistung formulierten als bei privilegierteren Klassenkolleginnen und -kollegen. Es zeigte sich in der Folge jedoch bald, dass die insgesamt schwer fassbare und oft subtile Natur solcher Verzerrungen es schwierig macht, das Problem insgesamt zu studieren. Deshalb haben in den 1980er Jahren viele Forscher hypothetische oder simulierte Situationen benutzt, um den Lehrkräften direkte Urteile und Erwartungen zu entlocken. DEMEIS und TURNER (1978) beispielsweise verwendeten Fotografien mit Kindern verschiedener Ethnien. Dabei fanden sie bedeutsame Hinweise auf Negativurteile je nachdem, wie die Lehrkräfte die unterschiedlichen Kulturen wahrnahmen. In den letzten zwanzig Jahren sind viele weitere simulative Replikationsstudien entstanden. Gemäß Kritikern wie DONOVAN und CROSS (2002) prädizieren solche künstlich geschaffenen Situationen jedoch keineswegs, wie Lehrpersonen sich in realen Situationen verhalten. So haben verschiedene Untersuchungen in natürlichen Situationen (IRVINE, 1990) nachgewiesen, dass sich Lehrpersonen gerade von Kindern mit Migrationshintergrund schnell ein nachhaltiges Urteil über ihre schulischen Fähigkeiten bilden. Besonders problematisch hat sich dabei der Sachverhalt erwiesen, dass das Urteil zwar häufig ungenau war, von den Lehrkräften jedoch trotzdem nicht korrigiert wurde. Bilanzierend muss allerdings festgehalten werden, dass trotz dieser überwiegend negativen Befunde auch vereinzelt Studien verfügbar sind, welche den Lehrervoraussagen eine gute Genauigkeit attestieren (LUDWIG, 2001).

5.4.4   Kulturelle Differenzen

Die möglicherweise größere Sensibilität respektive Vulnerabilität von Kindern und Jugendlichen mit Minoritätshintergrund ist mit einem Großteil der Forschung zur Rolle des ethnischen Hintergrundes im Zusammenhang mit ihrem Schulerfolg konsistent. Viele Analysen belegen, dass die Ursache ethnischer Leistungsunterschiede in den schulischen Gewohnheiten und der Leistungsbeurteilung gefunden werden kann (zusammenfassend: PRENZEL et al., 2007). Die PISA-Studie belegt denn auch, dass Migrantenkinder in Deutschland und auch in der Schweiz überdurchschnittlich häufig tiefere Leistungspunktzahlen erreichen. Dies trifft für alle Leistungsbereiche (Naturwissenschaften, Mathematik und Lesen) zu. Detailliertere, auf die PISA 2000 Untersuchung auf-bauende Studien

(DEUTSCHES PISA-KONSORTIUM, 2001) zeigen, dass jedoch nicht die Herkunft als solche, sondern neben der im Elternhaus gesprochenen Sprache vor allem das Ausbildungsniveau der Eltern, insbesondere dasjenige der Mutter, über den Bildungserfolg entscheidet. Allerdings ist dies ein Zusammenhang, der gleichermaßen auch für die einheimische Bevölkerung gilt. Die OECD (2006) hat sich aber auch gefragt, in welchen Ländern die Migranten am erfolgreichsten sind. Ihre Analyse zeigt, dass Kinder und Jugendliche mit Migrationshintergrund zwar eine generell hohe Lernbereitschaft aufweisen, der Umfang der Leistungsunterschiede im internationalen Vergleich zwischen ihnen und einheimischen Schülerinnen und Schülern jedoch erheblich schwankt. Die deut-lichsten Unterschiede zeigen sich sowohl in unseren deutschsprachigen Ländern (Deutschland, Schweiz, Österreich) als auch in Belgien, Dänemark, Frankreich und den Niederlanden. Erstaunlich hingegen ist, dass in verschiedenen klassischen Einwanderungsländern – wie Australien, Kanada und Neuseeland – die Leistungen der Schülerinnen und Schüler mit Migrationshintergrund mit denen der einheimischen vergleichbar sind. Für die Schweiz positiv ist hingegen, dass Kinder der zweiten Generation deutlich besser abschneiden als diejenigen der ersten Generation. Dies gilt auch für Kanada, Luxemburg, Schweden und Hongkong. Es kann somit davon ausgegangen werden, dass der Abstand zwischen Kindern mit Migrationshintergrund und einheimischen Kindern von einer Zuwanderergeneration zur nächsten abnimmt. Ob dies ein Effekt der Integrationspolitik und -praxis darstellt, kann aktuell noch nicht belegt werden.

Es gibt mindestens zwei unterschiedliche Wege, diesen Sachverhalt argumentativ zu belegen: Der prominenteste Weg beinhaltet, dass sich Schülerinnen und Schüler mit Migrationshintergrund eine oppositionelle Verhaltensstruktur gegenüber der Schule aneignen. Häufig geht sie mit einem medienvermitteltem Männlichkeitskult einher. In Großbritannien spricht man in diesem Zusammenhang von ‹laddish behaviour›. Als ‹Lads› werden junge Männer bezeichnet, die in eine auf körperliche Stärke, Mut und Kameradschaft ausgerichtete Peergroup eingebettet sind, maskulin basierte oder bewertete Interessen verfolgen (Fußball, Autorennen), trotz abwertendem Weiblichkeitsbild eine ausgeprägte Orientierung an sexuellen Aktivitäten zeigen und gegenüber Autoritäten eher rebellisch und unangepasst sind (MARTINO, 1999; FRANCIS, 2000; RENOLD, 2001). FRANCIS (1999) und FROSH, PHOENIX und PATTMAN (2002) konnten darüber hinaus aufzeigen, dass derartiges Verhalten mit einer expliziten Anti-Lerner-Kultur einhergeht und einer angemessenen Arbeitsmotivation und Bildungsdisziplin abträglich ist. Solche Befunde erhalten auch aus dem deutschsprachigen Raum Unterstützung. Hier hat sich seit den PISA-Untersuchungen eingebürgert, dass die schlechteren Schulleistungen der männlichen Jugendlichen unter anderem mit ihrer stärkeren Tendenz «zur aggressiven Cliquenbildung» (BAUMERT et al., 2001, S. 500) und mit der spezifischen Inszenierung von Maskulinität erklärt werden kann.

Ein zweiter Weg beinhaltet, dass sich Kinder und Jugendliche mit Minoritätshintergrund im Vergleich zu Einheimischen unterschiedliche, aber nicht notgedrungen oppositionelle Praktiken aneignen, die ihre Fähigkeiten zum schulischen Lernen behindern. Dazu existiert eine lange Theoriediskussion. BOURDIEU (1983) argumentiert beispielsweise, dass jede Institution, inklusive die Schule, eine kulturelle Praxis pflegt, welche als anerkannte Norm gilt. Entsprechend haben Kinder aus Familien mit schulähnlichen Kulturen einen Vorteil, wenn sie in die Schule eintreten. Dieser Vorteil wird über die Schulzeit hinweg größer, weil die als selbstverständlich geltende Schulkultur Lehrpersonen daran hindert, benachteiligte Schülerinnen und Schüler explizit auf diese kulturellen Normen hin zu instruieren. Diese Tendenz wird verstärkt dadurch, dass Lehrerinnen und Lehrer häufig keine Sensibilität gegenüber den von ihnen ausgehenden unausgesprochenen Annahmen und nonverbalen Aktionen entwickeln.

Ein schönes Beispiel einer solchen subtilen Kultur schildern DONOVAN und CROSS (2002) aus einer Untersuchung von HEATH (1982) zum schulischen und häuslichen Sprachgebrauch. Die Autorin studierte und interviewte Erstklässler und ihre Eltern während ihrer täglichen Routinearbeit. Dabei gaben zu Beginn der Studie die Lehrkräfte dieser Erstklässler zu Protokoll, dass in ihren Klassen Kinder mit Minoritätshintergrund wenig responsiv seien. Beispielhaft nannten sie, dass zwar alle Kinder beim Spielen aufgeweckt seien, diejenigen mit Migrationshintergrund jedoch Fragen kaum beantworten würden. Offenbar waren dabei viele der Ansicht, dass solche Kinder möglicherweise mentale Defekte hätten.

HEATH's Analyse geht davon aus, dass kulturelle Unterschiede, nicht jedoch die mentalen Defekte die Reaktionen der Lehrkräfte erklären können. Diese Annahme begründet sie mit ihrer Beobachtung, dass bildungsnahe und einheimische Eltern ihren Kindern eher *nicht authentische* Fragen stellen, d.h. solche Fragen, deren Antworten allgemein bekannt sind. Aufgrund der Tatsache, dass nicht-authentische Fragen gerade eines der Hauptcharakteristika unserer Schulen darstellen, folgert die Autorin, dass bildungsnahe Eltern ihre Kinder sehr früh schon optimal auf ihr Schülerdasein vorbereiten. Sie zeigt jedoch auch auf, wie Minoritätskinder ihre sprachlichen Fähigkeiten auf einem anderen, für uns eher unüblichen Weg erwerben: über das Zusammensein mit den Eltern, währenddem sich diese mit anderen Erwachsenen unterhalten. In diesem Kontext spielten *authentische Fragen* eine Rolle, Fragen also, deren Antworten nicht als bekannt vorausgesetzt werden können. Wurde das Kind nämlich zur Konversation eingeladen, so geschah dies fast ausschließlich mittels einer authentischen Frage. Erstaunlicherweise waren die Antworten der Kinder oft komplex, imaginativ und vielschichtig.

Aus diesen Erkenntnissen schloss HEATH, dass Minoritätskinder nur schon aufgrund ihrer kulturspezifischen Familieninteraktion bei Schuleintritt benachteiligt seien. In erster Linie sei es die Tatsache, dass diese Kinder vor allem im Gebrauch nicht-authentischer Fragen vorangeschritten seien, währenddem sie nicht-authentische nur mit Mühe beantworten könnten. Auf die Problematik der begabten Minoritätskinder übertragen bedeutet dies, dass ihnen nicht aus einem Mangel an Fähigkeiten Nachteile erwachsen, sondern aufgrund ihrer unterschiedlichen familiären Vorbereitung. Lehrkräften kommt deshalb eine entscheidende Rolle zu. Sind sie über diese Problematik informiert, in Weiterbildungen sensibilisiert und trainiert, dann dürfte es ihnen nicht besonders schwer fallen, ihren Unterricht durch eine Reihe von Maßnahmen zu verändern, so dass sich auch Minoritätskinder ihren Möglichkeiten entsprechend verhalten können.

Dass Lehrkräfte für diese Problematik sensibilisiert werden, ist das Herzstück der Bemühungen um die Reduktion der sozialen Differenz zwischen begabten, privilegierten und begabten Kindern und Jugendlichen mit Minoritätshintergrund. Bildungsnah aufwachsende Kinder, welche aus Ethnien stammen, die auf die Schule vorbereiten, mögen aufgrund ihrer Responsivität oder ihrer Familiarität mit nicht-authentischen Fragen begabt und talentiert erscheinen. Werden solche Schülerinnen und Schüler bevorzugt behandelt, weil ihre Lehrkräfte davon ausgehen, dass sie fähiger sind als andere, dann können daraus Situationen selbst erfüllender Prophezeiung entstehen. Gleiches in gegenteiligem Sinn könnte für begabte Minoritäten zutreffen. Der sensibelste Punkt liegt dabei darin, dass die Unterschiede subtil sind, weil jeder für sich allein genommen klein sein kann. Aber bereits ein kleiner, von begabten Minoritätskindern wahrgenommener Unterschied kann sie als Antwort auf ihre von der Lehrperson unterschätzte Leistungsfähigkeit langsam in einen Prozess der Minderleistung hineinschlittern lassen. Häufig ist dieser Prozess von der Entwicklung mangelnden Zutrauens in die eigene Leistungsfähigkeit und einem vorprogrammierten Gefühl des Versagenmüssens begleitet.

Derartige Erklärungsansätze verweisen auf die vielen Nachteile, die begabten Kindern mit Minoritätshintergrund erwachsen, und es ist anzunehmen, dass Minderleister («Underachiever»[4]) unter den Minoritäten besonders verbreitet sind. In seinem Bericht «Recent research on the achievements of ethnic minority pupils» verweist das britische OFFICE FOR STANDARDS IN EDUCATION (1996) deshalb mit Nachdruck darauf, dass solche Schülerinnen und Schüler weit stärker ermutigt und unterstützt werden müssten, Einstellungsmuster zu entwickeln, die den Wert schulischen Lernens würdigen und Kontakte zu entsprechenden Vorbildern aufzubauen. Damit solche Schülerinnen und Schüler den Teufelskreis der Minderleistung durchbrechen können, brauchen sie eine starke Unterstützung, Ermutigung und positive Wertschätzung ihres schulischen Erfolgs durch die Lehrkräfte. Diese fehlt ihnen jedoch häufig.

---

[4] Unter diesem Begriff werden Kinder und Jugendliche mit überdurchschnittlich ausgeprägtem Begabungspotenzial subsumiert, die nicht in der Lage sind, dieses in entsprechende Leistung zu transferieren, so dass ihre Leistungen über einen längeren Zeitraum deutlich schlechter ausfallen als die Leistungen des Klassendurchschnitts.

Verstärkt wird die Bedeutung der Lehrkräfte für begabte Minoritäten angesichts der Tatsache, dass sich viele potenziell hoch leistende Minoritätskinder häufig schon früh in ihrer Schullaufbahn von der Schule entfremden. Aus dem deutschen Sprachraum liegen dazu kaum Untersuchungen vor. Anders gestaltet sich die Situation in den USA, wo im Rahmen der Evaluation von Title I, dem größten nationalen Programm zur Unterstützung von benachteiligten Kindern mit schlechten Schulleistungen, eine Analyse der Daten im Hinblick auf das Phänomen der Schuldistanzierung vorgenommen wurde. BORMAN et al. (2000) definieren Schuldistanz mit kontinuierlich schlechter werdenden Noten und verhaltensmäßigem Rückzug. Aber auch in den USA gibt es keine Interventionen, welche auf Leistungsexzellenz von Minoritäten mit Schuldistanz ausgerichtet sind. In den meisten Fällen fokussieren sie auf die Unterstützung von schuldistanzierten Minoritäten mit schlechten Schulleistungen.

GANDARA (2000) berichtet allerdings von einigen Programmen für überdurchschnittlich begabte Minoritäten auf der Sekundarschulstufe II, welche auf die Unterstützung bei der Vorbereitung auf die Universität ausgerichtet sind sowie auf den Besuch spezieller Klassen oder auf das Curriculum Compacting[5]. Die Evaluation zeigte auf, dass eine gute Implementation solcher Programme die Quote um gut das Doppelte erhöhen konnte.

5.5 Die Rolle der Familie

Üblicherweise wird in der Begabungsförderung von einer aktiv unterstützenden Rolle der Eltern ausgegangen, obwohl diese durch kein Schulgesetz offizialisiert wird. Implizit sind solche Annahmen jedoch meist auf Mittelschichtfamilien ausgerichtet. Vergessen bleiben benachteiligte Familien, die aus bereits dargelegten Gründen nicht unterstützend genug sein können. Vergessen bleiben aber auch diejenigen Mittelschicht- und Oberschichteltern, die aufgrund ihres Bildungsehrgeizes ihre Kinder überfordern oder auch Eltern, welche Schwierigkeiten bekunden, das richtige Maß an Unterstützung zu finden. Dazu liegt ein recht großer Forschungskorpus vor. Die vorliegenden Studien bleiben in ihren Ergebnissen jedoch widersprüchlich. Während BOURDIEUS (1992) oder ZINNECKER und GEORGS (1996) Befunde positive Korrelationen zeigen, fallen TRUDEWIND und WINDELs (1991) oder HELMKEs et al. (1991) Ergebnisse negativ aus. Des Weiteren belegt der kritische Überblick von MARJORIBANKS (1979) über Studien zu familiären Umwelten und ihre Wirkungen auf die kognitive Entwicklung der Kinder, dass schulische und berufliche Aspirationen der Eltern einen substantiel-

---

[5] Unter Curriculum Compacting versteht man das Komprimieren und Intensivieren des Lehrplans, um die Wiederholung von vorgängig gelerntem Lernstoff zu vermeiden. Dadurch kann die Herausforderung innerhalb des regulären Unterrichts kann erhöht und die gesparte Zeit für passende Enrichment- und/oder Akzelerationsaktivitäten eingesetzt werden (RENZULLI et al., 2001).

len Beitrag zur Vorhersage der Ambitionen ihrer Kinder leisten. Zu ähnlichen Ergebnissen kommen SAUER und GAMSJÄGER (1996) in ihrer groß angelegten Längsschnittstudie. Es gibt jedoch eine ganze Anzahl Studien, welche für benachteiligte Familien auch hohe Bildungsaspirationen nachweisen (STEINBERG, 1996; STAMM, 2005). Gleichzeitig wird aber deutlich, dass vielen dieser Familien nicht nur das kulturelle Kapitalwissen fehlt, d.h. das Wissen, wie das Schulsystem funktioniert und welche Werte und Normen die Familie verantworten sollte, sondern ebenso das soziale Kapital, d.h. der Zugang zu wichtigen sozialen Netzwerken, die eine bedeutsame Rolle bei der Unterstützung des Schulerfolgs ihrer Kinder spielen. Aus solchen Gründen ist davon auszugehen, dass Minoritätsfamilien weit weniger als privilegiertere Familien in der Lage sind, als Mentoren ihres Kindes zu wirken. Dass solche Unterschiede auch die Nominierung für ein Begabungsförderprogramm gefährden können, weisen DONOVAN und CROSS (2002) nach. Sie berichten von einer kanadischen Studie, welche Unterschiede zwischen den Taktiken von bildungsnahen und bildungsfernen Eltern untersuchte. Währenddem erstere das Schulsystem und seine Ressourcen durch ein aktives Management zu ihren Gunsten nutzten und auf diese Weise ihrem Kind die besten Förderbedingungen angedeihen lassen konnten, mieden letztere Kontakte zur Lehrerschaft und auch zur Schuladministration und zeigten sich schnell bereit, Schulentscheidungen ohne Rückfrage zu akzeptieren.

Mit Blick auf die Begabungsforschung ist davon auszugehen, dass sich Erwartungsorientierungen von Eltern überdurchschnittlich begabter Kinder ebenfalls solchen Ansätzen zuordnen lassen. Entsprechend ließe sich argumentieren, dass sich elterliche Erwartungen bereits im Kleinkindalter erfüllen können, wenn das Kind früh schon seine Kompetenzen durch vorschulisches Lesen und Rechnen, durch großen Wissensdrang oder hohe Kreativität artikuliert. Werden solche Erwartungshaltungen im kindlichen Entwicklungsverlauf weiter stimuliert, dann steigt auch die Bereitschaft zu Investitionen. In der Tat finden sich verschiedene Untersuchungen, welche solche Zusammenhänge stützen. Stellvertretend seien BLOOMs (1985) oder CORNELLs (1984) Studien genannt, welche belegen, dass Eltern hoch begabter Kinder den Wert guter Schulleistungen hoch gewichten, hohe Bildungsabschlüsse erwarten und die Potenzialentfaltung ihres Nachwuchses mit entsprechend hohen finanziellen Ressourcen fördern. Mit Blick auf die Underachievement-Forschung erweisen sich solche Argumentationen jedoch als widersprüchlich oder gar unzutreffend (vgl. zusammenfassend WITHEMORE, 1980; kritisch: TETTENBORN, 1996). Trotz bildungs- und leistungsorientierter Statuserwerbsphilosophie der Eltern gestalten sich die Leistungsentwicklungen von Underachievern eher erwartungswidrig. MCCALL et al. (1992) zufolge verbergen sich hinter den elterlichen Bildungsaspirationen möglicherweise spezifische Anspruchshaltungen, die der Leistungsentwicklung abträglich sind und konflikthafte Schulkarrieren fördern. Die Rolle der Eltern dürfte somit im Hinblick auf die Förderung ihres begabten Kindes eine kritische sein (COLEMAN et al., 1966; STAMM, 2005). Handelt es sich um eine bildungsorientierte Familie, so ist die Schule weniger ausschlaggebend in der Unterstützung von Leistungsexzellenz. Anders ist es für überdurchschnittlich begabte Minoritäten. Ihre beschränkten familiären Ressourcen lassen die Schule zur ersten Quelle der Unterstützung werden.

Die letzten beiden Jahrzehnte sind gekennzeichnet durch eine starke Zunahme von Studien, welche die Gründe für die Diskrepanzen im elterlichen Partizipationsverhalten untersuchen. Insgesamt verweisen viele Forschungen auf dieses große ‹Potenzial kultureller Fehlanpassung› (ZETLIN et al., 1996). Es basiert auf einer Kombination von geringem Interesse von Eltern aus bescheidenen sozialen Verhältnissen an den Bildungsangelegenheiten ihrer Kinder und zurückweisenden Einstellungsmustern sowie Kommunikationsprozeduren des Schulpersonals und resultiert in einem Bild extremer elterlicher Distanzierung und geringer Aufmerksamkeit gegenüber ihren Rechten. Darauf verweisen insbesondere Studien wie diejenige von EPSTEIN (1996). Er zeigt auf, dass das Ausmaß der Elternpartizipation weit stärker von der Ermutigung der Lehrkräfte als von der sozialen Klasse, der Ethnie oder dem Arbeitsstatus der Mutter abhängt. *Wie* Eltern in die schulische Mitarbeit einbezogen werden, ist somit weit wichtiger als Familienhintergrundsvariablen. Ein fast logisches Ergebnis der EPSTEIN-Untersuchung ist ferner, dass Lehrkräfte, welche Eltern aktiv einbeziehen, diese auch positiver bewerten und weniger stereotypisieren. Übers Ganze gesehen deckt die verfügbare Literatur zwar Hindernisse auf, welche die Etablierung einer nachhaltigen Partizipation von Eltern mit Migrationsstatus stören. Aber es lassen sich auch Hinweise auf die *Best Practice* von Schulpersonal finden. Beispiele stammen aus Niedersachsen (HEINE, 2006) oder aus Nordrhein-Westfalen (LANDESZENTRUM FÜR ZUWANDERUNG NRW, 2004), wo es dem Schulpersonal gelungen ist, partizipative Strukturen aufzubauen und effektivere Eltern-Schule-Partnerschaften zu schaffen.

5.6   Lernausgangslagen

Mit Blick auf die Thematik begabter Minoritäten geht es im Anschluss an die Diskussion des Einflusses von Schule und Elternhaus logischerweise um eine weitere zentrale Frage: Welche Kompetenzen bringen junge Kinder mit, wenn sie in den Bildungsraum eintreten? Aus der umfangreichen Literatur, die zu dieser Frage zur Verfügung steht, werden zwei Forschungslinien ausgewählt: die mathematischen und die sprachlichen Vorläuferfertigkeiten. Zunächst werden jeweils die hauptsächlichen Befunde aus der Forschungsliteratur präsentiert, danach die Ergebnisse aus der Studie «Lernen und Leisten im Kopf» (STAMM, 2004), die in den Jahren 2003 und 2004 an insgesamt 13 Grund- und Basisstufen verschiedener Schweizer Kantone durchgeführt worden sind. An dieser Studie beteiligt waren im ersten Jahr 109 vier- und fünfjährige Kinder aus 15 Klassen mit Jahrgang 1998 und 1999. Im zweiten Jahr kamen 81 Kinder dazu. Die Grund- und Basisstufe verkörpert das neue Schweizer Schuleingangsmodell, das Kindergarten und erste Klasse (‹Grundstufe›) respektive Kindergarten sowie erste und zweite Klasse (‹Basisstufe›) umfasst. An unserer Untersuchung beteiligt waren 70% Schweizer und 30% Kinder mit ausländischer Staatsangehörigkeit (Albanien, Deutschland, Frankreich, Italien, Portugal, Sri Lanka, Slowenien Spanien). 67 Kinder (61%) waren zum Zeitpunkt der Untersuchungen älter, 39% jünger als fünf Jahre. Nachfolgend werden jeweils nur die Ergebnisse der sechsjährigen Kinder aus den Lernstandserhebungen in Mathematik, Lesen und Wortschatz dargestellt. Sie wurden mit dem SM4-8 durchgeführt, einem adaptierten Instrumentarium, das bereits im Rahmen der Erstklassuntersuchungen im Kanton Zürich (MOSER, STAMM & HOLLENWEGER, 2005) zum Einsatz gelangte.

5.6.1   *Lesekompetenzen vor und bei Schuleintritt*

Im deutschsprachigen Raum liegen nur wenige relevante und aktuelle Untersuchungen zum frühen Lesenlernen vor, so die Studie von NEUHAUS-SIEMON zur Qualität der Leseleistung von Frühlesern bei Schulbeginn und in der weiteren Grundschulzeit (1993) oder die Untersuchung der Lesebedürfnisse von Vorschulkindern (KOHTZ, 1990). Wesentliche Beiträge stammen jedoch aus den experimentellen Längsschnittstudien der Frühleserforschung der 1960er und 1970er Jahre, welche die Wirkungen systematischer Leseprogramme auf die sozio-emotionale und intellektuelle Entwicklung der Kinder überprüften (vgl. beispielsweise BREM-GRÄSER, 1969; SCHMALOHR, 1969; SCHÜTTLER-JANIKULLA, 1969; RÜDIGER, 1970; NELLES-BÄCHLER, 1972; KRÜGER & DUMKE, 1974) und aus querschnittlich angelegten Studien (NOTZ, 1969; SAUER, 1969). Im Ergebnis jedoch liefern die Untersuchungen differente Befunde, so dass die Bilanz insgesamt widersprüchlich bleibt. Auch neuere Untersuchungen von JACKSON und ihrer Forschergruppe zur kognitiven Entwicklung von Frühlesern (JACKSON, 1992; JACKSON, DONALDSON & MILLS, 1993) erlauben kaum weitere Klärungen. Deshalb können wesentliche Fragen – wie etwa die nach der Frühleserquote (Anzahl Leserinnen und Leser pro untersuchte Population) oder dem Zusammenhang von frühem Lesenlernen und Intelligenz bzw. sozialer Herkunft nicht eindeutig beantwortet werden. Ein solcher Zusammenhang wird zwar verschiedentlich vermutet, aber unterschiedliche Stichprobengenerierungen führen jeweils zu uneinheitlichen Ergebnissen (KOHTZ, 1990; NEUHAUS-SIEMON, 1993; KRAUS & HINDEMITH, 1993). Allerdings dominieren hinsichtlich der Intelligenz solche Befunde, welche Frühleser als «in der Gruppe der Hochbegabten häufig vertreten[e]» (ROEDELL, JACKSON & ROBINSON 1989, S. 41) Kinder kennzeichnen, jedoch unter gleichzeitigem Verweis auf die relative Begabungsunabhängigkeit vorschulischer Leselernprozesse. Auch die Beantwortung der Frage nach der Schichtzugehörigkeit lässt aufgrund des Vergleichs der Untersuchungen keine eindeutige Beziehung zwischen Frühlesen und sozialem Milieu zu. International hat sich das Forschungsinteresse seit den 1990er Jahren stärker auf das phonologische Bewusstsein als Vorläuferfertigkeit und als Voraussetzung der Leistungsentwicklung konzentriert (MARX, 1992; HØIEN et al., 1995), wie auch auf die interindividuelle Stabilität von Schulleistungen. Hierzu liegen aus den USA recht aufwändige Längsschnittstudien vor (BUTLER et al., 1985).

Die Befunde unserer Studie «Lernen und Leisten im Kopf» (LuL) lassen eine Antwort zur Bedeutung der sozialen Herkunft zu. Abbildung 5.1 zeigt den Lernstand im Lesen der in der Untersuchung getesteten Kinder, ca. ein halbes Jahr vor Schuleintritt und differenziert nach ihrer sozialen Herkunft. Der Zusammenhang zwischen der sozialen Herkunft und dem Lernstand im Lesen beträgt $r=.42$; 7% der privilegiert aufwachsenden Kindern stehen 22% benachteiligten gegenüber, die über keine Vorkenntnisse verfügen. Besonders groß sind die Unterschiede an der Spitze: Gut doppelt so viele Kinder aus bildungsnahen und eher bildungsnahen Milieus wie aus bildungsfernen Familien gehören zu den sehr guten Leserinnen und Lesern. Pointierte Ergebnisse zeigen sich im Hinblick auf den Wortschatz (Abbildung 5.2). So haben siebenmal mehr benachteiligte als privilegierte Kinder keine der gestellten Aufgaben lösen können, während an der Spitze dreimal mehr privilegierte als benachteiligte Kinder vertreten sind. Der Zusammenhang zwischen der sozialen Herkunft und dem Lernstand im Lesen beträgt $r=.59$.

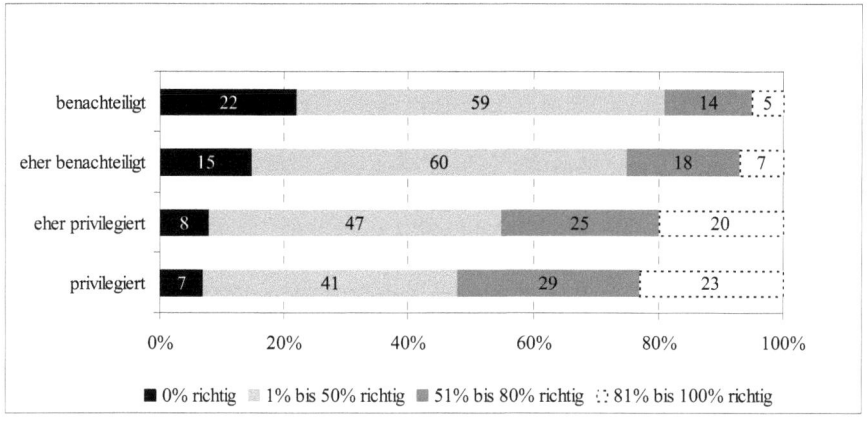

Abbildung 5. 1: Lernstand im Lesen sechsjähriger Kinder nach sozialer Herkunft (LuL-Untersuchung)

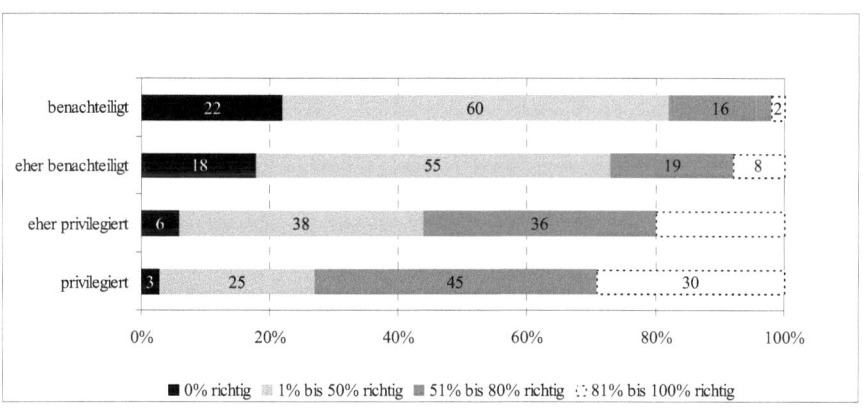

Abbildung 5. 2: Lernstand im Wortschatz sechsjähriger Kinder ach sozialer Herkunft (LuL-Untersuchung)

Ganz besonders wichtig sind in diesem Zusammenhang auch die Erkenntnisse verschiedener amerikanischer Studien, so insbesondere der Review von FLETCHER und LYON (1998). Die Autoren belegen, dass es keine qualitativ unterschiedlichen Prozesse gibt, welche entweder zu Leseschwierigkeiten oder zur Lesekompetenz führen. Ihre Befunde lassen eher ein ungebrochenes Fähigkeitskontinuum mit variierenden Skills und Mängeln vermuten, die zu guter oder schlechter Lesekompetenz beitragen. Die Herausforderung, der sich die Schule gegenübergestellt sieht, besteht somit darin, die Kinder so wirksam wie möglich auf dem Kontinuum der Lesefertigkeit voranzubringen. Wenn nun das Ausmaß, in dem ein Kind die mit der Beherrschung des Lesens einhergehenden Fähigkeiten erwirbt, variiert und wenn Gleiches auch für die Reichhaltigkeit der Sprachumgebung gilt, dann haben einige Kinder eine intensivere Instruktion nötig als andere. Studien, die in den Kapiteln 3 und 4 diskutiert worden sind, lassen vermuten, dass Kinder mit Minoritätshintergrund disproportional dazu gehören. Damit die Schlüsselvoraussetzung zur Erreichung von Startchancengleichheit geschaffen werden kann, muss die Nutzung des «ganzen Reichtums an Sprachfördermöglichkeiten, der in unseren Kindergärten implizit vorhanden ist» (FRIED, 2003, S. 55) zum täglichen Element werden und damit rechtzeitig zur Überwindung fehlender Voraussetzungen führen (FAUST-SIEHL & SPECK-HAMDAN, 2001). In den letzten Jahren sind denn auch zahlreiche Verfahren entstanden, in welchen ein Diagnoseprogramm zur Früherkennung von Schwächen in den Vorläuferfähigkeiten mit einem anschließenden Trainingsprogramm verknüpft werden kann. Besonders hervorzuheben sind dabei der ‹Rundgang durch Hörhausen› (MARTSCHINKE et al., 2001), bei dem es sich um einen Test handelt, der die phonologische Bewusstheit[6] im weiteren und engeren Sinn untersucht. Er spürt Risikokinder auf spielerische und den Kindern ganz unbewusste Weise auf. Der Test ist für den Anfang der ersten Klasse angelegt und kann anschließend mit dem Trainingsprogramm «Leichter lesen und Lernen mit der Hexe Susi», ebenfalls durch FORSTER und MARTSCHINKE (2004) konzipiert, verknüpft werden.

---

[6] Bei der phonologischen Bewusstheit handelt es sich um eine Form der Sprachbewusstheit, d.h. die Struktur der Lautsprache zu erkennen und mit Sprachelementen zu operieren. Sie gilt als Kernvoraussetzung für den erfolgreichen Schriftspracherwerb.

Im Vergleich zur Frage des Frühlesens ist der Bereich des Frührechnens noch seltener Gegenstand der Forschung (TRAMONTANA et al., 1988). Die wenigen aussagekräftigen Studien behandeln vor allem Fragestellungen zum Potenzial von Vorschulkindern im mathematischen Bereich. Dazu gehören die Arbeiten von BRUSH (1979), BLEVINS (1981) oder PRICE (1989), spezifisch zum Zusammenhang von Vorwissen und sozio-kultureller Benachteiligung die Studien von CURRIE (1991), GROSS (1993) oder VAN DE RIJT und VAN LUIT (1998). Ähnliches gilt für den deutschen Sprachraum, wo die Forschungsaktivitäten im Bereich des Vorwissens in Mathematik in den letzten zwanzig Jahren vor allem seit den Studien von SCHMIDT (1982) und von VAN DEN HEUVEL-PANHUIZEN und GRAVEMEIJER (1991) zu den Vorkenntnissen von Schulanfängerinnen und -anfängern durch zahlreiche Replikationsstudien intensiviert wurden (SELTER, 1995; GRASSMANN et al., 1995; HENGARTNER & RÖTHLISBERGER, 1995). Ferner untersuchte STERN (1990) den Zusammenhang zwischen frühem Rechnen lernen und Lösungsvermögen von Mathematikaufgaben in der zweiten und dritten Klasse. Im Gegensatz zur Heterogenität der Frühlesebefunde liegen damit für den mathematischen Bereich aussagekräftigere Befunde vor, welche belegen, dass Kinder ohne formale Unterweisung auf informellen Wegen Wissen erwerben und einsetzen lernen können und die ‹Fiktivität der Stunde null› (SELTER, 1995) Tatsache ist.

Abbildung 5.3 zeigt den Lernstand in der Mathematik bei sechsjährigen Kindern der LuL-Untersuchung von STAMM (2004). Im Vergleich zu Abbildung 5.1 und 5.2 sind die mathematischen Fähigkeiten im Wesentlichen ähnlich ausgeprägt. Aus der Abbildung wird ersichtlich, dass nur 5% der Kinder aus privilegierten Elternhäusern noch über keine mathematischen Vorkenntnisse verfügen, währenddem es bei Kindern aus eher benachteiligten resp. benachteiligten Elternhäusern 14% resp. 18% sind. Am anderen Ende der Skala zeigen sich ebenso deutliche Unterschiede: Mehr als ein Viertel der privilegierten Kinder war in der Lage, zwischen 81% und 100% der Aufgaben zu lösen, während dies bei den eher benachteiligten 12% und bei den benachteiligten Kindern lediglich 6% waren.

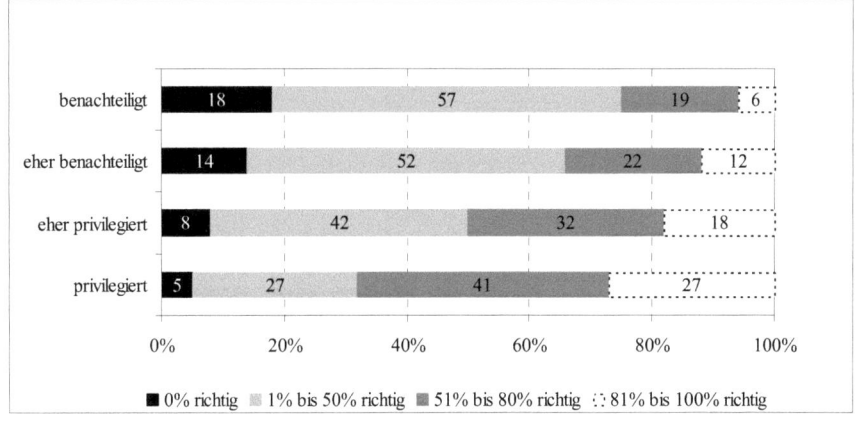

Abbildung 5. 3: Lernstand in Mathematik sechsjähriger Kinder nach sozialer Herkunft (LuL-Untersuchung)

Der Zusammenhang zwischen der sozialen Herkunft und dem Lernstand beträgt in der Mathematik r=.38. Er ist damit leicht größer als in Bezug auf das Lesen und kleiner als in Bezug auf den Wortschatz. In der Bilanz liefern die in diesem Kapitel dargestellten Lernstandsergebnisse einen sehr klaren Befund: Je privilegierter das familiäre Milieu des Kindes ist, desto besser sind seine Kompetenzen im Lesen, im Wortschatz und in Mathematik beim Beginn des Eintritts in den Bildungsraum ausgebildet. Am stärksten wirkt sich die soziale Herkunft auf die Wortschatzentwicklung aus, allerdings ist der Einfluss auf die Lese- und etwas weniger auf die Mathematikkompetenzen ebenfalls nachweisbar. Damit ergänzen diese Befunde die bisher bekannten Ergebnisse von MOSER, STAMM und HOLLENWEGER (2005), von STAMM (2005) oder von MARTSCHINKE und KAMMERMEYER (2003) zu den beträchtlichen Unterschieden bei Schulanfang um die Tatsache, dass dies bereits für den Eintritt in den Bildungsraum zutrifft und dass die Unterschiede systematisch nach sozialer Herkunft variieren. Die neuesten Evaluationsergebnisse der Grund- und Basisstufe bestätigen diese Ergebnisse auf besondere Weise: MOSER, BAYER und BERWEGER (2008) zeigen auf, dass Kinder mit Migrationshintergrund, deren erste Sprache nicht Deutsch ist, nicht nur beim Eintritt in die Grund- oder Basisstufe über statistisch signifikant und deutlich tiefere sprachliche und mathematische Fähigkeiten verfügten, sondern sie in den beiden ersten Schuljahren auch nicht kompensieren konnten. Ein fast identisches Bild ergibt sich in Bezug auf die soziale Herkunft.

Dieser Befund verweist darauf, dass Kinder mit Migrationshintergrund und benachteiligtem familiären Kontext zwar ähnlich viel lernen wie privilegierte Kinder, können aber in den ersten beiden Schuljahren ihren Anfangsrückstand nicht aufholen. Damit ist es dem neuen Schulmodell bis anhin nicht gelungen, Startchancengleichheit herzustellen.

6 Der rechtliche Rahmen

Die Art und Weise, wie Schulen und ihre Lehrkräfte den Zweck von Begabungs-förderprogrammen beurteilen und wie sie die Eignung einer Schülerin oder eines Schülers für eine begabungsfördernde Maßnahme einschätzen, ist komplexer und oft auch kontroverser Natur. Solche Komplexitäten und Kontroversen multi-plizieren sich, sobald Schülerinnen und Schüler aus benachteiligten oder nicht deutschsprechenden Familien stammen. Da einer der Hauptgründe für die dis-proportionale Platzierung in Begabungsförderprogrammen mit verzerrten Über-weisungen, Beurteilungen und Eignungsbestimmungsprozessen verbunden sein dürfte, interessiert vorerst einmal der rechtliche Rahmen. Er wird in diesem Ka-pitel mit spezifischem Blick auf einige Kantone der deutschsprachigen Schweiz unter die Lupe genommen, welche Begabungsförderung implementiert haben. Nach einigen Ausführungen zur Frage, wie Schülerinnen und Schüler traditio-nellerweise Begabungsförderprogrammen zugewiesen werden, erfolgt im ab-schließenden Kapitel eine Zusammenstellung von Standards, welche dem recht-lichen Rahmen zugrunde gelegt werden sollten.

6.1 Rechtlicher Kontext

Während die Bestimmung der Eignung für sonderpädagogische Förderung ein komplexer Prozess darstellt, der auf extensiven rechtlichen Regelungen auf kan-tonaler und nationaler Ebene basiert, sind die Grundlagen der Begabungsförde-rung weit weniger reguliert. In der Schweiz gibt es auf der eidgenössischen Ebe-ne keine Regelung. Sie erfolgt durch die Kantone. Eine Ausnahme bildet das Be-rufsbildungsgesetz (BBG), das in den Artikeln 18 und 21 die leistungsstarken, begabten Auszubildenden explizit anspricht. Erfreulich sind deshalb alle Ans-trengungen, die auf eine Differenzierung der Berufsausbildung auch am oberen Ende der Skala ausgerichtet sind und dazu beitragen, die Berufsbildung verstärkt an die Bedürfnisse und Fähigkeiten begabter Auszubildender anzupassen. Im Zu-ge des in den letzten Jahren im gesamten deutschsprachigen Raum stark ange-stiegenen Angebots an öffentlich finanzierten begabungsfördernden Maßnahmen sind die gesetzlichen Grundlagen ausgebaut worden. In der Schweiz bei-spielsweise erwähnen fast alle Kantone die Förderung von Begabungen und Ta-lenten. Beispielhaft werden nachfolgend Auszüge aus einigen Kantonen vorges-tellt:

Zwar sind die gesetzlichen Grundlagen für die Begabungsförderung in den einzelnen Kantonen sehr unterschiedlich geregelt, doch weisen sie im Detail doch große Übereinstimmungen auf. Nachfolgend werden die gesetzlichen Grundlagen exemplarisch für die Kantone Aargau, Bern, Zürich, Luzern und Thurgau diskutiert.

- Im Kanton Aargau ist die Praxis der Identifikation, Zuweisung und Förderung gesetzlich geregelt. Neben grundsätzlichen Aussagen zu pädagogischen Fördermaßnahmen für Schülerinnen und Schüler mit «besonderen Begabungen, die durch den ordentlichen Unterricht nicht genügend gefördert werden können und für die das Überspringen von Klassen nicht angezeigt ist» (Schulgesetz Kanton Aargau Art. 15, Abs. 4) findet man auch eine Auflistung aller Arten von besonderen Fördermaßnahmen in der Verordnung über die Förderung von Kindern und Jugendlichen mit besonderen schulischen Bedürfnissen (Art. 19-25) sowie im «Dossier Unterricht Begabungsförderung in der Volksschule Teil 1» (SISTI-WYSS, 2001).

- Im Kanton Bern regeln eine Gesetzessammlung (VSG Art. 17) und eine Verordnung (BMV Art. 5, Abs. 2e) die besonderen förderorientierten Maßnahmen in Kindergarten und Volksschule, welche die individualisierende und differenzierende Schulung unterstützen. Dargestellt werden auch Modelle zur Umsetzung der besonderen Maßnahmen nach Zielgruppen.

- Im Kanton Zürich ist es die Verordnung über die sonderpädagogischen Maßnahmen, welche die Identifikation und Förderung besonderer Begabungen regelt. Ausgeführt wird dabei in der Broschüre «Beurteilung und Schullaufbahnentscheide» (Bildungsdirektion Kanton Zürich, Volksschulamt, 2007), dass besondere pädagogische Bedürfnisse vor allem auf Grund ausgeprägter Begabung, Leistungsschwäche, des Erlernens von Deutsch als Fremdsprache, auffälliger Verhaltensweisen oder von Behinderungen entstehen. In § 5 wird ferner festgehalten, dass die Gemeinden den Schülerinnen und Schülern mit ausgeprägter Begabung auf eigene Kosten über die offiziellen Maßnahmen hinaus weitere Angebote zur Verfügung stellen (Regierungsrat des Kantons Zürich, 2007).

- In der Verordnung über die Förderangebote der Volksschule des Kantons Luzern wird in § 1 der Zweck der Förderangebote festgehalten, dass diese der bestmöglichen Ausbildung und Erziehung der Lernenden dienen sollen, die dem Unterricht in den Regelklassen der Volksschule nicht zu folgen vermögen oder zu weiter gehenden Leistungen fähig sind. § 2 listet dann die zur Verfügung stehenden Angebote auf, unter anderem auch Angebote zur Förderung von Lernenden mit besonderen Begabungen. Betont wird dabei, dass Förderangebote so konzipiert sein müssen, dass sie eine ganzheitliche und integrative Förderung und den weitest gehenden Verbleib der Lernenden mit besonderen Bedürfnissen in der Regelklasse ermöglichen.

- Der Kanton Thurgau sieht in seinem Gesetz über die Volksschule in § 4 vor, dass in der Volksschule Chancengleichheit angestrebt und den besonderen Bedürfnissen der Kinder Rechnung getragen wird. § 16 hält fest, dass der Regierungsrat Bildungsaufgaben für Kinder mit besonderen Bedürfnissen, namentlich für behinderte oder für besonders begabte Kinder, kantonal selbst verantwortet oder einzelnen Gemeinden oder privaten Institutionen überträgt. Ferner werden in § 44 weitere Maßnahmen wie das Klassenüberspringen festgehalten.

Des Weiteren existiert eine interkantonale Vereinbarung für Schulen mit spezifisch-strukturierten Angeboten für Hochbegabte (EDK, 2003). Bis zum 1. Juli 2008 sind 14 Kantone und das Fürstentum Liechtenstein der Vereinbarung beigetreten. Sie gilt nach § 1 für die Sekundarstufe I und Sekundarstufe zur Regelung spezifisch strukturierter Ausbildungsgänge zur Förderung von Hochbegabten in Bezug auf den interkantonalen Zugang, die Stellung der Schülerinnen und Schüler, die Abgeltung, welche die Wohnsitzkantone der Schülerinnen und Schüler den Trägern der Schulen leisten.

Nimmt man spezifisch die in den einzelnen Kantonen formulierten Bildungsziele unter die Lupe, dann fällt ihre große Unterschiedlichkeit auf. Während im Kanton Schaffhausen, beispielsweise in Artikel 3 des Schulgesetzes, das erste Bildungsziel mit «Gute und glückliche Menschen heranzubilden» bezeichnet wird, will der Kanton St. Gallen (Volksschulgesetz Kanton St. Gallen Art. 3, Abs. 2) «die unterschiedlichen und vielfältigen Begabungen» fördern, der Kanton Zürich (Volksschulgesetz Kanton Zürich Art. 1) die «individuellen Begabungen und Neigungen» und der Kanton Thurgau (Unterrichtsgesetz Kanton Thurgau Art. 2, Abs. 2) will, dass «jede Schülerin und jeder Schüler die ihm gerechte bestmögliche Schulbildung erhält»

6.2 Zuweisungsprozesse

Wie gelangen Schülerinnen und Schüler in Begabungsförderprogramme? In der Mehrzahl der Fälle führt der Weg – ähnlich wie in der sonderpädagogischen Förderung – über Auffälligkeiten. Meist sind es herausragende Fähigkeiten von Kindern und Jugendlichen. Dazu gehören beispielsweise solche, welche schon bei Schuleintritt über akzelerierte Sprach- oder Mathematikkenntnisse verfügen oder welche in den späteren Schuljahren durch elaborierte bereichsspezifische Kenntnisse auffallen. Andere überdurchschnittlich begabten Kinder, welche keine solchen Auffälligkeiten und/oder akzelerierte Kompetenzen zeigen, werden jedoch häufig aufgrund von Urteilsfehlern nur als durchschnittlich begabt eingestuft. Verstärkt wird diese Tendenz, wenn soziale Probleme individuelle Verhaltensschwierigkeiten überdecken. Dies ist häufig bei Minoritätskindern der Fall.

Es ist somit wichtig zu erkennen, dass es eine entscheidende Abfolge von Ereignissen gibt, welche zur Aufnahme in Begabungsförderprogramme führen. Letztlich können nur identifizierte Schülerinnen und Schüler als ‹zugangsberechtigt› erklärt werden und dann in den Genuss eines adäquaten Förderprogramms kommen. Deshalb handelt es sich bei Entscheidungen zur Nicht-Zuweisung, obwohl eigentlich eine Zuweisung stattfinden sollte, um falsch-negative Fälle. Gerade im Hinblick auf die Unterrepräsentation von Minoritätsgruppen gilt solchen Bewertungsschritten besondere Aufmerksamkeit.

Die Metaevaluation von Imhasly (2004), die insgesamt neun Schweizer Evaluationen unter die Lupe nimmt, verdeutlicht, dass die Nominations- und Zuweisungsverfahren in allen Programmen eine sehr unterschiedliche Rolle spielt. Angewendet werden subjektive Einschätzverfahren durch Eltern, Lehrpersonen und das Kind selbst. Diese Verfahren basieren auf einer Vielzahl an Instrumenten (Beobachtungsbogen, Checklisten, Vortests, Portfolios). Ihr Einsatz erfolgt meist unsystematisch und punktuell. Andererseits sind auch formale, kriteriumsorientierte Verfahren im Einsatz. Sie sind meist zwei- oder mehrstufig und umfassen eine Vorselektion durch Lehrkräfte auf der Basis einer Ratingskala mit Verhaltensmerkmalen, einen IQ-Test und/oder eine schulärztliche oder schulpsychologische Abklärung. Teilweise werden sie mit weiteren Instrumentarien wie Interessefragebögen und Elterngesprächen verknüpft. Anschließend erfolgt ein Antrag an die Schulbehörde. Solche formalen Verfahren sind allerdings nur in wenigen Kantonen verpflichtend. Vielmehr scheint, dass Identifikation, Nomination und Platzierung nach wie vor eher unsystematisch, selektiv und intuitiv erfolgen und Begabungen nicht selten ausschließlich mittels Noten identifiziert werden. Logischerweise werden auf diese Weise vor allem (hoch) leistungsfähige Kinder selektioniert. Kinder mit verdeckten Fähigkeiten, Minderleister oder auch begabte Kinder mit Minoritätshintergrund dürften eher auf der Strecke bleiben.

Insgesamt wird das Erkennen von Begabungen in erster Linie in die Verantwortung der Lehrpersonen, der Schulischen Heilpädagoginnen und Heilpädagogen sowie der Eltern gelegt. Eine Abklärung durch Fachpersonen erfolgt in eher seltenen Fällen. Dies ist zwar richtig, denn Hochbegabung muss nicht zwangsläufig abgeklärt werden, vor allem, wenn sich begabte Kinder oder Jugendliche gut entwickeln. Allerdings bekommt die Lehrperson dadurch eine Schlüsselrolle: Ist sie an der Begabungsthematik interessiert, dann wird sie sich bemühen, Begabungen zu entdecken und zu fördern. Ist sie der Thematik eher abgeneigt, wird sie entsprechende Zeichen oder Signale kaum beachten. Ob die Begabungen und Potenziale einer Schülerin oder eines Schülers gefördert werden, bleibt somit weitgehend zufällig und von der Zuteilung zur Lehrperson abhängig. Die Verpflichtung zur Begabungsförderung, die nun in verschiedenen Schweizer Kantonen gesetzlich verankert werden soll, ist zwar eine legitime Möglichkeit, Lehrerinnen und Lehrern aufzuzeigen, dass begabungsfördernder Unterricht auch zu ihrem Kerngeschäft gehört. Wenn sich jedoch in den Köpfen nichts ändert, Alltagstheorien (‹Begabte setzen sich sowieso selber durch›; ‹die Leistungsschwachen brauchen meine volle Aufmerksamkeit› etc.) den eigenen Unterricht leiten und Begabungsförderung nichts weiter als eine Modeerscheinung abgetan wird, dann kann auch eine gesetzliche Grundlage wenig ändern. Trotzdem bildet sie den ersten Schritt auf dem Weg zum Ziel.

6.3 Standards für die gesetzlichen Grundlagen

Auffallend ist, dass die vorangehend erwähnten gesetzlichen Regelungen sehr unverbindlich bleiben. Logischerweise hat dies signifikante Implikationen für die Bewertungsaktivitäten in Bezug auf die Bestimmung dessen, was unter ‹Eignung› verstanden werden soll. In Bezug auf diese Eignungsfrage sind wahrscheinlich fast alle deutschsprachigen Länder weit von dem entfernt, was in Anlehnung an die in Kapitel 8 umschriebenen zukunftsträchtigen Alternativen als ‹State of the art› zu bezeichnen wäre. Diesem Kapitel vorgreifend soll bereits an dieser Stelle ein solcher State of the art anhand von vier Standards charakterisiert werden. Sie umfassen (1) ein individualisiertes, ganzheitliches Identifikations- und Zugangsverfahren, (2) die Disproportionalität und Nichtdiskriminierung ethnischer und kultureller Minoritäten, (3) der Einbezug multipler Persönlichkeits- und Verhaltensbereiche und nicht nur des Intelligenzquotienten, (4) die Entscheidungsfindung durch ein Team, ev. unter Einbezug der Eltern und (5) die doppelte Bestimmung der Identifikation, d.h. dass sie zum einen dokumentieren muss, dass die bisherige Beschulung in Bezug auf die individuellen Fähigkeiten der Schülerin oder des Schülers inadäquat war und zum anderen das Bedürfnis nach spezifischer Förderung nachweisen muss.

Der grundlegende Zweck dieses Verfahrens muss sein, dass alle Schülerinnen und Schüler, welche zwar als durchschnittlich begabt aufscheinen, tatsächlich jedoch überdurchschnittlich begabt sind, nominiert werden. Dies gilt auch und ganz besonders für begabte Minoritäten, die aufgrund vielfältiger Probleme nicht zum Zug kommen. Diese vier Standards werden nachfolgend kurz diskutiert.

1. *Individualisiertes, ganzheitliches Identifikations- und Zugangsverfahren:* Wie gesetzliche Grundlagen die Feststellung von Begabung (Assessment), die Eignung für eine bestimmte Fördermaßnahme und die Zuweisung regeln, ist essentiell für die Ausgestaltung, Umsetzung und Wirksamkeit jedes Förderprogramms. Jedes Kind muss einem vollständigen, jedoch individuellen Identifikations- und Zugangsprozess unterzogen werden. ‹Individualisiert› bedeutet dabei, dass die Erstellung eines genaues Lern- und Verhaltensprofils Teil dieses Verfahrens sein soll. Demzufolge genügt der ausschließliche Einsatz von Standardbatterien, die Nutzung eines Allgemeintests oder auch eines lediglich kurzen Screening-Leistungstests nicht. Sie werden der Idee eines individualisierten Identifikations- und Zuweisungsverfahrens in keiner Weise gerecht.

2. *Disproportionalität und Nichtdiskriminierung:* Die Erfordernis, nichtdiskriminierende Verfahren einzusetzen und die Herkunftssprache des Kindes zu beachten, ist *die* zwingende Voraussetzung, um die Problematik der Disproportionalität überhaupt angehen zu können. Gesetzliche Bestimmungen sollten deshalb Ausführungen zu diskriminierenden Praktiken oder fehlbaren Entscheidungen im Hinblick auf die Identifikation von Kindern und Jugendlichen anderer kultureller Herkunft oder mit limitierten Sprachkenntnissen beinhalten. Diese Nicht-Diskriminierungsklausel ist allerdings problematisch. Denn es gibt keinen Konsens in der Literatur oder eine Diskussion von Kriterien zur Vermeidung von diskriminierenden Praktiken. Folgedessen fehlen auch Standards zur Fairness von Identifikations- und Zuweisungspraxen, von Förderwürdigkeit und Platzierung.

3. *Multiple Domänen:* Gesetzliche Grundlagen sollten Aussagen dazu machen, dass multiple Verhaltensbereiche einbezogen und entsprechend umfassend und angemessen bewertet werden müssen (allgemeine Intelligenz, sozioemotionaler Status, Persönlichkeitsbereiche, motorische Fähigkeiten etc.).

4. *Die doppelte Bestimmung der Identifikation:* Gesetzliche Regelungen sollten hervorheben, dass Identifikation immer eine doppelte Bestimmung haben muss: Sie soll (a) dokumentieren, weshalb die bisherige Beschulung unangemessen war und (b) differenzieren, welche Bedürfnisse die zukünftige Förderung abdecken muss. Diese beiden Aspekte müssen in der Lage sein, eine überzeugende Argumentation zu liefern, weshalb der Klassenunter-

richt, auch wenn er individualisiert ist, nicht genügt, um die betreffende Schülerin oder den betreffenden Schüler ihrer oder seiner Fähigkeiten entsprechend zu fördern.

Die Überrepräsentation von Minoritäten in der sonderpädagogischen Förderung und die Unterrepräsentation von Minoritäten in Begabungsförderprogrammen ist ein Symptom, das der besonderen Prüfung durch die verantwortlichen Behörden bedarf. Dazu gehören drei Aspekte: erstens eine genaue Dokumentation des Angebots und der Anzahl der geförderten Kinder und Jugendlichen, zweitens die Zusammenstellung der angewendeten Zuweisungspraktiken und drittens eine Dokumentation zur Effektivität der Begabungsförderprogramme, differenziert nach den Effekten auf das Individuum und die Gruppe.

Teil IV: Wege zur Verbesserung der Leistungsexzellenz

Dieser Teil fokussiert die Frage, wie die Leistungsexzellenz begabter Minoritäten verbessert werden kann. Im Mittelpunkt stehen drei Bereiche: die Identifikationsprozeduren, ihre Alternativen sowie die Frage nach der Effektivität der Fördermaßnahmen.

In Kapitel 7 wird der Einfluss konzeptioneller Definitionen, Klassifikationskriterien und Beurteilungspraktiken auf überdurchschnittliche Begabung im Rahmen des kulturellen Kontextes diskutiert. Dabei wird herausgeschält, welch großen Einfluss solche Grundlagen auf die Identifikations-, Beurteilungs- und Zuweisungsprozeduren haben. Kapitel 8 nimmt Alternativen unter die Lupe. Es zeichnet zukunftsweisende Entwicklungslinien nach und stellt auch einige Identifikationsalternativen vor. In Kapitel 9 wird die Aufmerksamkeit von den Prozessen weggerichtet, welche zur Platzierung in Begabungsförderprogrammen führen, hin in Richtung der Ergebnisse, welche begabte Kinder und Jugendliche erzielen. Dahinter stecken drei Fragen: Ist die spezifische Förderung und Unterrichtung nützlich? Verbessern die zusätzlichen Ressourcen die Ausbildungsperspektiven der Schülerinnen und Schüler? Profitieren Kinder und Jugendliche unterschiedlichen kulturellen Hintergrundes auf eine ähnliche Art und Weise? Die Antworten auf diese Fragen bilden die Bedenken ab, wenn man die disproportionale Repräsentation von Minoritätskindern in begabungs-fördernden Angeboten betrachtet.

7 Zwischen Tradition und kulturellem Kontext: Definition, Identifikation und Klassifikation

Wie erkennen wir ein überdurchschnittlich begabtes Kind oder eines, das auf Grund seines Handelns und Denkens so erscheint? Üblicherweise dadurch, dass wir einen konventionellen Intelligenz- oder Fähigkeitstest durchführen. Dabei gehen wir davon aus, dass es keine Rolle spielt, ob dieses Kind Peter, Ayman, Netkey oder Balendran heisst und es aus der Schweiz, Syrien, der Türkei oder aus Bangladesh stammt. Gleiches gilt für unsere Annahme, dass Begabung in allen diesen Kulturen immer das Gleiche bedeutet und mit einem bewährten Test feststellbar ist. Auf solchen Annahmen basieren Studien, welche auch kulturübergreifende Schlüsse ziehen (HERRNSTEIN & MURRAY, 1994).

Wie in den vorangehenden Kapiteln bereits aufgezeigt wurde, ist die Frage der Beziehung zwischen Begabung und Ethnie im schulischen Kontext zwar nicht neu, aber in unserem Sprachraum bis anhin lediglich implizit in Erscheinung getreten. Vor dem Hintergrund des in diesem Kapitel diskutierten Einflusses konzeptioneller (Hoch-)Begabungsdefinitionen, Identifikationsstrategien und Beurteilungspraktiken kommt ihr jedoch eine herausragende Bedeutung zu. Denn in Kapitel 6 hat sich gezeigt, dass die Identifikation und Zuweisung zu begabungsfördernden Angeboten allgemein nur marginal reguliert sind. In einigen Schweizer Kantonen sind diese Verfahren gar keinem Mandat unterstellt. Dies scheint auch in Deutschland und Österreich der Fall zu sein. Da die aktuell verwendeten Konzepte und Programme häufig unverbindlichen Charakter haben, also kaum Pflicht besteht, sich an vorgegebenen Definitionen oder Identifikationsstrategien zu halten und da der Fokus darüber hinaus stark auf die vorherrschende Kultur gerichtet ist, kommt es nicht nur zu unterschiedlichen Anteilen identifizierter Schulkinder, sondern auch zu einer positiven Selektion einheimischer Mittel- und Oberschichtkinder. Untersuchungen aus den USA berichten von einer Variation des für Begabungsförderprogramme selektionierten Schüleranteils zwischen 0,22% und 22,9% und eines Anteils begabter Minoritäten zwischen 0% und 18% (COUNCIL OF STATE DIRECTORS OF GIFTED EDUCATION, 1999). Einem Förderprogramm zugeführt zu werden, hängt somit nicht nur von der Güte des Identifikationsverfahrens selbst ab, sondern ebenso vom Zufall, eine Schule zu besuchen, die sich in der Begabungsförderung aktiv engagiert.

7.1 Definitionen und Modelle

Vielleicht die größte Herausforderung bei der Erarbeitung eines Instruments, um das Konstrukt Hochbegabung zu messen, ist seine Definition. Bereits ein flüchtiger Blick in Forschungsarbeiten zeigt, dass die Definition von Begabung respektive Hochbegabung häufig in Form von Mythen und Gegenmythen erfolgt (STERNBERG, 1996). Dies mag einer der Gründe sein, weshalb es unter den Wissenschaftlern so viele Kontroversen zur Frage nach der Struktur von Begabung, respektive Intelligenz, gibt. Dies gilt sowohl für den angloamerikanischen (STERNBERG, 1996, 2007) als auch für den deutschsprachigen Raum (vgl. die Kontroverse in der Zeitschrift für Entwicklungspsychologie und Pädagogische Psychologie, Heft 3/1991 zwischen ROST, MÖNKS, HANY & HELLER, z.B. HELLER & HANY, 1991; ROST, 1991).

Bis heute existiert somit keine eindeutige Begriffsklärung. Begabung, Hochbegabung und Intelligenz werden sehr unterschiedlich verwendet. Insgesamt lassen sich verschiedene Extrempositionen ausmachen. An einem der beiden Pole sind Theoretiker wie SPEARMAN (1904) oder später HERRNSTEIN und MURRAY (1994), JENSEN (1998) oder ROST (2000) anzusiedeln, welche innerhalb des intellektuellen Bereichs die Ausprägung individueller Begabung in Begriffen eines allgemeinen g-Faktors der Intelligenz umschreiben. Sie gehen davon aus, dass akademische Hochbegabung im Sinne einer allgemeinen Intelligenz ausgedrückt werden kann. Diese Hypothese wird durch die Behauptung unterstützt, dass «g» in einer großen Anzahl von Tests der Leistung zu Grunde liege. Am anderen Pol argumentieren beispielsweise THURSTONE (1938) oder GUILFORD (1982), welche die Intelligenz in viele Einzelfaktoren unterteilen und sie als voneinander unabhängige, spezifische geistige Fähigkeiten betrachten. GARDNER et al. (1994) oder GARDNER (2002) wiederum plädiert mit seiner Theorie der multiplen Intelligenzen dafür, dass es mehrere Begabungsbereiche gibt (sprachliche, logisch-mathematische, musikalische, körperlich-kinetische, räumliche, interpersonale, intrapersonale, natürliche und existenzielle Intelligenz). Andere Theorien gehen von einer zwar multiplen, aber ebenso wertbesetzten und Persönlichkeitsaspekte umfassenden Theorie der Begabung aus, welche PERKINS (1995) als ‹learnable intelligence› bezeichnet. NEISSER (1979) und NEISSER et al. (1996) wiederum sprechen gar von einer kulturellen Erfindung der Intelligenz und kritisieren Gardners Theorie, welche sie eher als Theorie von Talentbereichen und nicht als Formen der Intelligenz bezeichnen. SPERBER (1994) oder ROST (2004) sprechen ihr gar den Status einer wissenschaftlichen Theorie ab. Im Mittelpunkt ihrer und auch anderer Kritik steht der Vorwurf, dass sowohl für die Hälfte dieser Intelligenzen als auch für ihre gegenseitige Unabhängigkeit kaum empirische Beweise vorliegen (BARRETT et al., 2003; EYSENCK, 2004; ROST, 2004). Gardners Theorie ist jedoch vor allem im populärwissenschaftlichen Bereich bekannt und akzeptiert.

Zurzeit am akzeptiertesten sind Modelle wie dasjenige von CARROLL (1993). Seine hierarchisch organisierte ‹Three-Stratum Theory› basiert auf der Annahme eines Konstrukts der allgemeinen Intelligenz und der Bestätigung für weitere, spezifischere Konstrukte auf einer zweiten und einer dritten Ebene (Schicht). Ähnliches gilt vor allem für im deutschsprachigen Raum akzeptierte Modelle, welche Hochbegabung als insgesamt personale Disposition verstehen, indikatorisiert durch multifaktorielle Variablenbündel (GAGNÉ, 1993; HELLER et al., 2000), wobei die Entwicklung von Leistungsexzellenz als Interaktion zwischen Anlagefaktoren und externen Sozialisationsfaktoren definiert wird.

Hinsichtlich der Modelle kann zwar eine enorme Vielfalt an Konzeptionen festgestellt werden, doch sind es nur wenige, die auch einen gewissen Bekanntheitsgrad erreicht haben. Dazu gehören die Modelle von STERNBERG, RENZULLI, MÖNKS, GAGNÉ oder HELLER (alle in HELLER et al., 2000). Sternbergs Komponentenmodell, eine implizite Theorie der Hochbegabung, basiert auf einem kulturrelativistischen Ansatz, der Hochbegabung stets auf der Folie der vorherrschenden gesellschaftlichen Normen und Werten definiert und von fünf relevanten Kriterien abhängig macht: Exzellenz (Qualität der gezeigten Leistung muss im Vergleich zur jeweiligen Peergroup überragend sein), Seltenheit (gezeigte Leistung muss im Vergleich zur Peergroup selten sein), Produktivität (gezeigte Leistung muss Produktivität erwarten lassen), Nachweis (Aussergewöhnlichkeit der Leistung muss nachweisbar sein) und Wert (vorliegendes Begabungsgebiet muss in der Gesellschaft hohes Ansehen haben). In Renzullis Drei-Ring-Modell bestimmt eine ‹glückliche Fügung› von überdurchschnittlicher Intelligenz, Kreativität und Aufgabenverpflichtung die Dynamik herausragender Leistung.

Mönks hat dieses Modell um die sozialen Settings Familie, Peers und Schule erweitert. Gagnés Modell differenziert zwischen Begabungsformen und Talentbereichen und greift auf Katalysatoren zurück, welche für die Ausformung der Begabung in Talente verantwortlich sind. Ähnliches gilt für das Münchner Modell, das zwar keine begriffliche Unterscheidung zwischen Begabung und Talent vornimmt, aber verschiedene, voneinander unabhängige Begabungsformen für die einzelnen Leistungsbereiche unterscheidet.

7.2   Begabung, Kultur und Identifikation

Die Frage der Beziehung zwischen Begabung und Kultur im schulischen Kontext ist zwar nicht neu, aber in unserem Sprachraum bis anhin lediglich implizit in Erscheinung getreten. Betrachten wir diejenigen bildungspolitischen Themen, die in den letzten Jahren am häufigsten diskutiert worden sind – wie etwa die Integration von jungen Ausländern, Armut, Gesundheit und Gesundheitsverhalten, Jugendarbeitslosigkeit, Schulfähigkeit und Lernausgangslagen, Ausbildung von Kindern mit besonderen Bedürfnissen, sozialer Kontext und Schulleistungen, Rechenschaftslegung und Bildungsstandards – so waren und sind alle diese Diskurse stark mit Fragen individueller Fähigkeiten und kultureller Herkunft verknüpft. Neue Arbeiten wie etwa die von NISBETT (2003) oder STERNBERG (2002) im englischsprachigen oder von EDELSTEIN (2006) im deutschsprachigen Raum erweitern unser Verständnis über diese Beziehungen und vergrößern unsere Fähigkeit, mit solchen Herausforderungen besser umzugehen. Trotzdem sind die Meinungen darüber geteilt, ob Begabung respektive Intelligenz und Kultur interagieren oder nicht (STERNBERG, 2007).

Aufschlussreich sind Analysen, welche die Tatsache der Unterrepräsentation von Kindern und Jugendlichen mit Minoritätshintergrund in Begabungsförderprogrammen zu begründen versuchen. FLETCHER und MASSALSKI (2003) oder FRASIER (1995) weisen nach, dass gängige Hochbegabungsdefinitionen und -konzepte ungleiche Selektionschancen schaffen und deshalb Unterrepräsentation geradezu provozieren. Den Grund eruieren sie im Umstand, dass Hochbegabung zwar als das insgesamt personaler Disposition, indikatorisiert durch multifaktorielle Variablenbündel verstanden werden kann, als Konstrukt jedoch kulturell definiert ist, also beeinflusst von einer erkenntnistheoretischen Grundlegung gesellschaftlicher Vorstellungen. Entsprechend wird intellektuelle Hochbegabung bei uns traditionellerweise als der Mittel- und Oberschicht zugehörig betrachtet, während Werte und Stärken anderer Kulturen kaum in den Blick genommen werden und folgedessen stark unterbelichtet sind. (Hoch-) Begabungskonzepte sind somit immer ethnozentrisch. Sie ist Deskriptor der Werte und Stärken unserer Kultur geworden und bildet zugleich die Basis für die Unterrepräsentation überdurchschnittlich begabter Minoritäten in Begabtenförderungsprogrammen.

Die traditionellen Zugänge zur Messung intellektueller Fähigkeit sehen sich somit zunehmend durch neue Forschungsbereiche herausgefordert, welche die Rolle von Kultur und Kontext in der Entwicklung und Messung von intellektuellen Fähigkeiten betonen. Der eine Bereich ist die kulturvergleichende Forschung, welche sich auf die Einflüsse von kultur- und kontextbezogenen Faktoren auf Testsituation, Testinhalte und Kognition allgemein fokussiert. Der andere Bereich basiert auf einer eher traditionellen psychologischen oder psychometrischen Orientierung und fokussiert auf Probleme von Test- und Kulturverzerrungen in standardisierten Identifikationsbatterien inklusive IQ und intellektuelle Fähigkeitsmaße.

7.2.1 Kulturvergleichende Forschung

Die kulturvergleichende Forschung geht davon aus, dass das, was als ‹Begabung› erfasst wird, auf einer soziokulturell eingeengten und systematisch zugunsten der vorherrschenden Gruppennorm verzerrten Basis steht. Deshalb erachtet sie traditionelle (Hoch-)Begabungskonzepte als ethnozentrische Deskriptoren der Werte und Stärken unserer Kultur. Wenn somit nicht beachtet wird, dass sich Begabung in verschiedenen Kulturen unterschiedlich artikuliert, dann wird unsere Gesellschaft weiterhin auf der Basis unserer kulturellen Brille die eigenen und die Mitglieder anderer Kulturen bewerten. Das Urteil, ob ein Schüler begabt ist oder intelligent handelt, wird damit in erster Linie anhand subjektiv gefärbter Theorien und weniger anhand psychometrischer Tests gefällt. Aber auch wenn man die Folie des kulturellen Kontextes über diese Tests legt, dann wird klar, dass die große Mehrheit auf eurozentrische Wissensparadigmen zugeschnitten ist und kaum auf nicht-westliche Kulturen angewendet werden können. Ähnliches kristallisiert sich heraus, wenn man der Forschergruppe um STERNBERG (2000) folgt. Sie erachten klassische Intelligenztests als von den Vorgaben – und damit auch vom Weltbild – der Forscherinnen und Forscher geprägt und deshalb als vor voreiligen und falschen Schlüssen nicht gefeit. YANG und STERNBERG (1997a, b) oder GRIGORENKO et al. (2001) weisen dies in ihren Studien zu Intelligenzkonzeptionen in anderen Ländern nach. Am Beispiel von Taiwan, Tansania, Kenia oder den Eskimos belegen sie, wie sich Begabungskonzeptionen und Vorstellungen intelligenten Handelns von einer Kultur zur anderen unterscheiden. Mit Blick auf die kulturell diversen Hintergrundsmerkmale benachteiligter Kinder führen STERNBERG und ARROYO (2006) aus, dass solche Kinder mit mehr psychischen und physischen Schwierigkeiten konfrontiert werden als privilegiert aufwachsende Kinder und Jugendliche und deshalb ungünstigen Bedingungen ausgesetzt seien, welche ihre Ausbildung beeinträchtigen. Aus diesen Gründen könne nicht von einer stabilen, einheitlichen Entität ausgegangen werden, die durch einen allgemeinen g-Faktor im Sinne hoher Intelligenz ausgedrückt werden könne. Gemäß STERNBERG et al. (2000) sind sehr wohl Gegenargumente zum allgemeinen g-Faktor als spezifische Dimensionen von Intelligenz identifizierbar. Schülerinnen und Schüler können in einer Dimension durchaus Aussergewöhnlichkeit (z. B. in praktischer oder kreativer Intelligenz), in anderen Dimensionen (z. B. in akademischer oder analytischer Intelligenz) jedoch lediglich durchschnittliche Leistungen zeigen und umgekehrt. Hochbegabung bei Minoritäten muss folgedessen in Qualitäten reflektiert werden, zusätzlich zur messbaren oder auch anstelle der messbaren intellektuellen Kapazität.

Gemäß STERNBERGS (1998a) Theorie der Erfolgsintelligenz kommt der Kreativität, den Alltagserfahrungen, der Durchsetzungskraft oder der Initiative eine ähnliche Bedeutung zu wie den analytischen oder den gedächtnisrelevanten Fähigkeiten. Für den Einsatz solcher praktischer Intelligenzmaße sprechen auch Befunde, wonach Kinder mit Minoritäts- oder kulturell depriviertem Hintergrund dann in der Lage sind, gute Leistungen zu zeigen, wenn die Aufgabenstellungen eine große Nähe zu ihren Alltagserfahrungen haben. Solche Settings sind in der Schule jedoch kaum gegeben. Ein prägnanter Beleg für diesen Zusammenhang liefert die Studie von NUNES, SCHLIEMANN und CARRAHER (1993) über die Street Mathematics. Hierbei untersuchten die Autoren Kinder in Brasilien, die auf der Straße Obst und andere Dinge verkauften. Obgleich sie nie eine Schule besucht hatten, konnten sie die Kovariation zwischen Menge und Preis richtig anwenden und für jede Menge den entsprechenden Preis berechnen. Schriftlich konnten sie die gleichen Rechenaufgaben jedoch nicht lösen. Eine andere Studie, die mit Hausfrauen in Kalifornien durchgeführt wurde, kommt zu ähnlichen Schlüssen: Frauen, welche beim Einkaufen gute mathematische Kompetenzen zeigten, waren unfähig, die gleichen mathematischen Prozeduren durchzuführen, wenn sie in einem Klassenzimmer identische Probleme, jedoch auf abstrakterer Ebene, vorgesetzt bekamen (LAVE, 1988). Daraus schließen die Autoren, dass das Wissen in einer Domäne offenbar die wichtigste Bedingung für künftiges Lernen in der gleichen Domäne darstellt, es jedoch in traditionellen Schulsettings kaum gelingt, praktisches Wissen in erfolgreiches Verhalten zu transferieren. Daraus folgt, dass eine Fokussierung alternativer Indikatoren möglicherweise den ungleichen Zugang begabter, sozial benachteiligter Kinder zu Angeboten und Ressourcen der Begabtenförderung eher ausbalancieren könnte als traditionelle, kognitive Verfahren.

Insgesamt hat diese Übersicht aufgezeigt, dass Abweichungen von den kulturellen Normen, welche in Tests und Testsituationen eingebaut sind, einen signifikanten Einfluss auf Urteile über intellektuelle Fähigkeiten und Leistungen bekommen können.

Zahlreiche Forschungsbefunde belegen, wie diese soziokulturellen Kontexte in den Familienumgebungen von unterschiedlichen ethnischen und linguistischen Gruppen signifikant von denen der Mainstreamgruppen variieren können. Im Lichte dieser Differenzen in der Passung zwischen der häuslichen und der schulischen Kultur und der Differenz in den Schulerfahrungen (vgl. Kapitel 5) üben solche Ergebnisse einen direkten, verzerrenden Einfluss auf die Messung der Intelligenz von Migrantenkindern aus.

7.2.2 Psychometrische Sichtweisen von Kultur und Kontext: Forschungen zu Testverzerrungen

Im Kontrast zu den vorangehend beschriebenen kulturvergleichenden Untersuchungen konzentriert sich die psychometrische Tradition auf solche Testverzerrungen. Im Mittelpunkt der Betrachtung stehen dabei die Langzeiteffekte der disproportionalen Verteilung von verschiedenen ethnischen und sprachbezogenen Lernergruppen in der sonderpädagogischen Förderung, aber auch in Begabungsförderprogrammen. Das zentrale Argument ist dabei, dass Inhalt, Format und auch die Sprache standardisierter Tests zugunsten der einheimischen Mittelschicht verzerrt sei und dies der Grund für die disproportionale Verteilung darstelle.

Viele Studien belegen diese kritische Einschätzung. So verweisen CALLAHAN et al. (1995) oder FRASIER (1997) auf die ethnozentrische Problematik standardisierter Tests, die bei kulturellen Minoritäten angewendet werden, zu Verfälschungen in Testsituationen führen und letztlich ihre Unterrepräsentation in Begabungsförderprogrammen verantworten. Gleiches gilt ihrer Ansicht nach jedoch auch für Lehrerurteile oder Checklisten, die zwar verstärkt bega-bungsrelevante Faktoren beinhalten, sich jedoch meist ebenso ausgeprägt auf die dominante Kultur beziehen und deshalb nur begrenzte Informationen über kulturelle und umgebungsbezogene Charakteristika benachteiligter Populationen liefern können. Wenn der Identifikationsprozess lediglich mit dem Aufruf an die Lehrkräfte initiiert wird, alle Schülerinnen und Schüler zu nennen, von denen sie denken, dass sie hoch begabt sind oder wenn eine Checkliste oder eine Ra-tingskala nur bei denjenigen Schulkindern zum Einsatz gelangt, von denen sie glauben, dass sie hochbegabt sind, dann liegen vielfältige Verfälschungen schon ab Identifikationsstart auf der Hand. Offenbar gibt es jedoch auch andere Probleme, welche die Implementation effektiver Vorgehensweisen zur Erhöhung des Anteils an überdurchschnittlich begabter Minoritätskindern vorantreiben. COLEMAN und GALLAGHER (1992) kommen zum Schluss, dass zwei haupt-sächliche Aspekte diese Blockade ausmachen: Der erste seien Bedenken der Kollegien, dass eine erhöhte Anzahl identifizierter Schülerinnen und Schüler nicht mit entsprechend angepassten finanziellen Ressourcen beantwortet würde. Die zweite Einschränkung sei eine Angst vor rechtlichen Schritten von Eltern, wenn ihr Kind zwar hohe Testleistungen erzielt, aber zugunsten eines Kindes mit Minoritätsgrund nicht nominiert werden würde.

Der traditionelle Zugang zu Testverzerrungen basiert auf einer statistischen resp. psychometrischen Sicht. Dies bedeutet, dass ein Test dann als verzerrt angeschaut wird, wenn quantitative Validitätsindikatoren für unterschiedliche Gruppen differieren. Ein allgemeines Procedere ist die Durchführung von Itemanalysen spezifischer Tests zur Untersuchung der Konstruktvalidität. Ein Test wird dann als verzerrt bezeichnet, wenn ein Item in der Gruppeninteraktion vermuten lässt, dass es signifikant vom Gesamtprofil abweicht. Dazu kommt jedoch der Fakt, dass kulturelle Faktoren die Ergebnisse einer bestimmten Gruppe immer hinunterdrücken, so dass einzelne Items nicht auffallen, auch wenn kulturelle Effekte immer noch präsent sein mögen. Ein anderer psychometrischer Indikator ist die prädiktive Validität oder die Vorhersagevalidität. Sie gibt an, ob sich mit dem Ergebnis eines Testverfahrens Vorhersagen machen lassen, die sich in der Zukunft erfüllen, beispielsweise, ob ein Schüler oder eine Schülerin mit einem Intelligenzquotienten von 130 erfolgreich eine Klasse überspringen kann. Es gibt ferner eine lange Untersuchungstradition in den sozialen und kontextuellen Faktoren innerhalb der Testsituationen, insbesondere solche, welche mit einem unfamiliären Examinator durchgeführt werden. Dabei ist verschiedentlich argumentiert worden, dass die Familiarität mit Testsituationen vor allem Kinder mit Minoritätshintergrund beeinflusst.

Aber auch wenn der ideale Test konstruiert wäre und inkorrekte Kategorisierungen inklusive der Etikettierung von Schülerinnen und Schülern minimiert oder vermieden werden könnten, bleibt eine Frage vordringlich: Wie muss ein Zugang beschaffen sein, damit nachfolgende Interventionen tatsächlich leistungsoptimierend wirken? Aus diesem Grunde wird heute die Aufmerksamkeit eher auf Messmethoden gelenkt, welche einen engen Bezug zu Unterricht und Unterrichtsmethoden haben (vgl. dazu die Ausführungen in Kapitel 9).

• *Probleme mit IQ-basierter Fähigkeitsbestimmung:* Bedenken gegenüber den traditionellen IQ-Verfahren und die Kritik gegenüber den IQ-Testunterschieden als angeborene Unterschiede zwischen Gruppen komplizieren die Diskussion um die Bedeutung, was angemessene Verwendung von möglichen Testverzerrungen ausmacht. Intelligenztests sind jedoch nie direkte Maße angeborener Intelligenz. Aber Misskonzeptionen, wonach die Tests genetisch determinierte, angeborene und über die Lebensspanne fixierte Fähigkeiten reflektieren würden, bilden heute noch die Grundlage öffentlicher Meinungen, vieler Pädagogen und manchmal auch der Sozialwissenschafter. Solche Mythen erschweren eine rationale Diskussion der tatsächlichen Rolle, welche die Intelligenztests in der Bestimmung der Fähigkeiten einer Schülerin oder eines Schülers spielen können. DONOVAN und CROSS (2002) veranschaulichen, unter welchen eingeschränkten Konditionen Unterschiede zwischen Individuen und Intelligenztests tatsächlich als Indikatoren genetisch basierter Unterschiede für die intellektuelle Leistung *interpretiert* werden können. Die eingeschränkten Bedingungen treten nie in Gruppen auf, welche sich in ökonomischen Ressourcen, kulturellen Praktiken und Schulleistungen unterscheiden. Darüber hinaus unterstreicht die Testpsychologie, dass Intelligenztests Auskunft darüber geben, was Individuen gelernt haben. Intelligenztests sind Tests allgemeiner Leistung, welche kulturell verankerte Denk- und Problemlösewege reflektieren. Dazu kommen Bedenken der Kulturpsychologie aus ökonomischer Sicht. Sie stellt beispielsweise die Effektivität von IQ-Tests zur Diskussion und fragt, inwiefern sie dem Preis-Leistungsverhältnis standhalten können (MACMILLAN et al., 1998). Die Kosten eines Einzeltests belaufen sich auf mehrere hundert Franken im Hinblick auf die Zeit, welche Professionelle dafür einsetzen, die zeitlichen Kosten für die Probanden selbst, die Analysen und die Interpretation.

• *Probleme mit den Verzerrungen durch das Lehrpersonenurteil:* Mit Blick auf die in Kapitel 2.3 diskutierte Problematik der institutionellen Diskriminierung und der in Kapitel 5.3.1 formulierten Überlegungen ist hier nochmals festzuhalten, dass die Zuweisung durch die Lehrperson fast immer subjektiver Natur ist. Ob sie das Niveau der Schülerin oder des Schülers als hoch oder als durchschnittlich bewertet, variiert je nach Leistungsniveau ihrer aktuellen Klasse. Das verdeutlicht, wie sehr individuelle Normen in der Entscheidungsfindung bestimmen, ob eine Leistung akzeptabel, über- oder unterdurchschnittlich ist. Darüber hinaus stellt sich die Frage, ob weitere

Faktoren – Geschlecht, Ethnie, Alter – das Zuweisungsverhalten beeinflussen. Die Forschung kann hierzu folgende Erkenntnisse liefern:

a. Inwiefern es *Geschlechterverzerrungen* gibt, kann nicht schlüssig beantwortet werden. Es liegen Untersuchungen vor, welche eine Überrepräsentanz von Jungen postulieren und solche, welche von Geschlechterausgewogenheit berichten. Studien, welche nachweisen, dass Jungen häufiger für Begabungsförderprogramme nominiert werden als Mädchen (KELLER, 1992; ELBING & HELLER, 1996; HANY, 1997) vermuten den Grund darin, dass Lehrkräfte in der Regel vor allem diejenigen Kinder in den Blick nehmen und sie einer psychologischen Abklärung zuführen, die besonders auffallen. Da dies in größerem Ausmaß für Jungen zutrifft, sind sie in Förderprogrammen übervertreten. Andere Untersuchungen argumentieren auf der Basis der Underachievementforschung. Diese weist das Underachievement als männliches Phänomen nach (FLAMMER & KELLER, 1978; HECKHAUSEN, 1980; COLANGELO et al., 1993). JONES und MYHILL (2004) zeigen in ihrer Untersuchung zur geschlechtsspezifischen Erwartungen von Lehrpersonen auf, dass ‹der minderleistende Junge› und ‹das leistungsstarke Mädchen› die beiden Schülertypen sind, welche die Geschlechtserwartungen von Lehrpersonen am deutlichsten widerspiegeln. ‹Der leistungsstarke Junge› und ‹das minderleistende Mädchen› werden jedoch eher übersehen. Demzufolge assoziieren Lehrpersonen in erster Linie die Jungen mit Minderleistung, Mädchen jedoch mit Leistungsstärke.

b. Ein anderer, fast ausschließlich im angloamerikanischen Sprachraum untersuchter Zugang zur Eruierung möglicher Verzerrungen ist bestrebt zu bestimmen, ob die *Ethnie* des betreffenden Schulkindes mit der Ethnie der Lehrperson, welche die Zuweisungsentscheidung fällt, einhergeht. BAHR et al. (1991) führten eine Studie zum Nominationsverhalten von Klassenlehrkräften durch. Dabei zeigte sich, dass Schülerinnen und Schüler anderer Ethnien als weniger begabt und auch als weniger geeignet für Förderprogramme bezeichnet wurden. Die Ethnie der Lehrperson hatte dabei keinen signifikanten Effekt. Ein weiterer interessanter Befund stammt von HOYNINGEN-SÜESS und GYSELER (2005) oder von DONOVAN und CROSS (2002). Sie konnten nachweisen, dass Lehrkräfte hoch begabte Kinder generell verstärkt sonderpädagogischen Maßnahmen zuweisen und dass dies be-sonders für Kinder aus Minoritätsfamilien zutrifft.

c. Allgemein ist das *Alter*, ab dem eine Identifikation von überdurchschnittlich begabten Kindern einsetzen soll oder kann, nicht festgelegt. In den meisten deutschsprachigen Ländern beginnt die Identifikation im Schulalter, während ein früherer Start meist ausschließlich auf privater Ebene erfolgt, wie etwa in der Talenta Take-off in Zürich, die bereits vierjährige Kinder auswählt. Allgemein gilt, dass, je später der Identifikationsprozess einsetzt, desto kleiner die Chance eines Kindes mit Minoritätshintergrund ist, identifiziert und für ein Begabungsförderprogramm nominiert zu werden. Der Grund liegt darin, dass meist Identifikationskriterien verwendet werden, welche in erster Linie auf Schulleistungen und auf Leistungstests beruhen. Wie in den Kapiteln 2 und 3 aufgezeigt worden ist, sind die Muster von schlechten Schulleistungen in Leistungstests bei Minoritätskindern bereits bei Schulbeginn nachzuweisen. Als Lösung dieser Problematik wäre es allerdings eine falsche Konklusion, wenn man die Identifikation einfach in die Vorschuljahre legen würde.

Für den Vorschulbereich gibt es kaum geeichte Methoden, welche eine Hochbegabung valide und reliabel identifizierbar machen. Viel wichtiger ist jedoch, möglichst früh nach alternativen Methoden zu suchen, welche die Chance auch für hoch begabte Minoritäten deutlich erhöht, dass ihre Potenziale erkannt und gefördert werden.

- *Verzerrungen durch Elternnominationen:* Ein weiterer Aspekt institutioneller Diskriminierung ergibt sich dort, wo Schulen auch *Elternnominationen* als Identifikationskriterien einsetzen. Er ergibt sich dadurch, dass Eltern aus anderen Kulturen oder benachteiligten Milieus dazu tendieren, ihr Kind deutlich seltener zu nominieren als einheimische Eltern (SCOTT et al., 1992). DONOVAN und CROSS (2002) belegen diese Problematik anhand eines amerikanischen Begabtenförderprogramms in zweiten bis fünften Klassen, das als Identifikationsinstrumente einen standardisierten Test sowie Eltern-, Kind-, Lehrperson- und Peernomination verwendete. War das Kind nominiert, so wurde es zu einer dreiphasigen Evaluation aufgeboten. Bei den ersten beiden Phasen handelte es sich um Gruppenevaluationen, bei der dritten um eine individuelle Evaluation. Anschließend wurden die Eltern über das Testergebnis informiert. Als Cut-off wurde ein qualifizierendes Gesamtscore bestimmt. Lag der Wert des Kindes unterhalb, so konnten die Eltern eine erneute Evaluation verlangen. Dieses Angebot wurde stark genutzt. Ohne dass irgendwelche Vorgehensstandards abgeändert wurden, stieg der Anteil der Minoritätskinder um 181% an, d.h. von 99 auf 278 Personen. Ihr Anteil im Förderprogramm stieg von 13,2% auf 27,5% an. Im Ergebnis zeigte sich, dass nur 15% der Minoritätskinder, die schließlich identifiziert wurden, bereits in der ersten Runde als Kandidaten festgestanden waren.

Sind IQ-Tests nun für Begabungsförderprogramme geeignet oder nicht? Diese Frage kann aus verschiedenen Gründen nicht beantwortet werden. Zum einen ist es die unbefriedigende Forschungsbasis, zum anderen auch die vorangehend problematisierte Validität psychometrischer Tests, zum dritten der Mangel des fehlenden Konsenses in der *scientific community*. Sie bieten genügend Berechtigung für einen kritischen Diskurs dieser Frage. Der Diskurs sollte aber auf einer zeitgemäßen Folie geführt werden. Als prioritär muss dabei gelten, dass die Forschungsbefunde zur kontextuellen Basis von Testleistungen, genauso wie die wissenschaftliche Kritik am dekontextualisierten Intelligenz-messungen Eingang in Anstrengungen finden müssen, Identifikations- und Zu-weisungspraxen neu zu gestalten.

Unsere Gesellschaft ist von großer Diversität geprägt. Der Anteil der Schulkinder, für die eine traditionelle Identifikations- und Zuweisungspraxis gerechtfertigt wäre, ist somit relativ klein und auf Schweizer Mittel- und Oberschichtkinder ausgerichtet. Genau hierin liegt jedoch die Achillesferse für die Begabungsförderung. Lässt sie die traditionelle Identifikations- und Zuweisungspraxis bestehen, dann muss sie sich den Vorwurf gefallen lassen, sie habe ihr Ziel verfehlt, weil sie die bestehenden sozialen Ungleichheiten verstärkt und die soziale Vererbungspraxis noch weiter zementiert. Deshalb sollte alles daran gesetzt werden, traditionelle Tests zu vermeiden. Denn Minoritätskinder schneiden in IQ-Tests nicht hervorragend ab, weil sie mit Testprozeduren weniger familiär und aufgrund ihres kontextuellen Hintergrundes auch weniger geübt im Umgang mit derartigen Fragestellungen sind. Auch wenn ihre Argumentationskapazität und ihre Leistungsfähigkeit außergewöhnlich sein mögen, meistern sie Tests weniger gut. Diese Unfamiliarität mit Testabläufen und Testitems ist das Herzstück der sozialen Ungerechtigkeit, weil sie fortgeschrittene Lernfähigkeiten verdeckt.

7.3 Evaluation: die Wirksamkeit ergründen

Gerade weil die Diskrepanzen zwischen Definitionen, Identifikationsstrategien und Zuweisungspraxen in der Schweiz zwischen den Kantonen, in Deutschland und Österreich zwischen den Ländern groß sind, gibt es folgedessen eine auch eine bemerkenswerten Variation, wie Begabungsförderungsprogramme ausgestaltet werden. Der Weg zu verbesserter Leistungsexzellenz kann deshalb nicht lediglich über die Schaffung neuer Tools für benachteiligte Gruppen führen. Gefordert sind auch *Evaluationen*, welche die Wirksamkeit bisheriger Maßnahmen und Strategien überprüfen und bewerten.

Obwohl in den letzten Jahren in allen deutschsprachigen Ländern große Anstrengungen unternommen worden sind, Begabungsförderkonzepte zu entwerfen und entsprechende Projekte in der Praxis zu lancieren, besteht – zumindest für die Schweiz – keine Kenntnis über die Anzahl der Projekte, ihre Förderziele oder ihre Erfolge. Es ist deshalb aktuell kaum möglich, Aussagen über ihre Wirksamkeit zu machen. Wir können lediglich davon ausgehen, dass mehr Begabungsförderprogramme als allgemein angenommen existieren, deren Qualität allerdings recht unterschiedlich sein dürfte. So wissen wir nicht, ob diese Programme ihre Ziele erreichen, welche positiven oder negativen (Neben-) Wirkungen sie haben, ob sie zur Steigerung von Schulqualität beitragen, ob die richtigen Kinder und Jugendlichen gefördert werden und ob die Geförderten tatsächlich profitieren. Für die Schweiz gilt, das zwar auf den ersten Blick kein eklatanter Mangel vorliegt, weil doch viele Projekte einer formativen, teilweise auch einer summativen Evaluation unterzogen werden. Trotzdem mangelt es ihnen häufig an Fragestellungen, die über die Erhebungen von Zufriedenheit und Akzeptanz und den individuellen Lernerfolg der Schülerinnen und Schüler hinausgehen. Gerade deshalb sind Wirksamkeitsstudien nötig, auf die bei Diskussionen um Gütestandards (oder gar Zertifizierungen resp. Akkreditierungen) zurückgegriffen werden könnte.

Angebotsübergreifende Wirksamkeitsstudien müssten ferner in der Lage sein, in dreifacher Hinsicht eine Beurteilung vorzunehmen: Sie sollten erstens aufzeigen können, welche Förderprogramme und Förderkonzepte den Teilnehmerinnen und Teilnehmern kognitiven, sozialen und emotionalen Profit bringen. Zweitens sollten sie Auskunft geben, welche Maßnahmen besondere Begabungen und/oder Hochbegabungen besser zu fördern imstande sind als der Regelunterricht. Drittens müsste eine Wirksamkeitsstudie auch aufzeigen können, welche Angebote den Nachweis erbringen können, tatsächlich auf besondere Begabung oder Hochbegabung zugeschnitten zu sein, so dass Nicht-Hochbegabte folgedessen von diesem Angebot nicht profitieren sollten. Und viertens sollten programmübergreifende Evaluationen auch die Frage beantworten, inwiefern sich die eingesetzten Identifikationsinstrumentarien eignen, einen Beitrag zur Minimierung der sozialen Differenz zu leisten. Alternative Instrumentarien werden in Kapitel 8 vorgestellt.

7.4 Die Komplexität der disproportionalen Verteilung als Basis für eine neue Identifikations- und Zuweisungspraxis

Ein Thema zieht sich quer durch dieses Kapitel und auch durch die ganze Publikation: Die Problematik der disproportionalen Verteilung in Begabungsförderprogrammen ist weit komplexer als ursprünglich angenommen: So geht es bei weitem nicht lediglich um eine Erhöhung des Anteils von überdurchschnittlich begabten Minoritäten in Begabungsförderprogrammen und um eine leichte Adaptation der Tools, damit sie in der Lage sind, Schulkinder unterschiedlicher Herkunft zu identifizieren. Das Ziel ist weit komplexer: Es besteht darin, die Ausbildungsbedürfnisse und -interessen begabter Minoritäten besser zu bedienen. In diesem Sinne hängt der Erfolg erstens von den Anpassungen der Interventionsmaßnahmen an die Bedürfnisse dieser Population ab und erst dann von der Erarbeitung besserer Instrumentarien und Messmethoden. Obwohl die Instrumentarien valide, reliabel und kulturell unverzerrt sein müssen, haben sie auch diejenigen Schülerinnen und Schüler effektiv zu identifizieren, welche die Interventionen brauchen und von ihnen profitieren können. Wenn die Bedürfnisse von atypischen Lernern besser verstanden werden, dann müssen sich auch die konzipierten Interventionen verändern. Folglich müssen die Beurteilungspraktiken so entwickelt werden, dass sie dem Zweck dienen, die Schülerbedürfnisse mit den Angebotsinterventionen zu verknüpfen. Konzeption und Handhabung von Identifikations- und Zuweisungsprozeduren für Kinder und Jugendliche aus sehr verschiedenen Kulturen und sozialen Milieus sind eine große Herausforderung für Forschung und Praxis. Gefordert ist eine kontinuierliche Aufmerksamkeit gegenüber der Fähigkeit der Instrumentarien, Ausbildungsbedürfnisse reliabel zu identifizieren. Das nächste Kapitel fokussiert deshalb auf Erfolg versprechende Alternativen.

8 Alternative Zugänge zu Identifikation und Zuweisung

In den letzten Kapiteln ist deutlich geworden, wie stark die Identifikation überdurchschnittlich begabter Kinder und Jugendlicher auf standardisierten Testbatterien basiert, obwohl eigentlich die individuellen Bedürfnisse und Fähigkeiten jedes Individuums im Vordergrund stehen sollten. In diesem Kapitel werden *alternative Identifikationsansätze* besprochen und einige Beispiele vorgestellt.

Dass es möglich ist, begabte Minoritäten zu identifizieren und alternative Vorgehensweisen zu etablieren, wenn die notwendige Aufmerksamkeit gegenüber ihrem disproportionalen Anteil in Begabungsförderprogrammen vorhanden ist, beweist der Federal Jacobs K. Javits Gifted and Talented Student Education Act. Er fokussiert auf die Identifikation begabter Kinder und Jugendlicher, ohne dabei auf klassische Assessmentmethoden zu setzen. Auf diese Weise konnten gemäß FORD (1998) nicht nur begabte Kinder aus anderen Ethnien, sondern ebenso Kinder aus sozio-ökonomisch benachteiligten Familien angesprochen werden, solche mit limitierten Englischkenntnissen und Behinderte. Auf dieser Grundlage haben bis heute mehr als 40 Staaten Begabungsförderprogramme installiert, die Hinweise auf die Identifikation von Schülerinnen und Schülern mit Minoritätshintergrund beinhalten. In einigen Staaten existieren Richtlinien zur Erhöhung der Anzahl begabter Schülerinnen und Schüler mit Minoritätshintergrund oder sogar spezifische Testinstrumente. Im deutschsprachigen Europa ist man weit entfernt davon. Weder in Deutschland noch in Österreich oder der Schweiz existieren entsprechende Hinweise.

In diesem Kapitel werden in einem ersten Teil einige alternative Zugänge vorgestellt, die alle Kinder einschließen, d.h. auch solche mit Minoritätshintergrund. Es handelt sich um so genannte Screenings, d.h. um flächendeckende Untersuchungen zur Erhebung des allgemeinen Entwicklungsstandes. Der zweite Teil enthält eine alternative Identifikationsstrategie, die sich an die Arbeiten von STERNBERG orientiert sowie einige Ausführungen zu problemorientierten Zuweisungsstrategien.

8.1 Alternativen zu traditioneller Identifikation und Platzierung

8.1.1 Frühes Screening, Prävention und frühe Intervention

In der Diskussion um alternative Identifikationsinstrumentarien gibt es zwei überragende Bedingungen: (1) Es muss gesichert sein, dass im Pool der identifizierten Kinder und Jugendlichen diejenigen vertreten sind, welche Bedarf nach spezifischer Förderung haben und gleichzeitig davon profitieren können. (2) Die Identifikations- und Zuweisungsprozeduren müssen so angelegt sein, dass sie die Möglichkeiten für effektive Interventionen maximieren. Beide Bedingungen führen zum frühen Screening (DASEKING et al., 2008).

Solche flächendeckenden Untersuchungen zur Erhebung des allgemeinen Entwicklungsstandes oder zur Risikofeststellung schulischer Lernstörungen von kleinen Kindern werden zunehmend sowohl als ausschlaggebend für verbesserte spätere Schulleistungen als auch als Prädiktoren von Leistungs- und Verhaltensproblemen betrachtet. Dabei ist die Diskussion um ihren Stellenwert facettenreich und mit unterschiedlichen Argumentationssträngen befrachtet (HASSELHORN, 2004; FRIED, 2008; STERN, 2008). Inzwischen scheint es zwar einen pädagogischen Konsens zu geben, wonach, ein effektives und reliables Screening zwischen dem vierten und sechsten Altersjahr in der Lage ist, diejenigen zu identifizieren, welche am stärksten risikobelastet sind, spätere Leistungs- und Verhaltensprobleme zu entwickeln (TRÖSTER & REINEKE, 2006), inklusive derjenigen, welche am ehesten für die Platzierung in spezifischen Begabungsförderprogrammen in Frage kommen (ROGALLA, 2005).

Die Erfahrungen mit Screeningverfahren haben jedoch gezeigt, dass eine isolierte Bestandesaufnahme kognitiver Leistungen unzureichend ist und soziale sowie emotionale Kompetenzen innerhalb des Umgebungskontextes einbezogen werden müssen (DÖPFNER et al., 2005). Derartige Anforderungen lenken den Blick auf angemessene Beobachtungs- und Diagnosemethoden inklusive standardisierte Tests. Kosteneffektive Screeningverfahren nutzen strukturierte Interviews, Ratingskalen, Checklisten wie auch einfache Erfassungen kindlicher Fähigkeiten (PETERMANN & WIEDEBUSCH, 2006). Gerade im Hinblick auf die neue Eingangsstufe, die in der Schweiz als Grund- und Basisstufe Kindergarten und erste resp. zweite Klasse zu einer Einheit verschmelzt, erscheinen solche Screenings im Sinne vorschulischer Diagnostik zunächst als redundant. Solche Screenings erfolgen jedoch nicht mehr unter der Prämisse, Schulfähigkeit respektive Schulreife festzustellen, sondern Förderbedarf zu eruieren, der mit entsprechenden Instrumenten differenzialdiagnostisch abzuklären ist.

Dass Screenings jedoch auch mit negativen Etikettierungseffekten verbunden sein können, wird bis anhin kaum diskutiert. Problematisch sind zwei Tendenzen: Erstens, dass sie zusammen mit den zu implementierenden Bildungsstandards, Leistungstests, Assessments und Rankings einen Beitrag zur Verstärkung unserer ‹vermessenen› und ‹verdiagnostizierten› Bildungslandschaft leisten. Zweitens, dass sie den Blick wiederum verstärkt auf Risiko- und weit seltener auf Potenzialfeststellungen richten und deshalb Gefahr laufen, die aktuell überwunden geglaubte Defizitperspektive neu aufleben zu lassen. Damit droht sich eine Entwicklung zu wiederholen, welche nach Mitte der 1990er Jahre mit dem Postulat der Begabungsförderung als Ziel eines neuen, ressourcenorientierten Paradigmas hatte überwunden werden können. Im Mittelpunkt war damals die Forderung gestanden, Heterogenität sei zur Leitidee für Unterrichtsentwicklung zu erklären und die bis anhin dominierende Defizitorientierung durch eine Potenzialorientierung zu ersetzen. Dass diese Befürchtungen nicht unbegründet sind, zeigt sich im nahezu unvermeidlichen Effekt umfassender früher Screenings: in der höheren Identifikation benachteiligter Schülerinnen und Schüler, von denen wiederum eine disproportionale Anzahl aus Minoritätsfamilien stammen (DONOVAN & CROSS, 2002). Ähnliche Effekte zeigen sich auch in deutschsprachigen Untersuchungen zu Lernstandserhebungen wie etwa im Projekt VERA (Vergleichsarbeiten in der Grundschule; GROSS OPHOFF et al., 2006), in der Evaluation des Grund- und Basisstufenschulversuchs (MOSER et al., 2008) als auch in internationalen Evaluationen (EARLY et al., 2007).

Zusammenfassend ist festzuhalten, dass Screenings als universale Lernstandserhebungen nur dann von Nutzen sind, wenn sie (1) Schulen, Lehrkräfte und Kinder identifizieren, welche zusätzlichen Support brauchen, (2) ihnen tatsächlich effektive Interventionen folgen und wenn sie (3) sowohl auf das untere, als auch explizit auf das obere Ende der Skala ausgerichtet sind und alle Kinder umfassen.

8.1.2 Frühes Screening und Intervention in Lesen

Frühe Screenings wie Sprachstandsfeststellungen sind heute in fast allen deutschsprachigen Ländern geplant oder bereits implementiert. Dabei kommen unterschiedliche Verfahren zum Einsatz, die entweder den Status quo punktuell oder über einen längeren Zeitraum erheben (SCHNEIDERS & KOMOR, 2007). Neben der Verfahrensart unterscheiden sich die Instrumente auch im Zeitpunkt der Erfassung. Teilweise kommen sie zwei Jahre vor der Einschulung zum Einsatz (z.B. in Nordrhein-Westfalen) oder wie im Kanton Basel-Stadt geplant, im Alter von drei Jahren (FELDER, 2008). Das Projekt «Mit ausreichenden Deutschkenntnissen in den Kindergarten» will mittels eines frühen Screenings Kinder mit Risikoentwicklungen erfassen und sie bereits ein Jahr vor Eintritt in den Kindergarten sprachlich fördern. Dabei ist ein Obligatorium vorgesehen. Hierin sehen die Verantwortlichen den Schlüssel zu einer besseren Chancengerechtigkeit. Insbesondere im Hinblick auf das Alter und den verpflichtenden Charakter hat dieses Projekt eine Pionierrolle. Frühe Sprachfördermaßnahmen in Sprachspielgruppen in Deutschland und Österreich erfassen bisher meist Vier- und Fünfjährige in freiwilligen Settings. Auch die Teilnahme in Sprachspielgruppen, wie es sie in den Kantonen Zürich und St. Gallen gibt, ist freiwillig. Und schließlich ist auch die Dauer – nämlich ein einjähriger Besuch der Sprachspielgruppe – nicht selbstverständlich; in anderen Versuchen ist die Dauer des Besuchs zum Teil erheblich kürzer. Die neuesten Evaluationsergebnisse sind jedoch inhaltlich und formal vielversprechend (DIEZ GRIESER & SIMONI, 2008).

Es gibt eine Anzahl von Arbeitsmodellen für ein Screening aller Kinder im Kindergarten. Beispiele dafür sind das Dortmunder Entwicklungsscreening für den Kindergarten (DESK 3-6) oder der Verhaltensbeurteilungsbogen für Vorschulkinder (VBV; vgl. TRÖSTER & REINEKE, 2006). Beide Verfahren sind auf die Vorhersage von Verhaltens- und Entwicklungsauffälligkeiten ausgerichtet. Das DESK 3-6 ist ein Screening-Verfahren zur Früherkennung entwicklungsgefährdeter Kinder im Vorschulalter. Ihm sollen die Kinder, die in ihrer Entwicklung gefährdet sind, frühzeitig entdeckt werden, damit rechtzeitig gezielte Fördermaßnahmen eingeleitet werden können. Das DESK untersucht die Bereiche Grob- und Feinmotorik, Sprache, Kognition und die soziale Entwicklung der Kinder anhand eines umfassenden Beobachtungs- und Durchführungsinstrumentariums. Der VBV wird zur Untersuchung der sozial-emotionalen Kompetenz, von oppositionell-aggressivem Verhalten, Aufmerksamkeitsschwächen/Hyperaktivität und emotionaler Auffälligkeit eingesetzt. Gemäß den Autoren können die meisten verhaltensauffälligen Kinder durch das DESK besser vorausgesagt werden als durch den VBV. Es scheint somit, dass Screening-Methoden eher die Möglichkeit bieten, Entwicklungsauffälligkeiten bereits im Kindergartenalter aufzudecken als Verhaltensauffälligkeiten.

Eine Längsschnittstudie von WEBER et al. (2007) wollte auch Aspekte klären, inwiefern (a) Trainings zur phonologischen Bewusstheit (z.B. «Hören, Lauschen, Lernen I und II», KÜSPERT & SCHNEIDER, 2003) präventive Effekte insbesondere auf die frühe Lesefertigkeit oder auf das Leseverständnis haben können und (b) inwiefern Kinder mit speziellen Sprachproblemen (z.B. Kinder mit Sprachentwicklungsstörungen oder mit Migrationshintergrund) von den herkömmlichen Fördermaßnahmen in der Vorschule profitieren. Bekanntlich werden zur Bestimmung solcher ‹Risikokinder› im Kindergarten Aufgaben zur phonologischen Informationsverarbeitung eingesetzt (z.B. im Bielefelder Screening BISC). Dabei geht es vor allem um den Umgang mit gesprochener Sprache (phonologische Bewusstheit), um das Behalten von vorgesprochenen Lautfolgen im Kurzzeitgedächtnis und um den schnellen Abruf aus dem Langzeitgedächtnis. Die Untersuchung von WEBER et al. (2007) ergab, dass das BISC keine gute Vorhersage von Lese- oder Rechtschreibschwierigkeiten leisten kann: Weniger als 20% der Kinder, die in den ersten beiden Klassen im Lesen oder Schreiben unterdurchschnittlich abschnitten, konnten durch das BISC entdeckt werden. Zudem waren hinsichtlich der meisten Kriterien deutlich weniger als die Hälfte der Risikokinder auffällig. Kinder mit Migrationshintergrund konnten sich jedoch während des vorschulischen Trainings ähnlich wie die Kinder mit deutscher Muttersprache hinsichtlich ihrer phonologischen Bewusstheit und ihrer Buchstabenkenntnis verbessern. Die Migrantenkinder konnten in den relativ leichten Aufgaben ihren teilweise recht deutlichen Rückstand aus dem Vortest größtenteils aufholen. In den schwierigsten Aufgaben profitierten sie hingegen etwas weniger. Bemerkenswert ist, dass der Zusammenhang zwischen den nach dem Training erzielten Leistungen in der phonologischen Bewusstheit und den Lese- und Rechtschreibleistungen für die Migrantenkinder genauso hoch war wie für die Kinder mit deutscher Muttersprache. Als Fazit formulierten sie das Ergebnis, dass unabhängig vom Sprachhintergrund die phonologische Bewusstheit eine entscheidende Bedeutung für den Schriftspracherwerb zu haben scheint.

Von besonderem Interesse ist das deutsche länderübergreifende Programm ‹FörMig› zur Sprachförderung von Kindern mit Migrationshintergrund. Erstes Ziel dieses Programms ist es, innovative Ansätze sprachlicher Bildung zu entwickeln und bestehende Förderkonzepte zu optimieren, um Kindern mit Migrationshintergrund über einen längeren Zeitraum kontinuierlich zu fördern (REICH et al., 2007).

8.1.3   Frühes Screening und Intervention für Verhaltensprobleme

Aus der Lehrerperspektive gehen intellektuelle Begabungen häufig mit Verhaltensschwierigkeiten einher. Dazu liegen zwar verschiedene Untersuchungen vor (HANY, 1995; STAMM, 2005b), doch handelt es sich fast ausschließlich um Lehrereinschätzungen und kaum um externe Beobachtungsratings vor Ort. Erschwerend kommt hinzu, dass im Gegensatz zur Evaluation des Sprachstandes zur systematischen und kontinuierlichen Erfassung von emotionalen und verhaltensbezogenen Problemen aktuell kaum geeignete Instrumente vorliegen. Es ist jedoch anzunehmen, dass ein frühes systematisches Screening in diesem Bereich umfassende Verbesserungen bringen könnte, nicht zuletzt aufgrund des in Kapitel 5 berichteten Befundes, wonach Lehrkräfte die Begabung eines Schulkindes üblicherweise unsystematisch, eigenwillig und relativ spät identifizieren und Verhaltensprobleme dabei eine abträgliche Rolle spielen.

Die wenigen vorliegenden Identifikationsprozeduren basieren auf standardisierten Tests. Sie sind in der Lage, emotionale und verhaltensmäßige Fehlanpassungen aufzudecken. Problematisch dabei ist, dass sie sich fast ausschließlich auf das Kind selbst konzentrieren und nur ausnahmsweise auch andere Variablen wie Unterrichtspraktiken, Klassenzimmeratmosphäre, Schulorganisation oder -ethos einbeziehen (O'SHEA, 2002; KUSCHEL et al., 2007). Dieser Einbezug wäre aber für das Verständnis der Probleme des Kindes und der Formulierung korrekter Interventionsstrategien wichtig. Verschiedene Befunde von Längsschnittuntersuchungen zur Aggressionsentwicklung von Schülerinnen und Schülern belegen diese Forderung.

Wie bereits in Kapitel 5.3 erwähnt, weist eine Studie von KELLAM et al. (1998) nach, dass Erstklässler, welche im obersten Aggressionsquartil platziert waren, in der mittleren Schulzeit viermal häufiger signifikante Verhaltensprobleme als andere hatten. Allerdings gab es ein Subsample von Schulkindern im gleichen Quartil, welche in schlecht geführten Klassen unterrichtet worden waren, die fast viermal so häufig Verhaltensprobleme in der mittleren Schulzeit zeigten. Dies verweist auf einen starken, unabhängigen Einfluss der Fähigkeit zum Klassenzimmermanagement der Lehrkräfte auf die Verhaltensergebnisse der Kinder. Ähnliche Befunde liefert eine Schweizer Studie von EISNER et al. (2008). Sie untersuchte, inwiefern gewalttätigem, aggressivem oder auch zerstörerischem Verhalten durch familiäre und schulische Maßnahmen nachhaltig entgegengewirkt werden kann. Dabei zeigte sich, dass Frühprävention jugendspezifischen Formen von Fehlverhalten und Fehlentwicklungen vorzubeugen vermag. Dies geschah mittels des Sozialkompetenztrainings PFAD, das zum Ziel hat, die emotionale Entwicklung von (Grund-)Schulkindern zu fördern und eine Integration sozialer, emotionaler und kognitiver Kompetenzen zu ermöglichen. Das Programm zielt dabei nicht nur auf die Entwicklung des einzelnen Kindes, sondern strebt auch eine Verbesserung des Sozialklimas in der Schule an.

Bilanziert man die bisherigen Ausführungen und zieht man einige Konsequenzen, so sollten Zuweisungsentscheidungen für Begabungsförderprogramme auf guten, umfassenden und alle Skalenbereiche berücksichtigenden Screenings beruhen und mit frühen Interventionsprozessen verbunden werden. Die aktuelle Literatur verweist jedoch darauf, dass Schülerinnen und Schüler nicht automatisch auf jede beste frühe Intervention in Lese- oder anderen Leistungsbereichen reagieren. Der Anteil an Kindern mit nicht angemessenen Reaktionen ist allerdings ungesichert, da nur Forschungsergebnisse vorliegen, welche auf relativ kleinen Stichproben basieren. Gemäß DONOVAN und CROSS (2002) kann auf dieser Basis von einem Anteil von ca. 4% ausgegangen werden, welche nicht adäquat auf die gezielten intensiven Interventionen wie oben beschrieben reagieren. Solche Schülerinnen und Schüler müssten einem individualisierten Programm zugeführt werden.

In den vorangehenden Kapiteln ist bereits festgehalten worden, dass nur Kinder und Jugendliche, welche während des regulären Unterrichts nicht adäquat gefördert werden können, Begabungsförderprogrammen zugeführt werden sollten. Dies gilt jedoch nur unter der Voraussetzung, dass zuvor im Unterricht interventiv gearbeitet worden ist. Begabungsförderprogramme sind nicht in Betracht zu ziehen, wenn der Unterricht nicht anspruchsvoll genug ist. Eine Optimierung individualisierender Unterrichtsmaßnahmen muss somit jeder Zuweisung vorausgehen. Sie ist essentiell für einen effektiveren Unterricht. Dieses Vorgehen ist – jedoch meist eher implizit als derart ausführlich – ist in vielen Richtlinien zu staatlichen resp. kantonalen Begabungsfördermaßnahmen enthalten. Unglücklicherweise sind sowohl Quantität als auch Qualität solcher vorangehender Interventionen (Binnendifferenzierung des Unterrichts, Mentorate, Tutorate etc.) oft niedrig. Beispielsweise mangelt es der großen Mehrheit an Grundlegendem wie

- einer verhaltensbezogenen Definition des Problems;

- einer Bestandesaufnahme der direkten Probleme im Klassenzimmer (oft auch in Ermangelung geeigneter Beobachtungsinstrumente);

- einer Zusammenstellung von Baselinedaten zur Natur und zum Ausmaß des Problems (bspw. Aufgabenanalysen);

- Angaben zum Vorwissen, zu Vorerfahrungen und Umgebungsbedingungen;

- einem Interventionsplan, welcher die geplanten Vorgehensmaßnahmen konkretisiert;

- einer Evaluation der Implementation des Interventionsplans;

- eines Fortschrittsmonitorings;

- einer Evaluation der Ergebnisse, inwiefern die Asynchronien zwischen den peer- und altersbezogenen Erwartungen und dem Niveau des betreffenden Individuums ausgeglichen werden können.

Gemäß verschiedener Evaluationsbefunde (TELZROW et al., 2000) ermangeln etwa 80% bis 90% der vorangehenden, unterrichtsbezogenen Interventionen drei oder mehr dieser Qualitätsindices. Viele basieren sogar auf gar keine Datensammlungen. Solche Bestandesaufnahmen wären jedoch entscheidend für nachfolgende adressatengerechte Fördermaßnahmen. Lehrpersonen und Begabungsspezialisten brauchen deshalb zur Durchführung von Bestandesaufnahmen wirksame Weiterbildungen.

8.2 Eine Identifikationsalternative begabter Minderheiten

Eine Konsequenz der bisherigen Ausführungen besteht in der Forderung, die klassischen Begabungskonzeptionen auszuweiten. Dabei geht es jedoch nicht lediglich darum, traditionelle Identifikationsprozeduren um alternative Tests zu erweitern oder Fähigkeitslimiten nach unten zu verschieben. Zunächst geht es viel mehr um die Einsicht, dass Konzepte, welche Hochbegabung als intellektuelle Außergewöhnlichkeit lediglich über kognitive Fähigkeitstests definieren, inadäquat sind. Eine bedeutsame, auch auf begabte Minoritäten ausgerichtete Definition schließt Verhalten, Motivation und ausgewählte Persönlichkeitsattribute ein.

In den letzten Jahren sind einige vielversprechenden Alternativen entwickelt worden, welche solche Attribute berücksichtigen. Dazu gehören (a) Checklisten, die auf kulturspezifischen Definitionen beruhen und die Ausdrucksstärke aussergewöhnlichen Verhaltens innerhalb des gewohnten Umgebungskontextes beurteilen, (b) Portfolios, (c) prozessgestaltende Identifikationsverfahren, (d) Modifikationen bestehender, traditioneller Testverfahren (Raven-Test, California-Achievement-Test, Wechsler Test) oder (e) Matrix-Modelle, die auf der Nutzung multipler Kriterien aufbauen (Baldwin Identification Matrix, vgl. BALDWIN, 1994). Eine Evaluation solcher Verfahren förderte allerdings gemäß CALLAHAN et al. (1995) sehr unterschiedliche Ergebnisse zu Tage, so dass offenbar die Entwicklung reliabler und valider Identifikationsinstrumente weiterhin ein Forschungsdesiderat bleiben soll.

Ein etwas anderes Modell, von FRASIER (1995) beschrieben, fokussiert auf die interaktive, auf zwei Pfeilern aufbauende Kollegiumsentwicklung. Der eine Pfeil ist ein Beobachtungsinstrumentarium, das spezifisch auf benachteiligte Gruppen und Minoritätspopulationen ausgerichtet ist, der andere Pfeiler fokussiert auf dem aufgrund multipler Messinstrumente notwendigen Prinzip des Gruppenentscheides. Gemäß den Ausführungen der Autoren war das Modell insofern erfolgreich als der durch Lehrernomination identifizierte Anteil an Schülerinnen und Schülern stark anstieg und dies auch in belasteten und stark benachteiligten Regionen der Fall war. FEIRING et al. (1997) berichten, dass sie bei der Anwendung eines sehr ähnlichen Modells die Identifikationsrate begabter Minoritätskinder in ersten Klassen von 0,2% auf 2.0% erhöhen konnten.

In Kapitel 2.5 ist im Zusammenhang mit der Diskussion der Triarchischen Theorie STERNBERGS (2001) und den Ausführungen bei STERNBERG und ARROYO (2006) bereits aufgezeigt worden, dass überdurchschnittlich begabte Kinder und Jugendliche aus benachteiligten Milieus in ihrer häuslichen sozialen Umwelt die kognitiven Fähigkeiten nicht optimal entwickeln können – ausser, wenn sie sich Selbstregulations- und Selbstorganisationsfähigkeiten angeeignet haben. Diese Fähigkeiten erlauben ihnen, in unterschiedlichen sozialen Systemen zu funktionieren. Wenn sie lernen, ihr Verhalten an die Werte und Anforderungen der Schule anzupassen, dann gelingt es ihnen, sie die erforderlichen Aufgaben erfolgreicher zu erfüllen. In der Folge fallen ihre Leistungen den Lehrkräften stärker auf, was wiederum größere Erfolgsmöglichkeiten nach sich zieht. Dieser Schneeball-Effekt hat bedeutsame Implikationen für die persönliche und motivationale Entwicklung des Kindes. Die Fähigkeiten begabter benachteiligter Kinder sind somit stark von der sozialen Umgebung beeinflusst, in der sie aufwachsen, aber auch durch die Art und Weise wie sie ihre Selbstorganisationsfähigkeiten nutzen. STERNBERG und ARROYO (ebd.) gehen davon aus, dass solche Kinder und Jugendliche in der Lage sind, Unterschiede zwischen dem geforderten Sprachsystem der Schule und dem häuslichen Umfeld aufzudecken und ihr eigenes Sprachsystem den Verhaltenserwartungen der beiden kontrastierenden Umgebungen anzupassen.

Gemäß den beiden Autoren ist es möglich, unterschiedliche kognitive Fähigkeiten zu messen, welche bei benachteiligten Kindern relevant sind. Auf dieser Basis entwickelten sie ein Instrumentarium, das zusätzlich zu einem standardisierten Test angewendet werden kann. Dazu gehören neun Multiple-Choice-Aufgaben und je drei zusätzliche Testaufgaben zur Messung kreativer und praktischer Fähigkeiten (ebd., S. 116ff.). Diese werden nachfolgend aufgeführt.

Multiple-Choice-Aufgaben

1. *Analytisch-verbal: Neologismen aus natürlichen Kontexten:* Die Probanden sehen ein neues Wort in einem Satz und haben seine Bedeutung aus dem Kontext zu ergründen.

2. *Analytisch-quantitativ: Zahlenserie:* In einer Serie von Zahlen haben die Probanden zu bestimmen, welche Zahl als nächste folgen soll.

3. *Analytisch-figural: Matrix:* Die Probanden sehen eine bildliche Matrix mit einem fehlenden Teil. Sie haben herauszufinden, welche der angegebenen Optionen am besten hineinpasst.

4. *Praktisch-verbal: Alltägliches Räsonieren:* Den Probanden wird ein Set alltäglicher Probleme eines Kindes oder eines Jugendlichen präsentiert. Sie haben diejenige der angebotenen Lösungen auszuwählen, welche am besten das Problem löst.

5. *Praktisch-quantitativ: Alltägliche Mathematik:* Den Probanden werden Szenarien vorgesetzt, welche die Nutzung alltäglicher mathematischer Aufgaben erfordert (z.B. der Kauf eines Tickets für ein Fußballspiel). Zudem haben sie mathematische Probleme zu lösen, die auf solchen Szenarien basieren.

6. *Praktisch-figural: Routenplanung:* Den Probanden wird eine Karte eines bestimmten Gebietes (z. B. eines Vergnügungsparks) präsentiert. Zudem müssen sie Fragen zur Navigation durch dieses Gebiet beantworten.

7. *Kreativ-verbal: Neue Analogien:* Den Probanden werden verbale Analogien mit unwahren Angaben präsentiert (z. B. Geld fällt von Bäumen). Sie haben die Analogien so zu lösen, als ob diese unwahren Angaben zutreffen würden.

8. *Kreativ-quantitativ: Neue Wortschöpfungen:* Den Probanden werden Regeln für neue Wortschöpfungen vorgelegt, z. B. ‹flix›. Dieses Wort schließt

numerische Manipulationen ein, welche als Funktion differenzieren, ob die erste von zwei Operanden größer ist als, gleich groß wie oder kleiner als der zweite. Die Probanden haben diese Wortschöpfungen zur Lösung eines dargelegten Mathematikproblems zu verwenden.

9.   *Kreativ-figural: Bildserie:* Zunächst wird den Probanden eine Bildserie präsentiert, welche eine Handlungsabfolge einschließt. Dann haben sie die Regel, welche dieser Handlungsabfolge inhärent ist, auf eine neue Bildserie anzuwenden oder diese Serie zu vervollständigen.

Kreative Fähigkeiten

1.   *Cartoons:* Die Probanden erhalten fünf Cartoons aus den Archiven von Tageszeitungen, von denen die Bilderüberschriften verdeckt sind. Ihre Aufgabe ist es, drei Cartoons auszuwählen und jeweils mit einem Titel zu versehen. Zwei trainierte Testpersonen beurteilen anschließend alle Cartoons im Hinblick auf Klugheit, Humor und Originalität. Aus der Summe des individuellen Ratings jeder Dimension wird ein Kreativitätsscore gebildet.

2.   *Geschichten schreiben:* Die Probanden haben in je 15 Minuten zwei Geschichten zu schreiben, indem sie zwischen folgenden Titeln wählen können: «eine fünfte Chance», «2983», «Hinter der Grenze», «Es geht bergab» oder «Nicht genug Zeit». Ein Team von trainierten Testpersonen beurteilt die Geschichten im Hinblick auf Originalität, Komplexität, emotionalen Beziehungsreichtum und Beschreibungsdichte.

3.   *Mündliche Geschichten:* Den Probanden werden fünf Dokumente vorgelegt mit je einem Set an Fotografien zu einem bestimmten Thema (z.B. musikalisches, finanz- oder reisebezogenes Thema). In fünfzehn Minuten müssen sie dann zu einem der ausgewählten Themen eine Kurzgeschichte formulieren und auf eine Kassette diktieren. Die Diktierperiode ist auf fünf Minuten beschränkt. Der Prozess wird dann mit einem anderen Thema auf die gleiche Weise wiederholt. Ein Team von trainierten Testpersonen beurteilt die Geschichten im Hinblick auf Originalität, Komplexität, emotionalen Beziehungsreichtum und Beschreibungsdichte.

1. *Beurteilung einer alltäglichen Problemsituation:* Dieses video-basierte Inventar präsentiert den Probanden sechs kurze Vignetten, welche Alltagsprobleme betreffen, beispielsweise, wenn man gefragt wird, einen Empfehlungsbrief für jemanden zu schreiben und man nicht genau weiss, wie dies vor sich geht. Die Probanden müssen aufzeigen, wie sie diesbezüglich vorgehen würden.

2. *Alltagsfragen:* Die Probanden müssen fünfzehn Vignetten bearbeiten, die alltägliche Berufsprobleme betreffen, beispielsweise die Bearbeitung von lästigen Aufgaben oder wie man sich in einer Wettbewerbssituation am Arbeitsplatz verhalten soll.

3. *Fragen zum Schulleben:* Den Probanden werden fünfzehn Vignetten präsentiert, welche allgemeine Schulprobleme betreffen. Dazu gehören Fragen, wie man mit einem schwierigen Klassenkameraden auskommen kann oder bei der Schulleitung wegen einer Ungerechtigkeit vorsprechen soll.

Ein solches Instrumentarium ist in der Lage, sowohl die Validität des zusätzlich angewendeten standardisierten Intelligenz- oder Leistungstests als auch die Chancengleichheit zu erhöhen. Gemäß STERNBERG und ARROYO (2006) resultiert eine größere ethnische Diversität als durch die alleinige Verwendung eines standardisierten Tests. Die Kombination steigert die prädiktive Validität und senkt die ethnischen Gruppendifferenzen in Begabungsförderprogrammen. Weniger geeignet scheinen so genannte Quota System Models, die identisch sind mit traditionellen Modellen, jedoch in Bezug auf die Identifikation überdurchschnittlich begabter Minoritäten lediglich tiefere Scores als üblich als Cut-offs ansetzen (FORD, 1995; FRASIER, 1997; VANTASSEL-BASKA, 1998).

8.3 Problemorientierte Zuweisungsentscheidungen

Zuweisungsentscheidungen werden von gesetzlichen Grundlagen, von den zugrunde gelegten Begabungskonzeptionen inklusive Definitionen und klassifikatorischen Kriterien stark beeinflusst. Solche Grundlagen haben nicht nur eine große Auswirkung auf die Art und Weise, wie Pädagogen, Eltern und die Gesellschaft insgesamt über Begabung denken, sondern sie bestimmen auch direkt die Art der Identifikations- und Zuweisungsprozeduren. Wenn beispielsweise Begabungsdefinitionen und Klassifikationskriterien im Sinne allgemeinen intellektuellen Funktionierens oder intellektueller Fähigkeiten vorliegen, dann ist es nahezu unmöglich, die alleinige Verwendung von IQ-Tests zu verhindern.

Das im vorangehenden Kapitel vorgestellte Instrumentarium bietet eine Alternative, weil es erlaubt, einige der hier berichteten Probleme anzugehen. Solche Instrumente können jedoch nur dann erfolgreich implementiert werden, wenn sie mit rechtlichen Erfordernissen und gesetzlichen Grundlagen konsistent sind. Solche Regelungen müssten somit auch angepasst werden, denn alternativen Identifikationen müssen auch alternative, d.h. problemorientierte Zuweisungspraxen folgen. Ein solcher Zugang muss das gesamte Begabungskonzept durchdringen und sich in den Identifikations- und Zuweisungspraxen manifestieren. Das Fachpersonal sollte sich somit von den ersten Hinweisen auf überdurchschnittliche Begabung (enormes Vorwissen, Unterforderung, akzelerierte Informationsverarbeitung etc.) oder auf manifeste Verhaltens- oder Lernprobleme über die Überweisungs- resp. Zuweisungsbestimmungen bis zu den jährlichen Reviews der Entwicklungsfortschritte immer auf eine problemorientierte Zuweisungspraxis konzentrieren. Ein solcher Zugang ist der aktuell vielversprechendste, der die Effektivität von Begabungsförderprogrammen einigermaßen sicherstellen kann.

8.4 Verstärkte Anstrengungen für verbesserte Perspektiven

Die Wege, wie Kinder und Jugendliche Begabungsförderprogrammen zugewiesen werden und die Verfahren (Screening, Identifikation, Platzierung) sind weder so extensiv noch so informativ wie in der Sonderpädagogik. Obwohl heute verschiedene Identifikationsstrategien für überdurchschnittlich begabte Kinder und Jugendliche zur Verfügung stehen, sind die Verfahren lange Zeit unsystematisch geblieben und keinem Forschungsparadigma verpflichtet gewesen. Dies gilt vielerorts auch heute noch. Die Anstrengungen müssen deshalb verstärkt werden. Für leistungsstarke Schülerinnen und Schüler ist es ebenso wichtig wie für leistungsschwache, dass ihr Potenzial früh schon erkannt wird, dass sie adäquate Lernmöglichkeiten bekommen und sie ihre Leistungsexzellenz zeigen können. Mit Blick auf begabte Minoritätskinder ist es dabei besonders wichtig, dass die Fähigkeiten von den vorangehenden Leistungen entkoppelt werden. Trotzdem schränkt die schwache Forschungsbasis unser Verständnis der Gesamtproblematik und damit auch die in Kapitel 10 aufgeführten Empfehlungen ein.

Teil V: Fazit: Verbesserte Ausbildungsperspektiven?

Dieser Teil richtet die Aufmerksamkeit weg von den Prozessen, welche zur Platzierung in Begabungsförderprogrammen führen hin zu den Ergebnissen, welche begabte Kinder und Jugendliche aufgrund ihrer Förderung erzielen. Mit diesem Fokus sind drei Fragen verbunden:

▪ Ist die spezifische Begabungsförderung nützlich?
▪ Verbessern diese zusätzlichen Ressourcen insgesamt die Ausbildungsperspektiven der Schülerinnen und Schüler?
▪ Profitieren Kinder und Jugendliche unterschiedlichen kulturellen Hintergrundes auf eine ähnliche Art und Weise?

In den nächsten Kapiteln werden solche Fragen beantwortet. Im Zusammenhang mit der bereits vielfach angesprochenen disproportionalen Repräsentation von Minoritätskindern in Begabungsförderprogrammen signalisieren die Antworten einige Bedenken. Entwickeln sich Minoritätskindern durch die Platzierung in einer begabungsfördernden Maßnahme jedoch in einer positiver Art und Weise, dann ist die disproportionale Verteilung weniger alarmierend als wenn Gegenteiliges zutrifft. Das primäre sozialpolitische Ziel muss somit immer darin liegen, dort anzusetzen, wo disproportionale Verteilungen generiert werden. Auch wenn dies aktuell fast keinem der existierenden Begabungsförderprogramme gelingt, so ist das kein Argument, gegen Begabungsförderung zu votieren, wie dies teilweise in den USA der Fall gewesen ist (MYERS, 1991; SLAVIN, 1991). Begabungsfördernde Maßnahmen sind ein wichtiges Instrument, um auf die spezifischen Bedürfnisse überdurchschnittlich Begabter zu reagieren und Leistungsexzellenz hervorzubringen. Aber sie müssen ihre Effektivität unter Beweis stellen, indem sie den persönlichen Nutzen für die Beteiligten nachweisen. Erst wenn dies nicht der Fall wäre, müsste man Förderkonzepte in Frage stellen. Im Zentrum der Effektivitätsfrage muss jedoch auch die Untersuchung stehen, inwiefern Begabungsförderprogramme auf die in ihnen platzierten Schülerinnen und Schüler unterschiedlich wirken. Die Meinungen dazu sind geteilt. Sicher ist, dass Interventionen für überdurchschnittlich Begabte zwar effektiv sein können, gleichwohl auch Bedenken ernst genommen werden müssen, wonach es Minoritätskinder gibt, die von solchen Maßnahmen profitieren könnten, jedoch nicht identifiziert werden.

In Kapitel 9 erfolgt die Sichtung und Diskussion der Literatur zu solchen Fragen. Obwohl sie ermutigende Befunde im Hinblick auf die allgemeine Effektivität liefert, fehlen Hinweise zu Untersuchungen, die Minoritäten in den Blick nehmen. In Kapitel 10 werden schließlich auf der Basis der vielen verschiedenen Bereiche, welche in dieser Publikation diskutiert worden sind, die eingangs formulierten Fragen nochmals zusammenfassend beantwortet und acht Empfehlungen formuliert. Sie können als Vorschläge für eine veränderte Begabungs- und Exzellenzförderungsstrategie verstanden werden.

9   Zwischen Nutzen und Risiko: Die Platzierung in Begabungsförderprogrammen

Die Platzierung in einem Begabungsförderprogramm gilt in der Regel als ehrenvolle Angelegenheit. Zusätzlich zu dieser Platzierung profitieren die nominierten Schülerinnen und Schüler von der mit ihrer Identifikation einher gehenden Etikettierung als ‹besonders befähigt›. Dies ist in der Sonderpädagogik nicht der Fall, so dass man eher von einem Paradoxon der sonderpädagogischen Förderung sprechen. Während hier nach erfolgter Zuweisung zusätzliche Ressourcen angeboten werden, um die Leistungen förderungsbedürftiger Schülerinnen und Schüler zu unterstützen, ihre Leistung oder ihr Verhalten dann jedoch wiederum als Substandard aussondert, ist dies in der Begabungsförderung anders. Im Unterschied dazu erhöht hier der auf die Bedürfnisse von Hochleistern zugeschnittene Unterricht die Erwartungen an ihre Leistung, während der auf schlechte Schülerinnen und Schüler fokussierte Unterricht eher mit tieferen Erwartungshaltungen einher geht. Ob die Platzierung von Minoritätsschülern sowohl in der sonderpädagogischen Förderung (aufgrund ihrer Übervertretung) als auch in den Begabungsförderprogrammen (aufgrund ihrer Untervertretung) als Problem angesehen werden sollte, hängt teilweise davon ab, ob die ‹Gegenleistung› als wertvoll angesehen wird. Bringen beispielsweise die Begabungsförderprogramme den in ihnen platzierten Kindern und Jugendlichen einen Nutzen? Profitieren Kinder und Jugendliche unterschiedlicher Herkunftsgruppen auch unterschiedlich?

9.1   Was sagt die Empirie zur Effektivität?

Schülerinnen und Schüler verbringen einen Großteil ihrer Schulzeit im Klassenzimmer. Relativ wenig ist dabei bekannt, in welchem Ausmaß der Unterricht differenziert und den Bedürfnissen der Kinder, auch der überdurchschnittlich Begabten und der Minoritäten, angepasst wird. Eine entsprechende Untersuchung von WESTBERG et al. (1993) förderte anhand strukturierter Unterrichtsbeobachtungen in jedem Bereich geringe Unterrichtsdifferenzierungen zu Tage. In 84% der Aktivitäten, in denen Schülerinnen und Schüler integriert unterrichtet wurden, konnten keine Differenzierungsmaßnahmen beobachtet werden. Der größte

Anteil zeigte sich in Mathematik mit 11%. Aus der IGLU-Studie (Bos et al., 2003) wissen wir, dass auf der Primarstufe in vielen Ländern binnendifferenzierende Maßnahmen eingesetzt werden. In Schottland und England beispielsweise werden in mehr als 70% der Fälle innerhalb der Klasse homogene Subgruppen gebildet. In anderen Ländern – Deutschland, Frankreich oder Italien – sind es nur zwischen 20% und 30%. Heterogene Subgruppenbildung ist hingegen in keinem der teilnehmenden Länder zu mehr als 30% realisiert. Gleiches gilt für die Frage, ob Schulkinder unterschiedliche Arbeitsaufträge erhalten. Während in Ländern wie Schweden, Schottland oder England die Kinder mit unterschiedlichen Materialien arbeiten, herrscht in Deutschland, Frankreich oder Griechenland das Modell der gleichen Materialbearbeitung bei unterschiedlichem Zeitbudget vor. Sucht man spezifisch nach Antworten auf die Frage der binnendifferenzierenden Förderung hoch begabter Kinder in der Grundschule, dann fällt die Bilanz recht dürftig aus. Während mit Ausnahme von Schweden zusätzliche Lernangebote im Sinne eines anreichernden Unterrichts eher selten eingesetzt werden, sind akzelerative Maßnahmen noch seltener. Frühzeitige Einschulung kommt nur in 4% der Fälle vor (Bos et al., 2003). Ähnliche Befunde liegen für die Schweiz vor. Nur jede dritte Lehrperson der Sekundarstufe I gab an, überdurchschnittlich begabte Schülerinnen und Schüler spezifisch innerhalb des regulären Unterrichts zu fördern. 8,4% überdurchschnittlich begabter Jugendlicher wurden früher eingeschult; 10,5% konnten eine Klasse überspringen (STAMM, 2005).

Die insgesamt schmale Forschungsbasis zu Interventionen erschwert fundierte Aussagen zur Effektivität der Angebote oder curricularen Optionen für überdurchschnittlich begabte Schülerinnen und Schüler. Verstärkt gilt dies für die Forschung zu begabten Minoritäten. Diese Situation bestätigen verschiedene Forschungsreviews. So konnte eine Untersuchung von CARTER und SWANSON (1990) zwar 1700, auf Hochbegabung fokussierende Aufsätze identifizieren von denen jedoch lediglich 29% auf empirischen Daten basierten. Zu fast identischen Befunden gelangen zwei weitere Reviews. ZIEGLER und RAULs Studie (2000) konzentrierte sich auf zwischen 1997 und 1998 in fünf Zeitschriften und HELLER und SCHOFIELD (2000) auf zwischen 1992 und 1998 in vier Zeitschriften zu Hochbegabung publizierte Artikel. Bei ZIEGLER und RAUL (2000) verfügten lediglich 35% der untersuchten Aufsätze eine empirische Datenbasis, bei HELLER und SCHOFIELD (2000) waren es 23%. Ein methodologisches Defizit vieler dieser Studien ist die Nutzung eines Einzelsample-Designs, das von einer Kontrollgruppe absieht. ZIEGLER und RAUL (2000) berichten, dass nur 20 von 90 reviewten Datensätzen Kontrollgruppeninformation einschlossen. Dazu kommt, dass die untersuchten Populationen in vielen Fällen aus Gruppen rekrutiert wurden, welche durch lokale Schulbehörden selektiert worden waren und deshalb keinen forschungsbasierten Kriterien genügten. Damit wird klar: Allein schon die mangelhafte Bestimmung einer geförderten Gruppe genügt, um die Diskussion problematisch werden zu lassen.

Aber auch praktische Fördermaßnahmen basieren nur zu etwa 40% der Fälle auf empirischen Erkenntnissen (SHORE et al., 1991). Zudem sind sie selten direkt auf Curricula, Programmplanung oder pädagogische Maßnahmen ausgerichtet. Aus vielen Untersuchungen ist zwar bekannt, dass Lehrkräfte und auch pädagogisches Aus- und Weiterbildungspersonal vielfach Alltagstheorien heranziehen, auch wenn empirisches Grundlagenmaterial zur Verfügung stehen würde. Diese Alltagstheorien – BRUNER (1996) nennt sie «folk pedagogy» – sind deshalb so bedeutsam, weil praxisorientierte Fachleute ihren Erfahrungen häufig mehr Bedeutung beimessen als dem wissenschaftlichen Wissen und sich somit nur teilweise in Angebotsalternativen einlassen, um ihre Praxis daran zu orientieren. Handlungsorientierung heißt somit noch nicht Handlungsanleitung. Auch die Wissensverwendungsforschung lehrt uns, dass Nutzung nicht ausschließlich über eine lineare Wissensakkumulation oder -assimilation im Sinne eines Transfers von Empfehlungen in die alltägliche Praxis geschieht. Begabungsforschung gilt deshalb, dass sie nicht den Anspruch erheben kann, sie könne «situationsreifes Kennen und Können für die Praxis abwerfen» (LUHMANN & SCHORR, 1979, S. 7). Vielmehr müsste sie in Erfahrung bringen, wie das Professionswissen erfolgreicher Praktikerinnen und Praktiker aussieht und welches zur Verfügung gestellte Wissen sie am ehesten nutzen. Gemäß DEWE (1988) muss eine an Wissenstransfer interessierte Forschung nicht zu stark und zu ausschließlich auf Wissenschaft, Inhalte und Fakten fokussieren, sondern auf die dem Sinnhorizont angemessene Verwendung der Abnehmer.

Es sind jedoch nicht lediglich Interpretations- und Transferprobleme, welche die Überführung der Erkenntnisse aus der Begabungsforschung in die Begabungsförderung erschweren. Ein weiteres Problem ist die große Variabilität der Definitionen und Begriffe. Sie machen Vergleiche und Generalisierungen schwierig. Beispielsweise kann der Begriff ‹Akzeleration› auf einen früheren als bisher üblichen Kindergarteneintritt ausgerichtet sein, das Überspringen einer Klasse während der Grundschule oder auch einen früheren Eintritt ins Gymnasium bedeuten, aber es kann damit auch ein beschleunigter Unterricht in einem spezifischen Fach bei gleichzeitig altersangemessener Platzierung im regulären Unterricht gemeint sein (beispielsweise, wenn eine Viertklass-Schülerin zweimal pro Woche den Algebra-Unterricht der zweiten Sekundarklasse besucht). Obwohl allen diesen Optionen gemeinsam ist, dass sie Inhaltsangebote einschließen, welche fortgeschrittener sind als die dem üblichen Jahrgangscurriculum entsprechenden Angebote, kann der jeweilige Umgebungskontext stark unterschiedliche Effekte auf die soziale und emotionale Anpassung haben, so dass die Förderwirkung nicht in allen Fällen die gleiche sein dürfte. Ähnliches gilt für den Begriff des ‹Enrichments›. Damit können Optionen verbunden sein, welche von einem spezifischen curricularen Modell (wie etwa das «School Enrichment Model») bis zu strukturierten Aktivitäten rund um ein Set von Richtlinien für lehrplanmäßige Modifikationen (wie beispielsweise Differenzierungen im regulären Klassenunterricht) resultieren. Gemeinsam sind ihnen die Bemühungen curricularer Anpassung, um den Kompetenzniveaus der Schülerinnen und Schüler zu entsprechen. Trotz der unterschiedlichen Begriffsinhalte zeigen die Metaanalysen für Enrichment-Maßnahmen bei überdurchschnittlich begabten Schülerinnen und Schülern positive Effekte. In verschiedenen Metaanalysen konnten LIPSEY und WILSON (1993) Fördereffekte zusammenstellen. Akzelerations- (d=0,88) und Enrichment-Maßnahmen (d=0,55) standen dabei an der Spitze, währenddem Spezialklassen deutlich geringere Effekte zeigten (d=0,32). Ähnliche Befunde ergaben sich in Bezug auf individualisierende Effekte im Mathematikunterricht (d=0,29), fielen jedoch im Hinblick auf tutorale Förderung mit d=0,40 etwas günstiger aus. Diesen Befunden gemäß ist Begabungsförderung somit wirksam, aber in Bezug auf die verschiedenen Maßnahmen doch recht unterschiedlich. Allerdings gilt zu beachten, dass sie bereits älteren Datums sind und zudem aus dem amerikanischen Kulturraum stammen, weshalb sie nicht ohne große interpretative Zurückhaltung auf unseren Sprach- und Kulturraum übertragen werden dürfen.

9.2 Forschung zu curricularen Modellen

Es gibt eine ganze Anzahl Studien zu verschiedenen curricularen Modellen, welche Hinweise auf den Erfolg spezifischer begabungsfördernder Maßnahmen liefern. Nachfolgend werden Akzeleration, Enrichment, Triarchisches Komponentenmodell sowie ein integriertes Modell vorgestellt.

9.2.1 Akzeleration

Als besonders effektive, von der empirischen Forschung unterstützte Maßnahme gilt die Akzeleration (LIPSEY & WILSON, 1993). Sie ist das bisher am breitesten untersuchte Curriculums- oder Programmmodell. Der Begriff steht für einen Unterricht in homogener Gruppierung auf der Basis bereichsspezifischer Fähigkeiten, jedoch ohne Berücksichtigung des Alters. Akzeleration ist eine logische Antwort auf konsistente Forschungsbefunde, welche nachweisen, dass sich überdurchschnittlich begabte resp. leistungsstarke Schülerinnen und Schüler häufig schneller als durchschnittlich begabte entwickeln und sich von ihnen durch ein hohes Lerntempo (auf Grund ihrer hohen Informationsverarbeitungskapazität) und/oder auf Grund ihres breiten und tiefen Vorwissens (abhängig von der Kapazität des Arbeitsgedächtnisses) von durchschnittlich Begabten unterscheiden (DAHME & EGGERS, 1988). Das Ziel dieser Fördermaßnahme besteht darin, den Schülerinnen und Schülern Lernangebote vorzulegen, die ihrem aktuellen Entwicklungsstand entsprechen und ihr geistiges Wachstum optimal fördern. Akzeleration erfolgt dabei allein oder in Kombination mit anreichernden Programmen, immer jedoch mit curricularer Differenzierung.

Im Folgenden wird Akzeleration aus zwei Gründen näher diskutiert: Erstens auf Grund der Tatsache, dass sie im deutschen Sprachraum selten praktiziert wird und auch kaum Bestandteil des wissenschaftlichen Diskurses ist; zweitens, weil die Ziele der aktuellen Bildungsstandardreform akzelerative Beschulungsformen nachgerade provozieren. Diese Problematik ist bereits in Kapitel 1.5.2 diskutiert worden. Aufgezeigt wurde dabei, dass heute meist davon ausgegangen wird, dass Bildungsstandards als Maßstab dessen zu setzen sind, was Schülerinnen und Schüler erreichen sollen, um sie zu guten Abschlüssen zu führen. Problematisch dabei ist, dass man sie primär daran misst, was sie im Vergleich zu der vorab festgelegten Norm des Durchschnittsschülers *nicht* können. Auf diese Weise bleibt mit der Standardreform die Gefahr des «one-size-fits-all Curriculum» (MURRAY et al. 2004) verbunden. Ein solches Standardcurriculum, das ‹gleiche› Möglichkeiten als ‹gleiche Aktivitäten für alle› interpretiert, führt dazu, dass anspruchsvolles Lernen aus dem Blick gerät, Potenzialentfaltung auf der Strecke bleibt und akzeleriertes Lernen verunmöglicht wird. Akzeleration ist somit eine mögliche Antwort auf die Idee der Mindeststandards (STAMM, 2008a). Auf dieser Folie lassen sich aus empirischem, theoretischem und praktischem Blickwinkel folgende Punkte hervorheben:

1. Studien von BENBOW & MINOR (1992), SWIATEK und BENBOW (1991) liefern differenzierte Nachweise dafür, dass akzelerierte Schülerinnen und Schüler bessere Leistungen erbringen als nicht akzelerierte. Auf Grund des Befundes von BENBOW, PERSSON und STANLEY (1996), wonach ihre wichtigste Erfahrung darin liegt, andere gleich befähigte Kinder und Jugendliche kennen zu lernen, ist anzunehmen, dass sich die soziale Komponente als moderierende Variable erweist, die den Zusammenhang zwischen Prädiktoren und Kriterium (Schulerfolg) moderieren. Insgesamt sind keine empirischen Belege verfügbar, wonach Akzeleration negative Auswirkungen auf die kognitive, soziale oder emotionale Entwicklung hat oder gar zu Fehlanpassungen führen würde. Eher liegen Hinweise vor, dass *ausbleibende* Akzeleration Nachteile bringt.

2. In praktischer Hinsicht bedeutet Akzeleration mehr als lediglich das Überspringen von Klassen und der Schutz vor Langeweile mangels intellektueller Herausforderung. Es ist eine Maßnahme, die Kompetenz und nicht chronologisches Alter als determinierende Faktoren einsetzt und fachlich weit fortgeschrittenen Schülerinnen und Schülern einen Zugang zu bestimmten Curricula in einem früheren als dem traditionell vorgesehenen Alter sichert. Damit wird es möglich, die Ausbildung schneller und auf einem höheren Niveau abzuschließen und die frei werdende Zeit für die eigenen Interessen zu nutzen. Zudem ist Akzeleration eine kostengünstige Maßnahme, die eine

Förderung überdurchschnittlich begabter respektive leistungsfähiger Schülerinnen und Schüler auch in geografischen Randregionen erlaubt.

3. Auch theoretisch lässt sich Akzeleration anhand verschiedener Lern- und Motivationstheorien legitimieren. Gemäß dem Konzept der individuellen Lernbereitschaft von HECKHAUSEN und RHEINBERG (1980) oder DWECK und ELLIOTT (1983) sind Versuche, Lernmotivation über eine besondere Gestaltung der Lernsituation anzuregen, dann besonders erfolgreich, wenn die gebotenen Anreize zur Motivstruktur der lernenden Person passen und die Lernaufgaben ihre aktuelle geistige Kapazität leicht übersteigen. Das Konzept umfasst basale Prinzipien der Pädagogischen Psychologie, wonach Aufgaben sowohl vom Einfachen zum Komplexen als auch vom Bekannten zum Unbekannten führen und Unterrichtseinheiten auf dem Niveau ansetzen, auf dem sich der Schüler respektive die Schülerin aktuell befindet. Akzeleration sollte somit als auf das Individuum ausgerichtete individuelle Bewältigung zunehmend komplexer werdender Fähigkeiten verstanden werden, die genügend schwierige und zunehmend komplexere Fähigkeiten umfasst. Verschiedentlich wird kritisiert, dass zwar die Leistungsmotivation des Individuums angehoben, gleichzeitig diejenige der Klasse jedoch gesenkt werde, weil ihr durch den Abgang eines hoch begabten Schülers ein Rollenmodell entzogen werde. Diese Kritik kann jedoch anhand BANDURAS sozial-kognitiver Lerntheorie (1986) zurückgewiesen oder zumindest relativiert werden. Wenn wir gemäß dieser Theorie nur Modelle wählen, die Ähnlichkeiten mit uns selbst aufweisen und wenn wir uns in der Regel gegen solche Modelle entscheiden, die tadellose Leistungen zeigen, dann ist es eher unwahrscheinlich, dass Kinder oder Jugendliche mit herausragenden Leistungsentwicklungen ohne hinterfragt zu werden, zu Rollenmodellen werden (SCHUNK, 1987).

KULIK und KULIK (1982) untersuchten allgemeine Akzelerationsmodelle in einer Metaanalyse von 26 kontrollierten Studien, in denen die Leistung von akzelerierten Schülerinnen und Schülern in Schulsettings direkt mit nicht akzelerierten Schülerinnen und Schülern verglichen wurden. Dabei überstiegen die Leistungen der akzelerierten gegenüber den nicht akzelerierten Schülerinnen und Schülern um durchschnittlich eine Note. SHORE et al. (1991) schlossen aus ihrer qualitativen Analyse der Literatur, dass der akademische Nutzen von Akzeleration zwar klar sei, aber auch deren Mängel herauszustreichen seien. Diese liegen offenbar am ehesten im emotionalen Bereich. CORNELL (1984) kritisieren des Weiteren, dass Akzelerationsstudien es unterlassen hätten, Kontrollgruppen zu nutzen und die Anpassung der Implementation zu messen.

Die Forschung zum «Enrichment Triad Model» (RENZULLI et al., 2000), das zum «Schoolwide Enrichment Model» erweitert wurde (RENZULLI, 1986; RENZULLI, REIS & STEDTNITZ, 2001), hat sowohl seitens der Schülerinnen und Schüler als auch der Lehrkräfte durchwegs positive Wirkungen dokumentiert (OLENCHAK & RENZULLI, 1989; STEDTNITZ, 2008). Die liberalere Definition von Hochbegabung, für die das Modell eintritt und die inklusive Natur unterrichtlicher Aktivitäten gelten als maßgebende Basis der Talententwicklung. Das Modell sieht drei Enrichmenttypen vor, Typ I, II und III. «Enrichment Typ I» ist eine Palette an Schnupperangeboten zu diversen Bereichen in Form von Gastvorträgen, Vorführungen und Kurzprojekten zu verschieden Themenfeldern, durchgeführt und/oder organisiert von Lehrkräften, Eltern und Schülerinnen und Schülern. Diesen soll die Möglichkeit geboten werden, neue Interessen zu finden, Kenntnisse zu erlangen sowie neue Lernerfahrungen zu sammeln. Die Enrichment-Angebote können sich an eine bestimmte Altersgruppe wenden oder sich auf ein einzelnes Fachgebiet beschränken. Bei der Zielgruppe kann es sich ausschließlich um Schülerinnen und Schüler handeln, die zuvor mittels eines Screenings ermittelt wurden. Unter Umständen kann es aber auch sinnvoller sein, die Angebote für alle Schülerinnen und Schüler (einer Altersstufe) zugänglich zu machen, zum Beispiel dann, wenn es ‹Freiarbeitsstunden› für die gesamte Schulstufe gibt. «Enrichment Typ II» bezeichnet das Erlernen spezifischer Fertigkeiten, die zur Weiterverfolgung von Interessen notwendig sind. Das heisst, es geht darum, Arbeits- und Lerntechniken, Methoden der Datenerhebung und -auswertung, Recherche, Kommunikationstechniken etc. je nach Bedarf zu vermitteln. Diese Techniken sind Basiskompetenzen, die für alle Schülerinnen und Schüler wichtig sind. Deshalb ist es möglich, Typ II Enrichment-Angebote im Voraus und verteilt über ein Jahr zu planen. Die Schwierigkeitsstufen können mit den Jahren ansteigen. So reicht vielleicht in den Klassen fünf bis sieben die Recherche in ortsansäßigen Stadtbibliotheken aus, währenddem in den folgenden Schulstufen zusätzliche Möglichkeiten wie Universitätsbibliotheken, spezielle Suchmaschinen etc. wichtig werden. Bei «Enrichment Typ III» Aktivitäten handelt es sich schließlich um eigenständige Aktivitäten der Schülerinnen und Schüler. Diese Projekte sind vielfältig und können unterschiedliche Inhalte haben.

Die Forschung zu den Wirkungen des Modells ist nicht nur limitiert, sondern auch einseitig. So hat sie beispielsweise lediglich Produkte der SEM-identifizierten mit denjenigen traditionell identifizierter Schülerinnen und Schüler verglichen und dabei kaum Unterschiede gefunden. Längsschnittstudien fehlen, ebenso Studien mit Kontrollgruppen. Deshalb sind Befunde von RENZULLI und REIS (2000) oder STARKO (1986) zu relativieren, welche belegen, dass mit diesem Modell geförderte Schülerinnen und Schüler im Allgemeinen häufiger selbst initiierte Projekte wie im Förderprogramm durchführen würden als Schülerinnen und Schüler, welche keine solchen Förderinstruktionen erhalten.

9.2.3 Das Triarchische Modell

STERNBERG (1984) entwickelte sein Triarchisches Komponentenmodell nicht als Curriculumsmodell, sondern eher als Modell intellektuellen Funktionierens. Auf den Punkt gebracht, lassen sich seine Ideen folgendermaßen zusammenfassen: Die Intelligenz lässt sich in praktische, kreative und analytische Intelligenz untergliedern. Wenn jemand praktisch veranlagt ist, kreative Vorgangsweisen an den Tag legt und seine Denkprozesse analytisch ablaufen, so zeigt er nach STERNBERG ein großes Maß an Intelligenz.

In neueren Untersuchungen haben STERNBERG et al. (1996) nachgewiesen, dass Primar- und Sekundarstufen I-Schülerinnen und Schüler sowie Gymnasiasten, die in Settings unterrichtet worden sind, welche auf außergewöhnliche Stärken in einem der drei triarchischen Bereiche abgestimmt sind, bessere Leistungsergebnisse in allen drei Bereichen zeigen als Schülerinnen und Schüler, welche keinen ihren Fähigkeiten angepassten Unterricht erhielten.

9.2.4 Das Integrierte Curriculum Modell ICM

Das so genannt «Integrierte Curriculum Modell (ICM)» wurde konzipiert, um auf die charakteristischen Merkmale überdurchschnittlich begabter Lerner wie Frühreife, Intensität, Komplexität in drei Dimensionen zu antworten. Dazu gehören (1) fortgeschrittene Inhalte, höhere Prozessniveaus und (2) Produktentwicklung sowie (3) interdisziplinäre Konzepte, Problembereiche und Themen. Das Modell ist in einen Rahmenlehrplan und in ein Set von Unterrichtspraktiken in den Bereichen Sprache, Kunst und Naturwissenschaften übersetzt worden. Vielversprechende Befunde zeigt es in erster Linie im Bereich der Entwicklung naturwissenschaftlicher Prozessfähigkeiten hoch begabter Kinder und Jugendlicher. Gemäß VANTASSEL-BASKA (1998) erzielten solche Kinder und Jugendlichen, welche für 20 bis 26 Stunden in einer problembasierten Einheit unterrichtet wurden (inklusive Pullout-Angebote, fähigkeitsorientierte Gruppen innerhalb heterogener Klassenzimmer und heterogene Klassen) signifikant höhere Ergebnisse als gleich befähigte Vergleichsgruppen. Beurteilt wurden dabei die spezifischen Fähigkeiten im Prozess der Konzeption, Datensammlung und -analyse. Zwar berichteten die Autoren kleine Mittelwertsdifferenzen, doch erachteten sie die Effektgrößen von 1.3 als gerechtfertigt, um eine Implementation dieses Modells vorzuschlagen. Allerdings wurde von ihnen weder der Typ des hoch begabten Schulkindes, das von diesem Modell profitiert, in Bezug auf die gewählte Identifikationsmethode beschrieben, noch wurde eine unabhängige Verifikation des Modells durchgeführt. Es waren vielmehr die Modellentwickler selbst, welche die Evaluation durchführten. Zusätzlich wurde keine systematische Untersuchung der Programmeffekte auf Minoritätsschüler eingeschlossen.

9.3 Spezifische Unterrichtspraktiken

9.3.1 Compacting

Wenn Lerntempo und Leistungsfähigkeit als für Kindheit und Jugendalter zentrale Erfolgsfaktoren postuliert werden, bedingen sie Möglichkeiten zu beschleunigter Aufgabenbearbeitung in den individuell starken Leistungsbereichen und damit eine möglichst schnelle Absolvierung des Basiscurriculums. Eine der am häufigsten empfohlenen Praktiken, um mit hoch begabten Schülern zu arbeiten, wird ‹Compacting› genannt (REIS, BURNS & RENZULLI, 1992). Unter Compacting verstehen die Autoren ein systematisches Verfahren, das Vorkenntnisse einbezieht, den Basislehrplan strafft und ihn gleichzeitig intensiviert, um eine entsprechende niveaugerechte Adaptation zu erreichen. Erstes Ziel ist dabei, die Wiederholung bereits gelernten Stoffes zu vermeiden, die Herausforderung durch den regulären Unterricht dadurch zu erhöhen und Zeit für geeignete Enrichment- und Akzelerationsmaßnahmen zu gewinnen. In den Bereichen, in welchen die Schülerinnen und Schüler den Stoff noch nicht beherrschen, erhalten sie entweder individuellen Unterricht oder werden in den gesamten Klassenunterricht integriert. Gemäß RENZULLI, REIS und STEDTNITZ (2001, S. 36) wird das Compacting mittels drei Schritten umgesetzt: (1) Festlegung der für eine Lerneinheit oder ein Thema relevanten Lernziele; (2) mittels Vortests erfolgende Bestimmung derjenigen Schülerinnen und Schüler, welche vom Compacting profitieren können; (3) Bereitstellung von Enrichment- und/oder Akzelerationsaktivitäten. Die Wirksamkeit wurde von REIS und PURCELL (1993) in einer Studie dokumentiert. Dabei unterschieden sich Schülerinnen und Schüler, welche zu 40% bis 50% in Curriculum Compacting-Förderformen unterrichtet worden waren, in ihren Leistungsergebnissen nicht signifikant von Schülerinnen und Schülern, welchen die gesamte Bandbreite des Curriculums vermittelt worden war. Zur Individualisierung des Basislehrplanes schlagen RENZULLI et al. (2001) folgende Maßnahmen vor:

- Erfassung individueller, inner- und außerschulischer Vorlieben und Stärken mit Hilfe von Interessen-, Lernstilfragebogen und Befragungen zur Freizeitgestaltung;

- Durchführung von Vortests zu Beginn der Unterrichtseinheit zur Erfassung bereits bestehender Fertigkeiten oder des Vorwissensstandes;

- Untersuchung und Überarbeitung bestehender Unterrichtseinheiten zur Elimination unnötiger Wiederholungen und zur Erhöhung des Schwierigkeitsgrades;

194

- Einbezug von Ressourcen aus dem weiteren Umfeld zur Gewährleistung des Transfers in den Alltag und zur optimalen Talentförderung;

- Gezielte Förderung von Fertigkeiten, welche zwingende Grundlagen des eigenständigen Lernens darstellen. Dazu gehören Datensammlung und - klassifikation, Durchführung und Ausweitung von Untersuchungen; Erarbeitung von Kommunikationsfertigkeiten, Aneignung methodologischer Kenntnisse.

9.3.2   Direkte Instruktion (Frontalunterricht)

Obwohl es wahrscheinlich ist, dass Studien zur direkten Instruktion im Sinne eines Frontalunterrichts auch hochbegabte Schülerinnen und Schüler einschließen, sind kaum Analysen verfügbar, welche die relativen Effekte des instruktionalen Modells auf diese spezifische Subgruppe aufzeigen. Allgemein wird davon ausgegangen, dass für verschiedene Ziele unterschiedliche Methoden benötigt werden und diese auch für überdurchschnittlich Begabte gelten. Erst die ausbalancierte Mischung verschiedener methodischer Grundformen von Unterricht dürfte adäquate Lernerfolge, erhöhte Leistungsbereitschaft und damit die Möglichkeit zu kumulativem Lernen gewährleisten. Dass ein guter Unterricht für überdurchschnittlich Begabte deshalb *auch* Formen der direkten Instruktion beinhaltet und gerade auch begabte Minoritäten besonders davon profitieren dürften, belegen Studien von JUDY et al. (1988) oder von OLSZEWSKI-KUBILIUS et al. (2004). Sie weisen nach, dass überdurchschnittlich begabte Schülerinnen und Schüler insbesondere dann profitieren, wenn der direkte Unterricht *nicht ausschließlich* auf Vermittlungsstrategien ausgerichtet ist, sondern auch auf die aktive und behutsam-provokative Stärkung des Eigenanteils des Kindes an den Unterrichtsprozessen. Gefragt ist somit ein Instruktionsverständnis, das in der Lage ist, die individuelle und vor allem: die *kompensatorische* Entwicklung des Kindes voranzubringen, verstanden als möglichst frühe, provokative Heranführung an seine Lernmöglichkeiten bei gleichzeitiger Orientierung an seinen spezifischen Bedürfnissen.

9.3.3   Peer Tutoring

Peer Tutoring ist eine Strategie, welche in vielen Klassenzimmern auf der Annahme basierend verwendet wird, dass alle Schülerinnen und Schüler von ihr profitieren. Hochleistende Schüler, inklusive die Hochbegabten, erlangen mutmaßlich größeres und vertieftes Verständnis der Inhaltsbereiche, wenn sie den Stoff selbst vermitteln. FELDMAN et al. (1976) hatten bereits vor mehr als dreissig Jahren empirische Daten zu den Effekten des Peer Tutorings auf Tutoren und

Tutees reviewt und gefunden, dass – obwohl die positiven Effekte auf Schülerinnen und Schüler mit schlechten Schulleistungen durch Tutoren dokumentiert werden konnten – Gleiches *nicht* für Hochcleistende nachgewiesen werden konnte, weil die Effekte auf die Tutoren nicht beweiskräftig genug waren. Ähnliches gilt für eine Review von ARREAGA MAYER et al. (1998) oder von JUDY et al. (1988), die zwar den Nutzen von Peer Tutoring für verschiedene Risikogruppen nachweisen konnten, nicht jedoch auf hoch begabte Kinder und Jugendliche. Im Gegensatz dazu fanden WIEGMAN et al. (1992) heraus, dass insbesondere begabte Schülerinnen und Schüler mit Minoritätshintergrund am meisten von dieser Schülerrolle profitieren. Eine Vielzahl anderer Studien zum Peer Tutoring (vgl. dazu DONOVAN & CROSS, 2002) liefern keinen Beitrag zum Verständnis der Effekte auf Schüler im höchsten Leistungsniveau. Einer der Gründe dürfte darin liegen, dass sie nicht auf überdurchschnittliche Begabung ausgerichtet sind, sondern lediglich auf die Klassenbesten.

9.3.4   Gruppierende Maßnahmen

Die Praxis der Fähigkeitsgruppierung ist ein weit verbreiteter Diskussionspunkt. Seit der von OAKES (1985) publizierten Studie, welche behauptete, dass Fähigkeitsunterschiede nichts zu tun hätten mit Leistungsverbesserung oder mit positiven Einstellungen und Verhaltensmustern und dass Kinder aus armen Familien resp. solche mit Minoritätshintergrund am stärksten unter fähigkeitsorientierter Gruppierung leiden, gilt diese Maßnahme vielerorts als unakzeptable Praxis. MOSTELLER et al. (1996) sind anderer Meinung. Ihrer Ansicht nach können fähigkeitsorientierte Gruppierungsmaßnahmen zu sehr unterschiedlichen Praktiken führen, beispielsweise zu solchen, welche maßgeschneiderte Instruktion für jede Gruppe einschließen oder zu solchen, welche keine unterrichtliche Differenzierungsmaßnahmen vorsehen. In ihrer Review berichten die Autoren zwar von einigen Studien, die positive Effekte zeigten, wenn das Curriculum differenziert wurde. Doch sind ihre Befunde insgesamt heterogen, so dass keine sicheren und stabilen Schlüße im Hinblick auf die Frage gezogen werden können, *wann* und *für wen* fähigkeitsorientierte Gruppierung einen Nutzen bringt. Deshalb ist weitere und sorgfältige experimentelle Forschung notwendig.

Begabungsspezialisten empfehlen nach wie vor die Cluster- resp. Kleingruppenbildung innerhalb des Klassenzimmers. Solche Gruppierungen sollen versichern, dass kleine Gruppen überdurchschnittlich begabter Schülerinnen und Schüler im Kontext eines einzelnen Klassenzimmers gefördert werden. Die Reviews zum Grouping beschränken sich jedoch fast ausschließlich auf die USA. Am berühmtesten sind Studien von KULIK und KULIK (1982) oder von SLAVIN (1987). Während diese Untersuchungen positive Effekte (d=0,17 bis d=0,32) in Bezug auf den Vergleich von Clustergruppierung und auf die ganze Klasse ausgerichtete Instruktion zeigten, sind die Befunde neuerer Studien weniger eindeutig. LOU et al. (1996) untersuchten Effektgrößen von Studien mit Kleingruppen-instruktion versus solchen ohne Gruppierung auf verschiedene Ergebnisvariablen und den Effekt von heterogener versus homogener Gruppierung auf Leistungser-gebnisse. Sie eruierten dabei einen Gesamteffekt von Kleingruppeninstruktion auf Leistung von d=0,17. Im Durchschnitt erzielte ein Schüler, welcher in einer kleinen Gruppe innerhalb des Klassenzimmers lernte, signifikant bessere Leis-tungen als ein Schüler in einem anderen Gruppensetting. Auf der Basis ihrer Analyse zeigten sich folgende Befunde: Die Gruppierung war effektiver, wenn (a) sie auf speziellen oder allgemeinen Fähigkeiten basierte, (b) Gruppen klein waren (3-4 Personen), (c) Lehrpersonen vorangehend extensives Training erhal-ten hatten und (d) die Klassengröße entweder klein (weniger als 25) oder groß (mehr als 30) war. In ihrer Analyse von Schülereinstellungen und Selbstkonzept fanden sie, dass klasseninterne Gruppierungsmaßnahmen positive Einstellungs-muster gegenüber dem behandelten Stoffinhalt und ein höheres allgemeines, je-doch nicht akademisches Selbstkonzept (d=0,16) zur Folge hatten. Des Weiteren lieferten ihre Vergleiche zwischen homogener und heterogener Gruppierung kei-ne Hinweise für die durchgehende Überlegenheit einer der beiden Gruppierungs-formen, um die Leistungen aller Schüler zu optimieren. So profitierte der durch-schnittliche Lerner von homogener Gruppierung bedeutsam und in allen Berei-chen. Allerdings spielten das Ausmaß der Passung des auf die Lernbereitschaft der Gruppe zugeschnittenen Informationsmaterials und die Einflüsse der Peers auf die Schülerleistungen in Kleingruppenlernsituationen eine große Rolle.

In einer Vergleichsstudie zu Gruppierungsarrangements fanden DELCOURT et al. (1994), dass Schülerinnen und Schüler in Spezialschulen oder in Pullout-Programmen bessere Leistungen zeigten als solche, welche in Kleingruppen in-nerhalb der Klasse gefördert worden waren. Ähnlich eruierte LOCKART (1996) signifikant höhere Gewinne in den Leseleistungen homogen und in Pullout-Programmen unterrichteter Schülerinnen und Schüler als solcher in heterogenen Klassengruppierungen. Auch Befunde zu den Effekten von gemischten Alters-gruppierungen liefern ähnliche Erkenntnisse. Sie streichen heraus, dass gezielte, auf bestimmte Fächer fokussierte Praktiken, wie etwa Gruperungen in bestimm-ten Inhaltsbereichen wie Lesen oder Mathematik, am effektivsten sind (KULIK, 1992). In einer explorativen Studie zu den Effekten des Trainings zum metakog-nitiven Bewusstsein hoch begabter Schülerinnen und Schüler in homogenen und heterogenen Gruppierungen berichten SHEPPARD und KANEVSKY (1999) ein größeres Komplexitätsbewusstsein und größere Unterschiede in Denkstrategien und der Informationsverarbeitung im Zusammenhang mit den ihnen gestellten Aufgaben. Des Weiteren zeigten die hoch begabten Schülerinnen und Schüler in der homogenen Gruppe einen höheren Anstieg metakognitiven Bewusstseins. Sie gaben differenziertere Antworten und machten spontanere Bezüge und Ergän-zungen zu den Ideen der anderen. Die Schülerinnen und Schüler heterogener Gruppen waren zögerlicher und angepasster.

In zwei Studien zum Reattributionstraining von hoch begabten Mädchen in der Sekundarstufe I und im Gymnasium fanden HELLER und ZIEGLER (1996) für Deutschland heraus, dass erfolgs- und misserfolgsorientierte Schülerattributionen im mathematischen Bereich durch systematisches Feedback direkt und indirekt modifiziert werden konnten und dass Veränderungen in den Attributionsmustern mit signifikant größeren Leistungsgewinnen einher gingen.

9.3.5 Kooperatives Lernen

Gute Unterrichtspraxis soll gute wie schlechte Schülerinnen und Schüler ansprechen. Ein spezifisches Beispiel ist das kooperative Lernen. Kooperatives Lernen bedeutet, dass sich Schülerinnen und Schüler gegenseitig bei der Arbeit unterstützen und gemeinsam zu Ergebnissen gelangen. Dies geschieht in Partner- oder Gruppenarbeit. In gut strukturierten Lerngruppen wird unter Zuhilfenahme von zahlreichen Methoden ein hohes Aktivierungsniveau der Lernenden erreicht. Grundvoraussetzung für die erfolgreiche Arbeit in Gruppen ist die Schaffung eines förderlichen sozialen Klimas mit positiven Interaktionsfähigkeiten zwischen den Gruppenmitgliedern. Vielfach wird postuliert, das kooperative Lernen sei eine Strategie, von der alle in schulischer und sozialer Hinsicht profitieren könnten. Bestärkt worden ist diese Aussage von AUGUSTINE et al. (1990).

Heute scheint es, dass diese Unterrichtsmethode akzeptiert und recht oft umgesetzt wird, trotz einiger berichteter Unsicherheiten und Unklarheiten in der Anwendung (KONRAD & TRAUB, 2005). Während zahlreiche Studien gezeigt haben, dass kooperatives Lernen im Allgemeinen sowohl Schülerleistung als auch Selbstkonzept positiv beeinflusst, haben Kritiker seine Angemessenheit für hoch begabte Schülerinnen und Schüler in Frage gestellt (ROBINSON, 1991). Die Skepsis basiert dabei weitgehend auf dem Mangel an Forschungsbeweisen, welche die Nutzung kooperativen Lernens für diese Population unterstützen könnte. Besonders problematisch dürfte dabei die Definitionsbasis sein. So wurden in einigen Studien die besten 25% der Schülerinnen und Schüler als hoch befähigt bezeichnet, während in anderen dieses Etikett für alle diejenigen reserviert wurde, welche über dem Mittelwert eines bestimmten Tests lagen oder dann basierte das Urteil schließlich lediglich auf der Lehrereinschätzung (DONOVAN & CROSS, 2002).

9.4 Schülerinnen und Schüler mit Minoritätshintergrund

Die Literatur zu Curriculums- oder Programmoptionen, welche sich in der Talententwicklung von Minoritätsschülerinnen und -schülern als erfolgreich erwiesen haben, ist sehr limitiert. PATTON (1990) eruierte beispielsweise im Rahmen der Befragung von Leiterinnen und Leitern von Hochbegabtenprogrammen einen

Anteil von 82,6%, denen keine Gelder für benachteiligte, begabte Schülerinnen und Schüler zur Verfügung standen. Des Weiteren verfügte keiner der Staaten über spezifische Programmstandards. Obwohl es bereits in den 1990er Jahren Programme für hoch begabte Minoritäten gegeben hatte, welche von der Stiftung Jacob K. Javits Gifted and Talented Students Education gefördert wurden (vgl. Kapitel 8), sind Angebote für begabte Minoritäten nach wie vor nicht die Regel. Für den deutschsprachigen Raum fehlen sowohl eine Problemwahrnehmung und -diskussion als auch entsprechende Programmimplementationen, abgesehen von einigen Initiativen Deutscher Stiftungen wie etwa der START-Initiative der Hertie-Stiftung, fast vollständig.

Überblickt man den Forschungs- und Implementationsstand, so ist die Situation im englischen Sprachraum insgesamt deutlich günstiger. Neben verschiedenen Studien zur Thematik (ROSS, 1993; FRASIER, 1995; DONOVAN & CROSS, 2002; FLETCHER & MASSALSKI, 2003; SISK, 2003) existiert eine ganze Anzahl an Fallstudien mit Minoritätskindern aus benachteiligten Milieus, die auf qualitativen Analysen von Lehrpersonen- und Elternantworten gründen. TOMLINSON et al. (1997) zeigen beispielsweise auf, dass bereits eine einfache Bekräftigung von Talentmanifestation positive Ergebnisse zeigt. Die Beobachtungsgrundlage war ein Interaktionsmodell, das auf strukturierenden Lernerfahrungen aufbaute und die Interessen und kulturellen Unterschiede dieser Kinder ansprechen und ihre unterschiedlichen Lernstärken (verbal, räumlich, linguistisch) erkennen wollte. Interessanterweise resultierte diese Strategie auch in einer Zunahme von Identifikationen hoch begabter Schülerinnen und Schüler.

Von besonderem Interesse sind, wie in Kapitel 4.2 bereits ausführlich besprochen, die frühkindlichen Interventionsprojekte. Ihr erstes Ziel besteht darin, durch vorschulische, institutionelle Förderung einen Beitrag zur Kompensation der sozialen Benachteiligung zu leisten und allen Kindern zu ermöglichen, dass sie optimal auf den Schuleintritt vorbereitet sind. Ähnlich wie die soeben im deutschsprachigen Raum lancierten oder gestarteten frühkindlichen Bildungsangebote fokussieren sie auf den Erfolg der durchschnittlichen und risikogefährdeten Kinder, ohne dabei jedoch die Frage nach der Förderung oder Potenzialentwicklung überdurchschnittlich begabter und schon gar nicht die Förderung solcher Kinder mit Minoritätshintergrund zu stellen. Allerdings stellt GANDARA (2000) fest, dass diese Programme im Allgemeinen auch eine Auswirkung auf Kinder mit höheren Denkfähigkeiten hätten, wenn sie nicht risikogefährdet seien. In einer Studie von ROBINSON et al. (1998), welche die Faktoren untersuchten, die mit hohen Niveaus der Schulleistungen von Head Start-Schülern in den ersten Schuljahren einher gingen, erwiesen sich die Besonderheiten der häuslichen Umgebung als besonders relevant. GANDARA (2000) schloss daraus, dass umfassende schulinterne und -externe Reformanstrengungen nicht nur zur Stärkung des Curriculums beitragen können, sondern auch eine positive Auswirkung auf die Leistungen von benachteiligten Kindern haben können – jedoch nur, wenn sie bereits gute Schulleistungen zeigen.

9.5 Die große Aufgabe: der Wissenstransfer in die Praxis

Vorangehend ist aufgezeigt worden, was die Forschung aktuell über effektive Wirkung spezifischer Fördermaßnahmen zur Unterrichtung überdurchschnittlich begabter Schülerinnen und Schüler weiß. Die Prinzipien dessen, was guten, förderorientierten Unterricht konstituiert, darf jedoch keinesfalls ausschließlich mit Blick auf diese Population diskutiert werden. Vielmehr ist der Blick auf alle Schülerinnen und Schüler auszuweiten. Das Prinzip der Individualisierung und Binnendifferenzierung erfordert allerdings, dass Aufgabenschwierigkeiten unterschiedlich gestaltet werden und somit die Informationsgeschwindigkeit, der Anteil der Wiederholung und die Geschwindigkeit, mit der Komplexität oder Abstraktion variiert oder erhöht werden kann, angepasst werden. Wenn es jedoch gelingt, die Ziele des Unterrichts zu explizieren und metakognitive Aufgaben in ihn zu inkorporieren, dann können alle Schülerinnen und Schüler profitieren. Der Status quo hierzulande berechtigt jedoch, wie in Kapitel 9.1 vermutet und wie er in verschiedenen Evaluationen spezifisch für den Bereich der Begabungsförderung bestätigt worden ist (IMHASLY, 2004; STAMM, 2004), zur Annahme, dass Unterrichtspraktiken, welche von der Forschung als effektiv verifiziert worden sind, aktuell nur von einem kleinen Kreis der Lehrerschaft im Unterricht genutzt werden. Damit solche Unterrichtspraktiken tatsächlich eingesetzt würden, müssten Entwicklungsanstrengungen unternommen werden, welche nicht damit enden, dass Forschungsbefunde in einem Bericht schriftlich dargestellt werden. Es braucht mehr: das Forschungswissen muss so in die Praxis transportiert werden, dass es dort verstanden wird und aufgenommen werden kann. Wenn somit einmal in Erfahrung gebracht worden ist, wie Professionswissen erfolgreicher Praktikerinnen und Praktiker aussieht und welches zur Verfügung gestellte Wissen sie am ehesten nutzen, dann steht eine weitere große Aufgabe bevor: das generierte Wissen in effektive Lehrpläne und andere Unterrichtswerkzeuge zu überführen und diese anschließend im Feld zu erproben.

10 Bilanz und Empfehlungen

Dieses Schlusskapitel zieht eine Bilanz und legt acht Empfehlungen vor. Diese fokussieren auf die folgenden Schwerpunkte: Biologische und frühkindliche Risikofaktoren, Eignungs- und Zuweisungspraktiken, leistungsbeeinflussende schulische und kontextuelle Probleme; Ausbildung und Qualität von Lehrpersonen sowie auf die Verbesserung der Forschungsbasis. In einem ersten Schritt werden jedoch die vier Fragen, welche diese Publikation leiteten, überblicksartig beantwortet.

10.1 Warum gibt es kaum begabte Minoritäten? Vier Antworten zu den Hintergründen

In den letzten zwanzig Jahren haben Stütz- und Fördermaßnahmen für Kinder mit Minoritätshintergrund in disproportionalem Ausmaß zugenommen. Diese Tatsache hat bereits anfangs der Neunziger Jahre große öffentliche Aufmerksamkeit erregt, hat doch BÜHLER-NIEDERBERGER (1991) nachgewiesen, dass jeder dritte Schüler und jede dritte Schülerin Stütz- und Fördermaßnahmen erhält. Die 2001 im Kanton Zürich durchgeführte Evaluation der dritten Klassen förderte gar zu Tage, dass mehr als 50% der Schülerinnen und Schüler in ihrer bisherigen Schullaufbahn bereits eine solche Maßnahme erhalten hatten (MOSER, KELLER & TRESCH, 2003). Gleichzeitig geben nicht nur diese beiden Tatsachen insgesamt zu denken – nämlich, dass sich in den letzten zwanzig Jahren Stütz- und Fördermaßnahmen offenbar fast verdoppelt und heute gut 50% erreicht haben – sondern insbesondere auch, dass überproportional häufig benachteiligte Gruppen davon betroffen sind (KRÜGER & GRUNERT, 2002). Angesichts der markant gestiegenen Bildungsaspirationen der Mittel- und Oberschichteltern scheint es auch wenig erstaunlich, dass gemäß der Schulstatistiken mehr als 50% der Schülerschaft an den beiden anforderungsniedrigsten Schultypen der Real- resp. Hauptschulen Minoritätsstatus haben, häufig ausländischer Herkunft sind und disproportional von sonderpädagogischen Maßnahmen Gebrauch machen.

Am anderen Ende der Skala sprechen die Daten eine ebenso deutliche Sprache: Beispielsweise macht nur jeder zehnte Schüler mit Minoritätshintergrund eine Matur. Analysen wie die von LEHMANN et al. (1998) oder RAMSEIER und BRÜHWILER (2003) verweisen zudem darauf, dass Jugendliche bescheidener sozialer Herkunft bei gleichen kognitiven Fähigkeiten und Fachleistungen signifikant tiefere Chancen haben, eine Gymnasialempfehlung zu erhalten als Jugendliche mit hohem sozialem Status. Darauf verweisen auch Ergebnisse der IGLU-Studie (BOS et al., 2003). Die Daten der Frühleser-Studie (STAMM, 2005a) bestätigen zudem die Kopplung von Herkunft und Schulerfolg auf nicht erwartete Weise: Sie weisen den erheblichen Einfluss der sozialen Herkunft auf den Schulerfolg auch dann nach, wenn hohe kognitive Fähigkeiten und hohe Fachleistungen bei unterschiedlicher sozialer Herkunft miteinander verglichen werden. Herkunftsbedingte Disparitäten sind somit nicht nur bei leistungsschwachen oder durchschnittlich begabten Schülerinnen und Schülern, sondern auch bei besonders befähigten festzustellen.

Die Sorge um die adäquate Beschulung und Förderung von Minoritäten ist somit mehr als berechtigt. Sie darf sich jedoch nicht nur auf die leistungsschwachen und durchschnittlichen Minoritätskinder konzentrieren, sondern muss ebenso die umgekehrt proportionale Beteiligung der leistungsstarken resp. überdurchschnittlich Begabten in Begabungsförderprogrammen in den Blick nehmen. Deshalb ist zu fragen, warum diese Unterrepräsentation überhaupt existiert, wenn doch der Unterricht heute weit stärker als noch vor zehn oder zwanzig Jahren individualisiert wird und Potenziale auf diese Weise besser entdeckt werden könnten. Die Antwort liegt darin – und dies wissen alle, die mit solchen Förderprogrammen vertraut sind – dass sich jede Schülerin und jeder Schüler einem Identifikationsprozess unterziehen muss und im positiven Fall ein Etikett ‹hoch begabt› oder zumindest ‹überdurchschnittlich begabt› erhält. Ein solches Label attestiert nicht nur überdurchschnittliche Leistungsfähigkeit, sondern bringt auch eine höhere Erwartungshaltung der Lehrperson, der anderen Kinder und auch des identifizierten Schülers an sich selbst mit sich. Schafft ein Kind mit Minoritätshintergrund diese Hürde und handelt es sich um eine ‹richtige› Zuordnung, dann steigt die Chance, dass es vom angebotenen Förderprogramm profitiert.

Wesentlich scheint dabei jedoch, dass nur diejenigen Kinder in solchen Programmen platziert werden, welche dieser Förderunterstützung tatsächlich bedürfen. Dies ist bei Minoritätskindern überdurchschnittlich häufig nicht der Fall, d.h. dass sie verstärkt Opfer des so genannten ß-Fehlers sind und keinem Förderprogramm zugewiesen werden, obwohl sie über die entsprechenden Fähigkeiten verfügen würden. Wie bereits verschiedentlich vermerkt, lässt diese Feststellung alleine noch kaum weitere Aussagen zu. Ein Urteil, ob eine disproportionale Platzierung in einem Begabungsförderprogramm unangemessen oder problematisch ist, hängt sowohl von den Gründen für die Disproportionalität als auch von den Konsequenzen der Platzierung ab. Aus diesem Grund habe ich in der vorliegenden Publikation vier Fragen verfolgt:

(1) Ob überdurchschnittlich begabte und insbesondere Minoritäten einen höheren Unterstützungsbedarf haben und ob sich dieser nach anlage- und umweltbedingten Faktoren unterscheidet; (2) welche Rolle die Schule dabei spielt; (3) ob die aktuell verwendeten Identifikationsmethoden dazu beitragen, dass begabte Minoritäten seltener identifiziert werden und (4) welche Fördermaßnahmen gut sind für begabte Kinder und Jugendliche. Diese vier Fragen werden nachfolgend bilanzierend beantwortet.

Frage 1: Haben überdurchschnittlich begabte Schülerinnen und Schüler einen höheren Förderbedarf? Trifft dies spezifisch für Angehörige von Minoritätsgruppen zu? Welche Gründe sprechen dafür? Gibt es Entwicklungsfaktoren sozialer, biologischer oder kontextueller Art, die sich nach Ethnie und sozialer Herkunft unterscheiden?

Die Antwort auf die ersten beiden Fragen lautet ‹Ja›. Seit dem Bericht der Caritas von OSTERTAG und KNÖPFEL (2006) sowie des BUNDESAMTES FÜR STATISTIK (2008) wissen wir, dass Kinder mit Minoritätshintergrund disproportional arm sind. Aus der umfassenden angloamerikanischen Forschung ist zudem hinlänglich bekannt, dass Armut mit höheren Raten an gesundheitsgefährdenden Begleiterscheinungen einhergeht. Dazu gehören Untergewicht bei Geburt, Mangelernährung oder das fötale Alkohol- und Tabaksyndrom (DONOVAN & CROSS, 2002). Benachteiligte Kinder werden mit größerer Wahrscheinlichkeit untergewichtig geboren, unausgewogener ernährt und haben auch weniger unterstützende Familienumgebungen im Hinblick auf die kognitive und emotionale Entwicklung als die Mehrheit der Gleichaltrigen. Wenn soziale Benachteiligung zudem beträchtlich und persistent ist, dann steigen sowohl die Anzahl der Risikofaktoren als auch die Entwicklungsgefährdungen. Einige der Risikofaktoren haben disproportionale Auswirkungen auf bestimmte Gruppen. Massiv benachteiligte Kinder haben das niedrigste Geburtsgewicht und sind auch am stärksten gesundheitsschädigenden Einwirkungen ausgeliefert. Während der separierende Effekt jeder dieser Faktoren auf die Schulleistung schwierig zu bestimmen ist, können substanzielle, durch die Ethnie bestimmte Unterschiede auf vielen Dimensionen von Schulfähigkeit bereits bei Kindergarteneintritt festgestellt werden (STAMM, 2004; MOSER, STAMM & HOLLENWEGER, 2005; MOSER, BAYER & BERWEGER, 2008).

Frage 2: Leistet die Schule mit ihrer Lern- und Leistungsförderung einen Beitrag zur Manifestation von überdurchschnittlicher Begabung? Mit welchen Strategien stellt sie sicher, dass sie Talententwicklung moderiert und nicht hemmt oder gar verhindert?

Auch diese Frage ist positiv zu beantworten. Aus vielen Evaluationen von Begabungsförderangeboten ist bekannt, dass Schulen mit einer hohen Konzentration an Familien mit bescheidenen finanziellen Ressourcen deutlich seltener Zusatzprogramme für begabte Kinder anbieten, obwohl ihre Ausgaben pro Schüler ähnlich sind wie für Schulen in finanzstarken Regionen (STAMM, 2001). Einige angloamerikanischen Untersuchungen lassen darüber hinaus vermuten, dass solche Schulen auch weniger anspruchsvollen Unterricht sowie geringere Unterstützung bieten, damit anspruchsvolle Schulleistungen erzielt werden können (CALLAHAN et al., 2002).

Gerade für Kinder und Jugendliche mit Migrationshintergrund ist ein qualitativ hoch stehender Unterricht zentral. Wenn Kinder aus solchen Milieus zur Schule kommen, so wie dies für eine disproportional hohe Anzahl Begabter zutreffen dürfte, dann kann ein qualitativ hoch stehender Unterricht, der auf die sorgfältige Bereitstellung der Grundlagen für das Lernen ausgerichtet ist, zusammen einem effektiven, auf Zielklarheit ausgerichteten Klassenmanagement ihren Schulerfolg enorm fördern. Reformanstrengungen wie sie etwa in den QUIMS-Schulen unternommen werden, sind Belege dafür, dass ein solcher Effort möglich ist (TRUNIGER et al., 2002). Trotzdem ist wenig gewiss, dass Kinder bereits in den Genuss effektiven Unterrichts kommen, bevor sie in Begabungsförderprogramme aufgenommen werden. Wahrscheinlich ist eher, dass diese als Ersatz für inadäquaten Unterricht dienen.

Frage 3: Sind die zur Anwendung gelangenden Identifikationsmethoden reliabel? Ist es möglich, dass gewisse Identifikationsprozeduren in Bezug auf ethnische- und sozio-ökonomische Aspekte verzerrt sind?

Die Antwort auf diese Frage ist nicht eindeutig. Die Mehrheit der Kinder wird von den Lehrpersonen für eine Aufnahme in Begabungsförderprogramme vorgeschlagen. Wenn es, wie vielfach behauptet wird, zutrifft, dass Lehrkräfte bei der Bewertung der Schulleistungen und des Verhaltens ihrer Schulkinder voreingenommen sind, dann ist davon auszugehen, dass die gegenwärtig praktizierten Identifikations- und Zuweisungsverfahren einige Verzerrungen aufweisen. Dazu liegt auch eine empirische Forschung vor (HANY, 1997). Andererseits weisen einige Untersuchungen auch nach, dass solche Verzerrungen nach gezielten Weiterbildungsanstrengungen kleiner werden (WILD, 1991).

Sind Kinder einmal für ein Begabungsförderprogramm vorgeschlagen, dann müssen sie als ‹förderfähig› respektive ‹nicht förderfähig› erklärt werden. Ob auch dieser Teil des Bewertungsprozesses verzerrt ist, wird ebenso kontrovers diskutiert wie der erste Schritt. Aber die Forschung zeigt, dass der Kontext, inklusive die Vertrautheit mit Tests, aber auch Normen und Schulerwartungen, die

Leistungen der Schülerinnen und Schüler hinunterdrücken. Es ist insgesamt somit nicht schlüssig, ob die Nominations-, Überweisungs- und Bewertungsprozesse verzerrt sind oder nicht. Deshalb stellt sich die Frage: Werden die richtigen Schülerinnen und Schüler ausgewählt, also diejenigen, welche adäquate Bildungsbedürfnisse haben und von den Angeboten am stärksten profitieren könnten? Auf diese Frage dürfte die Antwort eher negativ ausfallen. Die Subjektivität des vorwiegend lehrergestützten Identifikations- und Überweisungsprozesses führt beispielsweise dazu, dass Kinder mit schlechten Leistungen und als unangemessen erachteten Lernprozessen übersehen werden. Deshalb lassen solche prozeduralen Mängel des Bewertungsprozesses Zweifel aufkommen, dass Schülerbedürfnisse angemessen identifiziert werden.

Frage 4: Welche Fördermaßnahmen sind gut für überdurchschnittlich Begabte? Welche sind wirksam für begabte Minoritäten?

Jenseits des Verständnisses für die Ursachen von disproportionalen Verteilungen, besteht die berechtigte Sorge, dass sie ein Problem darstellen. Diese vierte Frage ist nicht adäquat zu beantworten, weil die Daten, welche zu ihrer Beantwortung nötig wären, gar nicht vorliegen. Wir wissen, dass viele begabungsfördernde Interventionen positive Ergebnisse für Schülerinnen und Schüler dokumentiert haben. Aber wir wissen nicht, inwiefern solche Interventionen im Unterricht tatsächlich umgesetzt werden. Auch wissen wir nicht, in welchem Ausmaß überdurchschnittlich begabte Minoritätsschüler im Vergleich zu Kindern anderer Milieus solchen Interventionen zugeführt werden.

Im Mittelpunkt dieser Publikation war eine Beobachtung angesiedelt, welche nun erlaubt, alle vier Fragen zu einer Antwort zu vereinen: Es gibt einige substanzielle Hinweise, dass der Blick auf Begabung und Verhalten früh schon geschärft werden sollte und dementsprechend frühe Identifikation und Intervention effektiver sind als späte Bemühungen. Dies trifft für Kinder aller Kulturen und insbesondere für solche mit problematischen Entwicklungsmustern zu. So wie Begabungsförderung und Identifikation jedoch gegenwärtig betrieben werden, unterliegen sie eher einer Perspektive, die mit ‹Abwarten, bis Misserfolg eintritt› umschrieben werden kann. Eine solche Perspektive erhöht die Wahrscheinlichkeit, dass Kinder tatsächlich Probleme bekommen, weil sie nicht ihrem Potenzial gemäß gefördert werden und deshalb unterfordert sind. Dies hemmt die Wirksamkeit aller nachfolgenden Unterstützungen. Gefordert ist deshalb eine entwicklungs- und ressourcenorientierte Perspektive. Obwohl diese Perspektive auf alle Kinder angewendet werden soll, dürfte die Auswirkung auf benachteiligte Kinder am größten sein. Der Grund liegt darin, dass diese Kinder aufgrund ihrer familialen Erfahrungen weniger gut auf die Schulanforderungen vorbereitet werden, sie eher größeren Misserfolgsrisiken ausgesetzt sind und die verfügbaren Ressourcen, welche ihnen zur Verfügung stehen, eher unterdurchschnittlich sind. Frühe Anstrengungen, sie zu identifizieren und sie dann Interventionen zuzuführen, helfen jedoch allen Kindern und Jugendlichen, welche zusätzliche Unterstützung brauchen.

Die Vision, welche in dieser Publikation entfaltet worden ist, ist keine neue. Sie knüpft vielmehr bei Heinrich ROTH und Franz Emanuel WEINERT an. Mit Blick auf überdurchschnittlich begabte Minoritäten ruft sie ROTHs (1969) Maxime in Erinnerung, Begabung im Sinne von ‹Begaben› als pädagogische Aufgabe zu verstehen, als auch WEINERTs (2001) Aussage, wonach Begabungen zwar zu Höchstleistungen prädisponieren, diese aber keinesfalls garantieren. *Lernen* ist deshalb der entscheidende Mechanismus bei der Umwandlung von hoher Begabung in Leistungsexzellenz, während die genetische Ausstattung lediglich eine Unterstützung oder Erschwerung der durch die soziale Umwelt gebotenen Lernmöglichkeiten darstellt. Aus diesen Gründen sollte gerade bei benachteiligten begabten Kindern das ‹früher=besser›-*Prinzip* zum Zug kommen: Je früher und effektiver wir im Zurückbinden biologischer Schädigungen und Verletzungen sind und je früher wir nach kindlichen Potenzialen suchen und die kognitive und verhaltensmäßige Entwicklung aktiv unterstützen, desto weniger Kinder werden in der Schule mit dem Risiko des Scheiterns behaftet sein.

10.2 Empfehlungen: Eine Vision für Veränderung

Diese Publikation hat viele Hinweise geliefert, weshalb unsere Gesellschaft begabten Minoritäten mehr Aufmerksamkeit schenken sollte. Nachfolgend werden deshalb Empfehlungen formuliert, die auf der Intension beruhen, solche Kinder und Jugendliche vermehrt in Begabungsförderprogrammen zu platzieren und dabei eine Strategie der Chancengerechtigkeit zu verfolgen. Die Empfehlungen basieren auf sechs Prinzipien:

1. Es liegt in der Verantwortung von *Lehrpersonen*, in ihrem Unterricht vielfältige, individualisierende Interventionen und begabungsfördernde Maßnahmen zu planen und umzusetzen, deren Effekte zu beobachten und sie zu evaluieren. Der Einsatz solcher Maßnahmen ist zwingend und muss in jedem Fall vor der Zuweisung zu einer psychologischen Abklärung oder zu einem Assessment erfolgen.

2. Es liegt in der Verantwortung des *Fachpersonals*, welche für die Zuweisung zu und die Aufnahme in Begabungsförderprogramme verantwortlich sind, aufzuzeigen, dass die verwendeten Instrumente valide sind, um die Fähigkeiten und Potenziale des Kindes zu beurteilen.

3. Es liegt in der Verantwortung des *Teams*, welches die Zuweisungen vornimmt, aufzuzeigen, dass die beabsichtigten Fördermaßnahmen die richtigen sind und das Kind nur auf diese Weise Leistungsergebnisse erzielen kann, zu denen es im regulären Klassenzimmer nicht in der Lage wäre.

4. Es liegt in der Verantwortlichkeit eines *Evaluationsteams* aufzuzeigen, dass die angebotenen Begabungsfördermaßnahmen spezifisch, wirksam und qualitativ hochstehend sind und in dieser Effektivität im regulären Klassenzimmer individuelle Förderung nicht geleistet werden kann.

Eine Vision ist jedoch weit mehr als lediglich ein konzeptionelles Verständnis dessen, was getan werden müsste und auch mehr als das praktische Wissen darüber, wie ein Kind unterrichtet werden sollte, damit es seine sprachliche Begabung umsetzen oder sein Verhalten besser kontrollieren kann. Eine Vision erfordert neben gesetzlichen und strukturellen Neuerungen insbesondere eine Investition in die Aus- und Weiterbildung der Lehrpersonen und anderer Fachleute, um sie zu befähigen, Kinder mit Minoritätshintergrund zu beobachten, zu beurteilen und wirksame, d.h. ihrer Potenzialentwicklung dienende Interventionen einzuleiten. Dies dürfte allerdings ein schwieriges Unterfangen werden, weil – wie in Kapitel 5 bereits ausgeführt – insbesondere Lehrpersonen häufig von relativ ausgeprägten Alltagstheorien geleitet sind, wonach Begabungen bei Minoritäten inexistent seien und sich die Suche nach Potenzialen deshalb erübrige. Es wird somit herausfordernde Anreizsysteme brauchen, damit Kinder früh identifiziert werden, um sie anschließend effektiv fördern zu können. Darüber hinaus geht es jedoch zukünftig auch verstärkt darum, eine weit engere als bisher übliche Verbindung zwischen dem Begabungspotenzial des Schülers, der Identifikation und möglichen Interventionen zu schaffen. Schließlich braucht es auch ein Monitoring, das die Wirksamkeit der durchgeführten Interventionen in den Blick nimmt und bewertet. Insgesamt gilt es jedoch, realistisch zu bleiben. Einige der notwendigen Veränderungen, beispielsweise die Erarbeitung neuer Richtlinien zur Förderung begabter Minoritäten, können schnell in die Wege geleitet werden. Andere, wie etwa Veränderungen der Einstellungsmuster der Lehrpersonen oder veränderte Unterrichts- und Klassenzimmermanagementpraktiken, brauchen Jahre. Es wäre deshalb bereits als Erfolg zu werten, wenn aufgrund der nachfolgenden Empfehlungen neue Wege der Begabungsförderung aktiv gesucht und alte Pfade verlassen würden.

10.2.1 Biologische und frühkindliche Risikofaktoren

Die in dieser Publikation in Kapitel 3 vorgelegte Review biologischer und sozialkontextueller Anteile an der frühen Entwicklung hat verdeutlicht, dass es verschiedene Faktoren gibt, welche die frühe kognitive und intellektuelle Entwicklung negativ beeinflussen und dass dies einige Gruppen von Minoritätskindern disproportional betrifft. Dazu gehören beispielsweise:

- Niedriges Geburtsgewicht, das den IQ zu beeinflussen scheint, ebenso die emotionale Reife, die soziale Kompetenz und verschiedene Aufmerksamkeitsprozesse. Diese Faktoren scheinen in einigen Kulturen verbreiteter zu sein als in anderen.

- Kinder, die als Föten bereits Alkohol- und Nikotineinwirkungen ausgesetzt gewesen sind, zeigen häufig Wachstums-, Kognitions- und Selbstregulationsdefizite. Diese Inzidenz ist bemerkenswert hoch in Familien, die von Sozialhilfe abhängig sind, aber auch in bestimmten Migrantengruppen.

- Nahrungsbezogene Defizite, insbesondere Eisenmangel, beeinflussen die kognitive, verhaltens- und selbstregulatorische Entwicklung. Mehr als 5% der Kinder mit Migrationshintergrund leiden daran. Das sind mehr als doppelt so viele wie bei den einheimischen Kindern.

- Kinder, die einer hohen Bleibelastung ausgesetzt sind, haben häufig Probleme mit der Aufmerksamkeit und Hyperaktivität, aber auch Schwierigkeiten in Bezug auf Veränderungen in ihren Arbeitsstrategien sowie soziale Anpassungsprobleme und generell schlechte Schulleistungen.

Obwohl jeder dieser Faktoren einen unabhängigen Effekt auf Kognition und Verhalten hat, sind ihre Wirkungen in der Kombination ausgesprochen stärker. So ist Bleiabsorption höher bei Kindern mit Eisenmangel. Ähnliches gilt für die Konsequenzen für Kinder mit niedrigem Geburtsgewicht, die infolge schlechter Ernährung noch gravierender werden können. Aus diesem Grund hat Armut einen spezifisch schädlichen Effekt. Obwohl der Einfluss jedes Faktors unabhängig des sozio-ökonomischen Status ist, nimmt die Inzidenz jedes einzelnen Faktors mit der Abnahme des Einkommens zu. Damit ist das erhöhte Risiko verbunden, dass Kinder, welche in Armut leben, Erfahrungen mit multiplen Problemen machen.

US-amerikanische Interventionsprogramme, welche biologische Schädigungen thematisieren, haben aufgezeigt, wie individuelle Entwicklungsergebnisse substanziell verbessert werden können. Dazu gehören beispielsweise vorgeburtliche Gesundheits- und Ernährungsprogramme, welche auf die Reduzierung der Anzahl an Babys mit niedrigem Geburtsgewicht ausgerichtet sind, aber auch auf Interventionsstrategien für die Stimulation der Entwicklung von Babys mit niedrigem Geburtsgewicht. Gemäß den Evaluationsergebnissen solcher Programme (CONLEY & BENNETT, 2000) hat die Prävention früher Risiken ein großes Potenzial, die Anzahl an Kindern – insbesondere Minoritätskindern – mit Leistungs- oder Verhaltensproblemen zu reduzieren.

Es gilt aber auch, kontextuelle Einflüsse auf die Entwicklung zu beachten, welche keine klare biologische Basis haben, jedoch nach Ethnie unterschieden werden können. In Kapitel 3 wurde festgehalten, dass ein bescheidener sozialer

Hintergrund (niedriges Einkommen und bescheidenes Bildungsniveau) hoch mit Ethnie korreliert. Armut, vor allem lang andauernde Armut, ist assoziiert mit mütterlicher Depression und mit wenig förderlichen häuslichen Umgebungen (im Sinne bescheidener mütterlicher Responsivität und Sensitivität gegenüber dem Kind), mit dem Ausmaß und dem Niveau sprachlicher Stimulation sowie mit autoritären Erziehungsstilen. Das Einkommen korreliert ebenfalls positiv mit Bildungsressourcen, sowohl innerhalb als auch außerhalb der Familie (Kinderbetreuung und Besuch eines Vorschulprogramms). Ähnlich wie bei den biologischen Risikofaktoren gilt auch hier der Effekt, dass jeder einzelne soziale Risikofaktor durch die Präsenz anderer Risikofaktoren verstärkt wird.

Ausgehend von der Tatsache, dass die Wahrscheinlichkeit hoch ist, dass multiple soziale und biologische Risikofaktoren mit Armut einhergehen, treten Kinder aus solchen Milieus im Hinblick auf die kognitiven und verhaltensbezogenen schulischen Anforderungen eher unvorbereitet in die Schule ein. Weil es jedoch Hinweise gibt, dass frühe, qualitativ hoch stehende Interventionen an multiplen Fronten die schulischen Zukunftsaussichten dieser Kinder verbessern und die Wahrscheinlichkeit, dass sie in sonderpädagogischen Unterstützungsangeboten landen, verkleinern können, gilt es, frühe und qualitativ hoch stehende Interventionsanstrengungen substanziell auszubauen.

Empfehlung 1

Es wird empfohlen, allen Risikokindern Zugang zu qualitativ hoch stehenden frühkindlichen und vorschulischen Interventionsangeboten zu ermöglichen.

- Für besonders risikogefährdete Kinder sollten Interventionen mit Familienunterstützung und Gesundheitsförderung verstärkt werden und qualitativ hoch stehende Betreuung und kognitive Stimulation ab Geburt.

- Drei- bis fünfjährige Vorschulkinder sollten zu öffentlich finanzierten Vorschulprogrammen Zutritt haben. Diese sollten Kinder so auf die Schule vorbereiten, dass Erfolg von Anfang an möglich wird.

- Vorschulprogramme und ihre Interventionen sollten qualitativ hoch stehend sein und sowohl auf eine ganzheitliche Entwicklung fokussieren.

- Interventionen sollten kognitiv herausfordernd sein.

Mit dem Label ‹qualitativ hoch stehend› ist gemeint, dass solche frühen Bildungs-, Betreuungs- und Erziehungsprogramme konsistent das aktuelle Wissen zur frühkindlichen Entwicklung reflektieren sollten. Dazu gehören insbesondere Aspekte struktureller Qualität, die meist als eiserner Triangel beschrieben werden: Gruppengröße, Personal-Kind-Relation sowie Qualifikation des Ausbildungspersonals. Dazu kommen Aspekte der Prozessqualität wie soziale Beziehungen und Interaktionen innerhalb des Programmsettings. Eine gute Betreuungsqualität äußert sich schließlich in sensitiven Lehrkräften, welche Kinder fortwährend trösten und ermutigen, auf ihre Initiativen antworten und sie auch aktiv oder gar provokativ unterstützen, ohne dass sie punitive oder kontrollierende Methoden anwenden. Sie sollen die ihnen anvertrauten Kinder genug kennen, um ihre Handlungen zu interpretieren und sie so herauszufordern, dass sie ihre Fähigkeiten optimal entwickeln können.

Um allerdings die Lücke in der Schulbereitschaft zwischen Risikokindern und ihren unter günstigeren Umständen aufwachsenden Peers zu schließen, sind die Programme sorgfältig zu konzeptionieren. Aufgrund der aus verschiedensten Längsschnittstudien in Kapitel 4 vorgetragenen Befunde drängt sich jedoch die Forderung auf, Vorschulprogramme für Risikokinder zwar stark auf den Erwerb vorschulischer Lerndispositionen, jedoch ebenso auf den Erwerb sozialer Kompetenzen auszurichten. Solche Kinder müssen nicht nur in ihrem sprachlichen und mathematischen sowie auch im lernmethodischen Kompetenzerwerb unterstützt werden. Dazu kommt, dass sie angeleitet werden sollten zu lernen, Vertrauen zu gewinnen, Sorge für andere zu tragen, sich auf Gruppenziele zu konzentrieren, Meinungen zu bilden aber auch Meinungen zu übernehmen und zusammen zu arbeiten. Diese Kinder sollten lernen, Aufmerksamkeit und Impulse zu kontrollieren oder Dinge, welche sie nicht tun wollen, trotzdem und ohne Anreize dafür zu bekommen, zu erledigen. Junge Kinder müssen in solchen Herausforderungen aufwachsen. Es liegt somit an den Bildungsplänen und Curricula, an der Aus- und Weiterbildung des verantwortlichen Personals, die notwendigen Grundlagen zu legen und neben der Entwicklung von Lerndispositionen auch aufzuzeigen, wie soziale Verantwortung unterstützt werden kann.

10.3.2   Forschung zum Identifikationsprozess: Eignungs- und Zuweisungspraktiken

Die Wege, wie Kinder und Jugendliche Begabungsförderprogrammen zugewiesen werden und die entsprechenden Verfahren (Screening, Identifikation, Platzierung) sind weder so extensiv noch so informativ wie in der Sonderpädagogik. Obwohl heute verschiedene Identifikationsstrategien für hoch begabte Kinder und Jugendliche zur Verfügung stehen, sind die Verfahren lange Zeit unsystematisch geblieben und keinem Forschungsparadigma verpflichtet gewesen. Dies gilt vielerorts auch heute noch. Die Anstrengungen müssen deshalb verstärkt werden.

In den vergangenen Kapiteln ist jedoch deutlich geworden, dass die Forschungsbasis, welche alternative Zugänge für das Screening, die Identifikation und die Platzierung begabter Minoritätsschülerinnen und -schüler begründet, schmal ist. Gleiches gilt für die wenigen Förderprogramme. Gerade deshalb gilt es doppelt, auf die große Bedeutung früher, dem individuellen Potenzial begabter Minoritätskinder entsprechenden Lernerfahrungen zu verweisen. Für sie ist es besonders wichtig, dass ihr Potenzial früh erkannt wird, damit sie adäquate Lernmöglichkeiten bekommen und Leistungsexzellenz entwickeln können. Deshalb müssen die individuellen Fähigkeiten von den Schulleistungen entkoppelt werden. Die nachfolgenden Empfehlungen zeigen auf, wie insgesamt bessere und fundiertere Entscheidungen getroffen werden können.

Empfehlung 2

Es wird empfohlen, Forschungsprogramme zu lancieren, welche die Fähigkeiten von begabten Migrantenkindern untersuchen. Ihr Ziel sollte die Bestimmung früh oder spät erkennbarer reliabler und valider Indikatoren außergewöhnlicher Leistungen in sprachlichen, mathematischen, naturwissenschaftlichen und weiteren Domänen sein. Gleichzeitig sollte die Entwicklung von Identifikationsinstrumentarien vorangetrieben werden, welche die frühe und kontinuierliche Entdeckung überdurchschnittlichen Potenzials von Minoritätspopulationen ermöglichen und die Entwicklung von begabtem Verhalten unterstützen. Demzufolge muss einem Screening immer eine effektive Intervention folgen.

Derartige Forschung sollte so konzipiert sein, dass sie folgende Aspekte identifizieren und deren Effekte ermitteln kann:

- Angebote für Kinder im Vorschulalter, welche sie in interessierende und engagierende Aktivitäten einbinden und die Entwicklung logischen Denkens, akzelerierter Lerngeschwindigkeit und fortgeschrittener inhaltlicher und lernbezogener Fähigkeiten beinhalten.

- Interventionen in den späteren Schuljahren für Jugendliche mit fortgeschrittenen Lernkapazitäten und ihre Wirkung über die Zeit hinweg.

- Effekte lehrplanbezogener Differenzierung mittels Optionen wie Unterricht in Ressourcenräumen, unabhängiges und selbstständiges Arbeiten oder Akzelerationsmaßnahmen. Gruppengröße, Instruktionsmethode und die Komplexität des Lehrplans sollten dabei besonders untersucht und kontrolliert werden.

10.3.3   Ressourcen

Begabte Kinder und Jugendliche werden üblicherweise erst identifiziert, wenn sie im schulischen Kontext auffallen. Deshalb verläuft die Identifikation immer im Kontext von Schulleistung. Weil Schülerinnen und Schüler mit sehr unterschiedlichen Charakteristika zur Schule kommen und auch unterschiedlich auf sie vorbereitet sind, bestimmen der schulische Kontext und die Merkmale des Kindes seine Identifikationschancen. Der schulische Kontext wiederum ist abhängig von den schulischen Ressourcen. In der Vergangenheit hat die Forschung auf viele Kontextfaktoren hingewiesen, welche Schulleistungen und Verhalten beeinflussen und auch in ethnischen Unterschieden impliziert sind. Unter anderem sind in den vorangehenden Kapiteln herausgeschält worden, dass

- finanzielle Ressourcen in der Regel in Schulen mit vielen Kindern mit Migrationshintergrund nicht höher, sondern meistens gleich sind;

- die Lehrerqualität, gemessen anhand der Anzahl Jahre an Unterrichtserfahrung, an Ausbildung und Zertifikaten, die Schülerleistung und das Schülerverhalten gleichermaßen beeinflusst, Minoritätskinder jedoch häufig von Lehrpersonen unterrichtet werden, welche kaum Erfahrung in interkultureller Pädagogik haben.

- Obwohl es eine umfassende Debatte zur Rolle der finanziellen Ressourcen in den Schulleistungsergebnissen gibt (HANHUSEK, 2005), berücksichtigt die Praxis solche Erkenntnisse kaum. Es gibt aber auch vorbildliche Ausnahmen wie der Kanton Aargau, der einen Sozialindex einführt[7].

---

[7]   In der Schweiz sieht lediglich der Kanton Aargau im Projekt «Neue Ressourcensteuerung» (DEPARTEMENT FÜR BILDUNG, KULTUR UND SPORT, 2007) vor, den Sozialindex einzuführen. Grundlage bildet die Erkenntnis, dass aufgrund der unterschiedlichen Bevölkerungsstruktur in Gemeinden und Quartieren sich auch die Zusammensetzung der Klassen zum Teil sehr stark bezüglich der sozialen, familiären, sprachlichen und kulturellen Herkunft der Schülerinnen und Schüler unterscheidet. Der Sozialindex soll die angemessene Berücksichtigung der sozialen und wirtschaftlichen Rahmenbedingungen der Schulen bei der Ausstattung mit Lektionen ermöglichen. Gemeinden mit einem hohen Anteil an anderssprachigen Schülerinnen und Schülern sollen mehr Lektionen zugesprochen bekommen als Gemeinden mit wenigen Anderssprachigen.

Empfehlung 3

Es wird empfohlen, finanzielle Ressourcen zur Optimierung der Leistungen überdurchschnittlich begabter Minoritätskinder bereit zu stellen. Notwendig ist gleichzeitig eine ausgewogenere Verteilung von Human- und Finanzressourcen sowohl im Hinblick auf die Bedürfnisse leistungsschwacher als auch (potenziell) leistungsstarker Minoritäten.

10.3.4   Lehreraus- und -weiterbildung

Obwohl Schulressourcen und Unterrichtsqualität mit Lern- und Verhaltensergebnissen assoziiert sind, muss ihr Einfluss durch Lehrer-Schüler-Interaktionen verändert werden. In diesem Sinne ist das, was für die frühe Kindheit zutrifft, auch noch für die Schulzeit relevant. Soziale, ökonomische und umgebungsbezogene Faktoren sind wichtig, weil sie die Natur der Interaktionen zwischen Kindern und den für ihr Leben bedeutsamen Erwachsenen beeinflussen. Im schulischen Kontext sind dies die Lehrpersonen. Interaktionen im Klassenzimmer sind wesentliche Faktoren zur Verbesserung der Leistungsergebnisse von Minoritätskindern.

Aufgrund der in Kapitel 7 dargelegten Überlegungen zur Identifikations- und Zuweisungspraxis sind somit nicht nur die angeborenen Charakteristika des Kindes selbst zu beurteilen und die spezifischen Dimensionen seiner Leistung und seines Verhaltens, sondern ebenso der Kontext: Klassenzimmer, Unterrichtsstrategien und Lehrerverhalten.

Empfehlung 4

Es wird empfohlen, die Lehreraus- und -weiterbildung stärker auf eine ressourcen- und potenzialorientierte Unterrichtung auszurichten. Zukünftige und in der Praxis stehende Lehrpersonen müssen vermehrt darauf vorbereitet werden, Schülerinnen und Schüler mit besonderem Potenzial zu identifizieren und ihre spezifischen Bedürfnisse zu eruieren, insbesondere solche aus bescheidenen sozialen Verhältnissen. Dazu gehören folgende Schwerpunkte:

- Erwerb einer Wissensbasis in den zu unterrichtenden Bereichen darüber, wie Kinder lernen und wie Lehrpersonen dieses Lernen unterstützen können.

- Sensibilisierung für die unterschiedlichen Bedürfnisse von Schülerinnen und Schülern, welche sich substantiell von den leistungs- und verhaltensbezogenen Normen unterscheiden. Der Heterogenitätsgedanke soll mit dem Migrations- und Minoritätsgedanken verbunden werden.

- Erwerb von Verständnis und Erfahrung in der Kreation und Modifikation von Bildungsumgebungen, um die Bedürfnisse der Kinder befriedigen und die Interessen anregen zu können.

- Kompetenzerwerb im Verhaltensmanagement von Schülerinnen und Schülern im Klassenzimmer sowie in nicht-unterrichtlichen Angelegenheiten.

- Erwerb von Routine in der Analyse und Diagnose des Schülerverhaltens.

- Erwerb effektiver Interventionsstrategien für die Unterrichtung von Schülern, welche die vorgesehenen Standards nicht erreichen, obwohl sie über das entsprechende Potenzial verfügen. Gleiches gilt für diejenigen Schüler, welche solche Standards offensichtlich übertreffen.

- Erwerb von Techniken zur Evaluation des eigenen Unterrichts, um (a) das Unterrichtssverhalten zu verbessern und (b) um sich zu versichern, dass sich die Kinder wohl fühlen und bedeutsame Möglichkeiten haben, sich an den Klassenzimmeraktivitäten zu beteiligen.

- Erwerb von didaktischen Erfahrungen und Wissen, wie ein kulturell responsiver Unterricht gestaltet werden kann. Dies beinhaltet ein Vertrautwerden mit kulturellen und geschlechtsbezogenen Unterschieden in Werten, kulturellen Praktiken, diskursiven Stilen und anderen Angelegenheiten, um zu eruieren, wie individuell sich das Schülerlernen darstellt.

- Erwerb einer Haltung, die von der Heterogenität im Klassenzimmer als Tatsache ausgeht und von der Gleichsetzung mit ‹ungenügend/schlecht = Migrationskinder› und ‹genügend/gut = einheimische Kinder› drastisch entflochten werden.

Die Veränderungen, welche in dieser Publikation vorgeschlagen werden, können jedoch nur stattfinden, wenn es ein bedeutsames Kader gut vorbereiteter Fachleute und so genannter «Paraprofessionals» gibt. Aber auch hier gilt: Es gibt ausreichend Hinweise, dass praktisch Tätige wissenschaftliche Hinweise bestenfalls zur Handlungsorientierung, nicht jedoch zur Handlungsanleitung, nutzen (NATIONAL RESEARCH COUNCIL, 1999; STAMM, 2003a). Demzufolge können praktisch Tätige nur dann besser unterstützt werden, wenn genauer erforscht ist, wie ihr professionelles Wissen tatsächlich aussieht und welches Wissen sie am

ehesten nutzen, um ihre Handlungskompetenzen auszubauen. Aus- und Weiter-
bildungsprogramme müssten hier ansetzen. Sind sie nicht adäquat aufgebaut, so
bilden sie ein bedeutsames Potenzial für signifikante Barrieren für eine effektive
Implementation der Empfehlungen.

10.3.5 *Verbesserung der Datensammlung, Erweiterung der Forschungsbasis und des Entwicklungswissens*

Die nachfolgenden Empfehlungen sind auf zwei Ziele ausgerichtet: zum einen
auf die Optimierung der bis anhin praktizierten Evaluations- und Datensammlungen im Hinblick auf die Effektivität von Begabungsförderprogrammen sowie
auf das Monitoring ihrer Identifikations- und Zuweisungsprozesse und der Einhaltung des kindlichen Bildungsrechts. Die andere Empfehlung ist auf die Ausweitung der Datensammlung ausgerichtet, um die hier angesprochenen Fragen
nach überdurchschnittlicher Leistung bestimmter Gruppen und entsprechenden
Interventionen beantworten zu können.

Empfehlung 5

Empfohlen wird, dass Bildungsforschung und -entwicklung mit Blick auf Begabungsförderprogramme systematische, programmübergreifende Wirkungsevalua-
tionen durchführen. Aus ihnen sollen die viel versprechenden Befunde in vali-
dierte, im Unterricht anwendbare Praktiken überführt werden. Diese Praktiken
müssen Hinweise zu den Bedingungen liefern, unter denen sie funktionieren und
zu den Populationen, für welche sie geeignet sind.

Insgesamt muss ein wichtiges Ziel der Forschung darin bestehen, dass sie
über das, was in der Begabungsförderung erfolgreich und wirksam ist, einige
wichtige, praxisrelevante Aussagen macht. Auf diese Weise dürfte die Aufmerksamkeit gegenüber der Erziehung und Bildung überdurchschnittlich begabter
Kinder und Jugendlicher, spezifisch auch solcher mit Minoritätshintergrund, zunehmen. Besonders bedeutsam dürften dabei Hinweise auf die kulturelle Sensibilität und ihre Auswirkung auf die Lernergebnisse von Minoritätsschülern sein,
weil sie bislang in Klassenzimmersettings nicht explizit erforscht und evaluiert
sind. Die Bereitstellung empirisch geprüfter Grundlagen für kulturell sensives
Unterrichten sollte deshalb zu einer Priorität der Forschung werden.

Empfehlung 6

Es wird empfohlen, ein Monitoring zu lancieren, das auf die Erfassung der angebotenen Maßnahmen zur Begabungsförderung ausgerichtet ist, auf die Anzahl der teilnehmenden Kinder, die Identifikations- und Zuweisungsprozeduren und auf die Charakteristik dieser Kinder.

Obwohl ein sorgfältiges Monitoring das Verständnis über den Status quo der Identifikations-, Zuweisungs- und Angebotspraxis verbessert, sind damit noch keine Aussagen zu den Gründen und zur Angemessenheit der Platzierung oder Nichtplatzierung, zu den angebotenen Unterstützungs- und Förderleistungen oder zu den sich daraus ergebenden Konsequenzen möglich. Deutlich werden dürfte aber dadurch, wie stark sich die Angebote von einem Kanton zum anderen, von einer Region zur anderen, unterscheiden. Während Begabungsförderung in einer Region ein Set zielgerichteter spezialisierter Unterrichtsmaßnahmen beinhaltet, mag es sich in anderen um ein Programm handeln, das Schülerinnen und Schüler lediglich aussondert, damit sich die Lehrkräfte nicht mehr mit ihnen befassen müssen und entlastet werden.

Zu diesem Monitoring gehören auch Aufgaben auf übergeordneter inhaltlicher und strategischer Ebene, welche Gesamtentwicklungen untersuchen und überprüfen. Dazu gehören beispielsweise die Schaffung neutraler Foren (Empfehlung 7) oder umfassende Panelstudien (Empfehlung 8).

Empfehlung 7

Es sollte ein vor politischen Einflüssen geschütztes Forum einberufen werden, das vier Aufgaben übernimmt: (a) die Untersuchung der Programm- und Angebotsvariabilität in der Lehrerinnen- und Lehreraus- und -weiterbildung und in den spezifischen Begabungsförderprogrammen; (b) die Untersuchung und Überprüfung von Mechanismen, welche die Angebote auf dem neuesten Stand und in bester Qualität erhalten; (c) die Ausarbeitung von Standards, welche diese Programme und Angebote erfüllen müssen, wobei der Blick auch spezifisch auf begabte Minoritäten gerichtet werden muss; (d) die Anwendbarkeit der auf Begabungsförderung ausgerichteten Weiterbildungen in Bezug auf die Anforderungen an die Umsetzung in der Praxis.

Empfehlung 8

Es wird eine groß angelegte, interdisziplinäre Panelstudie empfohlen, welche Aufschlüsse zur disproportionalen Verteilung in Begabungsförderprogrammen gibt.

Dabei sollten folgende Fragen beantwortet werden:

▪ Welche Faktoren sind assoziiert mit der Zuweisung zu einem Begabungs-förderprogramm? Berücksichtigt werden sollten Ethnie, Geschlecht, soziale Hintergrundsfaktoren, schulische Faktoren (Klassengröße, Lehrerfahrung, Unterrichtsvorbereitung und -strategien sowie Schulressourcen).

▪ Wie unterscheiden sich Schulen in ihrer Kategorisierung der Schülerinnen und Schüler (Spitzenschüler, vorderes, mittleres, hinteres Leistungsdrittel)? Sind diese Unterschiede assoziiert mit Unterschieden im Zugang zu Bega-bungsförderprogrammen?

▪ Wie groß ist der Anteil der Schülerinnen und Schüler, welche zwar den Identifikationskriterien entsprechen, dann aber doch nicht gefördert wer-den? Welches sind die Gründe?

▪ Wie gestaltet sich die Situation an Schulen mit vielen Minoritätskindern im Vergleich zu Schulen mit vielen Kindern aus bildungsnahen Familien?

Um diese Fragen differenziert beantworten zu können, sind auch Studien mit Kontrollgruppen nötig. Sie erlauben die Abschätzung der Auswirkungen (a) auf als überdurchschnittlich resp. hoch begabt identifizierte im Gegensatz zu nicht identifizierten Kindern und Jugendlichen und (b) auf als überdurchschnitt-lich resp. hoch begabt im Gegensatz zu als durchschnittlich begabt identifizierten Kindern und Jugendlichen.

Literatur

ADMINISTRATION OF CHILDREN, YOUTH, AND FAMILIES (2001). Head Start FACES: Longitudinal Findings on Program Performance, Third Progress Report to Commission´s Office of Research and Evaluation and he Head Start Bureau. Washington, DC: U.S. Department of Health and Human Services.

AHNERT, L. (2004). Bindung und Bonding. Konzepte früher Bindungsentwicklung. In: L. Ahnert (Hrsg.), Frühe Bindung. Entstehung und Entwicklung (S. 63-81). München: Reinhardt.

AHNERT, L. (2006). Entwicklungs- und Sozialisationsrisiken bei jungen Kindern. In: L. Fried & S. Roux (Eds.), Handbuch der Pädagogik der Frühen Kindheit, 75–85. Weinheim: Beltz.

AINSWORTH, M. D. S. & BELL, S. M. V. (2003). Die Interaktion zwischen Mutter und Säugling und die Entwicklung von Kompetenz (1974). In: Grossmann, K. E. und K. Grossmann (Hrsg.), Bindung und menschliche Entwicklung. John Bowiby, Mary Ainsworth und die Grundlagen der Bindungstheorie. Stuttgart (Klett-Cotta), S. 217-241.

ALLMENDINGER, J. (2006). Bildung und Herkunft. Aus Politik und Zeitgeschichte, 44/45, 32-38.

AMMANN, L. & BÄHR, K. (2000). Überspringen einer Klasse. Zwischenbericht für das Schuljahr 1998-1999. Zürich: Bildungsdirektion des Kantons Zürich, Generalsekretariat Bildungsplanung.

ANDERSSON, B. E. (1992). Effects of day care on cognitive and socioemotional competence of thirteen-year-old Swedish schoolchildren. Child Development, 63, 20-36.

ANTHONY, E. J. & COHLER, B. J. (Eds.). (1987). The invulnerable child. New York: Guilford Press.

ANTONOVSKY, A. (1979). Health, stress and coping. San Francisco, CA: Jossey. Bass.

ARBEITSSTAB FORUM BILDUNG (2001). Empfehlungen des Forums Bildung. Bonn: Geschäftsstelle der Bund-Länder-Kommission für Bildungsplanung und Forschungsförderung.

ARELLANO, A. R. & PADILLA, A. M. (1996), Academic invulnerability among a select group of Latino university students. Hispanic Journal of Behavioral Sciences, 18, 485-507.

ARREAGA-MAYER, C., TERRY, B. J. & GREENWOOD, C. R. (1998). Classwide peer tutoring. In: K. Topping and S. Ehly (Eds.), Peer-Assisted Learning, 105-199. Mahwah, NJ: Erlbaum.

ARROYO, C. G. & ZIGLER, E. W. (1995). Racial identity, academic achievement, and psychological wellbeing of economically disadvantaged adolescents. Journal of Personality and Social Psychology, 69, 903-914.

AUGUSTINE, D.K., GRUBER, K. D. & HANSEN, L. R. (1990). Cooperation works! Educational Leadership 47, 4-7.

AURIN, K. (1990). Gute Schulen - worauf beruht ihre Wirksamkeit. Bad Heilbrunn: Klinkhardt.

BÄCKER-BRAUN, K. & PETTINGER, R. (2001). Das Eltern-Kind-Programm - ein wirkungsvoller Beitrag zur Lebensbegleitung junger Familien. Evaluation des Eltern-Kind-Programms der Erzdiözese München und Freising, Bamberg (ifb-Materialien Band Nr.8-2000).

BAERLOCHER, K. (2004). Prävention beim Kind durch Ernährung der Schwangeren und Stillenden? Monatsschrift für Kinderheilkunde, 146, 1, 73-87.

BAHR, M. W., FUCHS, D., STECKER, P. M. & FUCHS, L. S. (1991). Are teachers' perceptions of difficult-to-teach students racially biased? School Psychology Review, 20, 599-608.

BALDWIN, A. (1994). The Seven Plus Story: Developing hidden talent among students in socioeconomically disadvantaged environments. Gifted Child Quarterly, 38, 2, 80-84.

BANDURA, A. 1986. Social foundations of thought and action: A social cognitive theory. Englewood Cliffs, NJ: Prentice-Hall.

BARNETT, W. S. & BOOCOCK, S. S. Early care and education for children in poverty. Promises, programs, and long-term results, 11-44. Albany: State University of New York Press.

BARNETT, W. S. (1998). Long-term effects on cognitive development and school success. In W. S.

BARNETT, W. S. (2006). What is the value of early childhood education for our society: maximizing returns from prekindergarten education? In: J. E. van Kuyk (Ed.), The quality of early childhood education. Report of a scientific conference, 57-72. Arnhem: Cito.

BARRETT, G. V., KRAMEN, A. J. & LUECKE, S. B. (2003). New concepts of intelligence: Their practical and legal implications for employee selection. In: H. NYBORG (Ed.), The scientific study of general intelligence: Tribute to Arthur R. Jensen (pp. 411-439). Amsterdam: Elsevier.

BAUMAN, K. E., FOSHEE, V. A., LINZER, M. A. & KOCH, G. G. (1990).The effect of parental smoking classification on the association between parental and adolescent smoking. Addictive Behaviors, 15, 413-422.

BAUMERT, J., BOS, W. & LEHMANN, R. (2001). TIMSS/III. Dritte Internationale Mathematik- und Naturwissenschaftsstudie - Mathematische und naturwissenschaftliche Bildung am Ende der Schullaufbahn. Opladen: Leske + Budrich.

BAUMERT, J., KLIEME, E., NEUBRAND, M., PRENZEL, M., SCHIEFELE, U., SCHNEIDER, W., STANAT, P., TILLMANN, J. & WEIß, M. (Hrsg.). (2001). PISA 2000. Basiskompetenzen von Schülerinnen und Schülern im internationalen Vergleich. Opladen: Leske + Budrich.

BECKER, W. & LAUTERBACH, R. (2004). Bildung als Privileg. Wiesbaden: Verlag für Sozialwissenschaften.

BEISENHERZ, H. G. (2002). Kinderarmut in der Wohlfahrtsgesellschaft – Das Kainsmal der Globalisierung. Opladen: Leske + Budrich.

BELLINGER, H. (1993). Lead and IQ. Pediatrics, 91, 856-861.

BENBOW, C. P., PERSSON, C. & STANLEY, J. C.(1996). Inequity in equity: How current educational equity policies place able students at risk. Psychology, Public Policy, and Law 2: 249-293.

BENBOW, C. P. & MINOR, L. L. (1992). Cognitive profiles of verbally and mathematically precocious students: Implications for identification of the gifted. Gifted Child Quarterly, 34, 1, 21-26.

BENDER, D. & LÖSEL, F. (1998). Protektive Faktoren der psychisch gesunden Entwicklung junger Menschen: Ein Beitrag zur Kontroverse um saluto- und pathogenetische Ansätze. In: J. MARGRAF, J. SIEGRIST & S. NEUMER (Hrsg.), Gesundheits- oder Krankheitstheorie? Saluto- vs. pathogenetische Ansätze im Gesundheitswesen (S. 117-145). Berlin: Springer.

BETTES, B. A. (1988). Maternal depression and motherese: Temporal and intonational features. Child Development, 59, 4, 1089-1096.

BETTS, J.R. & SHKOLNIK, J. L. (1999). The behavioral effects of variations in class size: The case of math teachers. Educational Evaluation and Policy Analysis 21(2):193-213.

BIEN, W., KARIG, U., KUHNKE, R., LANG, C. & REIBIG, M. (1994). Cool bleiben - Erwachsenwerden im Osten. Ergebnisse der Leipziger Längsschnittstudie 1. München: Deutsches Jugendinstitut.

BILDUNGSDIREKTION DES KANTONS ZÜRICH, VOLKSSCHULAMT (2007). Broschüre «Beurteilung und Schullaufbahnentscheide – Über das Fördern, Notengeben und Zuteilen». Zürich: Bildungsdirektion des Kantons Zürich.

BLAND, L, C., SOWA, C. J. & CALLAHAN, C. M. (1994). An overview of resilience in gifted children. Roeper Review, 17, 77-80.

BLAU, D. M. (2000). The production of quality in child-care centers: another look. Applied Developmental Science, 4, 136-147.

BLESS, G. (1995). Zur Wirksamkeit der Integration. Forschungsüberblick, praktische Umsetzung einer integrativen Schulform, Untersuchungen zum Lernfortschritt. Bern: Huber.

BLESS, G., SCHÜPBACH, M. & BONVIN, P. (2005). Klassenwiederholung. Bern: Haupt.

BLESS, G.; KLAGHOFER, R. (1991). Begabte Schüler in Integrationsklassen: Untersuchung zur Entwicklung von Schulleistungen, sozialen und emotionalen Faktoren. Zeitschrift für Pädagogik 37, 215-233.

BLEVINS, M. (1981). What do children know about addition and subtraction? Paper presented at the Meeting of the Society for Research in Child Development, Boston, MA. (ERIC Document Reproduction Service No. ED209093).

BLÖMEKE, S. (2007). Messung der professionellen Kompetenz zukünftiger Lehrpersonen. In: C. Kraler & M. Schratz (Hrsg.), Ausbildungsqualität und Kompetenz im Lehrerberuf. Wien: LIT (= Österreichische Beiträge zur Bildungsforschung; 4), S. 191-208.

BLOOM, B. S. (1985). Generalizations about talent development. In: B. S. Bloom (Ed.), Developing talent in young people, 507-549. New York: Ballantine Books.

BOLZMANN, C., FIBBI, R. & VIAL, M. (2003). Secondos – Secondas. Le processus de l'intégration des jeunes adultes issues de la migration espagnole et italienne en Suisse. Zurich: Seismo.

BOOCOCK, S. S. (1995). Early childhood programs in other nations: goals and outcomes. Future of Children, 5, 94-114.

BORLAND, J. H. & WRIGHT, L. (2000). Identifying and educating poor and underrepresented gifted children. In: K. A. Heller, F. J. Mönks & A. H. Passow (Hrsg.), International handbook of research and development of giftedness and talent, 687-594. Oxford: Pergamon.

BORLAND, J. H., SCHNUR, R. & WRIGHT, L. (2000). Economically disadvantaged students in a school for the academically gifted: A post positive inquiry into individual and family adjustment. Gifted Child Quarterly, 44, 13-32.

BORMAN, G. D. & HEWES, G. (2003). The long-term effects and cost-effectiveness of success for all. Educational Evaluation and Policy Analysis, 24, 243-266.

BORMAN, G., STRINGFIELE, S. & RACHUBA, L. (2000). Advancing Minority High Achivement: National Trends and Promising Programs and Practices. New York: The College Board.

BOS, W., LANKES, E. M., PRENZEL, M., SCHWIPPERT, K., WALTHER, G. & VALTIN, R. (2003). Erste Ergebnisse aus IGLU. Schülerleistungen am Ende der vierten Jahrgangsstufe im internationalen Vergleich. Münster: Waxmann.

BOURDIEU, P. (1983). Ökonomisches Kapital, kulturelles Kapital, soziales Kapital. In: K. Kreckel (Hrsg.), Soziale Ungleichheiten, 183-198. Göttingen: Schwartz.

BOURDIEU, P. (1992). Die feinen Unterschiede. Frankfurt a.M.: Suhrkamp.

BOWMAN, B. DONOVAN & BURNS, S. (2001). Eager to learn: Educating our preschoolers. Washington: National Academy Press.

BRADBURY, B., JENKINS, J. & MICKLEWRIGHT, B. (2001). The dynamics of child poverty in industrialised countries. London: Cambridge University Press.

BRAUN, K. ET AL. (2002). Frühe emotionale Erfahrungen und ihre Relevanz für die Entstehung und Therapie psychischer Erkrankungen. In: B. Strauss, A. Buchheim & H. Kächele (Hrsg.), Klinische Bindungsforschung – Methoden und Konzepte, 121-128. Stuttgart: Schattauer.

BREM-GRÄSER, L. (1969). Bericht über die Ergebnisse der Frühförderung in vier Münchener Kindergärten. Schule und Psychologie, 16, 334-345.

BROMAN, S.H., NICHOLS, P. L. & KENNEDY, W. A. (1975). Preschool IQ: Prenatal and Early Development Correlates. Hillsdale, NJ: LawrenceErlbaum.

BRONFENBRENNER, U. & MORRIS, P. A. (1998). The ecology of developmental processes. In: W. Damon & R M. Lerner (Eds.), Handbook of child psychology, 993-1027. New York: Wiley.

BRONFENBRENNER, U. (1975). Is early intervention effective? In: E. Struening & M. Guttentag (Eds.), Handbook of evaluation research, 519-603. Beverly Hills, CA: Sage.

BRONFENBRENNER, U. (1981). Die Ökologie der menschlichen Entwicklung. Stuttgart: Enke.

BROOKS-GUNN, J., DUNCAN, G. J. & BRITTO, P. R. (1999). Are socioeconomic gradients for children similar to those for adults? In: D. P. Keating and C. Hertzman, (Eds.), Developmental Health and the Wealth of Nations: Social, Biological, and Educational Dynamics, 94-124. New York: Guilford Press.

BROPHY, J. & GOOD, T. L. (1976). Research on the self-fulfilling prophecy and teacher perceptions. Journal of Educational Psychology, 75, 631-661.

BROPHY, J. AND STATHAM, J. (1994). Measure for Measure: Values, Quality and Evaluation in Valuing Quality in Early Childhood Services. In: P. Moss & A. Pence (Eds.), Valuing Quality in Early Childhood Services, 61-75. London: Paul Chapman.

BRUNER, J. (1996). The culture of education. Cambridge MA: Harvard University Press.

BRUSH, L. R. (1979). Preschool children's knowledge of addition and subtraction. Journal for research in Mathematics Education, 9, 1, 44-54.

BRYANT, D. M. & MAXWELL, K. (1997). The effectiveness of early intervention for disadvantaged children. In: M. J. Guralnick (Ed.), The Effectiveness of Early Intervention, 23-46. Baltimore, MD: Paul H.

BÜHLER NIEDERBERGER, D. (1991). Legasthenie - Geschichte und Folgen einer Pathologisierung Opladen: Leske + Budrich.

BUNDESAMT FÜR GESUNDHEIT BAG (2008). Factsheet Blei. Bern: Bundesamt für Gesundheit. http://www.bag.admin.ch/themen/chemikalien/00228/01364/index.html?lang=de (13.05.08).

BUNDESAMT FÜR MIGRATION (2006). Bericht über die ‹Probleme der Integration von Ausländerinnen und Ausländer in der Schweiz› des Bundesamts für Migration (Integrationsbericht BFM). [On-line]. http://www.bfm.admin.ch/index.php?id=178

BUNDESAMT FÜR STATISTIK (2006). Abschlüsse der beruflichen Grundbildung. Neuchâtel: Bundesamt für Statistik.

BUNDESAMT FÜR STATISTIK BFS (2007). Bildungsstatistik 2007. Neuchâtel: Bundesamt für Statistik. [On-line] URL: http://www.bfs.admin.ch/bfs/portal/de/index/themen/15/22/publ.Document.103285. pdf [07.05.08]

BUNDESAMT FÜR STATISTIK (2007a). Viele Frühgeburten. Die Gesundheit der Neugeborenen. Medienmitteilung. Neuchâtel: Bundesamt für Statistik.

BUNDESAMT FÜR STATISTIK (2007b). StatSanté. Neugeborene in Schweizer Spitälern 2004. Spitalversorgungen von termin- und früh geborenen Säuglingen. Neuchâtel: Bundesamt für Statistik.

BUNDESAMT FÜR STATISTIK BFS (2008). Armut von Erwerbspersonen in der Schweiz. Neuenburg: Bundesamt für Statistik.

BUNDESKAMMER FÜR ARBEITER UND ANGESTELLTE FÜR WIEN (2004). Hauptsache Kinder. Umweltpolitik für Morgen. Wien: Bundeskammer für Arbeiter und Angestellte.

BURCHINAL, M. R., ROBERTS J. E., NABORS, L. A & BRYANT, D. M. (1996). Quality of center child care and infant cognitive and language development. Child Development, 6, 2, 606-620.

BURT, C., JONES, E., MILLER, E. & MOODLE, W. (1934). How the Mind Works. New York: Appleton-Century-Crofts.

BUSCH, K. & REINHARDT, U. (2005). Theoretische Grundlagen zum Begabungsbegriff. Pädagogische Akademie des Bundes. On-line: http://assi.educanet2.ch/agbegabtenfoerderung/.ws_gen/9/Theoretische_Grundlagen _zum_Begabungsbegriff.pdf

BUTLER, S. R., MARSH, H. W., SHEPPARD, M. J. & SHEPPARD, J. L. (1985). Seven-year longitudinal study of the early prediction of reading achievement. Journal of Educational Psychology, 77, 349-361.

BUTTERWEGGE, C. (2004). Armut und Kindheit – Ein regionaler, nationaler und internationaler Vergleich. Wiesbaden: VS Verlag.

CALLAHAN, C. M. & HIATT, E. L. (2002). Assessing and nurturing talent in a diverse culture. What do we do, what should we do, what can we do? In: R. C. Friedman & K. B. Rogers (Eds.), Talent in context. Historical and social perspectives of giftedness, 3-16. Washington, DC: American Psychological Association.

CALLAHAN, C. M., HUNSAKER, S. L., ADAMS, C. M., MOORE, S. D. & BLAND, L. C. (1995). Instruments used in the identification of gifted and talented students. Connecticut: National research Center of the Gifted and Talented.

CAMPBELL, F. A., RAMEY, C. T., PUNGELLO, E., SPARLING. J. &MILLER-JOHNSON S. (2002). Early childhood education: Young adult outcomes from the Abecedarian project. Applied Developmental Science, 6, 1, 42-57.

CARROLL, J. B. (1993). Human cognitive abilities: A survey of factor-analytic studies. Cambridge, UK: Cambridge University Press.

CARTER, K. R. & SWANSON, H. L. (1990). An analysis of the most prominent gifted journal articles since the Marland report: Implications for researchers. Gifted Child Quarterly, 34, 116-123.

CATTERALL, J. (1998). Risk and resilience in student transitions to high school. American Journal of Education, 106, 302-333.

CHIN-QUEE, D. S. & SCARR, S. (1994). Lack of early child care effects on school-age children's social competence and academic achievement. Early Development and Parenting, 3, 103–112.

CLARKE-STEWART, S. H. & CAMPBELL, F. A. (2002). Can intervention early prevent crime later? The Abecedarian Project compared with other programs. Early Childhood Research Quarterly, 13. 2, 319-343.

COLANGELO, N., KERR, B., CHRISTENSEN, P. & MAXEY, J. (1993). A comparison of gifted underachievers and gifted high achievers. Gifted Child Quarterly, 37, 166-160.

COLBERG-SCHADER, , H. (1998). Kindergarten - Ort für Kinderleben und Treffpunkt für Eltern. Zur Qualität von Kindergärten. In: W. F. FTHENAKIS & M. R. TEXTOR (Hrsg.), Qualität von Kinderbetreuung (S. 86-97). Weinheim: Beltz.

COLE, K. N., DALE, P. S., MILLS, P. E. & JENKINS, J. R. (1993). Interaction between early intervention curricula and student characteristics. Exceptional Child, 16, 17-28.

COLEMAN, J. S. (1990). Foundations of social theory. Cambridge, MA.

COLEMAN, J. S., CAMPBELL, E. Q., HOBSON, C. J., MCPARLAND, J., MEAD, A. M., WEINFELD, F. D. & YORK, R. L. (1966). Equality of Educational Opportunity. Washington, DC: U.S. Department of Health, Education, and Welfare.

COLEMAN, M. R., & GALLAGHER, J. J. (1992). Report on State Policies Related to Identification of Gifted Students. Chapel Hill, NC: University of North Carolina, Gifted Education Policy Studies Program.

CONGER , R. D., CONGER, K. J. & ELDER, G. H. J. (1997). Family economic hardship and adolescent adjustment : mediating and moderating processes. In: G. J. DUNCAN, J. BROOKS-GUNN (Eds.), Consequences of growing up poor, 288-310. New York: Russell Sage Foundations.

CONLEY, D., & N. BENNETT (2000). Is biology destiny? Birth weight and life chances. American Sociological Review 65(June), 458-467.

CORNELL, D. G. (1984). Families of gifted children. Ann Arbor, MI: UMI Research Press.

COUNCIL OF STATE DIRECTORS OF GIFTED EDUCATION, (1999). Council of State Directors of Programs for the Gifted 1999 The 1998 State of the States Gifted and Talented Education Report. Denver, CO: Council of State Directors of Programs for the Gifted.

CRAWFORD, L. (1993). No gifts for the gifted. Gifted, 79, 16-19.

CUMMINGS, E. & DAVIES, P. (1994). Maternal depression and child development. Journal of Child Psychology and Psychiatry, 35, 1, 73-112.

CURRIE, J. & THOMAS, D. (2001). Early test scores, school quality and SES: Longrun effects on wage and employment outcomes. Research in Labor Economics, 20, 103-132.

CURRIE, J. (1991). Mathematical achievement of Aboriginal children. Paper presented at the Annual Meeting of the American Educational Research Association, Chicago, IL: 1991 April 3-7. (ERIC Document Reproduction Service No. ED338495).

CYBELE RAVER, C. (2002). Emotions matter: Making the case for the role of y of young children's emotional development for early school readiness. Social Policy Report, XVI, 3, 3-19.

DAHME, G. & EGGERS, G. (1988). Lehrerkriterien zur Identifikation hochbegabter Schüler. Psychologie in Erziehung und Unterricht, 35, 188-201.

DAHRENDORF, R. (1965). Bildung ist Bürgerrecht. Plädoyer für eine aktive Bildungspolitik. Hamburg: Nannen.

DARLING-HAMMOND, L. (1997). Doing what matters most: Investing in quality teaching. New York: National Commission on Teaching & America's Future.

DASEKING, M., OLDENHAGE, M. & PETERMANN, F. (2008). Der Übergang vom Kindergarten in die Grundschule – eine Bestandesaufnahme. Psychologie in Erziehung und Unterricht, 2, 84-99.

DAY, A. (1992). Aboriginal students succeeding in the senior high school years: A strengthening and changing Aboriginality challenges the negative stereotype. The Australasian Journal of Gifted Education, 1, 2, 14-26.

DELCOURT, M. A. B., LOYD, B. H., CORNELL, D. G. & GOLDBERG, M. D. (1994). Evaluation of the effects of programming arrangements on student outcomes (Research Monograph 94108). Storrs, CT: University of Connecticut, National Research Center on the Gifted and Talented.

DEMEIS, D. K. & TURNER, R. R. (1978). Effects of students' race, physical attractiveness, and dialect on teachers' evaluations. Contemporary Educational Psychology, 3, 77-86.

DEPARTEMENT BILDUNG, KULTUR UND SPORT DES KANTONS AARGAU (2007). Projekt Neue Ressourcensteuerung. Aarau: BFS.
http://resultate.ag.ch/bks/shared/dokumente/pdf/070703_lektionenzuteilung.pdf

DEPARTMENT FOR EDUCATION AND SCIENCE (1985). The Swann Report. London: Department of Education and Science.

DEUTSCHES PISA-KONSORTIUM (2001). PISA 2000: Basiskompetenzen von Schülerinnen und Schülern im internationalen Vergleich. Opladen: Leske + Budrich.

DEWE, B. (1988). Wissensverwendung in Bildungsprozessen. Zur Transformation wissenschaftlicher Information in Praxisdeutungen. Studien zum Umgang mit Wissen, Bd. 6, Baden-Baden: Nomos.

DICKENS, W. T. & FLYNN, J. R. (2001). Heritability Estimates Versus Large Environmental Effects: The IQ Paradox Resolved. Psychological Review, 108, 2, 346-369.

DIEZ GRIESER, M. T. & SIMONI, H. (2008). Projekt Spielgruppe plus (Zusammenfassung der wissenschaftlichen Begleitung der Sprachförderung von Kindern mit Migrationshintergrund und/oder aus bildungsfernen Familien). Zürich: Marie Meierhofer Institut für das Kind.

DITTON, H. (2004). Der Beitrag von Schule und Lehrern zur Reproduktion von Bildungsungleichheit. In: R. BECKER & W. LAUTERBACH (Hrsg.), Bildung als Privileg? Erklärungen und Befunde zu den Ursachen der Bildungsungleichheit (S. 251-281). Wiesbaden: Verlag für Sozialwissenschaften.

DITTON, H. (2004a). Schule und sozial-regionale Ungleichheit. In: W. HELSPER & J. BÖHME (Hrsg.), Handbuch der Schulforschung (S. 605-624). Opladen: Leske + Budrich.

DITTON, H., KRÜSKEN, J., & SCHAUENBERG, M. (2005). Bildungsungleichheit - der Beitrag von Familie und Schule. Zeitschrift für Erziehungswissenschaft, 8, 2, 285-304.

DOLL, J. & PRENZEL, M. (2004). Bildungsqualität von Schule. Lehrerprofessionalisierung, Unterrichtsentwicklung und Schülerförderung als Strategien der Qualitätsverbesserung. Münster: Waxmann.

DONOVAN, S. M. & CROSS, C. T. (2002). Minority students in special and gifted education. Washington: National Academy Press.

DÖPFNER, M., DIETMAIR, I., MERSMANN, H., SIMON, K. & TROST-BRINKHUES, G. (2005). Screening des Entwicklungsstandes bei Einschulungsuntersuchungen (S-ENS). Göttingen: Hogrefe.

DOUBEK, K. (2003). Was uns nicht umbringt, macht uns stark. Reinbek: rororo.

DOWNEY, G. & COYNE, J. C. (1990). Children of depressed parents: An intergrative Review. Psychological Bulletin, 108, 50-76.

DRACK, G. & ACKERMANN-LIEBRICH, U. (1998). Mortinatalité et mortalité infantile en Suisse 1986 à 1992. Bern: Bundesamt für Statistik.

DUBOVAYA, L. (2008). Doppelt fremd. Hochbegabte Migrantenkinder unter besonderem Leidensdruck Ihrer Andersartigkeit. news&science. Begabtenförderung und Begabungsforschung. özbf, 19, 2, 9-11.

DUBS, R. (2005). Die Führung einer Schule. Leadership und Management (2. vollständig neu bearb. Aufl.). Zürich: Verlag SKV.

DUNN, L. (1993). Proximal and distal features of day care quality and children's development. Early Childhood Research Quarterly, 8, 2, 167-192.

DWECK, C. S. & ELLIOTT, E. (1983^4). Achievement motivation. In: E. M. Hetherington (Ed.), Handbook of child psychology: Socialization, personality and social development, Vol. 4, 643-691. New York: Wiley.

EARLY, D. M. ET AL. (2007). Teachers' education, classroom quality, and young children's academic skills: Results from seven studies of preschool programs. Child Development, 78(2), 558-580.

EDELMANN, D. (2007). Pädagogische Professionalität im transnationalen sozialen Raum. Eine qualitative Untersuchung über den Umgang von Lehrpersonen mit der migrationsbedingten Heterogenität ihrer Klassen. Wien/Zürich: LIT.

EDELSTEIN, W. (2006). «Bildung und Armut. Der Beitrag des Bildungssystems zur Vererbung und zur Bekämpfung von Armut», Zeitschrift für Soziologie der Erziehung und Sozialisation, 26(1), 120-134.

EGELAND, B., CARLSON, E. & SROUFE, L. A. (1993). Resilience as process. Development and Psychopathology, 5, 1080-1088.

EIDGENÖSSISCHE KOMMISSION FÜR KINDER- UND JUGENDFRAGEN (2007). Das Tabu brechen! Armut von Kindern und Jugendlichen verhindern und ihre Folgen bekämpfen. Bern.

EISNER, M. RIBEAUD, D., JÜNGER, R. & MEIDERT, U. (2008). Frühprävention von Gewalt und Aggression Ergebnisse des Zürcher Präventions- und Interventionsprojektes an Schulen. Chur/Zürich: Rüegger.

ELBING, E. & HELLER, K. A. (1996). Beratungsanlässe in der Hochbegabtenberatung. Psychologie in Erziehung und Unterricht, 43, 57-69.

ELLENBOGEN, S. & CHAMBERLAIN, C. (1997). The peer relations of dropouts: a comparative study of at-risk and not at-risk youths. Journal of Adolescence, 20, 355-367.

ELLIOTT, M. (1998). School finance and opportunities to learn: Does money well spent enhance students' achievement? Sociology of Education, 71, 223-245.

EMERICK, L. J. (1992). Academic underachievement among the gifted: Students' perceptions of factors that reverse the pattern. Gifted Child Quarterly, 36,

ENTWISLE, D. & ALEXANDER, K. (1996). Family type and children's growth in reading and math over the primary grades. Journal of Marriage and the Family, 58, 341-355.

EPSTEIN, J. L. (1996). Advances in family, community, and school partnerships. Community Education Journal, 23, 3, 10-15.

EROL, S. (2001). HIPPY - Home Instruction Program for Preschool Youngsters. Förderung der kognitiven Fähigkeiten, insbesondere der Sprachentwicklung bei Kindern. Kindertageseinrichtungen aktuell. Ausgabe Brandenburg, Mecklenburg-Vorpommern, Sachsen, Sachsen-Anhalt, Thüringen und Berlin, 10, 1, 14-16.

ETTRICH, K. U., KRAUSE, R., HOFER, M. & WILD, E. (1996). Der Einfluss familienbezogener Merkmale auf die Schulleistungen. Zeitschrift für Pädagogische Psychologie, 10, 49-60.

EUROPEAN CHILD CARE AND EDUCATION (ECCE)-STUDY GROUP (1999). School-age assessment of child development: Long-term impact of pre-school experiences on school success, and family-school relationships. Report written by W. Tietze, J. Hundertmark-Mayser and H.-G. Roßbach. Report submitted to: European Union DG XII: Science, Research and Development. RTD Action: Targeted Socio-Economic Research. Brüssel: EU.

EYSENCK, H. J. (2004). Die IQ-Bibel. Intelligenz verstehen und messen. Stuttgart: Klett.

EYSENCK, H. J. & SCHOENTHALER, S. J. (1997). Raising IQ level by vitamin and mineral supplementation. In: R. J. Sternberg & E. Grigorenko (Eds.), Intelligence, Heredity, and Environment, 363-392. Cambridge, UK: Cambridge University Press.

FAUST-SIEHL, G. & SPECK-HAMDAN, A. (2001). Schulanfang ohne Umwege. Frankfurt a. M.: Arbeitskreis Grundschule.

FEINSTEIN, L., ROBERTSON, D. & SYMONS, L. (1999). Preschool education and attainment in the National Child Development Study and British Cohort Study. Education Economics 7, 3, 209-234.

FEIRING, C., LOUIS, B, UKEJE, I., LEWIS, M. & LEONG, P. (1997). Early identification of gifted minority kindergarten students in Newark, NJ. Gifted Child Quarterly 41, 76-82.

FELDER, P. (2008). Mit ausreichenden Deutschkenntnissen in den Kindergarten. Basel: Erziehungsdepartement.

FELDMAN, R. S., DEVIN-SHEEHAN, L. & ALLEN, V. (1976). Children tutoring children: A critical review of research. In: V. Allen (Ed.), Childrens Teachers: Theory and Research on Tutoring, 235-249. New York: Academic Press.

FEND, H. & STÖCKLI, G. (1998). Der Einfluss des Bildungssystems auf die Humanentwicklung. Entwicklungspsychologie der Schulzeit. In: F. E. Weinert (Ed.), Psychologie des Unterrichts und der Schule, 1-35. Göttingen: Hogrefe.

FERGUSSON, D. M., FERGUSSON, J. E., HORWOOD, L. J. & KINZETT, N. G. (1988). A longitudinal study of dentine lead levels, intelligence, school performance, and behavior. Part II. Dentine lead levels and cognitive ability. Journal of Child Psychology and Psychiatry 29:783-809.

FINN, J. D. & ACHILLES, C. M. (1999). Tennessee's class size study: Findings, implications, misconceptions. Educational Evaluation and Policy Analysis, 21, 97-109.

FISCHER, C. (2006). Lernstrategien in der Begabtenförderung – Eine empirische Untersuchung zu Strategien Selbstgesteuerten Lernens in der individuellen Begabungsförderung (Habilitationsschrift). Münster.

FLAMMER, A. & KELLER, B. (1978). Overachievement und underachievement. In: K. J. Klauer (Hrsg.), Handbuch der Pädagogischen Diagnostik, Band 2, 1037-1044. Düsseldorf: Schwann.

FLETCHER, J. M. & LYON, G. R. (1998). Reading: A research based approach. In: W. Evers (Ed.), What's Gone Wrong in America's Classrooms. Stanford, CA: Stanford University, Hoover Institution.

FLETCHER, T. V. & MASSALSKI, D. C. (2003). Poised on the threshold of a new paradigm for giftedness: Children from culturally and linguistically diverse backgrounds. In: J. F. Smutny (Hrsg.), Underserved gifted populations. Responding to their needs and abilities, 157-178. New Jersey: Hampton Press, Inc.

FLYNN, J. R. (1984). The mean IQ of Americans: Massive gains 1932 to 1978. Psychological Bulletin, 95, 29-51.

FORD, D. (1994). Nurturing resilience in gifted black youth. Roeper Review, 17, 80-85.

FORD, D. Y. & HARRIS, J. J. III (1999). Multicultural gifted education. New York: Teachers College Press.

FORD, D. Y. (1995). A study of achievement and underachievement among gifted, potentially gifted, and regular education black students. Storrs, CT: The University of Connecticut, National Research Center on the Gifted and Talented.

FORD, D. Y. (1998) The underrepresentation of minority students in gifted education: Problems and promises in recruitment and retention. The Journal of Special Education, 32(4), 4-14.

FORSTER, M. & MARTSCHINKE, S. (2004). Leichter lesen und schreiben lernen mit der Hexe Susi. Donauwörth: Auer Verlag.

FRANCIS, B. (2000). Boys, girls and achievement. London.

FRASER, B. J., WALBERG, H. J., WELCH, W. W. & HATTIE, J. A. (1987). Synthesis of educational productivity research. International Journal of Educational Research, 11(2), 145-252.

FRASIER, M. (1995). A review of assessment issues in gifted education and their implication for identifying gifted minority students. Storr: National Research Center on the Gifted and Talented.

FRASIER, M. (1997). Gifted minority students: Reframing approaches to their identification and education. In: N. Colangelo & G. Davis (Eds.), Handbook of gifted education, 498-515. Boston: Allyn & Bacon.

FREEMAN, J. (1991). Gifted children growing up. London: Heinemann.

FRIED, L. (2002). Qualität von Kindergärten aus der Perspektive von Erzieherinnen: Eine Pilotuntersuchung. In B. Dippelhofer-Stiem & A.Frey, Kontextuelle Bedingungen, Kompetenzen und Bildungsvorstellungen von Erzieherinnen. Empirische Pädagogik, 16(2) (Themenheft), 191-209.

FRIED, L. (2003). (Schrift-) Sprachfähigkeit als kulturelle Basiskompetenz von Kindergartenkindern? In: R. Arnold & H. Günther (Hrsg.), Innovative Bildungs- und Erziehungsprozesse, 49-62. Kaiserslautern: Pädagogische Materialien der Universität.

FRIED, L. (2008). Das wissbegierige Kind. Neue Perspektiven in der Früh- und Elementarpädagogik. Weinheim: Juventa.

FROSH, S., PHOENIX, A. & PATTMAN, R. (2002). Young masculinities: Understanding boys in contemporary society. London: Palgrave.

FTHENAKIS, W. (1998). Erziehungsqualität: Operationalisierung, empirische Überprüfung und Messung eines Konstrukts. In: W. E. Fthenakis & M. R Textor (Hrsg.), Qualität von Kinderbetreuung. Konzepte, Forschungsergebnisse, internationaler Vergleich, 52-74. Weinheim: Beltz.

FUHRER, U. (2007).Erziehungskompetenz. Was Eltern und Familien stark macht. Bern: Huber.

FULTON, M., RAAB, G., THOMSON, G., LAXEN, D., HUNTER, R. & HEPBURN, W. (1987). Influence of blood lead on the ability and attainment of children in Edinburgh. Lancet, 1, 1221-1226.

GABRIEL, T. (2005). Resilienz – Kritik und Perspektiven. Zeitschrift für Pädagogik, 2, 207-217.

GAGNÉ, F. (1993). Constructs and models pertaining to exceptional human abilities. In: K. A. Heller (Ed.), International handbook of giftedness and talent, 69-87. Amsterdam: Elsevier.

GALTON, F. (1869). Hereditary Genius: An Inquiry into Its Laws and Consequences. London.

GANDARA, P. (2000). Interventions for Excellence: What We Know about Nurturing High Ability in Underrepresented Students. Unpublished paper, University of California, Davis.

GARBER, H. L. (1988). The Milwaukee Project: Preventing Mental Retardation in Children at Risk. Washington, DC: American Association on Mental Retardation.

GARCES, E,. THOMAS, D. & CURRIE, J. (2002). Longer term effects on Head Start. American Economic Review, 92(4), 999-1012.

GARDNER, H. (2002). Intelligenzen: die Vielfalt des menschlichen Geistes. Stuttgart: Klett.

GARDNER, H., KRECHEVSKY, M., STRENBERG, R. J. & OKAGAKI, L. (1994). Intelligence in context: Enhancing students' practical intelligence for school. In: K. McGilly (Ed.), Classroom lessons: Integrating cognitive theory and classroom practice, 105-127. Cambridge, MA: Bradord Books.

GARMEZY, N., MASTEN, A. S. & TELLEGREN, A. (1984). The study of stress and competence in children: A building block for developmental psychopathology. Child Development, 55, 97-111.

GÄRTNER, L. & FLÜCKIGER, Y. (2005). Probleme des Sozialstaats: Ursachen, Hintergründe, Perspektiven. Zürich/Chur: Rüegger.

GEIßLER, R. (2003).: Das Schweigen zur schichtspezifischen Benachteiligung – von PISA gestört. Pädagogik 2, 10–15.

GOELMAN, H. & PENCE, A. (1987). Effects of child care, family and individual characteristics on children's language development. In: D. A. Phillips (Ed.), Quality in child care: What does the research tell us? 89-104. Washington, DC: National Association for the Education of Young Children.

GOMOLLA, M. & RATKE, F. O. (2002). Institutionelle Diskriminierung. Die Herstellung ethnischer Differenz in der Schule. Opladen: Leske + Budrich.

GRASSMANN, M., MIRWALD, E., KLUNTER, M. & VEITH, U. (1995). Arithmetische Kompetenz von Schulanfängern – Schlussfolgerungen für die Gestaltung des Anfangsunterrichtes. Sachunterricht und Mathematik in der Primarstufe, 23(7), 302-321.

GRIGORENKO, E. L., GEISSLER, P. W., PRINCE, R., OKATCHA, F., NOKES, C., KENNY, D. A., BUNDY, D. A. & STERNBERG, R. J. (2001). The organization of Luo conceptions of intelligence: A study of implicit theories in a Kenyan village. International Journal of Behavioral Development, 25(4), 367-378.

GROß OPHOFF, J., KOCH, U., HOSENFELD, I. & HELMKE, A. (2006). Das Projekt VERA: Von der Evaluation zur Schul- und Unterrichtsentwicklung! (Teil 2). SchulVerwaltung, Ausgabe Hessen/Rheinland-Pfalz/Saarland.

GROSS, S. (1993). Early mathematics performance and achievement: Results of a study within a large suburban school system. Journal of Negro Education, 62(3), 269-287.

GROSSMANN, K. & GROSSMANN, K. E. (2001).Bindungsqualität und Bindungsrepräsentation über den Lebensverlauf. In: G. RÖPER, C. VON HAGEN & G. NOAM (Hrsg.), Entwicklung und Risiko. Perspektiven einer klinischen Entwicklungspsychologie, 143-168. Stuttgart: Kohlhammer.

GROTBERG, E. H. (1997). The international resilience project: Findings from the research and the effectiveness of interventions. In: B. Bain (Ed.), Psychology and education in the 21st century: Proceedings of the 54th annual convention of the international council of psychologists, 118-128. Edmonton: ICPress.

GRUNDER, H.-U. & SCHWEITZER, F. (2006). Gemeinschaft - Ethos – Schule. Weinheim: Beltz.

GUILFORD, J. P. (1982). Cognitive psychology's ambiguities: Some suggested remedies. Psychological Review, 89, 48-59.

HÄBERLIN, U. (2008). Chancengleichheit als kulturenverbindende Abwertung von Schwachen. Parallelvortrag im Rahmen des DGfE-Kongresses, 16. – 19. März, Dresden.

HACK, M., YOUNGSTROM, E. A., CARTAR, L., SCHLUCHTER, M., TAYLOR, H. G., FLANNERY, D., KLEIN, N. & BORAWSKI, E. (2004). Behavioral outcomes and evidence of psychopathology among very low birth weight infants at age 20 years. Pediatrics, 114(4), 932-940.

HAMPEL, P., KROPF, V., DIKICI, S., KÖNIG, L., GLOGER-TIPPELT, G. & PETERMANN, F. (2007). Kognitive Entwicklung und sozial-emotionale Kompetenzen bei Frühgeborenen mit unterschiedlichen Bindungsrepräsentationen. Kindheit und Entwicklung, 16(4), 220-228.

HANUSHEK, E. A. (1989). The Impact of differential expenditures on school performance. Educational Researcher, 18(4), 45-51+62.

HANUSHEK, E. A. (1995). Interpreting recent research on schooling in developing countries. World Bank Research Observer, 10(2), 227-246.

HANUSHEK, E. A. (2005): Economic Outcomes and School Quality. Education Policy Series, Vol. 4. Paris: International Institute for Educational Planning and International Academy of Education.

HANY, E. A. & HELLER, K. A. (1991): Gegenwärtiger Stand der Hochbegabungsforschung. Zeitschrift für Entwicklungspsychologie und pädagogische Psychologie, 23, 241-249.

HANY, E. A. & NICKEL, H. (1992). Begabung und Hochbegabung. Theoretische Konzepte, empirische Befunde, praktische Konsequenzen. Bern: Huber.

HANY, E. A. (1995). Identifikation begabter Schülerinnen und Schüler durch Lehrkräfte. In: F. Oswald, K. Klement & M. Costazza (Eds.), Lehrerfortbildung zur Begabtenförderung und Identifikation von Begabungen, 189-210. Wien: Jugend & Volk.

HANY, E. A. (1997). Modelling teachers' judgments of giftedness: a methodological inquiry of judgement bias. High Ability Studies, 8, 159-178.

HANY, E. A. (2007). Gebt den Lehrern eine Chance! Ein Plädoyer für den Einsatz von Lehrerchecklisten. news&science. Begabtenförderung und Begabungsforschung, 16, 21-23.

HARBISON HANUSHEK, R. W. & HANUSHEK, E. A. (1992). Educational performance of the poor. Lessons from Rural Northeast Brazil. Oxford.

HARMS, T. & CLIFFORD, R. M. (1980). Early Childhood Environment Rating Scale. New York.

HARTMANN, P. (1990). Wie repräsentativ sind Bevölkerungsumfragen? Ein Vergleich des ALLBUS und des Mikrozensus, 7-30. Mannheim: ZUMA.

HASCHER, T. (2004). Wohlbefinden in der Schule. Münster: Waxmann.

HASCHER, T., KNAUSS, C. & HERSBERGER, C. (2005). Retrospektive Evaluation der Maßnahme «Unterrichtsausschluss gemäß Artikel 28 VSG». Bern: Universität Bern.

HASSELHORN, M. (2004). Lernen im Altersbereich zwischen 4 und 8 Jahren: Individuelle Voraussetzungen, Entwicklung, Diagnostik und Förderung. In: T. Guldimann & B. Hauser (Hrsg.), Bildung 4 bis 8jähriger Kinder, 77-88. Münster: Waxmann.

HAYES, N. & KERNAN, M. (2002). Four to seven years old: Early education experiences in Ireland, Poverty Today. Dublin: University of Dublin, Department of Social Sciences.

HEATH, S. B. (1982). Ways with words: Language, life, and work in communities and classrooms. New York: Cambridge University Press.

HECKHAUSEN, H. & RHEINBERG, F. (1980). Lernmotivation im Unterricht, erneut betrachtet. Unterrichtswissenschaft, 8, 7-47.

HECKHAUSEN, H. (1980). Fähigkeit und Motivation in erwartungswidriger Schulleistung. Göttingen: Hogrefe.

HEDGES, L. R., LAINE, R. D. & GREENWALD, R. (1994). Money does matter somewhere: A reply to Hanushek. Educational Researcher, 23(4), 9-10.

HEINE, M. (2006). Zentrale Handlungsfelder von Schule und Schulverwaltung. Interkulturelle Bildung und schulische Integration. Betrifft, 1, 4-8.

HEINRICH, J. & KOLETZKO, B. (2005). Kinderkrippen und Kindergesundheit. Sachverständigenkommission Zwölfter Kinder- und Jugendbericht. Bildung, Betreuung und Erziehung von Kindern unter sechs Jahren, 227-275. München: Verlag Deutsches Jugendinstitut.

HELLER, K. A. & HANY, E. A. (1996). Psychologische Modelle der Hochbegabtenförderung. In: F. E. Weinert (Eds.), Psychologie des Lernens und der Instruktion, 477-513. Göttingen: Hogrefe.

HELLER, K. A. & SCHOFIELD, N. J. (2000). International trends and topics of research on giftedness and talent. In: K. A. Heller, F. J. Monks, R. J. Sternberg & R. A. Subotnik (Eds.), International Handbook of Giftedness and Talent (2nd ed.), 123-137. Oxford, UK: Elsevier.

HELLER, K. A. & ZIEGLER, A. (1996). Gender differences in mathematics and the sciences: Can attributional retrainingimprove the performance of gifted females. Gifted Child Quarterly, 40, 200-210.

HELLER, K. A. (1996). Cross-Cultural Studies on the Development of Giftedness and Talent. In: U. Munandar & C. Semiawan (Eds.), Optimizing excellence in human resource development, 28-42. Jakarta: University of Indonesia Press.

HELLER, K.A. (2000). Hochbegabung im Kindes- und Jugendalter. Göttingen: Hogrefe.

HELLER, K.A. (2001). Hochbegabtenförderung im nationalen und internationalen Bereich. Labyrinth, 68, 4-10.

HELMKE, A. & JÄGER, R. (2002). Das Projekt MARKUS – Mathematik-Gesamterhebung Rheinland-Pfalz: Kompetenzen, Unterrichtsmerkmale, Schulkontext. Landau: Verlag Empirische Pädagogik.

HELMKE, A. & SCHRADER, F.-W. (2001). Determinanten der Schulleistung. In: D. H. Rost (Hrsg.), Handwörterbuch der Pädagogischen Psychologie, 81-91. Weinheim: Beltz.

HELMKE, A., SCHRADER, F.-W. & LEHNEIS-KLEPPER, G. (1991). Zur Rolle des Elternverhaltens für die Schulleistungsentwicklung ihrer Kinder. Zeitschrift für Entwicklungspsychologie und Pädagogische Psychologie, 23, 1-22.

HELMKE, A. & WEINERT, F. E. (1997). Die Münchner Grundschulstudie SCHOLASTIK: Wissenschaftliche Grundlagen, Zielsetzungen, Realisierungsbedingungen und Ergebnisperspektiven. In: F. E. Weinert & A. Helmke (Hrsg.), Entwicklung im Grundschulalter, 3-12. Weinheim: Beltz.

HENGARTNER, E. & RÖTHLISBERGER, H. (1995). Rechenfähigkeit von Schulanfängern. In: H. Brügelmann, H. Balhorn & I. Füssenich (Hrsg.), Am Rande der Schrift. Jahrbuch der Dt. Gesellschaft Lesen und Schreiben, 6, 66-86. Lengwil: Libelle.

HERGERSBERG, M. & WEIGELL-WEBER, M. (2000). Erbliche Schwerhörigkeit – neue Möglichkeiten der Diagnostik. Schweizerische Medizinische Wochenschrift, 130, 485–489.

HERRNSTEIN, J. & MURRAY, J. (1994). The bell curve: Intelligence and class structure in american life.

HEYMANN, H. W. (2006). Autorität im Schulalltag. Pädagogik, 58(2), 6-9.

HINSHAW, S. (1992). Academic underachievement, attention deficits, and aggression: comorbidity and implications for intervention. Journal of Consulting and Clinical Psychology, 60(2), 893-903.

HOFFMANN-NOWOTNY, H.-J. (1974). Soziologie des Fremdarbeiterproblems. Eine theoretische und empirische Analyse am Beispiel der Schweiz. Stuttgart: Ferdinand Enke Verlag.

HØIEN, T., LUNDBERG, I., STANOVICH, K. E. & BIAALID, I. K. (1995). Components of phonological awareness. Reading and Writing, 7, 171-188.

HOWES, C., & RITCHIE, S. (2002). A matter of trust: Connecting teachers and learners in the early childhood classroom. New York: Teachers College.

HOWES, C., BURCHINAL, M., PIANTA, R., BRYANT, D., EARLY, D., CLIFFORD R. M., OSCAR, B. (2008). Ready to learn? Children's pre-academic achievement in pre-kindergarten programs. Child and Youth Care Forum, 37(1), 27-50.

HOYNINGEN-SÜESS, U. & GYSELER, D. (2001). Thurgauer Fördertag – ein unterstützendes Angebot für hochbegabte Kinder. Schlussbericht der wissenschaftlichen Begleitung (1999-2001).

HOYNINGEN-SÜESS, U. & GYSELER, D. (2005). Erziehung und Bildung hoch begabter Kinder und Jugendlicher: Überlegungen aus sonderpädagogischer Sicht. Zeitschrift für Heilpädagogik, 56(12), 497-506.

HOYNINGEN-SÜESS, U. & GYSELER, D. (2006). Hochbegabung aus sonderpädagogischer Sicht. Bern: Haupt. [On-line]. Available: http://www.mckinseybidet.de/downloads/07_kontakt/PM_Kongress_Vier_Punkte.pdf

HUMMRICH, M. (2002). Bildungserfolg und Migration. Opladen: Leske+Budrich.

HUNSAKER, S. L. (1995). The gifted metaphor from the perspective of traditional civilizations. Journal for the Education of the Gifted, 18, 255-268.

HYMEL, S. & FORD, L. (2003). School completion and academic success: The impact of early social-emotional competence. Encyclopedia on Early Childhood Development. [On-line]. Available: http://www.excellence-earlychildhood.ca/documents/Hymel-FordANGxp.pdf. (20. August 2007).

IBEN, G. (1997). Kompensatorische Erziehung. In: Deutscher Verein für öffentlicher und private Fürsorge (Hrsg.), Fachlexikon der sozialen Arbeit, 567-568. Baden-Baden: Nomos.

IM BRAHM, G. (2006). Klassengröße: eine wichtige Variable von Schule und Unterricht? Bildungsforschung, 3(1), [On-line]. Available: http://www.bildungsforschung.org/Archiv/2006-01/klassengroesse/

IMHASLY, M. T. (2004). Metaevaluation Begabungsförderung. Zürich: Forschungsbereich Schulqualität & Schulentwicklung des Pädagogischen Instituts der Universität.

INGENKAMP, K. (1971). Die Fragwürdigkeit der Zensurengebung. Weinheim: Beltz.

IRVINE, J. J. (1990). Black students and school failure: Policies, practices, and prescriptions. New York: Greenwood.

JACKSON, N. E. (1992). Precocious reading in English: Sources, structure, and predictive significance. In: P. Klein & A. H. Tannenbaum (Eds.), To be young and gifted, 171-203. Norwood: Ablex.

JACKSON, N. E., DONALDSON, G. W. & MILLS, J. R. (1993). Components of reading skills in postkindergarten precocious readers and level. Matched second graders. Journal of Reading Behaviour, 25(2), 181-208.

JENSEN, A. (1969). How much can we boost IQ and scholastic achievement? Harvard Educational Review, 39, 1-123.

JENSEN, A. R. (1998). The g factor: The science of mental ability. Westport, CT: Praeger.

JOIREMAN, J. & ABBOTT, M. (2004). Structural equation models Assessing relationships among student activities, ethnicity, poverty, parents' education, and academic achievement. Washington: Washington School Research Center, Technical Report Nr.6.

JONES, S. & MYHILL, D. (2004). ‹Troublesome boys› and ‹compliant girls›: gender identity and perceptions of achievement and underachievement. British Journal of Sociology of Education, 25, 547-561.

JUDY, J. E., ALEXANDER, P. A., KUKIKOWICH, J. M. & WILLSON, V. L. (1988). Effects of two instructional approaches and peer tutoring on gifted and non-gifted sixth-grade students' analogy performance. Reading Research Quarterly, 23, 236-256.

JULIUS, H. & PRATER, M. A. (1996). Resilienz. Sonderpädagogik, 26, 228-235.

KAMERMAN, S. B., NEUMAN, M., WALDFOGEL, J. & BROOKS-GUNN, J. (2003). Social policies, family types and child outcomes in selected OECD countries. Paris: OECD.

KAUFFMANN, C., GRUNEBAUM, H., COHLER, B. & GAMER, E. (1979). Superkids: Competent children of psychotic mothers. American Journal of Psychiatry, 136(111), 1398-1402.

KEHRLI, C. & KNÖPFEL, C. (2006). Handbuch Armut in der Schweiz. Luzern: Caritas.

KELLAM, S. G., LING, X., MERISCA, R., BROWN, C. H. & IALONGO, N. (1998). The effect of the level of aggression in the first grade classroom on the course and malleability of aggressive behavior into middle school. Development and Psychopathology, 10, 165-185.

KELLER, G. (1992). Schulpsychologische Hochbegabtenberatung. Ergebnisse einer Beratungsstudie. Psychologie in Erziehung und Unterricht, 39, 125-132.

KEOGH, B. (1999). Risiko und protektive Einflüsse in der Schule. In: G. Opp, M. Fingerle & A. Freytag (Hrsg.), Was Kinder stärkt. Erziehung zwischen Risiko und Resilienz, 191-202. München: Reinhardt.

KESSLER, G. (2005). Auswirkungen mütterlicher Depression auf die Mutter-Kind-Interaktion im Alter von zwei Jahren. Mannheim: Fakultät für Klinische Medizin, Inauguraldissertation.

KING, V. (2005). Bildungskarrieren und Männlichkeitsentwürfe bei Adoleszenten aus Migrantenfamilien. In: V. King & K. Flaake (Hrsg.), Männliche Adoleszenz. Sozialisation und Bildungsprozesse zwischen Kindheit und Erwachsensein, 57-76. Frankfurt: Campus Verlag.

KITANO, M. (1991). A multicultural education perspective on serving the culturally diverse gifted. Journal for the Education of the Gifted, 15(1), 4-19.

KLIEME, E. (2004). Begründung, Implementierung und Wirkung von Bildungsstandards: Aktuelle Diskussionslinien und empirische Befunde. Zeitschrift für Pädagogik 5, 625-634.

KLIEME, E. ET AL. (2003). Zur Entwicklung nationaler Bildungsstandards. Eine Expertise. Berlin: Bundesministerium für Bildung und Forschung BMBF.

KLINE, B. & SHORT, E. (1991). Changes in emotional resilience: Gifted adolescent females. Roeper Review, 13(3), 118-121.

KLIPCERA, C. & GASTEIGER KLIPCERA, B. (1993). Lesen und Schreiben. Entwicklung und Schwierigkeiten. Bern: Peter Lang.

KÖHLER, H. (2006). Erneuerung und Gerechtigkeit - Ansprache bei der Vollversammlung des Deutschen Industrie- und Handelskammertages. Bochum, 22.11.

KOHTZ, K. (1990). Untersuchung und Förderung von spontan frühlesenden Kindern im Club für kleine Leseratten. Labyrinth, 32, 17-21.

KONRAD, K. & TRAUB, S. (2005). Kooperatives Lernen. Schneider Verlag. Hohengehren.

KRAPPMANN, L. (2000). Kinderarmut. Expertise im Auftrag des Bundesministeriums für Familie, Senioren, Frauen und Jugend zur Vorbereitung des Ersten Armuts- und Reichtumsberichts der Bundesrepublik. Berlin.

KRAPPMANN, L. (2007). Sozialpolitik für Kinder und Kinderrechte. In: A. Lange & F. Lettke (Hrsg.), Generationen, Familien und Gesellschaft - Interdisziplinäre Annäherungen an Spannungsfelder der Gegenwartsgesellschaft, 197-212. Frankfurt am Main: Suhrkamp.

KRAUSS, D. & HINDEMITH, A. (1993). Hochbegabung bei Vorschulkindern. Eine empirische Untersuchung zum Frühlesen und Frührechnen. Diplomarbeit. Köln: Philosophische Fakultät der Universität.

KRONIG, W. (2006). Resilienz und kollektivierte Risiken in Bildungskarrieren – das Beispiel der Kinder aus Zuwandererfamilien. In: G. Opp, A. Fingerle & A. Freytag (Hrsg.), Was Kinder stärkt. Erziehung zwischen Risiko und Resilienz. Frankfurt: Campus Verlag.

KRONIG, W., HAEBERLIN, U. & ECKHARD, M. (2000). Immigrantenkinder und schulische Selektion. Pädagogische Visionen, theoretische Erklärungen und empirische Untersuchungen zur Wirkung integrierender und separierender Schulformen in den Grundschuljahren. Bern/Stuttgart/Wien: Haupt.

KRÜGER, H.-H. & GRUNERT, C. (2002). Jugend und Bildung. In: R. Tippelt (Hrsg.), Handbuch Bildungsforschung, 495-514. Opladen: Leske + Budrich.

KRÜGER, R. & DUMKE, D. (1974). Längsschnittuntersuchung zum frühen Lesenlernen. Die Deutsche Schule, 66(12), 838-850.

KULIK, J. A. (1992). An analysis of the research on ability grouping: Historical and contemporary perspectives (RBDM 9204). Storrs, CT: The National Research Center on the Gifted and Talented, University of Connecticut.

KULIK, C.L. & KULIK, J. A. (1982). Effects of ability grouping on secondary school students: A meta-analysis of evaluation findings. American Educational Research Journal, 19, 415-428.

KUMMELS, I. (2007). Globale Ökonomie, heterogene Migration und städtisches Zusammenleben im 21. Jahrhundert. Politische Handlungsoptionen in den Global Cities mit Blick auf die verstärkte Zuwanderung temporärer, qualifizierter Migrant/innen. Referat an der Zürcher Migrationskonferenz, 21. September. [On-line]. Available: http://www.infostelle.ch/user_content/editor/files/Tagungsunterlagen/mk_kummels. pdf

KUSCHEL, A., HEINRICHS, N., BERTRAM, H., NAUMANN, S. & HAHLWEG, K. (2007). Wie gut stimmen Eltern und Erzieherinnen in der Beurteilung von Verhaltensproblemen bei Kindergartenkindern überein? Zeitschrift für Kinder- und Jugendpsychiatrie und Psychotherapie, 35, 51-58.

KÜSPERT, P. & SCHNEIDER, W. (2003). Hören, lauschen, lernen (4. Auflage). Göttingen: Vandenhoek & Ruprecht.

KUTZNER, S., MÄDER, U. & KNÖPFEL, C. (2004). Working Poor in der Schweiz – Wege aus der Sozialhilfe. Chur/Zürich: Rüegger.

KYRKLUND-BLOMBERG, N. B. & CNATTINGIUS, S. (1998). Preterm birth and maternal smoking: risks related to gestational age and onset of delivery. Am J. Obstet Gynecol, Oct; 179(4), 1051-1055.

LADD, G., BIRCH, S. & BUHS, E. (1999). Children's social and scholastic lives in kindergarten: Related spheres of influence? Child Development, 70, 6, 1373-1400.

LAJOIE, S. P. & SHORE, B. M (1981). Three myths? The over-representation of the gifted among drop- outs, delinquents and suicides. Gifted Child Quarterly, 25, 138-141.

LAMB, M. E., HWANG, C. P., BROBERG, A. & BOOKSTEIN, F. L. (1990). The effects of out-of-home care on the development of social competence in Sweden: a longitudinal study. In: N. Fox & G. G. Fein (Eds.), Infant day care. The current debate. Westport, CT: Ablex Pub.

LANDESZENTRUM FÜR ZUWANDERUNG NRW (2004). Interkulturelle Zusammenarbeit mit Eltern. Solingen: Landeszentrum für Zuwanderung.

LAUCHT, M. & SCHMIDT, M. H. (2004). Mütterliches Rauchen in der Schwangerschaft: Risikofaktor für eine ADHS des Kindes? Zeitschrift für Kinder- und Jugendpsychiatrie und Psychotherapie, 32(3), 177-185.

LAVE, J. (1988). Cognition in practice. Cambridge, UK: Cambridge University Press.

LEE, V. E. & BURKAM, D. T. (2003). Dropping out of high school: The role of school organization and structure. American Educational Research Journal, 40(2), 353-393.

LEE, V. E. & LOEB, S. (1995). Where do Head Start attendees end up? One Reason why preschool effects fade out. Educational Evaluation and Policy Analysis, 17(1), 62-82.

LEE, V. E. & LOEB, S. (2000). School Size in Chicago Elementary Schools: Effects on Teachers' Attitudes and Students' Achievement. American Educational Research Journal, 37, 3-31.

LEHMANN, R. H. & PEEK, R. (1997). Aspekte der Lernausgangslage von Schülerinnen und Schülern der fünften Klassen an Hamburger Schulen. Hamburg: Behörde für Schule, Jugend und Berufsbildung.

LEHMANN, R., GÄNSFUSS, R. & PEEK, R. (1998). Aspekte der Lernausgangslage und der Lernentwicklung von Schülerinnen und Schülern, die im Schuljahr 1996/97 eine fünfte Klasse an Hamburger Schulen besuchten. Bericht über die Erhebung im September 1998 (LAU 7). Berlin: Humboldt-Universität.

LESTER, B. M., LAGASSE, L. L. & SEIFER, R. (1998). Drug abuse: Cocaine exposure and children: The meaning of subtle effects. Science, 282(5389), 633-634.

LIEGLE, L. (2000). Familienkindheit und Kinderpolitik in sozial-ökologischer Perspektive. In: A. Herlth, A. Engelbert, J. Mansel, J. & Ch. Palentien (Hrsg.), Spannungsfeld Familienkindheit, 283-294. Opladen: Leske + Budrich.

LIPSEY, M. & WILSON, D. B. (1993). The efficacy of psychological, educational, and behavioral treatment: Confirmation from meta-analysis. American Psychologist, 48, 1181-1209.

LOCASALE-CROUCH, J., KONOLD, T., PIANTA, R., HOWES, C., BURCHINAL, M., BRYANT, D., CLIFFORD, R., EARLY, D. & BARBARIN, O. (2007). Profiles of observed classroom quality in state-funded pre-kindergaten programs and associations with teacher, program and classroom characteristics. Early Childhood Research Quarterly, 22(1), 3-17.

LOCKART, G. (1996). Grouping Practices and Their Effects on Middle Level Gifted Students. Unpublished paper, Education, Southern Illinois University at Edwardsville.

LOEB, S., BRIDGES, M., BASSOK, D., FULLER, B. & RUMBERGER, R. (2004). How much is too much? The influence of preschool centers on children's social and cognitive development. Working Paper 11812. Economics of Education Review, 26(1) 52-66.

LÖSEL, F. & BENDER, D. (1999). Von generellen Schutzfaktoren zu differenziellen protektiven Prozessen. Ergebnisse und Probleme der Resilienzforschung. In: G. Opp, M. Fingerle & A. Freytag (Hrsg.). Was Kinder stärkt. Erziehung zwischen Risiko und Resilienz (S. 37-58). Frankfurt: Campus Verlag.

LÖSEL, F., BEELMANN, A., JAURSCH, S. & STEMMLER, M. (2004). Soziale Kompetenz für Kinder und Familien: Ergebnisse der Erlangen-Nürnberger Entwicklungs- und Präventionsstudie. Bonn: Bundesministerium für Familie, Senioren, Frauen und Jugend.

LÖSEL, F., KOLIP, P. & BENDER, D. (1992). Stress-Resistenz im Multiproblem-Milieu: Sind seelisch widerstandsfähige Jugendliche «Superkids»? Zeitschrift für Klinische Psychologie, 21, 48-63.

LOU, Y., ABRAMI, P. C., SPENCE, J. C., PULSEN, C. CHAMBERS, B. & D'APOLLONIA, S. (1996).Within-class grouping: A meta-analysis. Review of Educational Research, 66, 423-458.

LOVE, J. M, KISKER, E. E, ROSS, C., RAIKES, H., CONSTANTINE, J., BOLLER, K., BROOKS-GUNN, J., CHAZAN-COHEN, R., TARULLO, L. B., BRADY-SMITH, C., FULIGNI, A. S., SCHOCHET, P. Z, PAULSELL, D. & VOGEL, C. (2005). The effectiveness of Early Head Start for 3-year-old children and their parents: Lessons for policy and programs. Developmental Psychology, 41(6), 885-901.

LOZOFF, B., JIMENEZ, E., HAGEN, J., MOLLEN, E. & WOLF, A. W. (2000). Poorer behavioral and developmental outcome more than 10 years after treatment for iron deficiency in infancy. Pediatrics 105(4), E51.

LÜCKERT, H. R. (1969). Begabungsforschung und Bildungsförderung als Gegenwartsaufgabe? München: Reinhardt.

LUHMANN, N. & SCHORR, K.E. (1979). Reflexionsprobleme im Erziehungssystem. Frankfurt a. M.: Suhrkamp.

LUTHAR, S. S. CICCHETTI, D. & BECKER, B. (2000). The construct of resilience: A critical evaluation and guidelines for future work. Child Development, 71, 543-562.

LYNGBYE, T., HANSEN, O. N., TRILLINGSGAARD, A., BEESE, I. & GRANDJEAN, P. (1990). Learning disabilities in children: Significance of low-level lead exposure and confounding factors. Acta Paediatrica Scandinavica 79(3), 352-360.

MACMILLAN, D.L., GRESHAM, F.M. & BOCIAN, K.M. (1998). Discrepancy between definitions of learning disabilities and school practices: An empirical investigation. Journal of Learning Disabilities, 31, 314-326.

MANSTETTEN, A., SANN, A. & THRUM, K. (2004). Schritt für Schritt - Opstapje: Flyer. Vorstellung des Modellprogramms und der wissenschaftlichen Begleitung, Kurzfassung. München: Deutsches Jugendinstitut.

MARJORIBANKS, K. (1979). Families and their learning environments: An empirical analysis. Routledge and Kegan Paul: London.

MARTINO, W. (1999). ‹Cool boys›, ‹party animals›, ‹squids› and ‹poofters›: interrogating the dynamics and politics of adolescent masculinities in school. British Journal of Sociology of Education, 20(2), 240-263.

MARTORELL, R. (1998). Nutrition and the worldwide rise in IQ scores. In: U. Neisser (Ed.), The Rising Curve, 183-206 Washington, DC: American Psychological Association.

MARTSCHINKE, S. & KAMMERMEYER, G. (2003). Jedes Kind ist anders. Jede Klasse ist anders. Zeitschrift für Erziehungswissenschaft, 6(2), 257-275.

MARTSCHINKE, S., KIRSCHHOCK, E. & FRANK, A. (2001). Rundgang durch Hörhausen. Erhebungsverfahren zur phonologischen Bewusstheit. Diagnose und Förderung im Schriftspracherwerb. Donauwörth: Auer.

MARX, H. (1992). Vorhersage von Lese-Rechtschreibschwierigkeiten in Theorie und Praxis. Unveröffentlichte Habilitationsschrift. Bielefeld: Fakultät für Psychologie und Sportwissenschaften der Universität.

MASTEN, A. S. & O'CONNOR, M. J. (1989). Vulnerability, stress, and resilience in the early development of a high risk child. Journal of the American Academy of Child and Adolescent Psychiatry, 28, 274-278.

MASTEN, A. S. (2001). Resilienz in der Entwicklung. Wunder des Alltags. In: G. Röper, C. von Hagen & G. Noam (Hrsg.), Entwicklung und Risiko. Perspektiven einer klinischen Entwicklungspsychologie, 192-219. Stuttgart: Kohlhammer.

MAUGHAN, B. (1989). School experiences as risk/protective factors. In: M. Rutter (Ed.), Studies of psychosocial risk, 200-220. New York: Press Syndicate of University of Cambridge.

MCCALL, R.B., EVAHN, C. & KRATZER, L. (1992). High school underachievers: What do they achieve as adults? Newbury Park: Sage.

MCDOUGALL, P., HYMEL, S., VAILLANCOURT, T. & MERCER, L. (2001). The consequences of childhood peer rejection. In: M. Leary (Ed.), Interpersonal Rejection, 213-247. New York: Oxford University Press.

MCKINSEY & COMPANY (2006). McKinsey bildet. Der Vier-Punkte-Plan zur Bildungsreform in Deutschland.

MCLEOD, J. & CROPLEY, A. (1989). Fostering academic excellence. New York: Pergamon.

METTAUER, B. & SZADAY, C. (2005). Befragung der Zürcher Oberstufengemeinden zum Thema „Schulausschluss". Zürich: Interkantonale Hochschule für Heilpädagogik.

MEULEMANN, H. (1999). Stichwort: Lebenslauf, Biografie und Bildung. Zeitschrift für Erziehungswissenschaft, 2(3), 305-324.

MEYER, W. U. (1984). Das Konzept von der eigenen Begabung. Bern: Huber.

MIETZEL, G. (2002). Wege in die Entwicklungspsychologie. Weinheim: Psychologie Verlags Union.

MILLER, L. B. & BIZZELL, R.P. (1983). The Louisville experiment: A comparison of four programs. In Consortium for Longitudinal Studies (Ed.), As the twig is bent: Lasting effects of preschool programs, 171-199. Hillsdale, NJ: Lawrence Earlbaum Associates.

MOLLENHAUER, K. (1969). Sozialisation und Schulerfolg. In: H. Roth (Hrsg.), Begabung und Lernen. Ergebnisse und Folgerungen neuer Forschungen. Deutscher Bildungsrat. Gutachten und Studien der Bildungskommission, Band 4, 269-296. Stuttgart: Klett.

MOLNAR, A., SMITH, P. ZAHORIK, J., PALMER, A., HALBACH, A. & EHRLE, K. (1999). Evaluating the SAGE program: A pilot program in targeted pupil-teacher reduction in Wisconsin. Educational Evaluation and Policy Analysis, 21(2), 165-177.

MOSER, U. (2006). Was bringen Bildungsstandards den Lernenden? Referat an der Kadertagung des Schweizerischen Instituts für Berufspädagogik (SIBP) und der Schweizerischen Zentralstelle für die Weiterbildung der Mittelschullehrpersonen (WBZ) zum Thema «Bildungsstandards – wo steht die Sekundarstufe II?» vom 26. – 27. Januar in Murten, Schweiz.

MOSER, U., BAYER, N. & BERWEGER, S. (2008). Summative Evaluation Grundstufe und Basisstufe. Zwischenbericht zuhanden der EDK-Ost. Zürich: Universität.

MOSER, U., KELLER, F. & TRESCH, S. (2003). Schullaufbahn und Leistung. Bildungsverlauf und Lernerfolg von Zürcher Schülerinnen und Schüler am Ende der 3. Volksschulklasse. Bern: hep.

MOSER, U., STAMM, M. & HOLLENWEGER, J. (2005). Für die Schule bereit? Bern: hep.

MOSTELLER, F., LIGHT, R. J. & SACHS, J. A. (1996). Sustained inquiry in education: Lessons from skill grouping and class size. Harvard Educational Review, 66(4), 797-842.

MURRAY, R., SHEA, M. & SHEA, B. (2004). Avoiding the one-size-fits-all curriculum: Textsets, inquiry, and differentiating instruction. Childhood Education 81(1), 33-36.

MYERS, D. G. (1991). Don't all children have gifts? Education Week, 36, January 16.

NATIONAL RESEARCH COUNCIL (1999). Improving Student Learning: A Strategic Plan for Education Research and Its Utilization. Washington, DC: National Academy Press.

NEIHART, M. (2001). Risk and resilience in gifted children: a conceptual framework. In: M. Neihart, S. M. Reis, N. Robinson, & S. Moon (Eds.), The social and emotional development of gifted children: What do we know? 114-119. Waco. TX: Prufrock Press.

NEISSE, U., BOODOO, G., BOUCHARD, T. J., JR., BOYKIN, A. W., BRODY, N., CECI, S. J., HALPERN, D. F., LOEHLIN, J. C., PERLOFF, R., STERNBERG, R. J., & URBINA, S. (1996). Intelligence: Knowns and unknowns. American Psychologist, 51, 77-101.

NEISSER, U. (1979). The concept of intelligence. Intelligence, 3, 217-227.

NELLES-BÄCHLER, M. (1972). Frühleser in der Grundschule. Die Deutsche Schule, 64, 10, 638-648.

NETTLES, S., O'BRIAN CAUGHY, M. & O'COMPO, P. J. (2008). School adjustment in the early grades: Toward an integrated model of neighbourhood, parental and child processes. Review of Educational Research, 78(1), 3-32.

NEUHAUS-SIEMON, E. (1993). Frühleser in der Grundschule. Bad Heilbrunn: Klinkhardt.

NICHD Early Childcare Research Network & Duncan, G. J. (2003). Modeling the Impacts of Child Care Quality on Children's Preschool Cognitive Development. Child Development 74(5), 1454-1475.

Nietzsche, F. (1883). Menschliches, Allzumenschliches. In: Sämtliche Werke 15 Bde. Kritische Studienausgabe (2. Neuausgabe 1999) Berlin: De Gruyter.

Nisbett, R. E. (2003). The geography of thought: Why we think the way we do. New York: Free Press.

Notz, I. (1969). Anfangsleser. Schule und Psychologie, 15, 174-180.

Nunes, T., Schliemann, A. D., & Carraher, D. W. (1993). Street mathematics and school mathematics. New York: Cambridge University Press.

O'Shea, R. K. (2002). Conductive Education in conjunction with inclusive education: Teaming Physical and Occupational Therapists and Conductors. Advances in Conductive Education, 77-89.

Oakes, J. (1985). Keeping Track: How Schools Structure Inequality. New Haven, CT: Yale University Press.

Oden, S., Schweinhart, L., Weikart, D. P., Marcus, S. M. & Xie, Y. (2000). Into adulthood: A study of the effects of Head Start. Ypsilanti, MI: High/Scope Press.

OECD (2002). Bildungspolitische Analyse. Paris: OECD.

OECD (2006). Starting Strong II. Early childhood education and care. Paris: OECD.

OECD (2007). Die internationale Schulleistungsstudie PISA der OECD. Paris: OECD.

Office for Standards in Education (OFSTED) (1996). Recent research on the achievements of ethnic minority pupils. London: Office for Standards in Education.

Ogbu, J. & Fordham, S. (1986). African American students' school success: Coping with the burden of «acting White». Urban Review, 18, 176-206.

Ogbu, J. U. & Simons, H. D. (1998). Voluntary and involuntary minorities: A cultural-ecological theory of school performance with some implications for education. Anthropology & Education Quarterly, 29, 155-188.

Okagi, I. & Sternberg, R. J. (1993). Parental beliefs and children's school performance. Child Development, 64(1), 36-56.

Olds, D. L., Henderson, C. R., Kitzman, H. Jr., Eckenrode, J. J., Cole, R., Tatelbaum, R., Robinson, J., Pettitt, L. M., O'Brien, R. & Hill, P. (1998). Prenatal and infancy home visitation by nurses: A program of research. In: C. Rovee-Collier, L. P. Lipsitt & H. Hayne (Eds.), Advances in Infancy Research, Vol. 12. 79-130. Stamford, CT: Ablex Publishing Company.

Olenchak, F. R., & Renzulli, J. S. (1989). The effectiveness of the schoolwide enrichment model on selected aspects of elementary school change. Gifted Child Quarterly, 33, 36-46.

Olszewski-Kubilius, P., Lee, S.-Y. & Ngoi, D. (2004). Addressing the achievement gap between minority and nonminority children by increasing access to gifted programs. Journal For The Education Of The Gifted, 28(2), 127-158.

Olweus, D. (1993). Victimization by peers: Antecedents and long-term consequences. In: K. H. Rubin & J. B (Eds.), Asendorf, Social withdrawal, inhibition & shyness in childhood, 315-342. Hillside, NJ: Lawrence Erlbaum & Associates.

Opp, G. & Fingerle, M. (2007). Was Kinder stärkt. Erziehung zwischen Risiko und Resilienz. München: Reinhardt.

Osborne, A. F. & Milbank, J. E. (1987). The effects of early education. Oxford: Clarendon.

OSTERTAG, M. & KNÖPFEL, C. (2006). Einmal arm – immer arm? Lebensgeschichten zur sozialen Vererbung und Mobilität in der Schweiz. Luzern: Caritas.

OSWALD, H. & KRAPPMANN, L. (2005). Soziale Ungleichheit in der Schulklasse und Schulerfolg. Eine Untersuchung in dritten und fünften Klassen Berliner Grundschulen. Zeitschrift für Erziehungswissenschaft, 7(4), 479-496.

OTTO, M. & MÜHLENDAHL, K. E. (2007). Blei. http://www.allum.de/index.php?mod=noxe&lang=true&n_id=75

OU, S.-R. & REYNOLDS, A. J. (2004). Preschool education and school completion. Encyclopedia on Early Child Development. Research Quarterly, 18(2), 255-270.

PALENTIEN, C.(2005). Aufwachsen in Armut - Aufwachsen in Bildungsarmut. Zeitschrift für Pädagogik, (5), 154-169.

PATTON, J.M. (1990). The nature and extent of programs for the disadvantaged gifted in the United States and territories. Gifted Child Quarterly 34(3), 94-96.

PEGNATO, C. & BIRCH, J. W. (1959). Locating gifted children in junior high schools: A comparison of methods. Exceptional Children, 25, 300–304.

PEISERT, H. (1967). Soziale Lage und Bildungschancen in Deutschland. München: Piper.

PERKINS, D. N. (1995). Insight in minds and genes. In: R. J. Sternberg & J. E. Davidson (Eds.), The nature of insight, 495-534. Cambridge, MA: MIT Press.

PETER, R. & STERN, W. (1919). Überblick über das Gesamtverfahren. Beiheft zur Zeitschrift für angewandte Psychologie, 18, 1-23.

PETERMANN, F. & WIEDEBUSCH, S. (2006). Diagnostik emotionaler Kompetenz bei Kindern. Zeitschrift für Klinische Psychologie, Psychiatrie und Psychotherapie, 50, 245-266.

PETERSEN, P. (1916). Der Aufstieg der Begabten. Leipzig: Teubner.

PHILIPPSEN ET AL., (1997). Literaturangaben fehlen

PIANTA, R. C., HOWES, C., BURCHINAL, M., BRYANT, D., CLIFFORD, R. & EARLY, D. (2005). Features of pre-kindergarten programs, classrooms, and teachers: Do they predict observed classroom quality and student-teacher-interactions? Applied Developmental Science, 9(3), 144-159.

PICHT, G. (1964). Die deutsche Bildungskatastrophe. Olten: Walter.

PISA-KONSORTIUM DEUTSCHLAND (2003). PISA 2003. Der Bildungsstand der Jugendlichen in Deutschland. Münster: Waxmann.

PITTMAN, R. B. & HAUGHWOUT, P. (1987). Influence of high school size on dropout rate. Educational Evaluation and Policy Analysis, 9(4), 337-343.

PLOWDEN, L. (1967). The Plowden Report: Children and their primary schools. London: HMSO.

PRAUSE, G. (2007). Genies in der Schule. Berlin: Lit.

PRENZEL ET AL. [PISA-Konsortium Deutschland, Ed.] (2007). PISA 2006: Die Ergebnisse der dritten internationalen Vergleichsstudie. Münster: Waxmann.

PRICE, G. G. (1989). Mathematics in early childhood. Young Children, 44, 4, 53-58.

PSACHAROPOULOS, G. (2002). Economics of education a la Euro. European Journal of Education 35(1), 81-95.

QUINT, J. C., BOS, J. M. & POLIT, D. F. (1997). New Chance: Final Report on a Comprehensive Program for Young Mothers in Poverty and Their Children. New York: Manpower Demonstration Research Corporation.

RAMEY, C. T. & RAMEY, S. L. (1998). Early intervention and early experience. American Psychologist, February, 109-120.

RAMEY, C. T., CAMPBELL, F. A., BURCHINAL, M., SKINNER, M. L., GARDNER, D. M. & RAMEY, S. L. (2000). Persistent effects of early childhood education on high-risk children and their mothers. Applied Developmental Science, 4(1), 2-14.

RAMSEIER, E. & BRÜHWILER, C. (2003). Herkunft, Leistung und Bildungschancen im gegliederten Bildungssystem: Vertiefte PISA-Analyse unter Einbezug der kognitiven Grundfähigkeiten. Schweizerische Zeitschrift für Bildungswissenschaften, 1, 23-56.

RAUSCHENBACH, T. (2006). Bildung, Erziehung und Betreuung vor und neben der Schule. Konzeptionelle Grundlagen des 12. Kinder- und Jugendberichts. Zeitschrift für Erziehungswissenschaft, Beiheft, 6, 66-80.

REICH, H. R., ROTH, H.-R. & NEUMANN, U. (2007). Sprachdiagnostik im Lernprozess. Verfahren zur Analyse von Sprachständen im Kontext von Zweisprachigkeit . Münster: Waxmann.

REID, C. (1994). It's all on the label: Aboriginal students and giftedness. Education Links, 47, 14-15.

REIS, S. M. & PURCELL, J. H. (1993). An analysis of content elimination and strategies used by elementary classroom teachers in the curriculum compacting process. Journal for the Education of the Gifted, 16(2), 147-170.

REIS, S. M., COLBERT, R. D. & HÉBERT, T. P. (2005). Understanding resilience in diverse, talented students in an urban high school. Roeper Review, 27, 110-120.

REIS, S., BURNS, D. E. & RENZULLI, J. S. (1992). Curriculum compacting: The complete guide to modifying the regular curriculum for high ability students. Mansfield Center, CT: Learning Press.

RENOLD, E. (2001). Learning the ‹Hard› Way: boys, hegemonic masculinity and the negation of learner identities in the primary school. British Journal of Sociology of Education, 22(3), 368-385.

RENZULLI, J. S. & PARK, (2002). Giftedness and high school dropouts: Personal, family, and school-related factors. Storrs, CT.

RENZULLI, J. S. & REIS, S. M. (2000). The schoolwide enrichment model. In: K. Heller, F. J. Mönks & R. F. Subotnik (Eds.), International handbook of giftedness and talent, 367-381. Amsterdam: Elsevier.

RENZULLI, J. S. (1986). The three-ring conception of giftedness: A developmental model for creative productivity. In: R. J. Sternberg & J. E. Davidson (Eds.), Conceptions of giftedness, 332-357. New York: Cambridge University Press.

RENZULLI, J., REIS, S. & STEDTNITZ, U. (2001). Das Schulische Enrichmentmodell SEM. Begabungsförderung ohne Elitebildung. Aarau: Sauerländer.

REPETTI, R. L. & WOOD, J. (1997). Effects of daily stress at work on mothers' interactions with preschoolers. Journal of Family Psychology 11(1), 90-108.

REYNOLDS, A. J., TEMPLE, J. A., ROBERTSON, D. L. & MANN, E. A. (2001). Long-term effects of an early childhood intervention on educational achievement and juvenile arrest: a 15-year follow-up of low-income children in public schools. Journal of American Medical Association, 285(18), 2339-2346.

RHEE, U. & LEE, K. (1990). The effectiveness of four early childhood program models: Follow-up at Middle School. Journal of Educational Research, 28(3), 147-162.

RICE, J. K. (2003). Teacher quality: Understanding the effectiveness of teacher attributes. Washington, DC: Economic Policy Institute.

RIEDL, S. (2006). «Diese Klasse ist nicht zu unterrichten». Autoritätsprobleme in einer Hauptschulklasse aus der Sicht der Schülerinnen und Schüler. Pädagogik, 58(2), 10-13.

ROBINSON, A. (1991). Cooperative Learning and the Academically Gifted Student. (RBDM9106). Storrs, CT: University of Connecticut, National Research Center on the Gifted and Talented.

ROBINSON, A., PETTITT, L. M., O'BRIEN, R. & HILL, P. (1998). Prenatal and infancy home visitation by nurses: A program of research. In: C. Rovee-Collier, L. P. Lipsitt & H. Hayne (Eds.), Advances in Infancy Research, Vol.12, 79-130. Stamford, CT: Ablex Publishing Company.

ROEDELL, W. C., JACKSON, N. E. & ROBINSON, H. B. R. (1989). Hochbegabung in der Kindheit. Heidelberg: Asanger.

ROGALLA, M. (2005). Förderung frühreifer und potenziell begabter Kinder. In: T. Guldimann & B. Hauser (Hrsg.), Bildung 4 bis 8jähriger Kinder, 247-255. Münster: Waxmann.

RONCAGLIOLO, M., GARRIDO, M., WALTER, T., PEIRANO, P. & LOZOFF, B. (1998). Evidence of altered central nervous system development in young iron-deficient anemic infants: Delayed maturation of auditory brain stem responses. American Journal of Clinical Nutrition 68, 683-690.

RÖPER, G., VON HAGEN & NOAM, G. (2001). Perspektiven der klinischen Entwicklungspsychologie. In: G. Röper, C. von Hagen & G. Noam (Hrsg.), Entwicklung und Risiko. Perspektiven einer klinischen Entwicklungspsychologie, 192-219. Stuttgart: Kohlhammer.

ROSENTHAL, R. & JACOBSON, L. (1968). Pygmalion in the classroom: Teacher expectation and pupils' intellectual development. New York: Holt, Rinehart & Winston.

ROSS, P. (1993). National Excellence: A case for developing America's Talent. Washington, DC: U.S. Departement of Education.

ROßBACH, H. G. (2006). Effekte qualitativ guter Betreuung, Bildung und Erziehung im frühen Kindesalter auf Kinder und ihre Familien. In: Sachverständigenkommission Zwölfter Kinder- und Jugendbericht, Bildung, Betreuung und Erziehung von Kindern unter sechs Jahren, 55-174. München: Verlag Deutsches Jugendinstitut.

ROST, D. (1991). Identifizierung von ‹Hochbegabten›. Zeitschrift für Entwicklungspsychologie und Pädagogische Psychologie, 23, 250-262.

ROST, D. H. (2000). Hochbegabte und hochleistende Jugendliche. Münster: Waxmann.

ROST, D. H. (2004). Über ‹Hochbegabung› und ‹hochbegabte› Jugendliche. Mythen, Fakten, Forschungsstandards. In: J. Abel, R. Müller & C. Palentien (Hrsg.), Jugend im Fokus empirischer Forschung, 39-85. Münster: Waxmann.

ROTH, H. (1969). Begabung und Lernen. Ergebnisse und Folgerungen neuer Forschungen. Deutscher Bildungsrat. Gutachten und Studien der Bildungskommission. Band 4. Stuttgart: Klett.

ROUX, S. (2003). Pädagogische Qualität. In: B. Wolf, A. Stuck & G. Hippchen (Hrsg.), Der Situationsansatz im Zeitvergleich und Längsschnitt. Einschätzungen von Erzieherinnen, Untersuchungsleiterinnen, Lehrern, Kindern und Eltern, 67-87. Aachen: Shaker.

ROYCE, J. M., DARLINGTON, R. B. & MURRAY, H. W. (1983). Pooled analyses: Findings across studies. In: Consortium for Longitudinal Studies (Ed.), As the twig is bent: Lasting effects of preschool programs, 411-459. Hillsdale, NJ: Lawrence Earlbaum Associates.

RÜDIGER, D. (1970). Ansatz und erste Befunde einer experimentellen Längsschnittstudie zum Lesenlernen im Vorschulalter. Schule und Psychologie, 17, 72-96.

RUMBERGER, R. W. & THOMAS, S. L. (2000). The distribution of dropout and turnover rates among urban ad suburban high schools. Sociology of Education, 73, 39-67.

RUMBERGER, R. W. (1995). Dropping out of middle school: A multilevel analysis of students and schools. American Educational Research Journal, 32, 583-625.

RUTTER, M. (1999). Resilience concepts and findings: implications for family therapy. Journal of Familiy Therapy, 21, 119-144.

RUTTER, M. (2001). Psychosocial adversity: Risk, resilience, and recovery. In: J. Richmann, M. Fraser (Eds.), The context of youth violence: resilience, risk an protection (pp. 13-41). Westport: Praeger Publishers.

RUTTER, M., MAUGHAN, B., MORTIMORE, P. & OUSTON, J. (1979). Fifteen thousand hours: Secondary schools and their effects on children. London: Open Books.

RYAN, A. (2000). Peer groups as a context for the socialization of adolescents' motivation, engagement, and achievement in school. Educational Psychologist, 35, 2, 101-111.

SALDERN, M. V. (1993b). Klassengröße als Forschungsgegenstand. Landau: Verlag für Empirische Pädagogik.

SANN, A. & THRUM, K. (2005). Opstapje - Schritt für Schritt. Abschlussbericht des Modellprojekts. München: Deutsches Jugendinstitut.

SAUER, J. & GAMSJÄGER, E. (1996). Ist Schulerfolg vorhersagbar? Die Determinanten der Grundschulleistung und ihr prognostischer Wert für den Sekundarschulerfolg. Göttingen: Hogrefe.

SAUER, K. (1969). Leser kommen zur Schule. Zeitschrift für Pädagogik, 16, 51-64.

SCHEERENS, J. & BOSKER, R. J. (1999). THE foundations of educational effectiveness. International Review of Education, 45(1), 113-120.

SCHERER-KORKUT, Y. (1997). A mother trainig and early enrichment program for Turkish S.W.S. women and their children in Switzerland. Dissertation from Univ. of Zurich. Zürich: Studenten-Druckerei.

SCHMALOHR, E. (1969). Möglichkeiten und Grenzen kognitiver Frühförderung; Psychologische Voraussetzungen von Vorschulbildungsprogrammen. Zeitschrift für Pädagogik, 16, 1-25.

SCHMIDT, R. (1982). Zahlenkenntnisse von Schulanfängern. Ergebnisse einer zu Beginn des Schuljahres 1981/82 durchgeführten Untersuchung. Berichte und Arbeiten Nr. 68. Wiesbaden: Institut für Grundschulforschung.

SCHNEIDERS, G. & KOMOR, A. (2007). Anforderungen an Verfahren der regelmäßigen Sprachstandsfeststellung als Grundlage für die frühe und individuelle Förderung von Kindern mit und ohne Migrationshintergrund. Bonn: BMBF.

SCHÖNBÄCHLER, M. (2007). Klassenmanagement. Situative Gegebenheiten und personale Faktoren in Lehrpersonen- und Schülerperspektiven. Bern: Haupt.

SCHUHMACHER, R. (2005). Wie viel Hirn verträgt die Schule – Über Grenzen der Neurodidaktik. Referat im Südwestfunk, SW 2, Aula. 10.04. [On-line]. Available: http://www.swr.de/swr2/programm/sendungen/wissen//id=1700898/property=downl oad/nid=660374/14guf1x/au20050406_3080.rtf

SCHUHMANN, K. F. (2003). Berufsbildung, Arbeit und Delinquenz. Bremer Längsschnittstudie zum Übergang von der Schule in den Beruf bei ehemaligen Hauptschülern. Weinheim: Beltz.

SCHULTHESS-SINGEISEN, L. (2006). Die Entwicklung des Selbstkonzepts und des Schulerlebens in Abhängigkeit von Begabung und vom Förderprogramm. Eine Längsschnittstudie auf dem Hintergrund der Hochbegabungsförderung. Bern: Universität, Institut für Pädagogik.

SCHUNK, D. H. (1987). Peer Models and Children's Behavioral Change. Review of Educational Research 57(2), 149-174.

SCHÜTTLER-JANIKULLA, K. (1969). Vorschulisches Lesenlernen und intellektuelle Leistungssteigerung. Schule und Psychologie, 16, 169-179.

SCHÜTZ, G. & WÖSSMANN, L. (2005). Chancengleichheit im Schulsystem: Internationale deskriptive Evidenz und mögliche Bestimmungsfaktoren. Working Paper; [On-line]. Available: www.cesifo-group.de

SCHWEINHART, L. J. & WEIKART, D. P. (1997). The High/Scope preschool curriculum comparison study through age 23. Early Childhood Research Quarterly, 12(2), 117-143.

SCHWEINHART, L. J., BARNES, H.V. & WEIKART, D. P. (1993). Significant benefits: The High/Scope Perry Preschool study through age 27. Ypsilanti, MI: High/Scope Press.

SCHWEIZERISCHE KONFERENZ DER KANTONALEN ERZIEHUNGSDIREKTOREN (EDK) (2003). Interkantonale Vereinbarung für Schülen mit spezifisch-strukturierten Angeboten für Hochbegabte (vom 20. Februar). Bern: Schweizerische Konferenz der kantonalen Erziehungsdirektoren (EDK).

SCHWEIZERISCHE KONFERENZ DER KANTONALEN ERZIEHUNGSDIREKTOREN (EDK) (2004). HarmoS – Zielsetzungen und Konzeption des Projekts. Bern. [On-line]. Available: http://www.edk.ch/PDF_Downloads/Harmos/Harmos_Weissbuch_d.pdf (21. Juni 2005)

SCHWEIZERISCHE KONFERENZ DER KANTONALEN ERZIEHUNGSDIREKTOREN (EDK) (2006). Frühere Einschulung in der Schweiz. Ausgangslage und Konsequenzen. Verfasst von E. Wannack, B. Sörensen Criblez & P. Gilliéron Giroud. Bern: Schweizerische Konferenz der kantonalen Erziehungsdirektoren (EDK).

SCHWEIZERISCHE KOORDINATIONSSTELLE FÜR BILDUNGSFORSCHUNG (SKBF) (1999). Begabungsförderung in der Volksschule – Umgang mit Heterogenität. Trendbericht. Aarau: Schweizerische Koordinationsstelle für Bildungsforschung.

SCHWEIZERISCHE KOORDINATIONSSTELLE FÜR BILDUNGSFORSCHUNG (SKBF) (2006). Bildungsbericht Schweiz – 2006. Aarau: Schweizerische Koordinationsstelle für Bildungsforschung.

SCHWEIZERISCHE STUDIENSTIFTUNG (2004). Jahresbericht. Zürich: Schweizerische Studienstiftung.

SCOTT, M. S., PEROU, P., URBANO, R., HOGAN A. & GOLD, S. (1992). The identification of giftedness: A comparison of white Hispanic, and black families. Gifted Child Quarterly, 36, 131-139.

SELTER, C. (1995). Zur Fiktivität der ‹Stunde Null› im arithmetischen Anfangsunterricht. Mathematische Unterrichtspraxis, 16(2), 11-19.

SENGE, P. M. (1997). Die fünfte Disziplin – Kunst und Praxis der lernenden Organisation. Stuttgart: Klett.

SEYDEL, O. (2005). Was ist eine gute Schule? Zur Diskussion über Evaluationskriterien und Evaluationsverfahren. Die Deutsche Schule, 97, 285-293.

SHEPPARD, S. & KANEVSKY, L. S. (1999). Nurturing gifted students' metacognitive awareness: Effects of training in homogeneous and heterogeneous classes. Roeper Review, 21, 266-271.

SHORE, B. M., CORNELL, D. G., ROBINSON, A. & WARD. V. S. (1991). Recommended Practices in Gifted Education: A Critical Analysis. New York: Teachers College Press.

SIEWERT, J. (2006). An meiner Freundlichkeit wäre ich beinahe gescheitert... Bericht über den schmerzhaften Lernprozess vom Berufsanfänger zum gestandenen Lehrer. Pädagogik, 58(2), 14-17.

SIGMAN, M. & WHALEY, S. E. (1998). The role of nutrition in the development of intelligence. In: U. Neisser (Ed.), The Rising Curve, 155-182. Washington, DC: American Psychological Association.

SISK, D. (2003). Maximizing the high potential of minority economically disadvantaged students. In: J. F. Smutny (Hrsg.), Underserved gifted populations. Responding to their needs and abilities, 239-260. New Jersey: Hampton Press, Inc.

SISTI-WYSS, V. E. (2001). Begabungsförderung in der Grundschule. Dossier Unterricht, 1, 5-8.

SLAVIN, R. E. (1987). Ability grouping and student achievement in elementary schools: A best-evidence synthesis. Review of Educational Research, 57, 293-336.

SLAVIN, R. E. (1991). Are cooperative learning and ‹untracking› harmful to the gifted? Response to Allan. Educational Leadership, 49(3), 68-71.

SMITH, J. R., BROOKS-GUNN, J. & KLEBANOV, P. K. (1997). Consequences of living in poverty for young children's cognitive and verbal ability and early school achievement. In: G. J. Duncan & J. Brooks-Gunn (Eds.), Consequences of Growing Up Poor, 132-189. New York: Russell Sage Foundation.

SMITH, M. S. & BISSELL, J. S. (1970). Report analysis: The impact of Head Start. Harvard Education, 40(1), 105-129.

SPANGLER, G. & ZIMMERMANN, P. (1999). Bindung und Anpassung im Lebenslauf: Erklärungsansätze und empirische Grundlagen für Entwicklungsprognosen. In: R. Oerter (Hrsg.). Lehrbuch der Klinischen Psychologie, 170-194. Weinheim: Beltz.

SPEARMAN, C. (1904). General intelligence, objectively determined and measured. American Journal of Psychology, 15, 201-293.

SPERBER, W. (1994). Was ist Praktische Intelligenz? Theoretische und empirische Untersuchung eines Fähigkeitsbereiches als impliziter Theorie psychologischer Experten. Frankfurt: Peter Lang.

SPIESS, C. K., BÜCHEL F. & WAGNER, C. G. (2003). Children's school placement in Germany: Does kindergarten attendance matter? Early Childhood Research Quarterly, 18(2), 255-270.

SPOHR, H. L., WILLMS, J. & STEINHAUSEN, H. C. (2007). Fetal alcohol spectrum disorders in young adulthood. Journal of Pediatrics, 150, 175-179.

STAMM, M. & VIEHHAUSER, M. (2008). Frühkindliche Bildung und soziale Ungleichheit. Analysen und Perspektiven zum chancenausgleichenden Charakter frühkindlicher Bildungsprogramme. Zeitschrift für Sozialisationsforschung und Erziehungssoziologie.

STAMM, M. (1992). Hochbegabungsförderung in den Deutschschweizer Volksschulen. Historische Entwicklung, Zustandsanalyse, Entwicklungsplan. Dissertation. Zürich: Philosophische Fakultät der Universität.

STAMM, M. (2001). Begabungsförderung an den Zürcher Volksschulen. Eine Überprüfung der Pilotphase. Zürich: Schul- und Sportdepartement.

STAMM, M. (2003). Evaluation «Pilotversuch Grundstufe». Schlussbericht. Zürich: Bildungsdirektion des Kantons Zürich.

STAMM, M. (2003a). Frühleser und Frührechnerinnen werden erwachsen. Leistung, Interesse und Schulerfolg ein Jahr vor dem Abschluss der obligatorischen Schulzeit. Aarau: Institut für Bildungs- und Forschungsfragen.

STAMM, M., (2003b). Begabungsförderung in der Volksschule des Kantons Aargau. Externe Evaluation der Gruppen- und Regionalangebote. Im Auftrag des Departements Bildung, Kultur und Sport des Kantons Aargau, Abteilung Volksschule.

STAMM, M. (2004). Lernen und Leisten im Kopf? Eine empirische Studie zur Bildungsförderung im Vorschulalter. Zwischenbericht. Aarau: Institut für Bildungs- und Forschungsfragen.

STAMM, M. (2004a). Lernentwicklungen von Frühlesern und Frührechnerinnen. Ausgewählte Ergebnisse einer Schweizer Langzeitstudie zur Kompetenzstruktur im Kontext von Hochbegabung. Zeitschrift für Erziehungswissenschaft, 3, 395-415.

STAMM, M. (2005). Bildungsaspiration, Begabung und Schullaufbahn: Eltern als Erfolgspromotoren? Schweizerische Zeitschrift für Bildungswissenschaften, 2, 277-295.

STAMM, M. (2005a). Jugend zwischen Exzellenz und Versagen. Schullaufbahnen von Frühlesern und Frührechnerinnen. Zürich/Chur: Rüegger.

STAMM, M. (2005b). Highly Talented and «Only» An Apprentice? Empirical Findings and Consequences for the Promotion of Talented Apprentices. Education + Training, 47(1), 53-63.

STAMM, M. (2006). Underachievement. Ein Blick in die Black Box eines irritierenden Phänomens. Schweizerische Zeitschrift für Bildungswissenschaften, 3, 467-484.

STAMM, M. (2007). Unterfordert, unerkannt oder genial. Überdurchschnittlich begabte Randgruppen in unserer Gesellschaft. Zürich, Chur: Rüegger.

STAMM, M. (2007a). Kluge Köpfe, goldene Hände. Überdurchschnittlich begabte Lehrlinge in der Berufsausbildung. Chur, Zürich: Rüegger.

STAMM, M. (2008). Überdurchschnittlich begabte Minderleister – Wo liegt das Versagen? Die Deutsche Schule, 1, 73-84.

STAMM, M. (2008a). Bildungsstandardreform und Schulversagen. Aktuelle Diskussionslinien zu möglichen ungewollten Nebenwirkungen der Schulqualitätsdebatte. Zeitschrift für Pädagogik, 54(4), 1. Beitrag im Thementeil.

STAMM, M., RUCKDÄSCHEL, C. & TEMPLER, F. (2008). Schulabsentismus. Wiesbaden: Verlag für Sozialwissenschaften.

STAMM, M., REINWAND, V., BURGER, K., SCHMID, K., VIEHHAUSER, M. & MUHEIM, V. (2009). Frühkindliche Bildung in der Schweiz: eine Grundlagenstudie. Fribourg: Universität Freiburg, Schweiz, Departement Erziehungswissenschaften.

STARKO, A. J. (1986). The effects of the revolving door identification model on creative productivity and self-efficacy. Unpublished doctoral dissertation, University of Connecticut, Storrs.

STEDTNITZ, U. (2008). Mythos Begabung. Vom Potenzial zum Erfolg. Bern: Huber.

STEELE, C. M. (1997). A threat in the air: How stereotypes shape intellectual identity and performance. American Psychologist, 52, 613-629.

STEFFENS & BARGEL, T. (1987). Erkundungen zur Qualität von Schule. Neuwied.

STEINBERG, L. (1996). Beyond the classroom: Why school reform has failed and what parents need to do. New York: Simon and Schuster.

STEINHAUSEN, H. C., WILLMS, J. & SPOHR, H. L. (1995). Die Berliner Verlaufsstudie von Kindern mit einem Fetalen Alkoholsyndrom (FAS). Monatsschrift für Kinderheilkunde, 143(2), 157-164.

STERN, E. (1990). Die Entwicklung mathematischer Fähigkeiten und Fertigkeiten vom Kindergarten bis zur dritten Klasse. In: W. Schneider, M. Knopf, E. Stern, A. Helmke & J. B. Asendorpf (Hrsg.), Die Entwicklung kognitiver, motivationaler und sozialer Kompetenzen zwischen dem 4. und 8. Lebensjahr. Paper 16. München: Max-Planck-Institut für psychologische Forschung.

STERN, E. (2008). Je früher, desto besser? – Über Lernstrategien von Vorschulkindern. In: L. Fried (Hrsg.), Das wissbegierige Kind. Neue Perspektiven in der Früh- und Elementarpädagogik, 21-28. Weinheim: Juventa.

STERNBERG, R. J. (1984). Toward a triarchic theory of human intelligence. Behavioral and Brain Sciences 7, 269-315.

STERNBERG, R. J. (1991). Giftedness according to the triarchic theory of human intelligence. In: N. Colangelo & G. A. Davis (Eds.), Handbook of gifted education, 45-54. Boston. Allyn and Bacon.

STERNBERG, R. J. (1996). Myths, countermyths, and truth about intelligence. Educational researcher, 25, 11-16.

STERNBERG, R. J. (1997). The triarchic theory of intelligence. In: D. P. Flanagan, J. L. Genshaft & P. L. Harrison (Eds.), Contemporary intellectual assessment: Theories, tests, and issues, 92–104. New York: Guilford Press.

STERNBERG, R. J. (1998). Applying the triarchic theory of human intelligence in the classroom. In: R. J. Sternberg & W. M. Williams (Eds.), Intelligence, instruction, and assessment, 1–15. Mahwah, NJ: Lawrence Erlbaum Associates.

STERNBERG, R. J. (1998a): Erfolgsintelligenz. Warum wir mehr brauchen als EQ und IQ. München: Lichtenberg.

STERNBERG, R. J. (2002). Cultural explorations of human intelligence around the world. In: W. J. Lonner, D. L. Dinnel, S. A. Hayes & D. N. Sattler (Eds.), Online readings in psychology and culture (Unit 5, Chapter 1). (http://www.wwu.edu/~culture), Center for Cross-Cultural Research, Washington, DC: Western Washington University, Bellingham.

STERNBERG, R. J. (2007). Who are the bright children? The cultural context of being and acting intelligent. Educational Researcher, 36(3), 148-155.

STERNBERG, R. J. & ARROYO, C. G. (2006). Beyond expectations: a new view of the gifted disadvantaged. In: B. Wallace & G. Eriksson (Eds.), Diversity in gifted education, 110-124. London: Routledge.

STERNBERG, R. J., CASTEJN, J. L., PRIETO, M. D., HAUTAM,,KI, J., & GRIGORENKO, E. L. (2001). Confirmatory factor analysis of the Sternberg triarchic abilities test in three international samples: An empirical test of the triarchic theory of intelligence. European Journal of Psychological Assessment, 17(1) 1-16.

STERNBERG, R. J., FERRARI, M., CLINKENBEARD, P. & GRIGORENKO, E. L. (1996). Identification, instruction, and assessment of gifted children: A construct validation of the triarchic model. Gifted Child Quarterly 40:129-137.

STERNBERG, R. J., FORSYTHE, G. B., HEDLUND, J., HORVATH, J. A., WAGNER, R. K., WILLIAMS, W. M., SNOOK, C. A. & GRIGORIENKO, E. (2000). Practical intelligence in everyday life. Cambridge: Cambridge University Press.

STERNBERG, R. J., GRIGORENKO, E. L., FERRARI, M., & CLINKENBEARD, P. (1999). The triarchic model applied to gifted identification, instruction, and assessment. In: N. Colangelo & S. G. Assouline (Eds.), Talent development III: Proceedings from the 1995, Henry B. and Jocelyn Wallace National Research Symposium on Talent Development, 71–80. Scottsdale, AZ: Gifted Psychology Press.

STERNBERG, R. J., GRIGORENKO, E. L., NGOROSHO, D., TANTUBUYE E., MBISE A., NOKES C. & BUNDY D. A. (1999). Hidden Intellectual Potential in Rural Tanzanian School Children. Intelligence, 30, 141-162.

STERNBERG, R. J., WAGNER, R. K., & OKAGAKI, L. (1993). Practical intelligence: The nature and role of tacit knowledge in work and at school. In: H. Reese & J. Puckett (Eds.), Advances in lifespan development, 205-227. Hillsdale, NJ: Lawrence Erlbaum Associates.

SUNDET, J. M., BARLAUG, D. G., & TORJUSSEN, T. M. (2004). The end of the Flynn effect? A study of secular trends in mean intelligence test scores of Norwegian conscripts during half a century. Intelligence, 32, 349-362.

SWANN, J. (2004). Language and gender: who, if anyone, is disadvantaged by what? In: D. Epstein, J. Elwood, V. Hey & J. Maw (Eds.), Failing boys? Issues in gender and achievement, 147-161. New York: Open University Press.

SWIATEK, M. A., & BENBOW, C. P. (1991). Ten-year longitudinal follow-up of ability-matched accelerated and unaccelerated gifted students. Journal of Educational Psychology 83(4): 528-538.

SYLVA, K. (2000). An overview of educational research. Oxford Review of Education, 26 293-297.

SYLVA, K., MELHUISH, E. C., SAMMONS, P., SIRAJ-BLATCHFORD, I. & TAGGART, B. (2004). The effective provision of preschool education (EPPE) project. Zu den Auswirkungen vorschulischer Einrichtungen in England. In: G. Faust, M. Götz, H. Hacker & H. G. Rossbach (Hrsg.), Anschlussfähige Bildungsprozesse im Elementar- und Primarbereich, 154-167. Bad Heilbrunn: Klinkhardt.

TAN, D. (2005). Migrant und missverstanden. Sichtbarmachung von Hochbegabung bei Migranten. Labyrinth, 85, 13-18.

TELZROW, C. F., MCNAMARA, K. & HOLLINGER, C. L. (2000). Fidelity of problem-solving implementation and relationship to student performance. School Psychology Review 29(3), 443-461.

TENORTH, H.-E. (2004). Bildungsziele, Bildungsstandards und Kompetenzmodelle. Kritik und Begründungsversuch. In: D. Diskowski & E. Hammes-Di Bernardo (Hrsg.), Lernkulturen und Bildungsstandards. Kindergarten und Schule zwischen Vielfalt und Verbindlichkeit, 156-164. Baltmannsweiler: Schneider.

TERHART, E. (2002). Nach PISA. Bildungsqualität entwickeln. Hamburg: Europäische Verlagsanstalt.

TERMAN, L. M. & ODEN, M. H. (1959). The gifted child group at midlife. Thirty five years follow-up of the superior child. Genetic studies of genius, V, Palo Alto: Stanford University Press.

TETTENBORN, A. (1996). Familien mit hochbegabten Kindern. Münster: Waxmann.

THE COLLEGE BOARD (1999). A report of the national task force on minority high achievement. Washington: US Department of Education.

THURSTONE, L. L. (1938). Primary mental abilities. Chicago: University of Chicago Press.

TIETZE, W. (1998). Wie gut sind unsere Kindergärten? Eine Untersuchung zur pädagogischen Qualität in deutschen Kindergärten. Weinheim: Beltz.

TIETZE, W., SCHUSTER, K.-M. & ROßBACH, H.-G. (1997). Kindergarten-Einschätz-Skala, Neuwied: Reclam.

TIETZE, W., ROßBACH, H. G. & GRENNER, K. (2005). Kinder von 4 bis 8 Jahren. Zur Qualität der Erziehung und Bildung im Kindergarten. Weinheim: Beltz.

TODTH, S. L., CHICCHETTI, D., MACFIE, J., MAUGHAN, A & VANMEENEN, K. (2000). Narrative representations of caregivers and self in maltreated pre-schoolers. Attachment and Human Development 2(3), 271-305.

TOMLINSON, C.A., CALLAHAN, C. M. & LELLI, K. M. (1997). Challenging expectations: Case studies of high-potential, culturally diverse young children. Gifted Child Quarterly 41, 5-17.

TRAMONTANA, M. G., HOOPER, S. R. & SELZER, S. C. (1988). Research on the preschool prediction of later academic achievement: A review. Developmental Review, 8, 89-146.

TREMBLAY, R. E. (2000). The development of aggressive behavior during childhood: What have we learned in the past century? International Journal of Behavioral Development, 24(2), 129-141.

TRÖSTER, H. & REINEKE, D. (2006). Wie gut können Entwicklungs- und Verhaltensauffälligkeiten von Schulanfängern bereits im Kindergarten entdeckt werden? Psychologie in Erziehung und Unterricht, 53, 23-24.

TRUDEWIND, C. & WINDEL, A. (1991). Elterliche Einflussnahme auf die kindliche Kompetenzentwicklung: Schulleistungseffekte und ihre motivationale Vermittlung. In: R. Pekrun & H. Fend (Hrsg.), Schule und Persönlichkeitsentwicklung, 131-148. Stuttgart: Enke.

TRUNIGER, M., LÜÖND, S. & LEEMANN, R. J. (2002). Schulerfolg – kein Zufall. Qualitätsmaßnahmen in multikulturellen Schulen in der Volksschule (QUIMS). Re-ferat am Akten des Jahreskongress der SGBF und 15. internationale Tagung der ADMEE-EUROPE. Universität Lausanne 5. - 6. - 7. September.

UNICEF (2005). Child poverty in rich countries. Innocenti Report Card No. 6. Florenz.

US DEPARTMENT OF EDUCATION (1991). National educational longitudinal study 88. Final report: Gifted and talented educations programs for eight grade public school students. Washington: United States Department of Education. Office of Planning, Budget, and Evaluation.

VALTIN, R. (2002). Was ist ein gutes Zeugnis? Noten und verbale Beurteilungen auf dem Prüfstand. Weinheim: Juventa.

VAN DE HEUVEL-PANHUIZEN, M. & GRAVEMEIJER, K. P. E. (1991). Tests are not all bad. An attempt to change the appearance of written tests in mathematics instruction at primary school level. In: L. Streefland (Ed.), Realistic mathematics education in primary school, 139-155. Utrecht: Centrum voor Didactiek van Wiskunde en Natuurwetenschappen (CD-beta Press) & Freudenthal Instituut.

VAN DE RIJT, B. A. M. & VAN LUIT, J. E. H. (1998). Effectiveness of the additional early mathematics program for teaching children early mathematics. Instructional Science, 26(5), 337-358.

VAN DEN BOOM, D. C. (1994). The influence of temperament and mothering on attachment and exploration: An experimental manipulation of sensitive responsiveness among lower-class mothers with irritable infants. Child Development, 63, 840-858.

VANTASSEL-BASKA, J. (1998). Excellence in educating gifted and talented learners. Denver, Colorado: Love Publishing Company.

VILLALON, M., SUZUKI, E., HERRERA, M. O. & MATHIESEN, M. E. (2002). Quality of Chilean early childhood education from an international perspective. International Journal of Early Years Education, 10, 49-59.

VITARO, F. (2005). Linkage between early childhood, school success and high school completion. Encyclopedia on Early Childhood Development. [On-line]. Available: http://www.excellence-earlychildhood.ca/documents/Hymel-FordANGxp.pdf

VOLKEN, J. S. & KNÖPFEL, C. (2005). Armutsrisiko Nummer eins: geringe Bildung. Was wir über Armutskarrieren in der Schweiz wissen. Luzern: Caritas.

WAKSCHLAG, L. S., PICKETT, K. E., COOK JR., E., BENOWITZ, N. L. & LEVENTHAL, B. L. (2002). Maternal smoking during pregnancy and severe antisocial behavior in offspring: a review. American Journal of Public Health, 92, 966-974.

WANG, M. C., HAERTEL, G. D. & WALBERG, H. J. (1994). What helps students learn? Educational Leadership, 51, 74-79.

WANNACK, E., SÖRENSEN CRIBLEZ, B. & GILLERION GIROUD, P. (2006). Frühe Einschulung in der Schweiz: Ausgangslage und Konsequenzen. Bern: Schweizerische Konferenz der Kantonalen Erziehungsdirektoren (EDK).

WASIK, B. A., RAMEY, C. T., BRYANT, D. M. & SPARLING, J. J. (1990). A longitudinal study of two early intervention strategies: Project CARE. Child Development 61, 1682-1696.

WEBER, J., MARX, P. & SCHNEIDER, W. (2007). Die vorschulische Förderung der phonologischen Bewusstheit. In: H. Schöler & A. Welling (Hrsg.), Sonderpädagogik der Sprache, 746-761. Göttingen: Hogrefe.

WEBER, H. & WESTMEYER, H. (2001). Die Inflation der Intelligenzen. In: E. Stern & J. Guthke (Hrsg.), Perspektiven der Intelligenzforschung, 251-266. Lengerich: Pabst.

WEINERT, F. E. & HELMKE, A. (1996). Der gute Lehrer: Person, Funktion oder Fiktion? In: A. Leschinsk (Hrsg.), Die Institutionalisierung von Lehren und Lernen, Beiträge zu einer Theorie der Schule. 34. Beiheft der Zeitschrift für Pädagogik, 223-233. Weinheim: Beltz.

WEINERT, F. E. & HELMKE, A. (1997). Entwicklung im Grundschulalter. Weinheim: Beltz.

WEINERT, F. E. (1998). Entwicklung im Kindesalter. Weinheim: Beltz.

WEINERT, F. E. (2001). Begabung und Lernen: Voraussetzung von Leistungsexzellenz. Journal für Begabtenförderung, 1, 26-31.

WEISS & PREUSCHOFF, C. (2004). Referenzpapier für das Projekt «Bildungssteuerung». Kosten und Effizienzanalysen im Bildungsbereich. Frankfurt.

WENDLAND-CARRO, J., PICCININI, C. A. & MILLAR, W. S. (1999). The role of an early intervention on enhancing the quality of mother-infant interaction. Child Development 70(3), 713-721.

WENGLINSKY, H. (1997). When money matters: How educational expenditures improve student performance and how they don't. Princeton, NJ: Educational Testing Services.

WERNER, E. (1999). Entwicklung zwischen Risiko und Resilienz. In: G. Opp (Hrsg.), Was Kinder stärkt, 25-36. München/Basel: Reinhardt.

WERNER, E. E. & SMITH, R. S. (1982). Vulnerable but invincible: A longitudinal study of resilient children and youth. New York: McGraw-Hill.

WEST, A. & PENNELL, H. (2003). Underachievers in schools. London: Routledge Falmer.

WESTBERG, K. L., ARCHAMBAULT, F. X. JR., DOBNXS, S. M. & SALVIN, T. J. (1993). An observational study of instructional and curricular practices used with gifted and talented students in regular classrooms. (Research Monograph 93104.) Storrs, CT: The University of Connecticut, The National Research Center on the Gifted and Talented.

WHITMORE, J. (1980). Giftedness, conflict and underachievement. Boston: Allyn and Bacon.

WIEGMAN, D. A., DANSEREAU, D. F. & PATTERSON, M. E. (1992). Cooperative learning: Effects of role-playing and ability on performance. Journal of Experimental Education, 60, 109-116.

WILD, E. & HOFER, M. (1999). Familienbeziehungen in Zeiten sozialen Wandels. In: S. Walper & R. Pekrun (Hrsg.), Familie und Entwicklung: Perspektiven der Familienpsychologie, 131-151. Göttingen: Hogrefe.

WILD, E. & HOFER, M. (2002). Familien mit Schulkindern. In: M. Hofer, E. Wild & P. Noack (Hrsg.), Lehrbuch Familienbeziehungen, 216-240. Göttingen: Hogrefe.

WILD, E. & REMY, K. (2004). Quantität und Qualität der elterlichen Hausaufgabenbetreuung von Drittklässlern in Mathematik. Zeitschrift für Pädagogik, 45. Beiheft, 276-290.

WILD, K. P. (1991). Identifikation hochbegabter Schüler. Lehrer und Schüler als Datenquellen. Heidelberg: Asanger.

WINNEKE, G., BOCKHAUS, A., EWERS, U., KRAMER, U. & NEUR, M. (1990). Results from the European multicenter study of lead neurotoxicity in children: Implications for risk assessment. Neurotoxicology and Teratology, 12, 553-559.

WOLF, B., BECKER, P. & CONRAD, S. (1999). Der Situationsansatz in der Evaluation. Ergebnisse der Externen Empirischen Evaluation des Modellvorhabens «Kindersituationen». Landau: Verlag Empirische Pädagogik.

WOLFGRAMM, C. (2004). Die Förderung besonders begabter Kinder. Fazit aus zwei Schulversuchen. BiEv-Bericht 4/04. Bern: Bildungsplanung und Evaluation der Erziehungsdirektion des Kantons Bern.

WOLKE, D. & KURSTJENS, S. (2002). Mütterliche Depression und ihre Auswirkungen auf die Entwicklung des Kindes. In: B. Rollett & H. Wernek (Hrsg.), Klinische Entwicklungspsychologie der Familien, 220-242. Göttingen: Hogrefe.

WUSTMANN, C. (2005). Die Blickrichtung der neueren Resilienzforschung. Zeitschrift für Pädagogik, 2, 192-206.

WYGOTSKI, L. S. (1987). Ausgewählte Schriften. Arbeiten zur psychischen Entwicklung der Persönlichkeit. Bd. II. Berlin: Volk und Wissen.

WYLIE, C., THOMPSON, J. & LYTHE, C. (2001). Competent children at 10: Families, Early education and schools. Wellington: Ministry of Education and New Zealand Centre for Education Research.

YANG, S. & STERNBERG, R. J. (1997). Conceptions of intelligence in ancient Chinese philosophy. Journal of Theoretical and Philosophical Psychology, 17, 101-119.

YANG, S. & STERNBERG, R. J. (1997a). Taiwanese Chinese people's conceptions of intelligence. Intelligence, 25, 21-36.

ZETLIN, A., PADRON, M. & WILSON, S. (1996). The experience of five Latin American families with the special education system. Education and Training in Mental Retardation and Developmental Disabilities, 31, 22-28.

ZIEGLER, A. & RAUL, T. (2000). Myth and reality: a review of empirical studies on giftedness. High Ability Studies, 11(2), 113-136.

ZIMMERMANN, G. E. (2000). Ansätze zur Operationalisierung von Armut. In: C. Butterwegge (Hrsg.), Kinderarmut in Deutschland. Ursachen, Erscheinungsformen und Gegenmaßnahmen, Frankfurt: Campus Verlag.

ZINNECKER, J. & GEORG, W. (1996). Soziale Interaktion in der Familie und ihre Wirkung auf Schuleinstellung und Schulerfolg der Kinder. In: J. Zinnecker & R. K. Silbereisen (Hrsg.), Kindheit in Deutschland. Aktueller Survey über Kinder und ihre Eltern, 347-356. Weinheim: Juventa.

Educational Governance

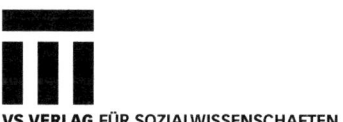

Thema Ganztagsbildung

MIX
Papier aus verantwortungsvollen Quellen
Paper from responsible sources
FSC® C105338

If you have any concerns about our products,
you can contact us on
ProductSafety@springernature.com

In case Publisher is established outside the EU,
the EU authorized representative is:
Springer Nature Customer Service Center GmbH
Europaplatz 3, 69115 Heidelberg, Germany

Printed by Libri Plureos GmbH
in Hamburg, Germany